漢文の語法

西田太一郎
齋藤希史・田口一郎＝校訂

角川文庫
23435

はしがき

本書は、漢文の初歩的知識をそなえている人々に、やや高度で、より正確な知識を与えるために作った。中国の文学・思想・歴史などの諸方面のことを研究しようとすれば、中国の書物を読まねばならない。その際、句読点のついた本や、日本で訓点を施した本があれば便利で、だれしもその恩恵を被るものである。また日本で、漢文を学ぶといえば、訓点付きの漢文を訓読の方法で学ぶのが一般である。ところがその訓点・訓読に引きずられ文の意味を誤解している人がかなりいる。本書ではこのような誤りを読者に避けさせるように留意した。説き足りない点、説き漏らした点のあることはじゅうぶんに承知している。それらは他の書物・字書などで補っていただきたい。

本書で取り扱った漢文は、普通の文体・語法・語彙の、もっとも基本的な漢文（中国では古代漢語・古漢語・文言などといっている）である。俗語的な文学や語録、あるいは上諭・公文書のたぐいには触れない。これらも重要な研究資料で、その読解は必要ではあるが、本書で解説する漢文はそれらの学習への前段階と考えてよかろう。

本書において、文章の読み方や解説に思いもかけぬ誤りがあるかも知れない。御教示下さるならば幸甚である。

昭和五十五年十一月一日

著者しるす

目次

Ⅱ　者と所

第35節　疑問・反語・詠嘆　535

Ⅳ　語音・語義

文庫版凡例

1　本書は西田太一郎『漢文の語法』（角川小辞典23、一九八〇）の復刊である。

2　復刊にあたっては、原著の記述を尊重することを原則としつつ、必要な範囲で校訂を加えた。また、著者の『漢文法要説』（東門書房、一九五三、新訂版、朋友書店、一九九八）を参照し、新たに全四章にわけた。

3　文例は、出典を点検し、明らかに引用の誤りと思われる場合は字句や書名を修正した。字体は、引用原文の表記にかかわらず、常用漢字または人名用漢字の字体を用い、それ以外は『角川新字源』（改訂新版、二〇一七）の見出し字を基準とした。なお余・餘、芸・藝、弁・辨・辯など、意味上の区別があるものは、漢文引用にかぎり原文に依拠した。

4　文例の訓読は、原著に従い、振り仮名・送り仮名ともに歴史的仮名遣いを用い、皆・相・復など「訓読して二音節になる副詞」の送り仮名は省略した。連読符（たて点、ハイフン縦線）については、読みやすさを旨として、新たに付した。

5　訳文と解説については、現在では不要もしくは不適切と思われる箇所を改め、文例に修正があった場合は、訳文を調整した。

6　校訂者による注記は［…］で示し、補記が必要な場合は▽…で示した。著者が訳文を補った〔…〕、その他の注釈を加えた（…）は、若干の訂補を施して踏襲した。

7　索引は、原著の「重要語句の索引」を参考にして、新たに作成した。

I　語位

第1節　主語―述語

何かについて、それがどうする、どのようである、何かである、ということを言い表すには、主語・述語の語順になる。

1　地大(キク)国富(ミ)、民衆(おほク)兵強(シ)。此盛満之(の)国也(なり)。（管子(かんし)、形勢解）

領地が広く国が富んでおり、人民が多く軍隊が強い。これは国力が盛んで満ち足りた国である。

○「地大(だいニ(シテ))国富(ミ)」とも読む。

2　治国(ハ)常(ニ)富(ミ)、而(しかうシテ)乱国(ハ)常(ニ)貧(シ)。（管子、治国）

治まった国はいつも富んでおり、そして乱れた国はいつも貧しい。

○「治国(ハ)常(ニ)富(ミテ)而乱国(ハ)常(ニ)貧(シ)」というように訓読して「而」そのものを読まないこともある。

3　人惰而侈則貧、力而倹則富。（管子、形勢解）

人は怠けて贅沢であると貧しくなり、努力して倹約すると豊かになる。

○「侈ナレバ」「倹ナレバ」と読む人もある。この場合の「則」は「レバ則」といって、「…する（である）ときは…する（である・となる）」ということを意味する。「侈ルトキハ則チ」などと読む人もある。

4　風雨時、五穀実、草木美多、六畜蕃息、国富兵彊、民材而令行。（管子、禁蔵）

風雨がほど良いときに吹いたり降ったりし、五穀が実り、草木が美しくて多く、六畜がたくさん生まれて増え、国が富み軍隊が強く、人民は才能があり君主の命令が守られ実行される。

○五穀は稲（いね）・黍（きび）・稷（あわ）・麦（むぎ）・菽（まめ）。六畜は馬・牛・羊・鶏・犬・豕（ぶた）。畜は「たくわえる」の意のときはチク、家畜の意のときはキウ（キュウ）、家畜を飼うの意のときはキクの音になる。

5　我文王之子、武王之弟、成王之叔父。（史記、魯周公世家）

わたしは文王の子であり、武王の弟であり、成王の叔父である。

6 太子ハ天下ノ本ナリ。本一タビゆルガバ、天下振動セン。(史記、劉敬叔孫通列伝)

皇太子は天下の根本である。根本が一たび動揺するならば、天下が振るい動くであろう。

7 天下トイフハ高祖ノ天下ニシテ、父子相あひ伝フルハ、此漢之約也。(史記、魏其武安侯列伝)

天下というのは高祖の天下であって、父から子へとつぎつぎに伝えることになっているのは、これが漢王朝での約束である。

8 是ノ時、漢兵盛ンニシテ食多ク、項王兵罷つかレ食絶ユ。(史記、項羽本紀)

このとき、漢は軍隊が元気盛んで食糧が多く、項王の方は軍隊が疲れ食糧がなくなっていた。

○「漢ハ兵…」「項王ハ兵…」と読んでもよい。「漢ノ兵…」「項王ノ兵」と続くのではない。ここは「漢兵盛食多、項王兵罷食絶」という構造で、「漢」「項王」がそれぞれ下の四字の対句に対する大主語となっているのである。↓第17節。

第2節　述語―賓語など

何かについて、それをどうする、それにどうする、などを表すには、述語・賓語の順序になる。賓語というのは、中国の文法学者の用語であって、英語でいえばobject（目的語）に当たり、日本では客語といわれたこともある。ところが漢文で述語の下に置かれる語は賓語だけでなく、そこで物事が行われたり、離脱・通過・到達したりする場所を表す語が置かれる場合、そのほか種々の場合がある。また英語でいえば他動詞が目的語を持つのであるが、漢文では他動詞・自動詞の区別の困難な場合があって、したがって個々の場合に当たって、果たしてこれが賓語であるか否かが決定しがたいときもある。いまここでは仮に賓語などということにしておく。

1　縁（よッテ）レ木（ニ）　求（ム）レ魚（ヲ）。（孟子（もうし）、梁（りょう）恵王上）

木によじ登って魚を探し求める。

2 積レ徳潔レ行。（史記、伯夷列伝）

立派な道徳を身にたくわえ、行いを潔白にする。

3 君レ国子レ民。（史記、殷本紀）

君主となって国を治め、人民をわが子のように愛する。

4 平二定海内一。（史記、殷本紀）

中国全体を平定する。

5 吾騎二此馬一五歳、…嘗一日行二千里一。（史記、項羽本紀）

わたしはこの馬に乗ることが五年間であって、…この馬は一日に千里も走ったことがあった。

6 漢王之敗二彭城一、諸侯皆復与レ楚而背レ漢。（史記、項羽本紀）

漢王が彭城で負けたときには、諸侯はみなまた楚に味方して漢に背いた。

7　楚兵不利、淮陰侯復乗之、大敗垓下。（史記、高祖本紀）

楚の軍隊は形勢が不利になったので、淮陰侯韓信はこんどは楚軍の不利につけこんで、垓下（地名）で大いに楚軍を打ち破った。

○「敗」は、負ける、負かすの両方の意味がある。「破」も同じ。

8　発怒削地。（史記、袁盎鼂錯列伝）

領地を削り取られたことに対して怒りを発する。

9　高祖購求布千金。（史記、季布列伝）

高祖は、捕らえて来た者に千金を与えるとの懸賞金づきで季布を探し求めた。

10　景公問政孔子。（史記、孔子世家）

斉の景公は政治の心得を孔子に尋ねた。

11　斉景公問政於孔子。（論語、顔淵）

12　孔 子 学ブ二 鼓スルヲレ 琴ヲ 師 襄 子ニ一。（史記、孔子世家）

孔子は琴の演奏を音楽師の襄子に学んだ。

13　孔 子 学ブ二 鼓スルヲレ 琴ヲ 於 師 襄 子ニ一。（韓詩外伝、巻四）

右の10—13の「…ヲ…ニ…スル」と読む場合に「…ニ」と読む語の上に「於」の字を用いることもあれば、用いないこともある。「於」は介詞といって英語の前置詞に当たり、at, on, in, to, from そのほか種々の意味を表すときに用いるものであるが、漢文では「於」が脱けていても誤りであるとはいえない。この「於」は「おいて」「おける」と読む場合もあるが、右の11 13の場合は「於」自体は読まないで、その下の語に「ニ」と送り仮名をする。なお次のような「…ニ…ヲ…スル」の場合は「…ニ」の所に「於」は用いない。

14　漢 王 授ケ二 我ニ 上 将 軍ノ 印ヲ一、予ヘ二 我ニ 数 万ノ 衆ヲ一。（史記、淮陰侯列伝）

漢王はわたしに上将軍の印を授け、わたしに数万人の軍隊を与えた。

15　示ス二 天 下ニ 不ルヲ二 復 用ヒレ 兵ヲ。（史記、留侯世家）

武力をまたと行使しないことを天下に示す。

○「不復」→第34節60。「用」は漢文訓読ではハ行上二段活用で読むならわしになっている。

16　漢果タシテ数しばしば挑いどム二楚軍ニ戦ヒヲ一。（史記、項羽本紀）

漢軍は案の定しばしば楚軍に戦闘をしかけた。

○さきに「…ニ」の場合に「於」を用いる例を示したが、ときには「…ヲ」の場合に用いることがある。

17　仰イデ以テ観み二於天文ヲ一、俯ふシテ以テ察ス二於地理ヲ一。（易経、繋辞伝けいじでん上）

仰いで天上の模様を観察し、俯して地上の模様を観察する。

○「以」はここでは「而」とほぼ同じ。「天文」は天上の日月星など、「地理」は山川原野など。文も理も、あや、模様。

18　故ニ知ルレ天ヲ者ハ仰イデ観二天文ヲ一、知ルレ地ヲ者ハ俯シテ察ス二地理ヲ一。（新語、道基）

次に述賓構造（述語―賓語の構造）を多く含む文例を掲げておく。もちろんその他の構造をも含むが、それはまた別にそれぞれの箇所で詳説する。

19　蔡沢曰、…君之設智能、為主安危修政、治乱彊兵、批患折難、広地殖穀、富国足家彊主、尊社稷顕宗廟、天下莫敢欺犯其主、主之威蓋震海内、功彰万里之外、声名光輝、伝于千世、君孰与商君・呉起・大夫種。応侯曰、不若。（史記、范雎蔡沢列伝）

蔡沢が（応侯に対して）言った、「…あなたが知恵や才能を発揮し、君主のために、国の危うくなったのを安定させ政治を整備し、乱を平定し軍隊を強くし、心配事をなくし困難を制圧し、領土を広め穀物を増産し、国を富ませ人民を豊かにし君主を強くし、国の守護神や君主の祖先の神々を人々からあがめ尊ばれるようにし、天下に自分の君主をあざむき犯すがごときことをする者がなく、君主の威力が天下全体を圧し振るいわたり、功績が万里の遠方にまで知れわたり、声名がかがやいて、千代の後までも伝わるということは、あなたは商君・呉起・大夫種と比べてどちらがすぐれているでしょうか」。応侯「わたしは及ばない」。

○「社稷」の社は地域・領土・国家の守護神、稷は穀物・農業の神。「孰与」「不若」→第31節。

20 呉起為楚悼王立法、卑減大臣之威重、罷無能、廃無用、損不急之官、塞私門之請、一楚国之俗、禁游客之民、精耕戦之士、南収楊越、北幷陳蔡、破横散従、使馳説之士無所開其口、禁朋党以励百姓、定楚国之政、兵震天下、威服諸侯。功已成矣、而卒枝解。(同右)

呉起は、楚の悼王のために制度を設け、重臣の権勢を弱め、無能者を免職にし、無用の事業を廃止し、さし迫った必要のない官職を減らし、権力者の裏口運動をやめさせ、楚国の風俗を統一し、住所不定の浮浪者を禁止し、耕戦の兵士を精鋭ならしめ、南の方では楊越の地を手に入れ、北の方では陳・蔡二国を併呑し、連横・合従の同盟を解体させ、弁舌家にはだれに対してもその口を開いて説くことができないようにさせ、派閥を禁止して一般の人々を励まし、楚国の政治を安定させ、軍備は天下を振るわせ、威力は諸侯を服従させた。このように功業はすでに成就したけれども、呉起は、結局、手足を切り体をばらばらにする刑罰を受けた。

○「損不急之官」の「損」は呉起列伝には「捐」となっており、捨てる、除去するの意で、この方がよいようである。「楊越」は「揚越」が正しいと思われる。史記南越尉佗列伝に見え、今の広東省あたりにいた部族名。

21　田単乃収城中得千餘牛、為絳繒衣、画以五彩竜文、束兵刃於其角、而灌脂束葦於尾、焼其端、鑿城数十穴、夜縦牛、壮士五千人随其後。牛尾熱、怒而奔燕軍。燕軍夜大驚。牛尾炬火、光明炫燿。燕軍視之皆竜文、所触尽死傷。五千人因銜枚撃之。而城中鼓譟従之、老弱皆撃銅器為声、声動天地。燕軍大駭敗走。

（史記、田単列伝）

田単はそこで城中で取り集めて千余頭の牛を手に入れ、赤色の絹の着物を作り、五色の竜の模様を描き、牛の角に武器の刃物をくくりつけ、油を注いでその葦を牛のしっぽにしばりつけ、その葦の端に火を付け、城壁に数十の穴をあけ、夜中にそこから牛を追い出し、壮士五千人が牛の後ろにつづいた。牛はしっぽが熱くなり、怒って燕軍に向かって突進した。燕軍は夜中のことで大いに驚いた。牛のしっぽのたいまつは、明るく光りかがやいた。燕軍がそれをよく見ると、すべて竜の模様であって、牛が触れた者は全部死んだり傷ついたりした。五千人はこの機会に枚を口にくわえて声を出さないで敵を攻撃した。そして城中からは太鼓を鳴らし大声をあげてそのあとから付いて出、老いた者や幼い者はみな銅の器具を鳴らして音を立て、その音は天地を震動させた。燕軍は大いに驚いて、負けて逃げた。

○「枚」は、夜襲のとき兵士や馬が声を出さないように口に横にくわえて紐（ひも）で首にくくる箸（はし）のようなもの。

第3節 述語―補語

ここで補語というのは英語の complement に当たるもので、「…である」「…という（称する・名づける）」「…となる」（…の語が補語）などを表す特別な表現の場合である。

1 爾(なんぢ)ハ為(たり)㆑爾、我ハ為(リ)㆑我。（孟子、公孫丑(こうそんちゅう)上）

お前はお前である、わたしはわたしである。

2 公子ノ姉ハ為(リ)㆓趙ノ恵文王ノ弟平原君ノ夫人㆒。（史記、魏(ぎ)公子列伝）

公子の姉は趙(ちょう)国の恵文王の弟の平原君の夫人である。

3 桀溺謂(いヒテ)㆓子路(ニ)㆒曰(ク)、子(し)ハ為(ルカト)㆑誰。曰(ク)、為(リト)㆓仲由㆒。（史記、孔子世家）

桀溺(けつでき)が子路に話をして言った、「あなたは誰であるか」と。子路が言った、「仲由です」と。

○昔から「子為誰」「為仲由」と読む人もあるが、意味はここに述べたとおりである。

4　善事父母為孝。（論語、学而、朱子注）

○「善事父母為孝」と読む人もある。

5　幼而無父曰孤。（孟子、梁恵王下）

○「幼而無父曰孤」と読む人もある。

6　非其位而居之曰貪位、非其名而有之曰貪名。（史記、商君列伝）

自分の就くべき地位でないのにその地位に就いているのは、地位をむさぼるといい、自分の受けるべき名声でないのにその名声を受けているのは、名声をむさぼるという。

○「…居之…」「…有之…」と読む人もある。

7　尊呂不韋為相国、号称仲父。（史記、呂不韋列伝）

呂不韋を尊んで総理大臣とし、通称をつけて仲父といった。

8　邦君之妻、君称レ之曰二夫人一。（論語、季氏）

諸侯（日本の大名に当たる）の妻は、殿様がその人のことをいうときは夫人という。

9　楚人謂二乳穀一、謂二虎於菟一。（左伝、宣公四年）

楚国の人は〔方言で〕哺育することを穀といい、虎のことを於菟という。

○「穀」は㝅〔乳を含ませる〕に同じ、音コウまたはドウ。

10　然匈奴以二李牧一為レ怯。雖二趙辺兵一、亦以為我将怯。（史記、廉頗藺相如列伝）

しかしながら匈奴は李牧を臆病だと思った。趙国の国境守備兵でさえも自分らの将軍の李牧は臆病であると思った。

11　武臣乃聴レ之、立為二趙王一、以二陳餘一為二大将軍一、張耳為二右丞相一、邵騒為二左丞相一。（史記、張耳陳余列伝）

武臣はそこで張耳や陳余の言うことを聞き入れ、位に即いて趙王となり、陳余を大将軍とし、張耳を右丞相とし、邵騒(しょうそう)を左丞相にした。

○10の「以李牧」及びここの「以陳餘」の「以」は対象を表す介詞で「を」と訳せばよい。「為陳餘大将軍」という表現法はとらないで「陳餘」と「大将軍」とを分離させるのである。下の「張耳」「邵騒」の前にも「以」のあるべきを、繰り返しになって煩わしいので省いてある。したがってここの「張耳為右丞相」と3の「子為誰」や4の「善事父母為孝」とは同一の形式ではなく、3 4 5 6では「為」「曰」の上の語は主語である。

12　今衆人咸(みな)称朝聖、皆(みな)曰(いフ)公明。(後漢書、范升(はんしょう)伝)

いま多くの人はみな天子様のことを聖だといい、みな殿様のことを明だといっています。

○「曰(いフ)A B」の形式は、このほかにめったにない。

第4節　有り　無し　多し　少なし

1　人皆有リ二兄弟一、我独亡ひとりなシ。（論語、顔淵）

人はみな兄弟があるが、わたしひとりだけは兄弟がいない。

2　人無ケレバ二遠キ慮おもんぱかリ一、必ズ有リ二近キ憂うれヒ一。（論語、衛霊公）

人に遠いさきざきまでの思慮がないときは、間もなく起こってくる心配事が必ずある。

○「ナケレバ」と読むが、「ないから」の意ではなく、「ないと」「ないときには」の意である。したがって「人無キトキハ二……一」と読む人もある。

3　智者モ千慮ニ必ズ有リ二一失一、愚者モ千慮ニ必ズ有リ二一得一。（史記、淮陰侯列伝）

知恵のある者も千度もたびたび思慮しているうちには一度ぐらいのしくじりが必ずあり、愚かな者も千度もたびたび思慮しているうちには一度ぐらいうまくゆくことが必ずある。

4　我 **有**リ四 積二 怨（えん） 深三 怒 於 斉（せい）ニ一。（史記、楽毅列伝）

わたしは斉国に対して積もる怨みと深い怒りを抱いている。

▽返り点は返読を示すのが原則であるが、こうした文例では例外的に四、二、三、一のように返り点がつけられるのが通例。↓第34節C1。

5　吾 **寡**（すくナシ）二 兄 弟一。（礼記（らいき）、檀弓（だんぐう）上）

わたしは兄弟が少ない。

6　**多**シ二 積 聚（しゅう）一。（礼記、月令（がつりょう））

たくわえが多い。

○「多」の上に主語が省かれていると考えればよい。

右の例で、たとえば5「吾 寡 兄 弟」においては、「吾」を主語とし、少ないものの具体的内容である兄弟という語を「寡」の賓語として書いている。これに対して次の文例は、有無多少の具体的内容になるものを主語としたものである。

7 人民**衆**、積畜**多**。（史記、高祖本紀）

人民がおおぜいで、たくわえが多い。

○「畜」は蓄の意。

8 善人**少**而悪人**多**。（蜀志、龐統伝）

9 用力**少**而功**多**。（史記、趙世家）

労力を使うことが少なくて効果が多い。

10 我兄弟**多**。（史記、秦本紀）

わたしは兄弟が多い。

11 儒者文**多**質**少**。（史記、万石君列伝）

儒者は飾り気が多くて質素さが少ない。

12　子曰、苗而不秀者**有**矣夫。秀而不実者**有**矣夫。（論語、子罕）

穀物の芽が出て苗になるけれども花の咲かないものはあるなあ。花は咲くけれども実らないものはあるなあ。

○朱子の注で読んだ。一説に、「秀」は花の咲いた跡にできる殻。「秀而不実」は、この殻はできるけれどもその中に実ができない意。朱子は勉学の未完成で終わるのを戒めることばとし、古注は、顔回の早死にしたのを嘆いたことばとする。

13　其家不可教而能教人者**無**之。（礼記、大学）

自分の家族をば教えることができないで他人を教えることのできる者はいない。

14　今以誣能之臣、事私国之君、而能済功名者、古今**無**之。（管子、法法）

いま能力がないのにあるようにいつわる家来でありながら、国を私物視する君主に仕え、しかも功名を成しとげることのできる者は、昔も今もいない。

15 是故盗賊衆而治者寡。夫衆盗賊而寡治者、以此求治、譬猶使人三睘而毋負己也。（墨子、節葬下）

こういうわけで、盗賊が多くて治まっている者は少ない。いったい、盗賊が多くて治まっている者が少ないのに、こんな状態で治まった世の中を求めるのは、たとえば人に三回くるくる回って自分の方に背を向けないようにさせるようなものである。

○「睘」は還に同じ［孫詒譲『墨子間詁』に引く王引之の説による］。還は、かえる意のときはクワン（カン）。めぐる、回転するの意のときはセン。旋に同じ。自分の前で人に三度回転させると、そのときの勢いで自分の方に向くこともあれば、横向いたり反対を向いたりすることもある。したがって、ここでは、世の中の治まることは必ずしも期待できないの意。

有無多少などの二種の使用法に類するものに次のような例もある。

16 少年易老学難成。（朱子、偶成詩）

17　高者難攀、卑者易陵。（漢書、賈誼伝）

18　為君難、為臣不易。（論語、子路）

19　破山中賊易、破心中賊難。（王陽明、与楊仕徳薛尚謙書）

20　千里而襲人、希有得利者。（史記、秦本紀）

千里も遠くまで遠征して敵を襲撃すると、〔疲れ切っているから〕勝利を得る者はめったにいない。

○「希」は稀に同じ。

21　伯夷叔斉、不念旧悪、怨是用希。（論語、公冶長）

伯夷・叔斉は、古い怨みごとをいつまでも覚えていなかった。人を怨むことがだから少なかった。

22　今高后崩、而帝春秋富、未能治天下。（史記、呂后本紀）

いま高后がおかくれになったけれども、皇帝はお年が若くて、まだ天下を治めることができない。

○高后は高祖の皇后の呂后。恵帝の死後、政権をにぎっていた。帝は少帝をいう。

23 高帝新棄群臣、帝富於春秋。(史記、曹相国世家)

高帝(=高祖)は群臣をあとに残してあの世へ先立たれたばかりで、天子(恵帝)はお年が若い。

○「春秋富」「富於春秋」はともに年が若いこと。このほかに年の若いことを「春秋長」(漢書、劉沢伝)、「富於年」(枚乗、七発)ともいう。これに対して、年をとっていることを「春秋高」(史記、呂后本紀)という。

24 家富良馬。(淮南子、人間訓)

その家には良馬がたくさんいた。

○「家富馬良」の誤りともいう[王念孫、読書雑志、淮南内篇第十八]。

25 学渉群書、文藻富贍。(魏書、文苑伝、裴伯茂)

学問は多くの書物に行きわたっており、文学的才能が豊かである。

26　農不レ出サンバ、則チ乏シ二其ノ食一ニ。（史記、貨殖列伝）

農家が生産しなかったならば、人々は自分らの食べ物に欠乏する。

27　匈奴遮リレ狭キヲ絶ツレ道ヲ。陵食乏シク、而モ救兵不レ到ラ。（史記、李将軍列伝）

匈奴は狭い所をさえぎって道を通れないようにした。李陵は食糧が欠乏し、しかも救いの軍隊は到着しなかった。

さて22「帝春秋富」と23「帝富於春秋」とを比べると、22の場合は帝・春秋という主語を二つ重ねるのに対し、23の場合は「帝富」と先に言い、何に富むかという具体的内容をそのあとに補っている。これに似たもので特異なもの、すなわち「状貌甚ダ美ナリ」（史記、万石張叔列伝）「姿容美好ナリ」（呉志、劉繇伝）などが普通の表現法であるが、これと異なるものを次に例示する。

28　馬融、字ハ季長、扶風茂陵ノ人也。…為リレ人ト美ニシテ二辞貌一、有リ二俊材一。（後漢書、馬融伝）

馬融は字は季長で、扶風の茂陵の人である。…その人がらは言葉遣いも容貌も美しくて、すぐれた才能をそなえていた。

○「美」を「うつくし」と読んでいけないわけではないが、通常は「美(び)」と読む。

29　孫策為(リ)人(ト)美(ニシテ)姿顔(ニ)、好(ンデ)笑語(ス)。性闊(くわっ)達(ニシテ)聴受(シ)、善(シ)於用(フルニ)人(ヲ)。（呉志、孫策伝）

孫策はその人がらは、姿も顔付きも美しく、いつもよくにこにこしながら話すのであった。生まれつき気が大きくて人の言うことをよく聞き入れ、人を使うことがじょうずであった。

○「好」を「よく」とも読む。

30　風儀秀整、美(ナリ)於談論(ニ)。（晋書、温嶠(おんきょう)伝）

〔温嶠は〕姿や態度がすぐれており、談論が立派であった。

31　暎(ノ)弟曄(えふ)、字(ハ)通明、美(ニシテ)姿容(ニ)、善(シ)談吐(ニ)。（南史、梁宗室伝下）

暎(えい)の弟の曄(よう)は、字(あざな)は通明で、容姿が美しく、弁論がじょうずであった。

○「善(ク)談(クス)吐(ヲ)」とも読む。

32 公孫瓚、字伯珪、…有姿儀、大音声。（魏志、公孫瓚伝）

公孫瓚は、字は伯珪で、…立派な姿や態度をそなえており、声が大きかった。

33 羽聞馬超来降。旧非故人。羽書与諸葛亮、問超人才可誰比類。亮知羽護前、乃答之曰、孟起兼資文武、雄烈過人。一世之傑、黥彭之徒也。当与益徳並駆争先。猶未及髯之絶倫逸群也。羽美鬚髯。故亮謂之髯。（蜀志、関羽伝）

関羽は馬超がこちらへ降伏して来たと聞いた。馬超は関羽にとっては従来知り合いではなかった。関羽は手紙を諸葛亮に与えて、馬超の人物才能がだれになぞらえることができるかということを尋ねた。諸葛亮は関羽が自分の方が劣っていると言われたく思っていないことを知り、そこで彼に返事をして「孟起（＝馬超のあざな）は文武の才を兼ねそなえており、勇ましさは一般の人々以上であり、一代の英雄であり、昔の英雄の黥布や彭越らと同類の人物である。当然、益徳（＝張飛のあざな）とくつわを並べて馬を馳せ先陣を争うはずの人物であるが、それでもひげさんのずば抜けてすぐれているのには及びかねるのだ」と言った。関羽はあごひげ・ほおひげがりっぱであった。それで諸葛亮が彼のことをひげさんと言ったのである。

○「可 誰 比 類」の語順については→第16節A。「護前」は、本来、自分の誤りをいいわけして逃れることであるが、ここではさきの訳文のような意味。

さて、たとえば33の「羽 美 鬢 髯」について言えば、「羽美」（関羽は美しい）ということを先に言っておいて、その美しいのは具体的にどの点かということをそのあとに補って表現しているのである。30に「美 於 談 論」という表現があるから「羽美ナリ二鬢髯一」と読んでもよいが、それほどこだわる必要はあるまい。さてこのような表現形式はいつから始まるかというと、史記高祖本紀に「高 祖 為リレ人ト 隆 準(せつ)ニシテ 而 竜 顔、美 須(しゅ) 髯(ぜん)」とある（「須髯」は鬢髯に同じ。「準」は、はなばしら・はなすじの意のときはセツ。ただしジュンでよいという説もある）。われわれはこれを「美 須 髯ナリ」または「美 須 髯アリ」と読んで、「美しいあごひげ・ほおひげを生やしている」と解するが、それはなぜかというと、漢代以前の文に「美ナリ二須 髯一」と解すべきような他の例が見当たらないからである。人あるいは「美 須 髯」と読むのは、「高祖が美しいひげである」ということになっておかしいと言うかも知れない。しかしその上にも「隆 準 而 竜 顔」（高い鼻で竜のようないかめしい顔）といい、史記越王勾践(こうせん)世家に「越王為㆑人、長頸烏喙」（長い首で、からすのくちばしのような口）、秦始皇本紀に「秦王為㆑人、蜂準長目、摯鳥膺、豺声、少㆑恩而虎狼心」（高い鼻で長い目、はやぶさのような胸、山犬のような声、愛情を欠いていて虎や狼のような心）といっていて、漢文にはこのような表現法があるのであって、英語などを解する頭で考えてはいけないのである。それでは28以下に見える「美㆓辞貌㆒」などの表現法はいつから始まるかといえば、正確なことはわからないが、大体三世紀以後であろう。

第5節　副詞的修飾語

修飾する語は修飾される語の上に置かれる。ここでは副詞および副詞的修飾語について述べる。

1　盗賊益(ますます)多(シ)。（史記、秦始皇本紀）

盗賊がますます多くなった。

○通常は「盗賊益〻多(シ)」と訓点をつける。また「益〻多(シ)」「益(ますます)〻多(シ)」などとする人もある。

2　積善之家(ニハ)、必(ズ)有(リ)二余慶一。（易経、坤(こん)卦、文言伝）

善いことをたくさんおこなった家には、（自分だけでなく）あり余って子孫にまでも及ぶ幸せがある。

3　回年二十九髪尽白。蚤死。（史記、仲尼弟子列伝）

顔回は二十九歳のときに頭髪が全部白かった。わか死にした。

○「蚤」は音サウ（ソウ）で早に同じ。

右は主として副詞として用いられる語であるが、名詞が副詞的修飾語として用いられることがあるから、これについて述べる。

雲集　玉砕　瓦解　瓦全　霧散　輻湊　鼎沸　豹変　虎視　雷同　雁行　蛇行
嚢括　櫛比　林立　響応　山積　蜂起　蚕食　雌伏　雄飛　漆黒　水平　席捲
牛飲　馬食

などがこれで、たとえば「雲集」は「雲のようにむらがり集まる」、「玉砕」は「玉と砕ける」、「玉のように価値あるものとして砕ける」、「席捲」「席巻」は「むしろを巻くように片一方から領地を攻め取る」などのように、上の名詞はおおむね「…のように」と状態を示しながら下の語を修飾している。また

穴居　陸行　毒殺　目送　翼蔽　股栗　面折　面諛　口報　耳語　胎生　卵生

などは「穴で生活する」「陸路で行く」「毒で殺す」「目で送る」の意であって、上に置かれた名詞は場所や材料・手段などを示す副詞的修飾語である。また「人足家

給」は「人(ミ)足(リ)家(ミ)給(ス)」または「人(ゴトニ)足(リ)家(ゴトニ)給(ス)」と読み「どの人もどの家も物が十分にある」という意味で、「人」や「家」は給足している状態を示している。「兄事」は「相手を兄としてつかえる」、「臣事」は「自分が臣としてつかえる」の意で「兄」や「臣」は事(つか)える状態を示している。次にこの文例を示す。

4 豕(し)**人**(ノゴトク)立(チテ)而啼(なク)。(左伝、荘公八年)

ぶたが人のように立って鳴き叫んだ。

5 庶民**子**(ノゴトク)来(タル)。(詩経、大雅、霊台)

多くの人民が子が親のもとに集まるように集まって来る。

6 孝恵帝(ノ)時、呂太后用(ヒ)レ事(ヲ)、欲(シ)レ王(トセント)二諸呂(ヲ)一、畏(ル)二大臣(ノ)有(ル)レ口(ヲ)者(ヲ)一。陸生自(ラ)度(はかリ)レ不(ルヲ)レ能(ハ)レ争(フコト)レ之(ヲ)、迺(すなはチ)**病**(モテ)免(ゼラレ)**家**居(ス)。(史記、酈生陸賈(れきせいりくか)列伝)

孝恵帝のときに、呂太后が権力をにぎり、呂氏一族の人々を王にしようと思ったが、大臣で口やかましい者をけむたがっていた。陸賈はこの事に対して言い争ってもだめだと自らおしはかり、そこで病気だという理由で辞職し隠居生活をしていた。

7　天下溺援之以道。嫂溺援之以手。子欲**手**援天下乎。（孟子、離婁上）

天下が悪い状態に陥っているときは、聖人の道で天下を引き上げて救う。兄嫁が水におぼれたときには手でこれを引き上げて救う。あなたは手で天下を引き上げて救おうと思っているのか。

8　范中行氏、皆**衆人**遇我。我故**衆人**報之。至於智伯、**国士**遇我。我故**国士**報之。（史記、刺客列伝、予譲）

范氏・中行氏はいずれも一般人なみにわたしを待遇した。わたしはだから一般人なみに彼らに返礼した。智伯ということになると、国家的人物としてわたしを待遇した。わたしはだから国家的人物として彼に返礼した。

9　及秦軍降諸侯、諸侯吏卒乗勝、多**奴虜**使之。（史記、項羽本紀）

秦軍が諸侯軍に降伏したときになって、諸侯軍の役人や兵卒らは勝った勢いにつけ込んで、多くは彼らを奴隷扱いでこき使った。

○「多ク奴(ど)㆓虜(りょ)‐使スル之ヲ㆒」とも読む。

10 食(やしな)ヘドモ而弗(ざ)ルハ㆑愛セ、豕(し)㆓交セル之ニ㆒也。愛スレドモ而不ルハ㆑敬セ、獣㆓畜(きく)セル之ヲ㆒也。（孟子、尽心上）

物を食べさせるけれども愛さないのは、ぶた扱いをしてその人と交際しているのである。愛するけれども敬わないのは、けだもの扱いをしてその人を養っているのである。

11 夫(そ)レ以テスルモ㆓秦王之威ヲ㆒、相如廷㆓叱(しっ)シ之ヲ㆒、辱メタリ㆓其ノ群臣ヲ㆒。（史記、廉頗(れんぱ)藺(りん)相如(しょうじょ)列伝）

いったい、秦王のような威勢のある人でさえも、わたくし相如は彼を朝廷でどなりつけ、秦王の群臣に恥をかかせてやった。

第6節　副詞の一　皆・尽・悉・独

ここでは副詞の働きのいささか特徴的なものについて述べる。どのようなことを問題にするかというと、日本語でたとえば「これらの生徒がみな饅頭を食べてしまった」とあると、「生徒がみな」か「饅頭をみな」かわかりにくい場合があり、それと同様の現象が漢文にも見られることである。

1　呉中賢士大夫、**皆**出項梁下。(史記、項羽本紀)

呉中のえらい役人がたはみな項梁にへりくだった。

2　古公亶父、復修后稷公劉之業、積徳行義、国人**皆**戴之。(史記、周本紀)

古公亶父は后稷や公劉のしとげた事業を立派に復活させ、すぐれた人格をますます身に備え、人々のためになることをおこなったので、国民はみな彼を推しいただいた。

3　斯長男由為二三川守一、諸男皆尚二秦公主一、女悉嫁二秦諸公子一。(史記、李斯列伝)

李斯の長男の由は三川の郡守となり、息子らはみな秦の皇女と結婚し、娘はすべて秦の諸皇子に嫁した。

○「尚」は、男が身分の高い女と結婚すること。

以上123の「皆」(3の「悉」も)は行為者の主語に関係している。

4　襄城堅守不レ下、已抜、皆阬レ之。(史記、項羽本紀)

襄城の人は堅く守って降伏しなかったので、すでに攻め落としたときには襄城の人をみな穴埋めにした。

5　項王聞下漢王皆已并二関中一且レ東、斉趙叛上レ之、大怒、乃以二故呉令鄭昌一為二韓王一、以距レ漢。(同右)

項王は漢王が関中を全部すでに手中に収めてしまい、これから東に向かおうとしており、斉と趙の二国が自分に背いたということを聞き、大いに怒り、そこで前の呉県の県令の鄭昌を韓王に封じ、そして漢を防がせた。

○「斉趙叛之」の「之」は項王を指す。

右の45の「皆」は行為の賓語（目的語）に関係している。

6　項王至。漢軍畏楚、尽走険阻。（同右）

項王がやって来た。漢軍は項王の率いる楚軍を恐れ、みな険阻な場所に逃げて行った。

7　広之将兵、乏絶之処、見水、士卒不尽飲、広不近水、士卒不尽食、広不嘗食。（史記、李将軍列伝）

李広が軍隊を率いている場合、水や食糧が欠乏した場所では、水を発見すると、兵士が一人残らず飲み終わらなければ、李広は水に近づかず、兵士が一人残らず食べ終わらなければ、李広は食べたことはなかった。

8　豳人挙国、扶老携弱、尽復帰古公於岐下。（史記、周本紀）

豳国の人は国じゅう全部、老人を抱きかかえ幼い者の手を引き、岐山のふもとに来て一人残らずもとどおり古公に付き従った。

9 田単乃令城中人食必祭其先祖於庭。飛鳥悉翔舞城中、下食。(史記、田単列伝)

田単はそこで城中の人に言いつけて、食事をするときは必ず庭で食物の一部分を供えてそれぞれの先祖を祭らせた。飛鳥は一羽残らず城中の空を旋回して飛び、下りて来て食べた。

右の6～9の「尽」「悉」は主語の行為に関係している。たとえば7の「尽飲」は、水を一滴残らず飲むことと、一人残らず飲むこととの両方を表しうるが、ここでは後者である。

10 陳餘悉発三県兵、与斉并力、撃常山大破之。(史記、項羽本紀)

陳余は三県の兵を一人残らず徴発し、斉軍と力を合わせ、常山を攻撃して大いにこれを打ち破った。

11 秦必**尽**誅吾父母妻子。(同右)

秦はわれわれの父母妻子を一人残らず処刑するにちがいない。

12 外黄不下数日。已降、項王怒、**悉**令男子年十五已上詣城東、欲阬之。外黄令舎人児年十三、往説項王曰、彭越彊劫外黄。外黄恐、故且降待大王。大王至、又**皆**阬之、百姓豈有帰心。従此以東、梁地十餘城皆恐、莫肯下矣。項王然其言、乃赦外黄当阬者。(同右)

外黄県は数日間降伏しなかった。すでに降伏したあとで、項王は怒り、男子の十五歳以上の者全部に命じて城の東に来させ、これらの者を穴埋めにしようとした。外黄の県令の家来の子で十三歳の者が、出かけて行って項王を説得しようとして「［あなたの敵の］彭越(ほうえつ)が外黄を無理やりにおどしました。外黄は恐れましたので、だから一時的に彭越に降伏して大王様が救いに来て下さるのを待っていました。大王様がおいでになって、さらにまた一人残らず外黄の者を穴埋めになさるならば、人民たちはどうして大王様に心を寄せることがありましょうか。ここから以東の梁の地の十余城はみな恐れ、降伏を承知するものはありますまい」と言った。項王はこの少年のことばをなるほどと思い、そこで外黄の穴埋めになるはずの者をゆるした。

13 (長桑君)乃チ**悉ク**取リ二其ノ禁方ノ書ヲ一、**尽ク**与フ二扁鵲ニ一。…(公乗陽慶)使メ三意ヲシテ**尽ク**去ラ二其ノ故方ヲ一、更メテ**悉ク**以テ二禁方ヲ一予フレ之ニ。(史記、扁鵲倉公列伝)

長桑君はそこで自分のもっていた秘密の医術の書物を全部取り出し、全部扁鵲に与えた。…公乗陽慶は淳于意にいいつけて彼の従来の医術を全部捨てさせ、改めて自分の秘密の医術を全部淳于意に与えた。

右の11 12 13の「尽」「悉」(12の「皆」)は賓語に対する行為に関係がある。

14 右師不レ悦バシテ曰ク、諸君子皆与レ驩言フニ、孟子**独リ**不三与レ驩言一ハ。是レ簡ニスルレ驩ヲ也。(孟子、離婁下)

右師(の官であった王驩)は機嫌をそこねて、「みなさんがたはみな驩と話をなさったが、孟子だけは驩と話をしなかった。これは驩をないがしろにしたのである」と言った。

15 秦既得意、焼天下詩書。諸侯史記尤甚。為其有所刺譏也。詩書所以復見者、多蔵人家、而史記独蔵周室。以故滅。惜哉惜哉。（史記、六国年表）

秦がすでに天下を取ってわがもの顔に振る舞えるようになったとき、天下の詩経・書経を焼いたが、焼かれたもののうちで諸侯の記録が特にはなはだしかった。それらの記録に秦をそしっている点があるためである。詩経や書経がふたたび世に現れたわけは、多くが民家にしまわれて散在していたからであるが、諸侯の記録だけは周の皇室の庫にしまわれていた、だから消滅してしまった。惜しいことだなあ、惜しいことだなあ。

16 鄭当時者、字荘、陳人也。其先鄭君嘗為項籍将。籍死。已而属漢。高祖令諸故項籍臣名籍。鄭君独不奉詔。詔尽拝名籍者為大夫、而逐鄭君。（史記、汲鄭列伝）

鄭当時という者は、あざなは荘で、陳国の人である。彼の祖先の鄭君は項籍につかえる大将であったことがあった。籍が死んだ。そういうことのあったのちに漢に従った。高祖はもろもろの元の項籍の臣下に籍と名をいわせたが、鄭君だけは詔を守らなかった。高祖は詔を出して、籍と名をいった者を全部任命して大夫とし、そして鄭君を追放した。

◯中国の習慣で、人の名、特に君父の名を言うことは不敬であった。高祖は、踏み絵と同じ方法で旧主人の名を言わせ自分への忠誠を調査したのである。項籍は項羽のことで、羽があざな、籍が名である。

右の14 15 16の「独」は主語の行為に関係がある。

17（高祖）問曰、若何有。対曰、奮**独**有母。不幸失明。（史記、万石張叔列伝）

高祖が尋ねて言った、「お前はどんな身内があるか」。石奮がお答えして言った、「奮はただ母だけがあります。不幸に目が見えません」。

◯「**対**」は卑者が尊者に答えるときに用いる。

18漢王之敗彭城而西行、使人求家室、家室亦亡、不相得。敗後乃**独**得孝恵。（史記、高祖本紀）

漢王が彭城で負けて西の方に逃走したとき、家来に命じて家族を探し求めさせたが、家族もまた逃亡していて、これを見付けることができなかった。敗戦後になってやっとただ孝恵帝だけを見付けた。

○「不相得」の「相」については第8節を参照。「孝恵」はそのとき幼児であるが、のちに天子になったので、のちの名称でいっている。

19　当(タリ)二是(コノ)時(ニ)一、臣唯(ただ)**独**(リ)知(ル)二韓信(ノミヲ)一。非(ザル)レ知(ルニ)二陛下(ヲ)一也。（史記、淮陰侯列伝）

この時に当たって、わたくしはただ韓信だけを知っていました。陛下を知っていたわけではないのであります。

右の17 18 19に見える「独」は賓語に対する行為に関係している。

第7節　副詞の二　自

1　春、漢王部五諸侯兵凡五十六万人、東伐楚。項羽聞之、即令諸将撃斉、而**自**以精兵三万人、南従魯出胡陵。（史記、項羽本紀）

春に漢王は五諸侯の軍隊総計五十六万人を手分けして、東に向かって楚軍を攻撃した。〔項羽はこのときみずから斉を攻撃していたが〕項羽はこのことを聞き、ただちに諸将に命じて斉を攻撃させ、そして自分自身で精兵三万人を率いて南に向かって魯から胡陵へ出て行った。

○「**凡**」は、すべて、いっさい、全部で、総計などの意。大凡とあれば、大概、大抵の意。「以」は、ここでは率いるの意、ヰルはヒキヰルに同じで古語。

2　許子冠乎。曰、冠。曰、奚冠。曰、冠素。曰、**自**織之与。

曰、否、以粟易之。（孟子、滕文公上）

孟子「許子は冠を着けているか」。陳相「冠を着けている」。孟子「何の冠を着けているか」。陳相「白絹の冠を着けている」。孟子「自分でそれを織ったのか」。陳相「いや、穀物をそれと交換したのだ」。

3　燕軍尽掘壟墓、焼死人。即墨人従城上望見、皆涕泣、共欲出戦、怒**自**十倍。（史記、田単列伝）

燕国の軍隊は一つ残らず墓を掘り、埋葬してある死体を焼いた。即墨の人は城の上からこの様子をはるかにながめ、みな涙を流して泣き、城を出て戦おうとともに思い、怒りが自然と十倍になった。

○「壟墓」、昔は土葬で、墓は土を盛り上げてあるから「壟」という。

4　読書百偏、而義**自**見。（魏志、王粛伝注引魏略）

書物を百回読むと意味が自然にわかってくる。

右の１２はミヅカラ、３４はオノヅカラと読む例で、これらは日本語でも常用されるものであるから、特別の説明は不要である。次に述べる「自(みづから)」は「自分で自分を（自分に）…する」という意味の場合である。

5　昆弟三人皆流涕シ、抜イテレ剣ヲ自殺ス。（史記、秦始皇本紀）

兄弟三人はみな涙を流して泣き、剣を抜いて自殺した。

6　非トシレ人ヲ自ラ是トス。（塩鉄論、論菑(ろんし)）

人を間違いとし自分を正しいとする。

7　分ツニ二財利ヲ一自ラ多ク与フ。（史記、管晏列伝）

品物や利益を分配するときに自分が多く取った（←自分に多く与えた）。

8　将(ひき)キテ二両騎ヲ一自ラ随フ。（呉志、太史慈伝）

二人の騎馬武者を連れて自分の供として従えた。

9　孫叔敖(がう)トイフ者ハ、楚之処士也。虞丘相進メテ二之ヲ於楚ノ荘王ニ一、以テ自ラ代ヘシ也。（史記、循吏列伝）

孫叔敖という人は楚国の浪人であった。虞丘相がこの人を楚の荘王に推薦して自分の代わりにした（↓自分に代えた）のである。

10　今釈弗撃、此所謂養虎**自**遺患也。（史記、項羽本紀）

いまもし捨てておいて撃たなかったら、これはいわゆる虎を養って自分に災いの種を残すというものである。

11　凡闘者、必**自**以為是、而以人為非也。（荀子、栄辱）

喧嘩をする者はだれでも、必ず自分を正しいとして、人を間違いとするのである。

○「自」は副詞であるから「以自為是」とは書けない。

12　人君無愚智賢不肖、莫不欲求忠以**自**為、挙賢以**自**佐。（史記、屈原賈生列伝）

君主は知者愚者、すぐれた者劣った者の区別なしにだれでも、忠臣を求めて自分に役立て、賢者を登用して自分の手助けにすることを望まない者はいない。

13　張儀於是之趙、上謁求見蘇秦。蘇秦乃誡門下人不為通、又使不得去者数日。已而見之、坐之堂下、賜僕妾之食、因而数譲之曰、以子之材能、乃自令困辱至此。吾寧不能言而富貴子。子不足収也。謝去之。（史記、張儀列伝）

張儀はそこで趙国に行き、名刺を差し上げて蘇秦に面会したいと願い出た。蘇秦はそこで家来によく言い含めて張儀のために取り次ぎしないようにさせ、さらにまた張儀に帰るわけにもいかないようにさせることが数日間であった。そうしておいたあとで面会すると、張儀を表座敷の下の庭にすわらせ、召使いの食べるような粗末な食べ物を授け、そのようにしておいて張儀を責めて、「君のような立派な才能がありながら、しかもこのように自分で自分自身を恥ずかしい状態に陥れている。わしは口添えして君を富貴にしてやることができないわけではないが、君は世話してやるだけの値打ちがないのだ」と言い、ことわって彼を帰らせた。

14 皓性不好人視己。群臣侍見、皆莫敢迕。凱説皓曰、夫君臣無不相識之道。若卒有不虞、不知所赴。皓聴凱自視。（呉志、陸凱伝）

孫皓は生まれつきとして人が自分の顔をよく見ることを好まなかった。群臣がお目どおりする場合にも、彼の意に逆らってよく見るだけの勇気のある者はだれ一人いなかった。陸凱が孫皓に意見して「いったい、君臣の間には、お互いに顔をよく知らないという道理はありません。もし思いがけない事件が突然に起こったら、どの人の所へ救いに行けばよいかわかりません」と言った。それで孫皓は陸凱の願いを聞き入れて、自分の顔をよく見させた。

○「視」は上の「聴」の結果として使役形に読む。

15　霊運為性編激、多愆礼度。朝廷唯以文義処之、不以応実相許。**自**謂才能、宜参権要。既不見知、常懐憤憤。（宋書、謝霊運伝）

謝霊運は生まれつきとして気みじかで、しばしば礼法にはずれることがあった。朝廷はただ文章に優れていることで彼を待遇し、政治の実務に応じうるということを彼に認めなかった。彼自身は、自分に才能があり、権力のある重要な地位に加わるはずだと思っていたが、彼の才能を認められなかったものだから、いつも憤りの念をいだいていた。

○「相許」については第8節を参照。「不見知」の見は受身を表す。

以上の諸例の場合、意味をわかり易くするために「自ラヲ是トス」「自ラニ代フ」「自ラノ為ニス」「自ラヲシテ令ム」などと読んでもかまわない。日本語では「みづから」は名詞・代名詞としても用い、これに格助詞をつけることができるからである。しかし漢文としては、あくまで副詞であるから、その語順上の位置は変わらない。

副詞の「自」について、また別に「別自」の義の用法がある。これは「それ自体は」「それはそれとして」「それには別に」などの意味で用いられるものである。この場合、昔の人がミヅカラ・オノヅカラのいずれに読んだかは私は知らない。そもそもミヅカラのミもオノヅカラのオノ（オノレ）も自分自身を指すことばであって、いずれも他の力を借りず自分自身ですることを表す副詞であるが、人またはそれに準ずるものの場合にはミヅカラといい、自然にそうなるときはオノヅカラという習わしになっているようである。ある植物が自生しているとする。それは人が植えたのでなくそれ自身で生えたのであるから、「みづから生ず」といってもよさそうだが、そうはいわず、自然に生えたものとして「おのづから生ず」という。さてこの別自の自の場合、自然とは関係はないが、人の行為に関係したものでないので、私はさしたる理由もなくオノヅカラと読み習わしている。

16　其ノ校尉裨（ひ）将、以テレ従ヒシヲ二大将軍ニ一侯タル者九人、其ノ裨将及ビ校尉ノ

已為将者十四人、為裨将者曰李広、**自**有伝。（史記、衛将軍驃騎列伝）

その（＝衛青の）校尉や副将で大将軍衛青に従っ〔て匈奴征伐に行〕った手柄で諸侯になった者は九人、副将および校尉ですでに将になった者は十四人おり、副将になった者は李広といって、それにはそれとして伝がある。

○史記に別に李将軍列伝があるということ。「校尉」は武官の官名。

17　故自隴以西、有緜諸翟豲之戎、…燕北有東胡山戎、各分散居谿谷、**自**有君長。（史記、匈奴列伝）

だから隴（甘粛省）から以西に緜諸・翟豲の異族がおり、…燕（河北省）の北に東胡・山戎がおり、おのおの分散して渓谷に居住していたが、それらそれぞれに君長がいた。

18　（騶衍）以為儒者所謂中国者、於天下乃八十一分居其一分耳。中国名曰赤県神州。赤県神州内、**自**有九州。禹之序九州、是也。不得為州数。中国外如赤県神州者九。乃所謂九州也。於是有裨海還之。人民禽獣、莫能相通者、如一区中者、乃為一州。如此者九、乃有大瀛海環其外。天地之際焉。（史記、孟子荀卿列伝）

騶衍の説では儒者がいっている中国とは、天下において何と八十一分してその一分を占めているに過ぎないのである。中国は名づけて赤県神州という。赤県神州の中には、それ自体で九州がある。禹王が九州を秩序づけたというのがそれである。しかしそれは州の数とすることはできない。中国のほかに赤県神州のようなのが九つある（注、実は八つで、赤県神州と合わせて九つ）。これぞ騶衍のいわゆる九州である。ここに至って裨海があってこの九州を取りまいている。人類や鳥獣が互いに交通することができないもので、一つの区域中のようなものを、はじめて一州とする（注、九州を裨海で取りまいたものを一州とするの意）。このようなものが九つあって、かくして大瀛海がその外をめぐっている。これが天地の極限である。

○これは騶衍の空想による説。

第8節　副詞の三　相

1　四人**相**視而笑、莫レ逆二於心一。遂**相**与為レ友。（荘子、大宗師）

四人はお互いに顔を見合わせて笑い、心に何の抵抗もなかった。かくしてお互い同士が友になった。

○「甲与レ乙」「乙与レ甲」を一つにすると「甲乙相与」となる。「相視」もこれに同じ。ここでは四人だから組合わせが多いだけで原則に変わりはない。

2　二十三年、山戎伐レ燕。燕告二急於斉一。斉桓公救レ燕、遂伐二山戎一、至二于孤竹一而還。燕荘公遂送二桓公一入二斉境一。桓公曰、非二天子一、諸侯**相**送不レ出レ境。（史記、斉太公世家）

桓公二十三年に山戎が燕国を攻撃した。燕は危急を斉国に知らせた。斉の桓公は燕を救い、そのまま続けて山戎を伐ち、孤竹国まで行って帰った。燕の荘公はかくして桓公を送って斉の国境内に入った。桓公は「天子を見送る場合でなければ、諸侯同士が互いに見送るときは自分の国境を出ないものである」と言った。

3 孿子之相似者、唯其母知之而已。(韓策、三)

ふた子の互いに似ている者は、ただその母だけが知っていて区別がつくのだ。

4 盧綰者、豊人也。与高祖同里。盧綰親与高祖太上皇相愛。及生男、高祖盧綰同日生。里中持羊酒賀両家。及高祖盧綰壮、倶学書。又相愛也。里中嘉両家親相愛、生子同日、壮又相愛、復賀両家羊酒。(史記、韓信盧綰列伝)

盧綰という者は、豊邑の人である。漢の高祖と同じ(中陽里という)村に住んでいた。盧綰の親は高祖の父君と仲良しであった。男の子を生んだがそのとき、高祖と盧綰とが同じ日に生まれた。里中の人々は羊の肉や酒を持って行って両家にお祝いをした。高祖と盧綰とが一人前になったとき、いっしょに揃って字の読み書きを勉強した。この二人はさらにまた仲良しであったのである。里中の人々は、両家の親同士が仲良しで、子を生んだのが同じ日、大きくなってさらにまた仲良しなのをめでたく思い、またもや両家に羊の肉や酒をお祝いに贈った。

○「太上皇」は天子の父の称号。このとき太上皇であったのでなく司馬遷が後世から書いている。「又相愛」の「又」は累加の意で、親同士が仲良しであったその上に、また子同士が仲良しの意。「亦」ならば「もまた」で並列的。

5　此一節論婦事舅姑之礼、并明冢婦介婦**相**於之節。（礼記、内則「舅没則姑老」正義）

この一節は嫁がしゅうと・しゅうとめ（夫の父母）につかえる礼を論じ、あわせて、長男の嫁と次男以下の嫁との間でのお互い同士の作法を明らかにしている。

○「相於」は「冢婦於介婦」「介婦於冢婦」を一つにしたもの、「相於」と読むも可。

以上の「相」は「相互」「交相」の義であって「互いに」を意味する。

6　酒酣以往、高漸離撃筑、荊軻和而歌於市中、**相**楽也。（史記、刺客列伝、荊軻）

酒盛りが最高潮になってからのちは、市場の中で高漸離が筑という楽器を打ち、荊軻が調子を合わせて歌い、ともどもに楽しんだのである。

7　東陽少年殺其令、…**相**聚数千人。（史記、項羽本紀）
東陽県の若者どもはそこの県令を殺し、…数千人も方々から集まって来た。

8　秦使向寿平宜陽。…向寿者、宣太后外族也。而与昭王少**相**長。故任用。（史記、樗里子甘茂列伝）
秦国は向寿に命じて宜陽を治めさせた。…向寿という者は〔秦の昭王の母の〕宣太后の里方の者である。そして昭王と幼いときからともども成長した。だから秦では彼を任用したのである。

右の678の「相」は「相与」（あひともに）の義で、「ともどもに」「たがいにいっしょに」などを意味する。

9　漢軍皆走、**相**随入穀泗水。（史記、項羽本紀）
漢軍はみな逃げ、つぎつぎに穀水・泗水という二つの川に落ち込んだ。

10　乃拝大為五利将軍。…天子親如五利之第、使者存

問供給、**相**属於道。（史記、封禅書）

天子はそこで欒大（らんだい）を任命して五利将軍とした。…天子が自分自身で五利将軍の屋敷においでになり、天子の使者で五利将軍の御機嫌をうかがったり、贈り物をしたりする者が道にあとからあとからと続いた。

11 （董仲舒）下帷講誦、弟子伝以久次**相**受業、或莫見其面。（史記、儒林列伝）

董仲舒（とうちゅうじょ）はカーテンをおろして講釈をし、弟子は弟子の期間の長い者が短い者に教えるというやり方で学業をつぎつぎ受け、ときには彼（董仲舒）の顔を見た者がいないこともあった。

右の9 10 11の「相」は「逓相」の義といわれ、「つぎつぎに」「順繰りに」「あとからあとへと」を意味する。「父子相伝」（第1節7）もこの義。

「相」のもう一つの用法は、相互にではなく一方的に相手を指す場合である。相手がだれであるかによって適当な訳をすればよい。

12 薛宣為丞相。雲往見之。宣備賓主礼、因留雲宿、従容謂雲曰、在田野亡事。且留我東閤、可以観四方奇士。雲曰、小生廼欲相吏邪。宣不復言。（漢書、朱雲伝）

薛宣が丞相（総理大臣）になった。朱雲が出かけて行って彼に会った。薛宣は主人として客をもてなす対等の礼を備えてもてなし、ついでに朱雲を引きとめ泊らせ、くつろいで朱雲に話をして「いなかにいてはすることがなくて退屈でしょう。当分わたしの役所の顧問室にとどまって、天下のすぐれた人物を観察してくださるがよろしい」と言うと、朱雲は「新参者めがなんとわしを下役にしようと思っているのか」と言ったので、薛宣は二度とその話をしなかった。

〇薛宣が丞相であるにもかかわらず、当時浪人であった朱雲を尊敬してもてなしたので「賓主礼」（客と主人との対等の礼）という。「**廼**」は「乃」に同じ、ここでは意外の気持ちを表す。「何とまあ」「事もあろうに」などと訳す。「小生」云々については「師古曰、小生謂其新学後進。言欲以我為吏邪」。「廼」は迺の俗字で、中国の書物に常用される。

13 忳嘗詣京師、於空舎中見一書生疾困、愍而視之。

書生謂忳曰、我当到洛陽、而被病命在須臾。腰下有金十斤、願以**相**贈。死後乞蔵骸骨。未及問姓名而命絶。（後漢書、独行伝、王忳）

王忳にはかつて次のようなことがあった、すなわち都に行ったが、あき家の中で、一人の書生が病気で苦しんでいるのを見かけて、気の毒に思って看病をした。書生が王忳に話をして「わたしは洛陽に行かねばならないが、病気にかかって命が目の前に迫っている。腰のところに金十斤がある。この金をあなたに進呈したい。死後にどうかなきがらを埋葬して下さい」と言って、姓名を問うまで行かないうちに命が絶えた。

○ここの「嘗」はこの事件より後に起こる事件から見て「前にこのようなことがあった」という意味で書いてある。「須臾」は、しばらく。ごくわずかな時間。畳韻の語、↓第37節。「以相贈」は「以此金贈君」の意。

14（謝端）平旦潜帰、於籬外窃窺其家中、見一少女従甕中出、至竈下燃火。端便入門、…問之曰、新婦従何処来而**相**為炊。女大惶惑、欲還甕中、不能得去。答曰、我天漢中白水素女也。天帝哀卿少孤、恭慎自守、故使我権為守舎炊烹。十年之中、使卿居富得婦、自当還去。而卿無故**相**窺掩。吾形已見。不宜復留。当**相**委去。（捜神後記）

謝端は夜明け方にこっそり帰って来、かきねの外からそっと自分の家の中をのぞくと、一人の若い女がかめの中から出て、かまどのそばに行き火を燃やしているのが見えた。謝端はすぐに門内に入り、…その女に尋ねて「花嫁さんはどこから来てわたしのために炊事していなさるのですか」と言った。女はたいそうあわてて、かめの中に帰ろうとしたが、逃げ去る機会をつかむことができなかった。答えて「わたしは天の川にいる白水素女であります。天帝はあなたが幼いのに親に死に別れ、慎み深くわが身を守って来なさったのを哀れみなされ、それでわたしに言いつけて仮にあなたのために家の守りをしたり煮炊きをしたりさせなさいました。十年間のうちに、あなたに豊かな生活をし嫁さんをめとるようにさせましたならば、自然と、天へ帰って行くはずでした。それにあなたは何の理由もなくわたしをのぞき不意を突きました。わたしの姿はすでに現れましたから、今までどおりとどまっていてはよくありません。あなたを捨てて帰らねばなりません。…」と言った。

○謝端が大きな螺を拾い、かめの中に入れて飼っていたが、謝端が朝早くから畑仕事をしているうちに、螺が女になって炊事の世話をこっそりしていた話。「自守」については第7節5以下を参照。「卿」はここでは二人称の敬称。「無故」は、謝端としては理由があったが、女の方にとって「何も悪いことをしていないのにむやみに」というほどの意味でいっている。

右の例において「相」は行為者から見ての相手を指すから、ときには「あなた」となり、ときには「わたし」となるなど、さまざまではあるが、漢文自体としては、「相」は副詞であるから、常に本来的に動詞の上にある。

第9節　副詞の四　初・新　初・始

A　初・新

初と**新**には種々の意味があるが、ここでは「…したばかり」の意味がある点について述べる。

1　及高祖時、中国**初**定、尉他平南越、因王之。…陸生因進説他曰、…天子憐百姓**新**労苦、故且休之、遣臣授君王印、剖符通使。君王宜郊迎、北面称臣、迺欲以**新**造未集之越、屈彊於此。漢誠聞之、掘焼王先人冢、夷滅宗族、使一偏将将十万衆臨越、則越殺王降漢、如反覆手耳。（史記、酈生陸賈列伝）

高祖の世に中国がやっと落ちついたばかりのときになって、尉他は南越を平定し、そのままその地の王になった。…陸生はかくて前に進んで尉他に説いて、「…天子様は人民が苦しい目に遭ったばかりであるのを哀れみ、それでしばらく人民を休養させようとのおぼしめしで、私を派遣し殿様に印を授け、割り符を分け与え使者を行き来させようとなされた。殿様は天子の使者たる私を郊外まで出迎え、下座に就いて臣と名乗るべきでありますのに、それに建ったばかりでまだ完成していない越国を率いてここで不柔順な態度をとろうとしていなさる。漢帝国がもしこのことを聞いたら、殿様の祖先の墓を掘って遺体を焼き、殿様の一族を皆殺しにし、一部隊長に命じ十万の軍隊を率いて越を攻めさせるでしょう。そうなれば越の民衆が殿様を殺して漢帝国に降伏するのは、手のひらを反すようにごく簡単なのであります。…」と言った。

○「未集」は未成に同じ。「偏将」は一部分の軍隊の将。官名ではない。総大将を派遣する必要はないという意味で偏将という。

2　良庖歳更刀、割也。族庖月更刀、折也。今臣之刀十九年矣。所解数千牛矣。而刀刃若新発於硎。彼節者有間、而刀刃者无厚。以无厚入有間、恢恢乎其於遊刃、必有余地矣。是以十九年而刀刃若新発於硎。（荘子、養生主）

上手な料理人は一年ごとに庖丁を取り換える。牛の肉を無理に裂き切るからである。一般の料理人は一月ごとに庖丁を取り換える。牛の骨を折るからである。ところがいま私の庖丁は使って十九年になる。分解した牛は数千頭になる。しかも庖丁の刃は砥石にかけてとり出したばかりのようである。牛のあの節すなわち骨と肉との結合している所には隙間がある、そして庖丁の刃には厚さがない。厚さのないものを隙間のあるところへ入れるのだから、広々として、刃を動かすことにおいて、必ずゆとりがある。こういうわけで十九年たっても砥石にかけて取り出したばかりのように鋭いのである。

3　**初生之犢不懼虎。**（三国志演義、第七十四回）

生まれたばかりの子牛は〔こわいもの知らずだから〕虎を恐れない。

4　南陽宋定伯、年少時、夜行逢鬼。問之。鬼言、我是鬼。鬼問、汝復誰。定伯誑之言、我亦鬼。鬼問、欲至何所。答曰、欲至宛市。鬼言、我亦欲至宛市。遂行数里。鬼言、歩行太遅、可共遞相担、何如。定伯曰、大善。鬼便先担定伯数里。鬼言、卿太重、将非鬼也。定伯言、我**新**鬼、故身重耳。定伯因復担鬼、鬼略無重。如是再三。…於是共行、道遇水。定伯令鬼先渡。聴之、了然無声音。定伯自渡、漕漼作声。鬼復言、何以有声。定伯曰、**新**死、不習渡水耳。勿怪吾也。（捜神記、巻一六）

南陽の宋定伯は、年のわかいときに、夜旅をしていて妖怪に出会った。そいつに尋ねると、妖怪が「わたしは妖怪だ」と言った。妖怪が尋ねた、「おまえはそれではだれだ」。定伯はそいつをだまして言った、「わたしも妖怪だ」。妖怪は尋ねた、「どこまで行こうと思っているのか」。答えて言った、「宛市まで行こうと思っているのだ」。妖怪が言った、「わたしも宛市まで行こうと思っている」。かくて数里歩いたが、妖怪が言った、「歩くのが遅すぎる。二人で交替で互いに肩車するがよい、どうだ」。定伯が言った、「たいそう結構だ」。妖怪はそこで定伯を数里のあいだ肩車した。妖怪が言った、「きみは重すぎる。ひょっとすると妖怪でないのだろう」。定伯が言った、「わたしはなりたての妖怪だ、だから体が重いのだ」。定伯はそれでこんどは妖怪を肩車したが、まるで重さがなかった。このようにして二、三回交替して肩車した。…さてかくして共に旅をしていると、途中で川に出会った。定伯は妖怪に先に渡らせた。よく聞いていたが、全く音がしない。定伯が自分で渡ると、ザブザブと音を立てた。妖怪がまた言った、「なぜ音がするのだ」。定伯が言った、「死んだばかりで、川を渡るのに慣れていないのだ。わたしを怪しみなさるな」。

○「鬼」、妖怪、おばけ、幽霊。「新鬼」「新死」などの語からみると幽霊が最適の訳のように見えるが、宋定伯（魯迅、古小説鉤沈に収める列異伝には宗定伯とあり、この方がよいように思われる、他にも文字に異同がある）の相手の鬼はあとで羊に変化したので幽霊とはいいがたく、さしあたり妖怪と訳しておく。なお鬼には神の意もある。↓第40節、対異散同。「汝復誰」、こんどはお前の答える番だという意味で「復」という。「漕漼」は双声の語。↓第37節。「鬼略無重」、王力の古代漢語、七七〇ページ〔校訂重排本第三冊八一八ページ〕に「略無の二字が連用されると毫無をあらわす」という。

B　初・始

初の主要な用法は、(1)はじめて。文例参照。(2)初妻・初志などのように、はじめの、最初の、第一番目の。(3)事をさかのぼって述べる。劉淇の助字弁略に追原之辞といい、楊樹達の詞詮に「謂二初時一也。欲三説二明後事一、必追二溯前事一。追溯時則用二初字一、往往居二一節之首一、以二一字一為レ読」という。この説明のように楊樹達は「初」一字で読点をつけるが、つけない人もある。なお追溯というよりも、初めと後との対比に重きを置いて「初」を用いる場合もある。(4)やっと…したばかり。本節Aで既述。(5)「初不…」「初無…」→第34節31・32・33。(6)「はじむ」と動詞に用いることはない。

始の主要な用法は、(1)はじむ。動詞として用いる。(2)初の(1)に同じ。(3)初の(3)に同じ。(4)「子曰、賜也始可与言詩已矣」(論語、学而)のように「乃」「然後」、かくてはじめて。やっと。(5)「始不」「始無」の用法はなく「未始…」の形式がある。→第34節57・58・59。

さてここでは右に挙げた諸例のうち若干のものについて述べる。

1　**初**献六羽。(春秋、隠公五年)

はじめて六羽の舞を奉納した。

○「羽」は、雉の尾羽を竿にぶらさげてあるものを持って舞う舞の名。「六」は舞人の人数に関係があるが、これについては諸説があり、省略。さてこのことを左伝は「…於是初献六羽。始用六佾也」、公羊伝は「初献六羽。初者何、始也」、穀梁伝は「初献六羽。初、始也」といって、「初」を「始」で解釈している。

2　**初**伍員与申包胥交。(左伝、定公四年)

話は昔にさかのぼるが伍員は申包胥と交際をしていた。

○史記伍子胥列伝には「始伍員与申包胥為交」とある。左伝ではこの用例の場合はすべて「初」を用い「始」を用いない。

3　成帝崩、禹及事哀帝、建平二年薨。謚曰節侯。禹四子、長子宏嗣侯、官至太常、列於九卿。三弟皆校尉・散騎・諸曹。**初**禹為師、以上難数対己問経、為論語章句献之。**始**魯扶卿及夏侯勝・王陽・蕭望之・韋玄成、皆説論語、篇第或異。禹先事王陽、後従庸生、采獲所安、最後出而尊貴。諸儒為之語曰、欲為論、念張文。由是学者多従張氏、餘家寖微。(漢書、張禹伝)

成帝がおかくれになり、張禹は哀帝にまでもつかえ、建平二年に薨去した。おくり名をつけて節侯といった。張禹には四人の男の子がおり、長子の宏は侯の位を継ぎ、官職は太常にまで登り九卿の一人になった。三弟はみな校尉とか散騎とか各部局の部局長級とかになった。さて話はもとにもどって、張禹が天子の先生になったときに、しばしば自分に対して経書の質問をすることを天子が面倒がられるので、論語章句を作って献上した。〔この論語については〕はじめ魯扶卿および夏侯勝・王陽・蕭望之・韋玄成がみな論語の講義をしたが、篇の順序がなかには異なるものもあった。張禹は初めに王陽につき後に庸生について学び、本文やその解釈の一番たよれるものをわがものにし、論語学者としては最もあとで出、また天子の先生として尊かったので、諸学者はそれについてのことわざを作って「論語を勉強しようと思うなら、張先生の本を読め」といった。それがため、学生は多くが張禹につき従い、他の学派はしだいに衰えた。

○「薨」、天子の死を崩といい、諸侯の死を薨という。「太常」、儀式をつかさどる官の長で、九卿（各省大臣九人）の一人。「校尉」、武官名。「散騎」、天子の侍従官。「諸曹」、諸部局、ここでは訳のようなものであろう。

4　項王已死、楚地皆降漢。独魯不下。漢乃引天下兵、欲屠之。為其守礼義、為主死節、乃持項王頭視魯。魯父兄乃降。**始**懐王初封項籍為魯公。及其死、魯最後下。故以魯公礼葬項王穀城。（史記、項羽本紀）

項王が死去してしまったのち、楚の領地のものはみな漢に降伏した。ただ魯だけが降伏しなかった。漢はそこで天下の軍隊を率いて行って、魯を全滅させようとした。しかし魯が礼義を守り、自分の君主のために節義を守って命をささげようとしているのであるから、そこで項王の首を持って行って魯の人々に示した。魯の年寄りたちはやっと降伏した。さて話はもとにさかのぼって懐王が項籍を領主にした第一回目は魯公であった。項籍が死んだときに魯は最後に降伏した。だから魯公としての礼で項王を穀城に埋葬した。

○「懐王初封項籍」の「初」は懐王が諸臣を封じる第一回目でなく、項籍を封じる第一回目である。副詞が主語側に関係するか賓語側に関係するかについては、第6節を参照。

5 恵帝二年、蕭何卒。参聞之、告舎人趣治行、吾将入相。居無何、使者果召参。…参始微時、与蕭何善。及為将相有郤。至何且死、所推賢唯参。参代何為漢相国。(史記、曹相国世家)

恵帝二年に、蕭何が逝去した。曹参はこのことを聞き、召使いに告げて急いで旅行の仕度をさせ、「わしは都へ行って総理大臣になるであろう」と言った。幾らも日のたたないうちに使者が来て案の定曹参を召した。…曹参はむかし微賤な時代には蕭何と仲良しであったが、将軍や大臣になるようになって、しっくりしない所が生じた。しかし蕭何が死にそうになったときには、彼が推薦した優れた人物はただ曹参だけであった。曹参は蕭何に代わって漢帝国の総理大臣になった。

○「卒」、士大夫（官吏）の死をいう。「舎人」、家人という説もあるが、召使い・家来の意の方がよいとされる。「**居**」、日時の経過をいうのに用いる。「居三日」は「三日たって」、「居不至期年」（淮南子、道応訓）は「期間がまる一年とたたないうちに」、「処十月」（同上）という書き方もある。「郤」、隙に同じ、すきま、仲違い、不和。この郤に似た字に卻があり、これは却に同じ。しりぞく、かへって。郤と卻とは中国でも日本でもよく混同されている。

6　廷尉責曰、君侯欲反邪。亜夫曰、臣所買器、乃葬器也。何謂反邪。吏曰、君侯縦不反地上、即欲反地下耳。吏侵之益急。**初**吏捕条侯、条侯欲自殺。夫人止之。以故不得死。遂入廷尉、因不食五日、嘔血而死。

（史記、絳侯周勃世家）

（副葬品として墓に埋めるために甲や楯を買ったのであるが、その事件で）廷尉が責めて「殿様は謀反しようと思っているのか」と言うと、周亜夫は「私の買った武具はなんと埋葬用の武具であります。どうして謀反だなんていえましょうか」と言った。役人は「殿様はたとい地上で謀反しなくても、地下で謀反しようと思っているのだ」と言って、役人がますますきびしくやりこめた。話はもとにもどるが役人が条侯周亜夫を捕らえたとき、条侯は自殺しようと思った。夫人がそれを止めたので、それで死ぬことができなかった。このようなことがあって廷尉の法廷に入ったのであるが、〔きびしい取り調べを受けたので〕五日間、物を食べないで、血を吐いて死んだ。

○「廷尉」、最高裁判所長官のような官。「君侯」、周亜夫は諸侯であるので殿様という。処刑されることは不名誉なので自殺をする。

7　（高祖）起為太上皇寿曰、始大人常以臣無頼、不能治産業、不如仲力。今某之業所就、孰与仲多。（史記、高祖本紀）

高祖が立ちあがって太上皇の長寿祝福をして言った、「むかしお父さんは、私のことを、頼りにならず、生業を治めることができず、仲兄さんの努力しているのには及ばないと言っていらっしゃいました。ところがいま私の事業の成果は仲兄さんと比べてどちらが大きいでしょうか」と。

○「太上皇」、天子の父の称号。「以臣無頼…」は「以レ臣為下無頼、…不上レ如二仲力一。」の「為」を省略したもの。「仲」、二番目の兄。高祖の長兄は早くに死亡した。「孰三与仲多二」→第31節H。

第10節 副詞の五 又・亦・復・猶・尚・且

ここでこれらの語のすべての用法を述べることは不可能であるので、その主要点をのみ述べる。

助字弁略の「復」の条に、「礼記礼運、『言偃復問曰、如此乎礼之急也』案復、又也、更也、再也、重也。上文云『言偃侍側曰、君子何歎』、此又更問、故云復也。…又左伝文公七年、『復為兄弟如初』、此復字、猶還也、仍也。…」といっている（「猶還也、猶仍也」を一まとめにしたもの）。してみると大まかにいって、「復」には「また・さらに・ふたたび・かさねて」などの意や「もとどおり」などの意があるわけである。

釈大典の文語解の「復」の条にいう、「重也再也ト注シテ本音ノ反復重復ノ義ヲ含メリ。夫死者不可復生、刑者不可復属、雖復欲改過自新、其道無由也（孝文紀）、ソノ義自明ナリ。高后元年魯元太后薨、後六年宣平侯敖復薨（張耳伝）、モシ又ノ字ナラバ元后薨ジタル上ニ宣平侯マタ薨ズル義トナル、亦ノ字ナラバ宣平侯モマタ薨ズル義トナル、然ルニ復ノ字ヲ用ユレバ、薨ジタルコトヲ二（フタ）ツイフ辞ナリ。大抵コノ字ハ竪（たて）ニイフニモ横ニイフニモ相クラベ相ナラベテイフ辞ナリ。又文中ニカロク用ルコト多シ。昔秦失二其鹿一ヲ、劉季逐而猗（とル）レ之ヲ、時ニ民復知レ漢ヲ乎（漢叙伝）、カロク用ユル語味カヘツテ会得シガタシ、ヨク玩索スベシ。六朝ノ文オヨビ詩語ニカロク用ルコト太多（はなはだ）シ、飛鳥去テ不レ窮ラ、連山復秋色（王維詩）、コレ飛鳥ヲナガメヤリテマタ連山ノ色ニ目ヲウツリタル所ニテイフ辞ナリ」（平仮名のルビを除いてほかはもとのまま）といい、ついで「亦復・還復・復還・且復・猶復・雖復・無復・復有・非復・復何等ノ語、東漢以来ノ文ニ甚多シ」といってその文例を挙げ、次に「又復ト用ユルコトハ史漢ニ多アリテ後世ノ文ニハ少シ」といい、その文例を挙げている。さて文語解のこの文の初めに「本音ノ反復重復ノ義ヲ含メリ」というのはどういうことかというと、「反復重復（複）」など動詞の場合は音がフク（入声屋韻（にっしょうおくいん））であるが、マタという副詞の場合は厳密にいえば音がフ（去声宥韻（ゆう）、釈文などには扶又反と反切が記されている）であって、音が異なる。このようにマタは音がフであって音が異なるが本音フクの場合の「反復重復（複）」の義を含んでいるという意味である（ただし副詞の場合でも慣用音としてフクが許容され、中国の現代音でも両者の区別がなくなり、いずれも fù である）。

さて右の文語解の説明で**復・又・亦**の意味の相違の原則的な点はわかったと思うが、

又の条にも次のように述べられている。「更也再也ト注ス。下地ノ上ヘクハユル辞ナリ。同類ノコトヲクハユル意ノ時ハ再也ノ訓ナリ、異類ノコトヲクハユル意ノ時ハ更也ノ訓也。孟子ノ堯舜既没、邪説暴行又作ノ又ハ更也ノ義ナリ。此上ニ件件ノコトアレバナリ。然ルニ堯舜以前ニモ邪説暴行アリシト謂テ仁斎氏一篇ノ議論ヲアラハセリ。定義ニ疎シテ迂回ノ説ヲナス、笑フベシ。総テ又亦復ノ三字ソノ義ハナハダ明ナレドモ、少シヅツ通ズル所アリテ皆倭語ノマタニアタル故ニ動スレバ誤テ用ユル人アリ、ヨク考究スベシ。良往。父已先在。怒曰、与老人期後何也、去。曰、後五日早会。五日雞鳴良往。父又先在。復怒曰、後何也、去、後五日復早来。五日良夜未半往。有頃父亦来云云（留侯世家）、コノ文、又復亦ヲ用ルトコロヨク看ベシ」。ここの最後の部分は説明不足の気味であるので河北景楨の助辞鵠の「又」の条の説明で補うと、「史記ニ張良ガ黄石公ニ会セシ処ニモ、マヘニ父已先在トアリテ後五日雞鳴ノ時往シニ父又先在ト云モ、別段ノ人ニハアラネド前已ニ在ニ対シテ再更ニ在ルノ義、前日在リシモノガ今日再更ニ在ル意ナリ。コレモ復在ト云ズシテ又在ト云ニテ今日ノ先在ガツヨクナル。前日ハトモアレ今日ハ張良ノ後ルマジキニ後レタル過ヲ見ツベシ。又字、味アリ。故ニ又ト云。再ノ義ノミニテハ又ノ義尽サズ、再ニ更ヲ兼タル也」ということになる。「有頃父亦来」は通常「父亦来」と読むように、張良も来たが老父もまた来たの意である。「復怒曰」は前回と同じく今回にもまた怒ったことで、怒ったことの重複を意味する。「父又先在」は、張良が遅れまいとて早く来たにもかかわらず、老父が前回のみならずさらにまた今回も先に来ていたと、強調していっている。英語でも意味が共通になる場合があるが、最も基本的にいえば、又 (in addition)、復 (again)、亦 (also, too) となる。

いまここで述べようと思うのは、これらの「亦」「復」「又」が「それにもかかわらず」の意味に用いられる場合についてである。このように用いられる語には、もともと「**猶・尚・且**」がある。「猶」には種々の意味があるが助字弁略に「可レ止之辞」「不レ絶之辞」といい、詞詮に「凡已過之境有二稽留一、或餘勢未レ能二即消一時用レ之」といっており、「なお」「なおも」「まだ」などの意味であるが、一歩進んで「…でさえもなお」「それでもなお」「それにもかかわらず」という意味にもなる。「尚」にも諸種の意味があるが、「なおその上に」という意味のほかに上記の「猶」と同じ意味があり、尚猶・猶尚と連用される（↓第41節、複語）。「且」は行為や状態が重複したり並行したりする場合に用いられるが、また上記の猶・尚と同様の意味で用い、且猶・猶且・尚且などと連用される。ここでは「復」「亦」「又」に「それにもかかわらず」の意味のあることを述べるのが主目的であるが、それに達するためにまず「猶」「尚」「且」などで見本を示す。なお、この場合に「雖…猶…」「雖…尚…況…」

などの形式もあるが、一々全部にわたって例を挙げるわけでない（「況」↓第36節）。

1　富人積ミレ銭ヲ満ツルモレ室ニ、**猶**（なほ）亡（なシ）ニ厭足一。（漢書、禹貢伝）

財産家は家じゅういっぱいになるほど銭をもっているのに、それでもなお満足することがない。

2　馮先生甚ダ貧シケレドモ、**猶**有ルニ一剣一耳。（史記、孟嘗君列伝）

馮（ふう）先生はたいそう貧乏であるが、それでもまだ一振りの剣だけをもっている。

3　山東被リニ水災ヲ一、民多シニ飢乏一。於テレ是（ここニ）天子遣ハシニ使者ヲ一、虚（むなシクシテ）ニ郡国ノ倉廥（くわい）ヲ一以テ振（すくハシムルモ）ニ貧民ヲ一、**猶**不レ足ラ。又募リテニ豪富人ヲ一相貸仮セシムルモ、**尚**不レ能ハニ相救フ一。（史記、平準書）

4　関東ニ群盗並ビ起コリ、秦発シテレ兵ヲ誅（ちゅう）撃シ、所ニ殺亡スル一甚ダ衆（おほキ）モ、**然**モ**猶**不レ止マ。

（史記、始皇本紀）

↓第40節12。

函谷関（かんこくかん）以東の地域に群盗がいっせいに起こり、秦政府から軍隊を出して征伐し、殺したり滅ぼしたりした賊ははなはだ多かったけれども、それでもなお終息しない。

5　今将軍**尚**不得夜行、何乃故也。(史記、李将軍列伝)

現役の将軍でさえもなお夜間通行を許されない。どうしてそれだのに退役将軍が許されようか。

6　臣死**且**不避。(史記、項羽本紀)

わたくしは死ぬことでさえなお避けません。

○「且」をナホと読む人もある。次の7も同じ。

7　昔堯治天下、不賞而民勧、不罰而民畏。今子賞罰、**而**民**且**不仁。(世説新語、言語「南郡龐士元」章の注)

むかし堯が天下を治めたとき、賞を与えなくても人民は努め励み、罰を施さなくても人民は恐れ慎んだ。ところがいまあなたは賞罰をしているのに、人民はそれにもかかわらず不仁である。

8　雖是敗物、**猶**欲理而用之。(世説新語、排調)

これた物ではあるけれども、それでも修理して使おうと思う。

○「雖二是敗物一」は「雖レ非二敗物一」の反対と考えれば意味がわかりやすい。

右の例でもわかるように「猶・尚・且」などはその上の語句と意味が逆接的に接続する場合に用いることがある。これから述べるのは「又・復・亦」における同様の用法である。この点については従来あまり解説されていない。

9 条侯亜夫自未レ侯為二河内守一時、許負相レ之曰、君後三歳而侯、侯八歳為二将相一、持二国秉一貴重矣、於二人臣一無レ両。其後九年而君餓死。亜夫笑曰、臣之兄已代レ父侯矣。有如卒、子当レ代。亜夫何説レ侯乎。然既已貴如二負言一、**又**何説二餓死一。指二示我一。（史記、絳侯周勃世家）

条侯周亜夫自身がまだ侯にならず河内の太守であった時に、許負が彼の人相を見て言った、「殿様は今後三年して侯になり、侯が八年で将相になり、国権をにぎり尊い身分になられます。人臣としては並ぶものがありません。そののち九年で殿様は餓死なさいます」と。周亜夫は笑って言った、「わたしの兄がすでに父に代わって侯になっている。万一なくなったら兄の子が代わるはずである。亜夫はどうして侯になるといえようか。しかし負の言うようにすでに尊くなったならば、それにまたどうして餓死するなどといえようか。わしに根拠を示せ」と。

○「**既已**」→第41節、複語。

10　今天下初定、死者未葬、傷者未起、**又**欲起礼楽。（史記、劉敬叔孫通伝）

いま天下は平定したばかりであり、死者はまだ埋葬されず、負傷者はまだ立ちあがれない社会状態だのに、それにもかかわらず礼楽を起こそうと思っている。

11　…富貴如此。蘇君今日降、明日復然。空以身膏草野、誰**復**知之。（漢書、蘇武伝）

〔私は…〕このように富貴である。蘇君が今日匈奴に降伏するならば、明日私と同じくまた富貴になるのです。〔蘇君がここで餓死して〕空しく自分の死体で草野を肥やしても、だれがそれでもそのことを知ろうか。

12　且陛下春秋高、法令亡常、大臣亡罪夷滅者数十

家、安危不可知。子卿尚復誰為乎。（同右）

その上に陛下はお年を召され、法令は目まぐるしく変わり、重臣で何の罪もなくてお家断絶にされた者が数十家もあり、人間の安危は測り知ることのできない状態であります。子卿どのはそれにもかかわらずだれのために忠義を尽くそうと思うのですか。

○「子卿」、蘇武のあざな。

13 泰元中有一師従遠来。莫知所出。云、人命応終、有生楽代死者、則死者可生。若逼人求代、亦復不過少時。…子猷謂之曰、吾才不如弟、位亦通塞。請以餘年代弟。師曰、夫生代死者、以己年限有餘、得以足亡者耳。今賢弟命既応終、君侯算亦当尽、復何所代。

（世説新語、傷逝注引幽明録）

泰元年間に一人の法師がいて遠方からやって来た。どこの出の人かを知っている人はいない。その人の言うのに、「人の命の終わるはずのときに、生きていて死ぬ人に自発的に代わる者がいたら、死ぬ者は生きられる。もし人に強要して代わってくれと求めるならば、〔たとい生きられても〕それでもなお短時日に過ぎない」と。…王子猷(しゆう)は彼に言った、「わたしの才能は弟（王子敬。ともに王羲之(ぎし)の子）に及ばないし、地位も都合よくいっているのとゆき詰まっているのとの違いがある。〔弟が危篤であるので、わたしの〕余っている年で弟に代わりたい」と。法師の言うことに「いったい生きていて死ぬ人に代わる者は、自分の年に余りがあるので、その余りで寿命のない者に補うことができるのである。いま弟さんは命がすでに終わるはずになっているうえに、旦那様も寿命が尽きることになっています。それだのにだれに代われましょうか」。

○世説注は「楽代死者」の死の字はない。いま新華書店一九五一版の古小説鉤沈によるが、このテキストの「人命応終有生、楽代死者」の句読は誤りであろう。

14　孔廷尉以裘与従弟沈。沈辞不受。廷尉曰、晏平仲之倹、祠其先人、豚肩不掩豆、猶狐裘数十年。卿**復**何辞此。於是受而服之。（世説新語、言語）

孔廷尉（孔坦、字は君平）は皮ごろもを従弟の孔沈に与えた。孔沈は辞退して受け取らなかった。廷尉の言うのに、「晏平仲は倹約家で、祖先を祭るのにお供えの豚の肩の肉が豆(たかつき)（供え物を入れる入れもの）の上にのらず中に入り込んでしまうほど小さかったのに、それでもなお狐の皮ごろもを数十年も着ていた。そなたはそれにどうしてこれを辞退するのか」。それでそれを受け取って着た。

○晏平仲は一着の狐の皮ごろもを三十年も着ていた（一狐裘三十年）といわれ、これは倹約の証拠であるが、これを逆に「倹約家の晏平仲でさえ狐の皮ごろもを数十年も着ていたのだから、皮ごろもは何もぜいたくでない」という意味になるように巧みに言ったのである。

15　孔融被収。中外惶怖。時融児大者九歳、小者八歳、二児故琢釘戯、了無遽容。融謂使者曰、冀罪止於身、二児可得全不。児徐進曰、大人豈見覆巣之下、復有完卵乎。尋亦収至。（同右）

孔融が捕えられた。彼の家の者もよその者も恐れた。その時、孔融の子は大きい方が九歳、小さい方が八歳であったが、二人の子供はあい変わらず釘あて遊びをしていて、あわてた様子は少しもなかった。孔融は逮捕に来た使者に対して「どうか罪は自分一身にとどまってほしく、二児は助かることができるだろうか」と言った。子供はゆっくりと近寄って、「お父さん、くつがえった鳥の巣の下に、破れない卵がそれにもかかわらずあるわけがどうしてありましょうか」と言った。やがて子供の方にも逮捕の使者が来た。

○「了無」→第34節G35参照。全然ない。少しもない。「可得全不」→第35節B参照。

16　劉俯身窺之、見十数人児女雑坐、羅列盤饌、環繞之而共食。見其妻在坐中語笑。劉初愕然不測其故久之。且思其不当至此、復不能捨之。又熟視容止言笑無異。（白行簡、三夢記）

劉幽求は体を低くして中の様子をのぞくと、十数人の青年男女が入り交じってすわり、大皿に入れた御馳走を並べ、それを取りまいてみなで食べているのが見えた。見ると自分の妻がその場にいて話したり笑ったりしているのである。劉は初めはびっくりして、しばらくの間はその理由が推測できなかった。さしあたっては、妻がここに来るはずがないと思ったが、さりとてそれをそのままにしておくわけにゆかない。さらにまたその女の様子や言笑を熟視したが妻と異なるところがない。

○ここの「復不」は３４５の「尚不」「猶不」と同じく、偶然「不」の字が下に来ているだけで、「復」が「不」を修飾するのでなく、「復」はこの場合も上文を受けて

「それでもなお」と逆接するのである。以下の文も同様。

17　袁盎雖レ不レ好レ学、**亦**善傅会、仁心為レ質、引レ義忼慨。遭二孝文初立一、資適逢レ世、時以変易、及二呉楚一一説、説**雖**レ行哉、**然復**不レ遂。（史記、袁盎鼂錯列伝）

袁盎は学問を好まなかったけれども、それでも理屈をうまくくっつけるのがじょうずであった。彼は仁の心を基盤にしており、道義を正しく守って激しい感情を示した。文帝が即位されたばかりの時にめぐりあわせ、才能がうまく当時の社会情勢に適合したが、〔次の景帝の世になり〕時勢がすでに変わったので、呉や楚の反乱の時になって〔鼂錯を殺して呉楚の怒りをなだむべしという〕自分の考えを一度だけ述べ、その考えは実行されはしたが、しかしそれでも〔呉楚の乱を防ぐという〕目的は果たせなかった。

○この文は難解であるが、ひととおりの解だけを示しておく。「引義」の引は引正の意であろう。「説雖行哉、然復不遂」は、雖と然復とが呼応する。哉の字も四字句にするために入れてあるだけ。漢書ではこの部分が「及レ呉壱説、果二於用一レ辯、身亦不レ遂」とある。「弁舌を振るうのに果敢ではあったが、彼自身はそれにもかかわらず不成功に終わった」というように、「亦」は上文と逆接する役目をしている。

18　吾少壮時、但慕竹帛、志不顧命。…故日夜惕厲、思自降損、居不求安、食不念飽、冀乗此道、不負先帝。所以化導兄弟、共同斯志、欲令瞑目之日、無所復恨。何意老志**復**不従哉。万年之日長恨矣。（後漢書、馬皇后紀）

わたしはわかい時に、ただ昔の書物にばかり興味をもち、自分のいのちの長短を念頭に入れなかった。だから日夜慎み励み、自分の心を控え目にしようと思い、住居は安らかなことを求めず、食事は飽くことを心掛けず、この方針に従って先帝の御心に背かないようにしたいと願って来た。兄弟を教え導くやりかたにしても、ともどもに同じくこの考えをもち、自分が瞑目する日にまだ心残りのする点のないようにしたいものだと思っていた。あに計らんや老いたわたしの志はそれにもかかわらず従われないのであるか。とわの別れの日に永遠の心残りがするにちがいない。

第11節　否定　不・非

行為や状態を否定するには「不」を用いる。「不」は副詞であるが、訓読では助動詞の「ず」に当て、その活用形で読む。

1　不レ遷(うつ)サレ怒リヲ、不レ弐(ふた)タビセレ過チヲ。（論語、雍也）

ある人に対する怒りを他の人に移さず、過ちを繰り返さない。

2　智者ハ不レ惑ハ、仁者ハ不レ憂ヘ、勇者ハ不レ懼(おそ)レ。（論語、子罕(しかん)）

3　不シテレ遠シトセ二千里ヲ一而来タル。（孟子、梁恵王上）

千里の距離も遠いと思わないでやって来る。

4　不ンバレ登ラ二高山ニ一、不レ知ラ二天之高キヲ一也。（荀子、勧学）

高い山に登らなければ、天が高いということがわからないのである。

5　有ルレ徳者ハ必ズ有リレ言、有ルレ言者ハ**不**ニ必ズシモ有ラレ徳。（論語、憲問）

立派な徳を備えた者は必ず立派な言葉を述べる。立派な言葉を述べる者は、必ず立派な徳があるとは限らない。

○「徳」「言」などには善悪いずれもありうるが、徳・言とだけいって修飾語をつけないときは、原則として善徳善言の意。

6　今両虎共ニ闘(たたか)ハバ、其ノ勢ヒ**不**ニ倶(とも)ニハ生キ一。（史記、廉頗藺相如伝）

いま仮に二匹の虎がともにたたかったならば、そのなりゆきとしては、どちらか一方は死ぬ。

7　千里ノ馬ハ常ニ有レドモ、而伯楽ハ**不**ニ常ニハ有ラ一。（韓愈、雑説）

一日に千里走る馬はいつでもあるけれども、馬を見分ける名人はいつもいるとはかぎらない。

右の５６７の「不必有」「不倶生」「不常有」の不および必・倶・常は副詞で

ある。副詞は修飾される語の上に置くのが原則である。だから「不必」と「必不」、「不俱」と「俱不」、「不常」と「常不」は、根本的に意味を異にする。この点については第34節で述べる。

8　無惻隠之心、**非**人也。(孟子、公孫丑上)
哀れみ傷ましく思う心のない者は人でないのである。

9　我小国也、**非**斉之敵也。(史記、鄭世家)
我が国は小国である。斉国の相手でないのである。
○「敵」、敵対・匹敵するもの。

10　(宋義)乃遣其子宋襄相斉、身送之至無塩、飲酒高会。天寒大雨、士卒凍飢。項羽曰、将戮力而攻秦、久留**不**行。今歳饑民貧、士卒食芋菽、軍無見糧、乃飲酒高会。**不**引兵渡河、因趙食、与趙幷力攻秦、乃曰、承其敝。夫以秦之彊攻新造之趙、其勢必挙趙。趙挙而秦彊、何徼之承。且国兵新破、王坐**不**安席、掃境内而専属於将軍。国家安危、在此一挙。今**不**恤士卒而徇其私。**非**社稷之臣。項羽晨朝上将軍宋義、即其帳中、斬宋義頭。（史記、項羽本紀）

宋義はそこで自分の子の宋襄を遣わし斉国の大臣にならせることにし、自身で無塩まで見送って行き、酒を飲んで盛大な宴会をした。ところが天候は寒くて大そう雨が降り、士卒はこごえ飢えた。項羽は言った、「われわれは力を合わせて秦を攻めようとしているのに、この地に長くとどまっていて進まない。いま収穫は凶作で人民は困窮し、士卒は芋や豆を食べ、軍中に現存の食糧がないのに、それに彼らは酒を飲んで盛大な宴会をしている。兵を率いて黄河を渡り趙の食糧に頼り趙と力を合わせて秦を攻めることをしないで、かえって秦の疲れるのを待ち受けようと言っている。そもそも秦の強い軍事力で、樹立されたばかりの趙を攻めるのだから、そのなりゆきとしては趙を攻め取るに違いない。趙が攻め取られたならば秦がますます強くなるから、どうして秦の疲れを待ち受けることができようか。そのうえ我が国の軍隊が負けたばかりで、王様はすわるにも座席の上に落ち着かないほどで、領内の軍隊を全部さらえて将軍宋義に一任しており、国家の安危はこの一挙にかかっている。ところがいま士卒の現状に同情しないで自分の個人的なことに身をまかせている。彼は国家の大任を引き受けるべき臣下でない」と。項羽は朝早く上将軍宋義にお目どおりを求め、彼の寝室のカーテンの中に入って、宋義の首を切った。

○「飢」、うえる。餓もうえるであるが飢の程度のはなはだしいときに用いる。「饑」は、不作・凶作。ただし飢・饑を混同する場合もある。「不引兵…」、不がどこまでかかるかは文脈によってきまる。「新造」「新破」については第9節Aを参照。「席」、むしろ・ござ。昔の敷物。

第12節　介詞

これは英語の前置詞に当たるものである。その主要なものを次に列記する。

1　足下与二項王一有レ故。何不二反レ漢与レ楚連和一。（史記、淮陰侯列伝）

あなたは項王と昔からのなじみがある。どうして漢に背いて楚と連合しないのか。

2　子謂二顔淵一曰、用レ之則行、舎レ之則蔵。惟我与レ爾有レ是夫。（論語、述而）

孔子先生が顔淵に話しかけて言った、「どこかの君主がわれわれを採用するならば、自分の正しいと信じる主義を世の中に行い、採用しないで捨てておくならば、主義をしまっておく。ただわしとお前とだけがこのような態度を備えているのだなあ」。

○前の例では「足下」だけが主語であるのに対し、この文では「我与レ爾」が主語である。この相違は文章の意味だけで決まり、判別しがたい場合もある。

3　父去里所、復還、曰、孺子可教矣。後五日平明、与我会此。良因怪之、跪曰、諾。五日平明良往。父已先在、怒曰、与老人期、後何也。（史記、留侯世家）

おやじさんは一里（四〇五メートル）ばかり行って、また引き返して来、「小僧は教えてやってもよいぞ。今日から五日後の夜明けに、わしとここで落ち会え」と言った。張良はそう言われたので怪しんだが、地面に膝をついておじぎをし、「承知しました」と言った。五日後の夜明けに張良が出かけて行くと、おやじさんはすでに先にそこにいて、怒って「老人と約束をして、遅れるとは何事だ」と言った。

○「里所」と音読するも可。

4　項伯乃夜馳入沛公軍、私見張良、欲与倶去。（同右）

項伯はそこで夜に馬を走らせて沛公の軍に入り、ないしょで張良に会い、張良といっしょに逃げ去ろうと思った。

○「与」は「与張良」の省略。このときは「ともに」と読む。「倶」、いっしょに、ともどもに。

5 匡衡、字稚圭。勤学而無燭。隣舎有燭而不逮。衡乃穿壁引其光、以書映光而読之。邑人大姓文不識、家富多書。衡乃与其傭作而不求償。主人怪問衡。衡曰、願得主人書遍読之。主人感嘆、資給以書。遂成大学。

（西京雑記、二）

匡衡はあざなは稚圭である。学問に励んだが燈火がなかった。隣の家に燈火があったがこちらまで届かない。匡衡はそこで壁に穴をあけて隣の光を引き込み、本を光に照らしてそれを読んだ。村の人で有力者の文不識は、家が富んでいて書物を多くもっていた。匡衡はそこで彼のために傭われて働いたが賃金を求めなかった。主人は不思議に思って匡衡に尋ねた。匡衡は「御主人様の書物を拝借して全部読みたいと存じます」と言った。主人は感嘆して書物を貸してやった。かくして大学者になった。

6 虞之与虢、脣之与歯。脣亡則歯寒。（史記、晋世家）

虞国の虢国に対する関係は、唇の歯に対する関係と同じである。唇がなくなると歯が寒くなる。

○「虞ト虢ト」と読んで「之」を読まない人もある。

7　弟子自㆓遠方㆒至受㆑業者百餘人。（史記、儒林伝）

弟子で遠方から来て学業を受けた者が百余人いた。

8　秦質子帰㆑自㆑趙。（史記、秦始皇本紀）

秦国から人質になって行っていた子が趙国から帰って来た。

○「質」、質屋の質、すなわち抵当の意のときの正しい音はチ。「帰㆑自㆑趙」は「自㆑趙帰」とも書く。

9　禍自㆑怨起、而福繇㆑徳興。（史記、孝文本紀）

災いは人の怨みを受けることから起こり、福は人に恩恵を施すことから起こる。

○「徳」を「怨」に対して用いるときは恩徳・恩恵の意。「繇」のこの場合の音はイウ（ユウ）で「由」に通じる。

10　上自㆓南郡㆒由㆓武関㆒帰。（史記、秦始皇本紀）

天子は南郡から武関を経由して帰った。

○「由㆓武関㆒」とも読むが、「より」が重複するので「へて」と読んだ。13も同じ。

11　伐木不**自**其本、必復生。（晋語、一）
木を切るのにその根から切らなければ必ずまた生えて来る。

12　法之不行、**自**上犯之。（史記、商君列伝）
法律の守り行われないのは、上層の者が法を犯すからだ。

13　**従**酈山之下、**道**芷陽間行。（史記、項羽本紀）
酈山のふもとから芷陽を通ってこっそり隠れて帰った。
○「道」はここでは「由」に同じ。「法術之士、奚道得進」（韓非子、孤憤）の奚道は何由に同じ。何由の語順については→第16節、倒装法A。

14　**于**是沛公乃夜引兵**従**他道還。（史記、高帝紀）
そこで沛公はかくて夜中に軍隊を率いてほかの道から帰った。

15　晏子為斉相。出。其御之妻、**従**門間而闚其夫。（史記、管晏列伝）

晏子は斉国の大臣になった。外出した。晏子の馬車の御者の妻が門のすきまから自分の夫の様子をのぞいて見た。

16　由二所レ殺蛇白帝子、殺者赤帝子一、故上レ赤。（史記、高祖本紀）

殺された蛇は白帝の子で殺した者は赤帝の子であるので、それで〔漢は〕赤を尊んだ。

○「由」、ヨリテ・ヨッテのいずれでもよい。

17　今法有二誹謗妖言之罪一。是使丁衆臣不二敢尽レ情、而上無丙由聞乙過失甲也。（史記、孝文本紀）

いま法律に誹謗の罪、妖言の罪がある。これは家来たちに自分の思いを言い尽くすだけの勇気を持たせず、また為政者に政治の過ちを聞くすべがないようにさせることになるのである。

○「誹謗」、そしる、悪口をいう。「妖言」、世間を惑わすようなことば、また、それを言いふらす。政治を批判すると、すぐに誹謗の罪、妖言の罪で罰する可能性があるので、このようにいう。「無由聞過失」は「無レ由レ聞二過失一」と読む人もあるが、由は本来は介詞であるから原案の方がよいであろう。

18　刑期**于**無刑。（書経、大禹謨）

刑罰は刑罰のない状態を目指す。

19　世俗之人、皆喜人之同**乎**己、而悪人之異**於**己也。（荘子、在宥）

世俗の人は、みな、他の人が自分と同じ考えを持つことを喜んで、他の人が自分と異なる考えを持つことをいやがるのである。

20　尾生**与**女子、期**於**梁下。女子不来。水至不去、抱梁柱而死。（荘子、盗跖）

尾生という男がよその娘と、橋の下で会おうと約束した。娘は来なかった。川の水が増えて来たが（尾生は約束を守って）立ち去らず、橋柱に抱きついたまま死んだ。

21　**於**諸侯之約、大王当王関中。（史記、淮陰侯列伝）

諸侯間の約束では、大王様は関中に王として君臨なさるべきです。

22　偶於隙中窺之。（板橋三娘子）
偶然に隙間からそれをのぞいた。

23　呉王於朕、兄也、淮南王、弟也。（漢書、文帝紀）
呉王の朕に対する関係は兄である。淮南王は弟である。
○「呉王於朕兄也」とも読めるが、「伯夷伊尹於孔子、若是班乎、」「麒麟之於走獣、…類也、聖人之於民、亦類也」（孟子、公孫丑上）などの語法に従って原案のように読む。中国人の句読も「呉王於朕、兄也」となっている。

24　労心者治人、労力者治於人。（孟子、滕文公上）
精神労働をする者は人を治め、肉体労働をする者は人に治められる。

25　苛政猛於虎也。（礼記、檀弓下）
きびしくひどい政治は虎よりも恐ろしいのである。

26　荊国有餘於地、而不足於民。（墨子、公輸）

荊国（＝楚国）は領地の点では余りがあるが、人民数の点では不足である。

27　故貨宝於金、利於刀、流於泉、布於布、束於帛。（漢書、食貨志下）

だから貨幣は金という点では宝であり、刀という点では民に利益があり、泉という点では流通し、布という点では広くゆきわたり、帛という点では集まる。

○金・刀・泉（＝銭）・布・帛は昔の貨幣の名称。「利」は刀の鋭利の利と、利益の利との二義をかけている。「束」「帛」は共に入声で韻が合う。ここでは、日本でお金のことを「おあし」というのと同様のことが述べられている。

28　堯教於隷属、而民不聴。至於南面而王天下、令則行、禁則止。（韓非子、難勢）

堯〔のような徳の高い人〕でも奴隷の身分で命令を出したならば、人民は聞き入れない。天子の位につき天下に君臨するようになると、命令すれば行われ、禁止すればやむ。

○「而民不聴」の「而」はここでは「則」と同じような意味。「而」と読む人もある。「南面」、君主の向く方向。

29 争名者於朝、争利者於市。（史記、張儀列伝）

名声を争う者は朝廷で争い、利益を争う者は市場で争う。

30 十餘万人皆入睢水、睢水為之不流。（史記、項羽本紀）

十余万人の兵士がみな睢水に落ち込み、睢水はそれがために詰まって川の水が流れなくなった。

31 士為知己者死、女為説己者容。（史記、刺客列伝、予譲）

士は自分を知ってくれる者のために命を投げ出し、女は自分を気に入ってくれる者のためにおめかしをする。

○「士」、卿・大夫・士といい統治階級のうちの下級の者。下級の役人、または官吏になろうと道徳・教養に努力している者。

32 鄧通既至、為文帝泣曰、丞相幾殺臣。（史記、張丞

相列伝)

鄧通は来たのちに、文帝に対して泣いて言った、「総理大臣様はすんでのことで私を殺すところでした」と。

33　帝心乃解、而免冠謝太后曰、兄弟不能相教、乃為太后遺憂。(史記、韓長孺列伝)

天子の怒りの心はかくて解けて、冠を脱ぎ太后にあやまって、「兄弟でありながら弟を教え導くことができず、太后様に対して心配をおかけしました」と言った。

○32　33の「為」は「…に対して」「…に向かって」の意。陶潜の桃花源記「不足為外人道也」もこれと同じ。

34　孟嘗君所以貸銭者、為民之無以為本業也。所以求息者、為無以奉客也。(史記、孟嘗君列伝)

孟嘗君が銭を貸すわけは、人民が農業を営む元手がないからである。利息を取るわけは、食客に奉仕する元手がないからである。

35　桓公謂ヒテ二管仲ニ一曰ク、寡人独リ為ト二仲父一言フ、而ルニ国人知ルハレ之ヲ、何ゾ也ト。（韓詩外伝（かんしげでん）、四）

桓公が管仲に話しかけて言った、「拙者はただ仲父とだけ話をした、それに国民が話の内容を知っているのはなぜだろうか」。

○「仲父」、管仲に対する敬称。

36　**以**テレ管ヲ窺フレ天ヲ。（史記、扁鵲（へんじゃく）倉公列伝）

管で天をのぞく。

37　殺スニレ人ヲ**以**テスルトレ梃ヲ与レ刃、有ル二**以**テ異ナルコトカト一与。曰ク、無キ二**以**テ異ナルコト一也。（孟子、梁恵王上）

「人を殺すのに棍棒でするのと刃物でするのとは、異なる点があるか」。「異なる点はないのである」。

◎「以梃与刃」は「以テスルトレ梃ヲ与レ以テスルレ刃ヲ」の略。「有以異与」は、何かの点で（＝以）異なることがあるかの意。

38　相如曰、夫以秦王之威、而相如廷叱之、辱其群臣。相如雖駑、独畏廉将軍哉。顧吾念之、彊秦之所以不敢加兵於趙者、徒以吾両人在也。（史記、廉頗藺相如列伝）

藺相如が言った、「そもそも秦王の威勢にもかかわらず、わたしは宮廷で彼をどなりつけ、彼の群臣に恥をかかせた。わたしはのろまではあるが、どうして廉頗将軍を恐れようか。ただわたしが思うには、強い秦が趙に軍事的圧迫を加えようとしないわけは、ただわれわれ二人がいるからである」。

○「所以」は第25節を参照。

39　具以沛公之言報項王。（史記、項羽本紀）

くわしく沛公のことばをば項王に報告した。

○「以」、次の40の「以」とともに材料を示す。「…を」と訳す。

40　相如曰、五歩之内、相如請得以頸血濺大王矣。（同右）

藺相如が言った、「わたしと大王との間は五歩しかありませんので、わたしはわたしの首の血を大王にぶっかけたいと思います」と。

○実際は大王の首を切るぞということであるが、婉曲に自分の首の血を大王にふりかけるといったもの。斉策三に「以臣之血湔其衽」（衽、えり）という。

41 文以五月五日生。（史記、孟嘗君列伝）

文（＝孟嘗君の名）は五月五日に生まれた。

○楊樹達の詞詮は「於」に同じで時を表すという。以前・以下・以北などの用例をも考え合わせて基準・基点を表すということもできる。

42 溺死者以万数、水為不流。（後漢書、光武帝紀更始元年）

溺死した者が万という数で、川の水がそれがために流れなかった。

○「以万数」を万単位で数えると誤解している人が多いが、そうではなく「万という数である」「その数が万にも達する」という意味。誤られ易いので特にここに詳述する。後漢書のここの李賢の注に「数過於万、故以万為数」という。そのほか荀子彊国「数以億万」、楊倞注「其数億万」（その数は億とか万とかいうほどである）、荘子応帝王「噫、子之先生死矣、弗活矣、不以旬数矣」、疏「不過十日」（ああ、あなたの先生は死ぬにちがいない、生きないにちがいない、十日ももたないにきまっている）、漢書匈奴伝下「費歳以大万計」、師古注「財用之費、一歳数百万也」（費用が一年に数百万金である）。なお、「以レ万数」などの「数」はここでは自動詞だから「以レ万数…」などの表現法はない。

43 中国之人以億計、地方万里、居天下之膏腴。…今王衆不過数十万、皆蛮夷、崎嶇山海間、譬若漢一郡。王何乃比於漢。（史記、酈生陸賈列伝）

中国の人口は億という数であり、領地は一万里平方あり、天下のよく肥えた土地を占めています。…ところが王様の臣民は数十万人に過ぎず、みな未開人で、山と海との間の険阻な地に窮屈な生活をしており、〔その人口や面積は〕たとえば漢の一つの郡のようなものです。王様はどうして事もあろうに漢の天子と比べなさるのですか。

○「以億計」を見れば「億単位で数える」などの意味でないことは明白。なお億は十万をいう場合と万万をいう場合とがあるが、後文に数十万という語が見えるから、ここの億は万万である。「今王衆」の「**今**」は、上に述べたことと対比するときに用いられることがあり「ところが」と訳すとうまくいくことがある。

44 夫聖人之治国、不恃人之為吾善也、而用其不得為非、一非也。恃人之為吾善也、境内不什数。用人不得為非、一

国可使斉。為治者用衆而舎寡。故不務徳而務法。(韓非子、顕学)

そもそも聖人が国を治めるのには、人々が自分(=君主)に善事をすることをたよりにしないで、人々が悪事をすることができないという方法を採用するのである。人々が自分(=君主)に善事をすることをたよりにするならば、〔そのような者は〕国内に十人もいない。人々が悪事をすることができないという方法を採用するならば、国全体をば秩序あらしめることができる。政治をする者は多人数向きの方法を採用して少人数向きの方法を捨てる。だから為政者は道徳に努力しないで法律に努力する。

○「不什数」は「不以十数」の意で、五蠹篇に「今、貞信之士、不盈於十」とあるのに相当し、人数の少ないことを意味している。

45　公孫敖義渠人、以郎事武帝。武帝立十二歳、為驃騎将軍出代、亡卒七千人、当斬。贖為庶人。後五歳、以校尉従大将軍有功。(史記、衛将軍驃騎列伝)

公孫敖は義渠の人で、郎(侍従官)として武帝につかえた。武帝が即位しての十二年に、驃騎将軍となって代郡へ出征し、兵士七千人を失い、斬首刑に該当したが、金を出して贖罪して庶民になった。後五年たって校尉として大将軍に従って出陣し功を立てた。

○ここの「以」は名義・身分・資格・状況などを表す。

46　立適**以**長、不**以**賢。立子**以**貴、不**以**長。（公羊伝、隠公元年）

正妻の子を君主の位につけるときは年長を標準にし、才知を標準にしない。正妻以外の者の子を君主の位につけるときは子の身分の尊い（つまり、生んだ母の身分が尊い）のを標準にし、年長を標準にしない。

47　晋復仮道於虞**以**伐虢。虞之大夫宮之奇諫虞君曰、晋不可仮道也、是且滅虞。虞君曰、晋我同姓、不宜伐我。…遂許晋。宮之奇**以**其族去虞。（史記、晋世家）

晋国はまたも虞国に道を借りて（＝虞国の領内を通過させてもらって）虢国を伐とうとした。虞の家老の宮之奇は虞の君主を諫めて、「晋には道を貸してはいけないのであります。そんなことをしたら虞を滅ぼすことになるでしょう」と言った。虞君は「晋はわが同姓の国だ。わが国を伐つはずはない」と言い、…かくて晋に領内通過を許可した。宮之奇は一族の者を引き連れて虞国を立ち去った。

○「以伐虢」の「以」は「そうすることによって」の意で「而」とほぼ同じ。「以其族」の「以」は「引き連れて」「率いて」の意。「もって」と読んでもよいが、昔から「ゐて」と読みならわしている。「ゐて」は「ひきゐて」に同じ。

48 慶封為乱於斉而欲走越。其族人曰、晋近、奚不之晋。慶封曰、越遠、利以避難。（韓非子、説林上）

慶封が斉国で乱を起こして〔失敗し〕越国に逃げようとした。彼の一族の者が「晋は近い。どうして晋へ行かないのか」と言うと、慶封は「越は遠いから、危険を避けるのにつごうがよい」と言った。

○「難以…」「易以…」「利以…」などの「以」について楊樹達の詞詮は、「用は於に同じ、形容詞の下に位す」という。このほかに「可以…」「足以…」という表現もあり、実はよくわからない。

49 烏江亭長檥船待、謂項王曰、…願大王急渡。今独臣有船、漢軍至、無以渡。…乃謂亭長曰、吾知公長者。吾騎此馬五歳、所当無敵。嘗一日行千里。不忍殺之、以

賜ハントレ公ニ。（史記、項羽本紀）

烏江（うこう）の宿場の長は船の出発準備をして待っており、項王に「どうか大王様急いで渡ってください。いまただ私だけが船をもっています。漢軍が来ても渡るすべがありません」と言った。…項王はそこで亭長に対して言った、「わしにはそなたが人格者であることがよくわかる。わしは五年間この馬に乗ってきたが、どのようなやつにぶつかって行ってもわしの相手になれるやつはなかった。一日に千里走ったこともあった。この馬を殺すに忍びない。これをそなたにつかわそう」。

○「無以渡」、それで渡るべきものがないの意で、渡るべき手段・方法がないこと。「以賜公」は「以之賜公」つまり「以此馬賜公」の意。

50　習ヒ**以**（と）レ性成ル。（後漢書、陳寔伝）

習慣が身につくと性質もそれに伴って固定してしまう。

○書経太甲上「習与レ性成」と同じ。これを日本語で考えて「習慣が性質となる」と訳している本があるが、初歩的な大きい誤りである。「習慣が性質といっしょにできあがる→悪い（または良い）習慣が身につくと性質も悪く（または良く）なってしまう」の意。孔穎達（くようだつ）の五経正義「習二行シ此ノ事ヲ一、乃チ与レ性成ル」、五経大全「与レ性倶成」、王夫之の尚書引義「習成而性与成也」を参考。またこれに似た表現は孔叢子の執節篇「習与体成、則自然矣」、大戴礼保傅篇「習与智長、化与心成」（漢書賈誼伝・新書保傅篇も同じ）、淮南子氾論訓「法与時変、礼与俗化」、韓愈の送董邵南序「風俗与化移易」などがある。この「甲与乙…」の場合、甲乙同時か、甲乙のいずれが主動者であるかは、その場合の文脈によってきまる。

51　其馬**将**胡駿馬而帰。（淮南子、人間訓）

その馬が外国の駿馬を連れて帰って来た。

○「将」を「ゐて」「もって」と読むも可。「以」に同じ。引き連れて。率いて。

52　唯**将**旧物表深情。（白居易、長恨歌）

ただ昔をしのぶ思い出の品で、わたくしの深い情を表したい。

○「将」、以に同じ。

53　暫伴月**将**影、行楽須及春。（李白、月下独酌）

〔酒を飲む相手がいないから〕しばらく月と自分の影とを連れにして〔酒を飲もう〕、楽しみは春の過ぎないうちにしなければだめだ。

○「将」、与に同じ。「及」、追いつく。達する。逃げられないようにする。

54　服虔既善春秋。将為注、欲参考同異。聞崔烈集門生講伝、遂匿姓名為烈門人、賃作食。毎当至講時、輒窃聴戸壁間、既知不能踰己、稍共諸生叙其短長。烈聞不測何人。然素聞虔名、意疑之、明蚤往、及未寤、便呼子慎子慎。虔不覚驚応。遂相与友善。（世説新語、文学）

服虔はすでに春秋に通達していたので、注釈を作ろうとし、諸学者の学説の異同を参照したいと思った。崔烈が門人を集めて左氏伝を講釈していると聞き、かくて自分の姓名をかくして崔烈の門人となり、アルバイトで学生の炊事を引き受けた。講義の時になるごとに、いつも戸や壁の所で盗み聞きをし、自分を超えることはできないことがわかったものだから、次第に学生らと彼の講義のよしあしを批評した。崔烈はそのことを聞いて何者であるかを測りかねたが、しかし平素から服虔の名声を聞いていたので、心の中でもしやと思い、翌日朝早く出かけて行き、服虔がまだ目をさまさないうちに「子慎、子慎」と服虔のあざなを呼ぶと、服虔は思わず知らずびっくりして返事をした。かくて二人は仲良しになった。
○「当至」は類義語を並列したものであろう。「共」は元来副詞であるが、三世紀ごろ以後、介詞として用いられることがある。「友善」、同義語を二字並べたもの。↓第41節、複語。

次に介詞の用例で特異なものとして、たとえば「号泣于旻天」と「号泣于父母」（于は於に同じ）を一つに合わせたものに次のようなのがある。

55 号泣于旻天、于父母。（孟子、万章上）
天の神様に対し父母に対して号泣する。

56 秋大水、鼓用牲于社、于門。（左伝、荘公二五年）
秋に大水があった。太鼓を鳴らし、犠牲を社と門とで供えて水害のないように祈った。

57 文王若日若月、乍照光于四方、于西土。（墨子、兼愛下）
文王の徳は太陽のようであり月のようであって、天下の四方に、特に その発祥地である西方の岐周の地に照り輝いた。

○「乍」は作に同じ。↓第38節、文字の繁省。

このついでに**以是**と**是以**との区別に一言する。以是（以此とも書く）はコレヲモッテと読み、「この事で…」を意味し、単にその下にある述語を修飾するに過ぎない。是以（此以とも書く）はココヲモッテと読み、是故（コノユエニ）と同義で、「こういうわけで」「そうだから」「だから」を意味し、連詞（接続詞）で、上文の意味内容を受けて下文に接続する。詩経、大序の「是以一国之事、繋一人之本、謂之風」の正義に「是以者、承上生下之辞」という。次に文例を示す。

58　毎呉中有大繇役及喪、項梁常為主辦、陰以兵法部勒賓客及子弟、**以是**知其能。（史記、項羽本紀）

呉中（江蘇省呉県）に大規模な勤労動員や大きい葬式があるごとに、項梁はいつも指揮者となり、ひそかに兵法で、自分の家に出入りしている客人どもや土地の若者らに仕事をわり当て、このような方法で彼らの能力を知った。

59　有一人不得用。自言於梁。梁曰、前時某喪、使公

主二某事一、不レ能レ辯。**以レ此**不二任用一。（同右）

一人の男がいてその男は採用されることができなかったので、自分から自分のことを項梁に申し出た。項梁が言った、「前にだれそれの葬式に君にこれこれの事を担当させたが、処置することができなかった。この理由によって任用しないのだ」と。

◯「自言」→第7節5以下。この文の場合、「以此」は「こういうわけで」という意味になり「是以」と同じように見えるが、偶然の一致に過ぎない。

60 太宰嚭…讒二子胥一曰、…王前欲レ伐レ斉、員彊諫。已而有レ功、**用レ是**反怨レ王。王不レ備二伍員一、員必為レ乱。（史記、越王勾践世家）

呉の総理大臣の嚭は…伍子胥のことを呉王に告げ口して「…王様が前に斉を征伐しようとお思いになったとき、員（伍子胥の名）は強くいさめました。そんなことがあったのに斉征伐は成功しました。このことで反って王様を怨んでいます。王様が伍員に対して警戒しなかったら、伍員は必ず乱を起こすでしょう」と言った。

61 夫厳家無二悍虜一、而慈母有二敗子一。吾**以レ此**知下威勢之可二

以禁暴、而徳厚之不足以止乱也。（韓非子、顕学）

そもそも厳格な家には反抗的な下男はいず、そして愛情の多い母には道楽息子がいる。わたしはこの事実によって威勢は暴を禁じることができて恩愛は乱を止める力がないということを知るのである。

62（直不疑）為郎事文帝。其同舎有告帰、誤持同舎郎金去。已而金主覚妄、意不疑。不疑謝有之、買金償。而告帰者来而帰金、而前郎亡金者大慙。**以**此称為長者。（史記、万石張叔列伝）

直不疑は侍従官になり文帝につかえた。彼と同じ宿舎の者に休暇をもらって帰郷した者がいて、その男は間違って同舎の侍従官の金を持って立ち去った。そうしたあとで金の持ち主が金のなくなったことを覚り、直不疑を疑った。直不疑は持っているとあやまり、金を買って来て弁償した。ところが休暇で帰郷した者が帰って来て金を返したので、金をなくしたさきの侍従官はたいそう恥じ入った。この事件によって直不疑は人格者だと評判された。

○「金主覚妄」の妄は亡の意。世人が直不疑を長者と称したということは「世称直不疑為長者」と書く。ここでは直不疑を主語として読んだ。「称為長者」でもよい。

63 万章曰、敢問交際何心也。孟子曰、恭也。曰、卻之卻之為不恭、何哉。曰、尊者賜之、曰其所取之者義乎不義乎而後受之、**以是為**不恭、故弗卻也。（孟子、万章下）

万章「失礼ながらお尋ねしますが、交際にはどのような心構えが必要でしょうか」。孟子「恭敬の心が必要である」。万章「固く辞退するのは不恭であるといわれているが、なぜですか」。孟子「尊者が自分に物を下さる場合に、自分がそれを受け取るいわれが義にかなっているか不義であるかを尊者に尋ねて、（尊者が義にかなっていると答えて）そこではじめて受け取るならば、このような態度を不恭とする。だから辞退しないのである」。

○この文の解釈は種々あるが一例のみを示す。ここで肝要なのは「**以**是**為**不恭」で、「これを不恭とする」の意で、上述の「以是」とは異なる。

64 子貢問曰、孔文子、何以謂之文也。子曰、敏而好学、不恥下問、**是以**謂之文也。（論語、公冶長）

子貢が尋ねて言った、「孔文子は、なぜおくり名で彼のことを文といったのですか」と。孔子が言うに「生まれつき聡敏であるのに学問を好み、自分より劣った者に尋ねることを恥としなかった。そうだから彼のことを文といったのだ」と。

65 斉宣王問曰、斉桓晋文之事、可得聞乎。孟子対曰、仲尼之徒、無道桓文之事者。**是以**後世無伝、臣未之聞也。無以則王乎。（孟子、梁恵王上）

斉の宣王が尋ねて言った、「斉の桓公や晋の文公の事績をば聞かせてもらうことができますか」と。孟子がお答えして言った、「孔子の門人たちは、桓公や文公の事績を口にする者がいませんでした。そういうわけで後世言い伝える者がなく、私はまだ聞いたことがないのであります。どうしても言わずに済ませられないのならば、王道のことを話しましょうか」。

○「無以」は「無已」に同じ。

66 君子之於禽獣也、見其生、不忍見其死、聞其声、不忍食其肉。**是以**君子遠庖廚也。（同右）

君子の鳥獣に対する態度は、彼らの生きているのを見ているならば、その死ぬのを見るに忍びず、平素その鳴き声を聞いているならば、その肉を食べるに忍びない。だから君子は料理場を遠ざけるのである。

○君子でも鳥獣の肉を食べずに済ますわけにいかないので、せめてどの鳥獣を料理したかわからないように、料理場を遠ざけるということ。むかしは家畜家禽を家で殺して料理して食べたから、このようにいう。

67　君子…見不修行而見毀、而反之身者也。此以怨省而行修矣。（墨子、修身）

君子は…自分の行いを修めないで人からそしられることを知ったならば、それをわが身に反省する者である。だから人を怨むことが少なくてわが行いが修まるのだ。

○「而反之身」の「而」はここでは「則」と同義。而（すなはチ）と読む人もある。

68　子曰、伯夷叔斉、不念旧悪、怨是用希。（論語、公冶長）

孔子が言うのに、「伯夷・叔斉は人の昔の悪事をいつまでも記憶していなかった。人から怨まれることがそれだから少なかった」。

○この文の解釈は種々ある。ここでは「是用」（是以と同じ）が肝要。第12節57解説で是以は連詞（接続詞）だと書いたが、連詞は、漢文では文の接続点にあるとはかぎらないのである。

第13節　介詞の賓語の省略

1　子曰、弟子入則孝、出則弟、謹而信、汎愛衆而親仁、行有餘力、則**以**学文。（論語、学而）

孔子の言うことに、「人の子たり弟たる者は、家庭にあっては親に孝を尽くし、家庭外にあっては尊長に悌を尽くし、慎み深くして言葉にまことがあり、広く衆人を愛し、仁徳のある人に近づき、このような実践に余力があるときは、その余力で昔から伝わって来た書物を勉強する」。

○「以餘力学文」の意。

2　是時彭越復反、下梁地、絶楚糧。項王乃謂海春侯大司馬曹咎等曰、謹守成皋。則漢欲挑戦、慎勿**与**戦、毋令得東而已。我十五日、必誅彭越定梁地、復従将軍。

（史記、項羽本紀）

このとき、彭越（ほうえつ）はまた背き、梁の地を降伏させ、楚軍の兵糧を絶った。項王はそこで海春侯大司馬曹咎（そうきゅう）らに告げて言った、「用心をして成皐（せいこう）（皐）を守備せよ。たとい漢軍が戦いをしかけようとしても、決して漢軍と戦ってはならない。漢軍に東へ進むことをできさせなければそれでよいのだ。わしは十五日間のうちに必ず彭越をしおきし梁地を平定して、また将軍の所へ帰ってこよう」と。

○「慎勿与漢戦、毋令漢得東而已」の意。

3　（蘇秦）説秦王、書十上、而説不行。…資用乏絶、去秦而帰。…帰至家、妻不下紝、嫂不**為**炊、父母不**与**言。蘇秦喟歎曰、妻不以我為夫、嫂不以我為叔、父母不以我為子、是皆秦之罪也。乃夜発書、…読書欲睡、引錐自刺其股、血流至足。（秦策、一）

蘇秦は秦王に意見を述べ、書面は十回も差し出したが、その説は採用されなかった。…旅費が乏しくなり、秦を去って郷里の洛陽に帰った。…帰って家に着いたが、妻は織機(はたおり)から下りず、兄嫁は蘇秦のために飯を炊かず、父母は蘇秦と話をしなかった。蘇秦はため息をついて「妻はわたしを夫とせず、兄嫁はわたしを義理の弟とせず、父母はわたしを子としない。このようになったのはみな秦が悪いのだ」と言った。そこで夜に書物を開き、…書物を読んでねむりそうになると、錐(きり)を手にとり自分で自分のももを刺し、血が足まで流れた。

○「嫂不下為二蘇秦一炊上、父母不下与二蘇秦一言上」の意。

4　及二死之日一、天下知与レ不レ知、皆為尽レ哀。(史記、李将軍列伝)

李広が死んだ日には、天下の彼を知っている者も知らない者も、みな李広のために悲しみの情を尽くした。

○「皆為二李広一尽レ哀」の意。

5　丞相綰(わん)等言、諸侯初破、燕斉荊地遠。不二為置一レ王、毋二以塡一レ之。請レ立二諸子一。唯(ただ)上幸許。(史記、秦始皇本紀)

丞相の王綰らが言う、「諸侯軍は敗北したばかりであり(いつ反撃して来るかわからず)」、燕(えん)・斉(せい)・楚(そ)の三国は土地が秦の都から遠く離れている。この三国に対して王を置かなかったら、この地を鎮定するすべがありません。お子様たちをこの地の王位につけたいと思います。なにとぞ天子様どうか御許可ください」。

○「不下為二燕斉楚一置上王」の意。「塡」、うずめるの意のときはテン、しずめるの意のときはチン、鎮に同じ。「唯」「幸」はいずれも希望を表す。

6　章邯使三人見二項羽一欲レ約。項羽召二軍吏一謀曰、糧少、欲レ聴二其約一。軍吏皆曰、善。項羽乃与期二洹水南殷虚上一。已盟、章邯見二項羽一而流レ涕、為言二趙高一。項羽乃立二章邯一為二雍王一、置二楚軍中一。（史記、項羽本紀）

秦の将軍の章邯は家来をやって項王に面会させ、盟約を結ぼうとした。項王は将校たちを召集し相談して言った、「われわれは兵糧が少なくなった。彼の盟約の申し出を聞き入れようと思う」と。将校はみな「結構です」と言った。項王はそこで章邯と洹水の南の殷墟の上で日時を決めて会う約束をした。盟約が終わったのち、章邯は項王にお目どおりして涙を流し、項王に対して秦の大臣の趙高の悪行を語った。項王はそこで章邯を位につけ雍王とし、楚軍の中に留めおいた。

○「項王乃与二章邯一期…」「為二項王一言二趙高一」の意。

7　衛鞅復見二孝公一。公与語、不四自知三膝之前二於席一也。（史記、

商君列伝）

衛鞅(えいおう)はまた孝公にお目どおりした。公は衛鞅と話をし、思わず知らず膝が敷物の上をのり出して行ったのである。

○「公与衛鞅語」の意。

8　何曰、諸将易得耳。至如信者、国士無双。王必欲長王漢中、無所事信。必欲争天下、非信無所与計事者。顧王策安所決耳。王曰、吾亦欲東耳、安能鬱鬱久居此乎。何曰、王計必欲東、能用信、信即留。不能用、信終亡耳。王曰、吾為公以為将。何曰、雖為将、信必不留。王曰、以為大将。何曰、幸甚。（史記、淮陰侯列伝）

蕭何いわく「諸将はすぐに手に入るのです。韓信のような人となると、比べもののない国家的人物であります。王様が長く漢中だけに王として君臨したいとの是非のお望みならば、韓信を問題にする必要はありません。天下を争いたいとの是非のお望みならば、韓信以外には、その計画を立てる相談相手とすべき人物はいません。ただ王様の方針がどちらに決まるかにかかっているのです」。王「わしも東方に進出し〔て天下を争い〕たいのだ。どうしてふさぎ込んで長らくこんな片田舎にいることができようか」。蕭何「王様の御計画では東方進出を是非ともお望みですが、もし韓信を任用おできならば韓信はとどまります。もし任用おできでなかったら韓信は結局逃亡してしまうのです」。王「わしはそなたの顔を立てて彼を将にしよう」。蕭何「将にしても韓信はとどまらないに違いありません」。王「彼を大将にしよう」。蕭何「結構千万です」。

○「以韓信為将」の意。

9　（汲黯曰）臣愚以為陛下得胡人、皆**以**為奴婢、**以**賜従軍死事者家、所鹵獲因予之、以謝天下之苦、塞百姓之心。（史記、汲鄭列伝）

汲黯の言うことには、「わたくし愚か者めは、陛下が投降して来た外国部族を手に収められたら、みなそれらの者を奴婢とし、それらを従軍して戦死した者の家に賜い、戦利品はこの機会に彼ら（＝戦死者の家）に与え、かくして天下の人々の苦労に対してわびをし、人民の心を満足させなさることと思っておりました」と。

10 子問二公叔文子於公明賈一曰、信乎、夫子不レ言不レ笑不レ取乎。公明賈対曰、以告者過也。夫子時然後言、人不レ厭二其言一。楽然後笑、人不レ厭二其笑一。義然後取、人不レ厭二其取一。子曰、其然、豈其然乎。（論語、憲問）

孔子が公叔文子のことを公明賈に尋ねて言った、「本当であるか、あのお方はものを言わず、笑わず、物を受け取らないのか」と。公明賈がお答えして言った、「そのことを先生に告げた者が間違って言ったのです。あのお方は言うべき時になってそこで初めてものを言い、人々は彼の言うのをいやがりません。楽しんでそこで初めて笑い、人々は彼の笑うのをいやがりません。道理にかなっていてそこで初めて受け取り、人々は彼の受け取るのをいやがりません」と。孔子が言うに、「そうだろう。なんとそうだろうか」と。

○「以レ之告者」の意。最後の孔子の語は、納得し、また疑っている。

また「吾騎二此馬一五歳、…不レ忍レ殺レ之、以賜レ公」（第12節49）もこの例である。

これらは主として文章を簡潔にするための修辞上の都合で省略されているので、省略があってもこれ自体で文章は十分に通用する。そして省略された語を補えば反って文章が悪くなる場合もあるが、補っても文法上の誤りはない。ところが楊伯峻の「文言文法」一九七六年香港重印本一一七ページに「唉、豎子不足与謀」（項羽本紀）は「不足与之謀」の省略だというが、豎子という主語を先に示した場合には、「之」がその主語と同一者であれば「豎子不レ足二与レ之謀一」とは書かないのである。説明の便宜上そのように言えばわかり易いかも知れないが、事実として楊伯峻のいうような例は存在しない。したがって「豎子不足与謀」は省略でなく、これ自身が充足した文であり、文字を補えば反って誤りである。

第14節 謂について

謂という語はいろいろな用法があるので、次にその主要な例を示す。

1 男子先生為兄、後生為弟。男子謂女子先生為姉、後生為妹。(爾雅、釈親)

男の子の先に生まれたのは兄であり、あとで生まれたのは弟である。男の子は女の子の先に生まれたものを呼んで姉とし(↓女の子の先に生まれたものを姉といい)、あとで生まれたものを妹という。

○「男子先生為兄、後生為弟」と読み習わしている。ここでは語法の説明をするためにわざと「為兄」「為弟」と読んだ。下の「後生為妹」は「謂女子後生為妹」に同じ。上に「謂女子先生…」といったから重複を避けて「謂女子」が省いてある。なおここは父系のことを書いた場所だから「男子謂女子先生為姉…」とあるが、女子も互いに姉・妹ということはいうまでもない。ここでの謂は「…を呼んで（称して、名づけて）…という」の意。

2　（武霊王五年）五国相王。趙独否。曰、無其実、敢処其名乎。令国人謂己曰君。（史記、趙世家）

五つの国がつぎつぎに王の称号をとなえた。趙だけはそうしなかった。趙の殿様は「王としての実力がないのに、王という名の地位につくなんてできようか」と言って、国民に自分のことを君と言わせた。

○謂の用法は1と同じ。

3　子謂南容、邦有道不廃、邦無道免於刑戮。（論語、公冶長）

孔子が弟子の南容を批評された、「国に正しい政治が行われているときは捨てて置かれないで任用され、国に正しい政治が行われていないときは、〔行いを慎んで〕刑罰にかかるようなことをしない」と。

○ここの謂は、…を批評する、…について見解を述べるの意。

4　子謂韶、尽美矣、又尽善也。謂武、尽美矣、未尽善也。（論語、八佾）

孔子は舜の音楽の韶について見解を述べられた、「美をつくしているうえに、さらに善をつくしているのである」と。武王の音楽の武について見解を述べられた、「美をつくしているが、善をつくすところまでは行っていないのである」と。

5 諸侯謂吾怯、而軽来伐我。（史記、淮陰侯列伝）

諸侯はわれわれを意気地なしだと思い、平気でやって来てわれわれを撃つであろう。

○「謂…」と読むも可。

6 孰謂子産智。（孟子、万章上）

だれが子産のことを知者だというのか。〔すこしも知者でないではないか。〕

○「嗚呼、曾謂泰山不如林放乎」（ああ、なんとまあ泰山の神を林放にも及ばないと思っているのか。論語八佾。林放は人名）などもこれと同じ。４５とともに３の意味に帰着する。謂を「いふ」「おもふ」いずれに読んでも、価値判断などをして「…と思う」または「…と思ったことをいう」を意味するから、「いふ」「おもふ」を判然と区別できない場合もある。さて３〜６では謂の下に賓語 object と補語 complement とが続いているが、３４のように補語が長いときは賓語の下で句読点がつく。

7　君**謂**(おもヘル)二我欲(スト)一レ弑(セント)レ君(ヲ)也。（礼記、檀弓上）

殿様はわたくしが殿様を殺そうとしていると思っていられるのである。

○…と思う。…と想像する。これを56と同じように「君謂(ヘル)二我(ヲ)欲(スト)一レ弑(セント)レ君(ヲ)也」（殿様はわたくしのことを殿様を殺そうとしていると思っていられるのである）と解する人もあるが、しかし必ずしもそのように読まねばならぬことはない。次の例を見よ。

8　臣**謂**(おもヘラク)君之入(ル)也(や)、其(レ)知(レリト)レ之(ヲ)矣。若(もシ)猶(なほ)未(いまダシキトキハ)也、又将(まさニス)及(バント)レ難(ニ)。（左伝、僖(き)公二四年）

殿様が都に帰還なされたときには、多分このことをご存じに違いないとわたくしは思っていました。もしなおいまだご存じでないならば、再び災難にお遭いになるでしょう。

○「其知之矣」の之についてはここに関係が薄いので説明を省く。ここで必要なことは、謂が以為と同じく「…と思う」という意味で用い、「謂二…(ヲ)…(ト)一」の場合に限らないことである。なお漢文での「思」は思考・思索の意であって、ここで謂を「…と思う」というのとは異なる。

9　子謂子夏曰、女為君子儒、無為小人儒。（論語、雍也）

孔子は子夏に話しかけて言った、「お前は徳の優れた学者になれ。つまらぬ学者になるな」と。

○ここでは「謂」は、話しかける、告げるの意。

10　自天子所、謂我来矣。（詩経、小雅、出車）

天子の所から使者が来て、わたしに来いと言う。

○この場合の「矣」は単に口調上のもので意味はない。

11　斉宣王問曰、人皆謂我毀明堂、毀諸已乎。（孟子、梁恵王下）

斉の宣王が孟子に尋ねて言った、「人々がみなわたしに明堂を取りこわせという。明堂を取りこわしましょうか、取りこわすのをやめましょうか」と。

○「明堂」は周の天子が東方に巡行したとき諸侯を召集して会見した建物で、このとき斉の領土内にあった。10 11は「…に…と告げる」の意。告げた内容が短いときは10 11のように書くが、この例は少なく、多くの場合、9のように「謂…曰、…」となる。

12　王者孰謂。謂文王也。（公羊伝、隠公元年）

王と書いてあるのはだれのことか。文王のことなのである。（＝王とはだれを意味するか。文王を意味するのである。）

○「王者」が文法的に正しいが、通常の訓読は「王者」として者の字を読まない。「孰謂」の語順については第16節Aを参照。

13　詐謂人欺己。不信謂人疑己。（論語、憲問「不逆詐」朱子注）

いつわるとは、他の人がこちらをあざむくことを意味する。信じないとは、他の人がこちらを信じないことを意味する。

○12 13は注釈としての文である。12では「王」そのものの意味の説明でなく、ここでの王とはだれのことか、文王のことだという説明、また13の「詐」「不信」についても、ここではだれがだれを偽るのか、信じないのかということを説明している。注釈的な文に謂が用いられている場合は、多くは、そこの場所における文字・文章の意味が説明されている。

14　夫民神之主也。是以聖王先成民、而後致力於神。故…奉盛以告曰、絜粢豊盛。**謂**其三時不害、而民和年豊也。奉酒醴以告曰、嘉栗旨酒。**謂**其上下皆有嘉徳、而無違心也。（左伝、桓公六年）

いったい、民は神のあるじである。だから聖王はまず民に対する政治を完全に行い、それから神に対して力を尽くす。だから…器に盛った穀物を供えて神に申し上げては、「潔き穀物を豊かに盛りたる器」という。民の農業の三つの季節すなわち春夏秋に害がなくて、民がむつまじく収穫が豊作だという意味である。酒醴を供えて神に申し上げては、「善く清くうまき酒」という。民の身分の高きも低きもみな善い徳を備えていて、よこしまな心がないという意味である。

○「醴」、あま酒。「栗」、洌に同じく清き意とする左氏会箋の説を採る。他の説もある。この14も12 13と同じく注釈的な文に謂を用いたもの。

15 志者、心之所之之**謂**。…拠者、執守之意。…依者、不違之**謂**。…游者、玩物適情之**謂**。（論語、述而「志於道」朱子注）

志とは、心が向かって行く方向という意味。拠とは、離さずに固く守るという意味。依とは、離れないという意味。游とは、ものごとを楽しんで心にかなうという意味。

○ここにたとえば「心之所之之謂」とあるのは、もと「謂心之所之」というべきを順序を変えたものであるが、「之謂」を「之意」と並べて記しているのを見ると、この場合は謂を名詞として用いているのである。この「之謂」については第15節を参照。

16　孟子見斉宣王曰、所謂故国者、非謂有喬木之謂也、有世臣之謂也。（孟子、梁恵王下）

孟子が斉の宣王にお目どおりして言った、「世にいう旧国とは、高い木があることをいうのでないのであります。代々仕えている家来がいることをいうのであります、…」。

○17の解説を見よ。

17　金重於羽者、豈謂一鉤金与一輿羽之謂哉。（孟子、告子下）

金が羽より重いというのは、どうして一つの帯金の金と一台の車に積んだ羽とのことをいおうか〔そうではなくて同一の大きさのものを比較してのことだ。〕

○前のものとともに「非謂有喬木之謂也」「豈謂一鉤金与一輿羽

之謂哉（ヒナランや）」と読むも可。この「謂…之謂」は孟子にのみ二個所に見え、この語法については先人に説がない。松下大三郎「標準漢文法」一八一ページには「其所三以称二曰故国一者、非レ謂下其謂レ有二喬木一曰中故国上也。謂三其有二世臣一曰二故国一也」と説明するが、このような複雑な文章は書かれることがない。孟子の文の「謂…之謂」は要するに重複であって、16にも「所謂故国者、…有二世臣一之謂也」と書いてあって「謂有世臣之謂也」とは書いてなく、かつ「有世臣之謂也」で文義が通じる以上は、「非レ謂レ有二喬木一也」または「非下有二喬木一之謂上也」でじゅうぶんに文義が通じるはずであり、16の場合も同様である。この重複が誤ってされたものであるか、あるいは許容されていたものであるか、この点に至っては全く不明である。

第15節　謂之・之謂

清朝の学者戴震の孟子字義疏証［巻中、天道］に次のようにいう。「古人の言辞、之謂・謂之は異なるところあり。凡そ之謂と曰ふは、上に称する所を以て下を解す。中庸の天命之謂性、率性之謂道、修道之謂教（天命をこれ性と謂ひ、性に率ふをこれ道と謂ひ、道を修むるをこれ教と謂ふ）といふが如き、此は性・道・教のためにこれを言ふ。性也者天命之謂也、道也者率性之謂也、教也者修道之謂也（性なる者は天命の謂ひなり、…）と曰ふが若し。…凡そ謂之と曰ふ者は、下の称する所の名を以て上の実を辯ず。中庸の自誠明謂之性、自明誠謂之教（誠なるよりして明かなるは之を性と謂ふ、明かなるよりして誠なるはこれを教と謂ふ）といふが如き、此は性・教のためにこれを言ふに非ず、性・教を以て自誠明・自明誠の二者を区別するのみ」と。戴震の之謂に対する説についてはあとで再び述べるとして、彼は謂之について区別ということに重点をおいている。区別という以上、区別される二つ以上のものがなければならないが、たとえば「博聞強識而譲、敦善行而不怠、謂之君子」（礼記、曲礼上）、「不教民而用之、謂之殃民」（平素人民に道徳上の教育を施しておかないで人民を戦争に使うのは、これを人民に災いを及ぼすという。孟子、告子下）などは、ただこのことだけが述べられていて、区別すべき相手はない。伊藤東涯は用字格で「之謂ハモト自ツキタル名ナリ、謂之ハコノ方ヨリ名クルナリ。畢竟自然と行為トノ別ナリ、朱子語類［巻一三八、雑類］に云ふ、謂之は之に名づくるなり、之謂は直為なりと。中庸大全に、黄氏洵饒云ふ、首章に謂と云ふ者は直ちに之を謂ふなり。謂之なる者は之に名づくるなり、稍緩しト。コレラノ辯ニテ知ルベシ」（平仮名の部分もと漢文）といっている。これによると「謂之」「之謂」は名づける場合の書き方ということになり、戴震の説よりもこの方がよくわかる。「之謂」については東涯は「モト自ツキタル名ナリ」といい「自然」だという。つまり社会通念としての名称ということらしい。

しかし「之謂」の用例を見るに、たとえば「此之謂大丈夫」（孟子、滕文公下）、「是之謂不知務」（同、尽心上）、「孔子之謂集大成」（同、万章下）という表現があり、これらは「モト自ツキタル名ナリ」ということはできない。「此之謂大丈夫」は「謂之大丈夫」の倒置であって、普通ならば「之之謂大丈夫」となるべきであるが、「之」は「之子」「之二虫」などの意の場合、及び「おいて」の意に用いた場合を除いては句頭に置くことはないので、「此之謂大丈夫」としたものである。したがって「博聞強識而譲、敦善行而不怠、謂之君子」（礼記、曲礼上）と「居天下之広居、立天下之正位、行天下之大道、得志与民由之、不得志独行其道、富貴不能淫、貧賤不能移、威武不能屈、此之謂大丈夫」（孟子、滕文公下）とを比べて、「**謂之**君子」と「**此之謂**大丈夫」との間にどれほどの相違があろうか。「此之謂」の方が「謂之」より重々しく感じるが、それは強調のために語順を変えたからに過ぎない。

さて「aのことをbと称する」「aをbという」を表すには「謂虎於菟」という形式があり、「謂之…」もその一つである。いま仮に「財の無いのを貧という」ということを書けば、「謂無財貧」となる。しかし「謂無財貧」は「無財」と「貧」との切れ目がはっきりせず、これをはっきりさせる方が文章がわかりやすい。その方法に二つある。その一つは賓語（目的語）を前に出す方法で「無財之謂貧」（韓詩外伝、巻一）となる。この場合、「無財」が本来の賓語であるから「無財」と読み、「之」は語順の変わったことを示すマークに過ぎないから「コレ」と読む。この場合「之」は指示代名詞でないから「コレヲ」と読むべきでない。ただし昔から、また現在でも「コレヲ」と読む人がいる。これは訓読の問題でどうでもよいようであるが、他の倒置の場合と比べると「コレヲ」と読むことの誤りがすぐわかる。

もう一つの方法は、賓語を提示語としてまず前に出し、それを再び指示代名詞で示す方法である。たとえば「君有二子女玉帛一」を「子女玉帛、則君有レ之」（左伝、僖公二三年）とし、「吾知二鳥能飛一」を「鳥吾知二其能飛一」（史記、老子韓非列伝）とする方法である。この方法によると「謂二無レ財貧一」は「無レ財謂二之貧一」（荘子、譲王）となる。

漢文では一つの事実をいいあらわすのにいろいろな表現法がある。孟子梁恵王上には「幼而無レ父曰レ孤」といい、礼記王制には「少而無レ父、謂二之孤一」といい、説文解字には「孤、無レ父也」という。漢書董仲舒伝に「命者天之令也」といい、また「天令之謂レ命」ともいい、両者の内容は同じである。中庸の「率レ性之謂レ道」と同じ内容のことを後漢書朱穆伝には「率レ性而行、謂二之道一」という。またすでに述べたように韓詩外伝巻一に「無レ財之謂レ貧、学而不レ能レ行之謂レ病」とあり、同じことを荘子譲王には「無レ財謂二之貧一、学而不レ能レ行、謂二之病一」という（また新序節士、孔子家語七十二弟子にも見える）。このように見て来ると東涯が「之謂」を「自然」だといい、「モト自ツキタル名ナリ」といったのに疑問を感じる。

それでは謂之と之謂との区別はどこにあるか。朱子語類に「謂之は之に名づくるなり、之謂は直為なり」といい、黄氏が「首章に謂と言ふ者は直ちに之を謂ふなり、謂之なる者は之に名づくるなり」といった「直為」「直謂」と「名づける」との相違に帰着するようである。すなわち「之謂」は「aをばbという」の意、「謂之」は「aはこれをbという」の意で、いずれも本来は名称のつけ方に関する表現法であるが、前者は文章が直接的で、中間に句読を入れる余地はなく、かつ「aをばbという」を逆に「bとはaのことである」の意になる可能性が多いわけである。戴震が「天命之謂性、率性之謂道、修道之謂教」を「性也者天命之謂也、道也者率性之謂也、教也者修道之謂也と曰ふが若し」といったのはこのことである。礼記楽記に「作者之謂聖、述者之謂明。明聖者述作之謂也」とある。「作者之謂聖」「述者之謂明」「明聖者述作之謂也」とは完全に同一ではないけれども、同一内容のことを言い換えていることは明らかである。

この「之謂」の場合、昔から日本人にはこの上に句読点を付ける人があり、最近、中国の書物にもそのような例を見かけたことがある。これは誤りである。十三経索引を見るに「之謂」から始まる辞句はまったくない。つまり「之謂」の上には句読点がつかないのである。これに反し「謂之」から始まる辞句が約百十ある。その上に「謂之」の場合は、上の句と「謂之」との間に他の語を挿入することができる（「之謂」の場合はまったく不可能）。次にその例を幾つか示す。

1　竊人之財、猶**謂之**盗、況貪天之功、以為己力乎。（左伝、僖公二四年）

人の財物を盗むのさえも、なおこれを盗という。まして天の手柄を欲ばり奪ってそれを自分の力とするにおいては盗であることはいうまでもない。

2　居山以魚鼈為礼、居沢以鹿豕為礼、君子**謂之**不知礼。（礼記、礼器）

山地に住んでいて魚やスッポンを贈答品とし、沼沢地に住んでいて鹿や豚の肉を贈答品にするのは、君子はこのようなことを礼を知らないという。

3　彼其所殉仁義也、則俗**謂之**君子、其所殉貨財也、則俗**謂之**小人。（荘子、駢拇）

彼らがそれぞれわが身を犠牲にして熱中するものが仁義であるならば、世俗の人はその人を君子といい、わが身を犠牲にして熱中するものが貨財であるならば、世俗の人はその人を小人という。

4　彼ノ上ニシテ而玄ナル者、世謂ヒ二之ヲ天ト一、下ニシテ而黄ナル者、世謂フ二之ヲ地ト一。（柳宗元、天説）

あの上にあって黒色のものは、世間の人はこれを天といい、下にあって黄色のものは、世間の人はこれを地という。

右の「君子謂之不知礼」「俗謂之君子」「世謂之天」などの例を見れば、「謂之」の場合は「これに名づくるなり」といわれる理由がよくわかる。この場合、たとえば「彼上而玄者、世謂之天」においても、「世間の人が天というのは、あの上にあって黒色のもののことだ」の意ともなることは「之謂」の場合と同じである。ただ「謂之」の場合は「名づける」ことを主とした表現と見ることができよう。

第16節　倒装法

A　賓語（目的語）が疑問代名詞である場合に、疑問代名詞が前に来る

1　王子墊問曰、士何事。孟子曰、尚志。曰、何謂尚志。曰、仁義而已矣。殺一無罪、非仁也、非其有而取之、非義也。居悪在。仁是也。路悪在。義是也。居仁由義、大人之事備矣。（孟子、尽心上）

斉の王子の墊が問うて言う、「士は何を務めとするか」と。孟子が言う、「自分の志を高くする［ことに努めるべきだ］」と。「志を高くするとはどういうことか」。「仁義を目指すことである。一人の罪のない者を殺すのは、仁でないのである。自分の持ち物でないのにそれを取るのは、義でないのである。自分の身の置き場所はどこにあるか。仁が身の置き場所である。自分の従うべき路はどこにあるか。義が従うべき路である。仁に身を置き義に従うならば、大人としてのなすべきことは完備している」。

2　朕非属趙君、当**誰**任哉。（史記、李斯列伝）

朕（＝天子の自称）は趙君に政治を任せるのでなければ、だれに任せられるはずがあろうか。

3　陛下**誰**憚、而久不為此。（漢書、賈誼伝）

陛下はだれに気兼ねをして久しい間このことをなさらないのですか。

4　王以三大夫計告慎子曰、…寡人**誰**用於三子之計。（楚策、二）

楚王は三人の家老の計りごとを慎子に告げて言った、「…拙者は三人の計りごとのうちでだれのを用いたらよいだろうか」と。

○「寡人」は諸侯の謙称、寡徳の人の意。

5　布顧曰、願一言而死。上曰、**何**言。（史記、季布欒布列伝）

欒布は振り返って言った、「ひとこと申し上げてから死にたいと存じます」。天子「何を言いたいのか」。

6　上問曰、如我能将幾何。信曰、陛下不過能将十万。上曰、於君何如。曰、臣多多而益善耳。上笑曰、多多益善、何為為我禽。信曰、陛下不能将兵、而善将将。此乃信之所以為陛下禽也。且陛下所謂天授、非人力也。
（史記、淮陰侯列伝）

天子が尋ねて言う、「わたしなどはどれほどの兵を統率できるだろうか」。韓信「陛下は十万の兵を統率できるに過ぎません」。天子「そなたの場合はどうだ」。「わたくしは多ければ多いほどますますじょうずなのです」。天子が笑って言う、「多ければ多いほどますますじょうずなのに、どうしてわしにつかまったのだ」。韓信「陛下は兵を統率することはできませんが、統率者を統率することがじょうずです。そのことこそわたくしが陛下につかまえられた理由であります。そのうえ陛下は世にいう天からの授かりものであって、人間わざでないのであります」。

○公羊伝隠公元年三月の「**曷為**或言会或言及或言暨」の釈文に「曷為如字。或于偽反。後皆同此」という。これは曷為（何為と同じ）の場合の為の発音を示したものである。如字とは普通の読み方をすること、つまり平声で、現代音では wéi、「なす」の意。于偽反のときは去声、wèi、「ために」の意である。したがって訓読では、「なんすれぞ」「なんのために」の二種の読み方が可能であったが、多く「なんすれぞ」と読みならわされて来ている。中国では王念孫の経伝釈詞は「為猶以也。…胡為・曷為・何為、皆言何以也」といい、一見「何為」と解しているように見えるけれども、「謂」の条を見ると、「謂猶為也」といい、この為を平声に読むのと去声に読むのとの二つの場合をあげ、平声に読む場合の方に「何為」「胡為」の例をあげている。すると王引之が何為を何以と同じだといったのは意味の上でのことで、為をタメニと読むことを説いたのではない。ところが楊樹達の詞詮では「介詞、因也」といい、タメニと解しているようであり、中国に同様の説をなす者が多い（日本の中国語学者にもこの傾向がある）。しかし黄六平の漢語文言語法綱要のごときは「人而無儀、不死何為」（詩経、鄘風、相鼠）をあげ、「何為はのちに熟語となり、為の字の動詞的意味が弱化し一つの襯字となり、習慣上、何為を動詞の前に用いる」として、「今戦而勝之、斉之半可得、何為止」（史記、淮陰侯列伝）、「何為貶之也」（穀梁伝、隠公四年）を例にあげている（一一六ページ）。これを見ると、何為を平声に読むのが伝統的慣習で、日本人が従来ナンスレゾと読んで来たのもその慣習に従ったものと思われる。なお動詞の「為」は古くはたとえば「見義不為無勇也」（論語、為政）と読むように「す」のサ行変格の活用形で読まれたが、今では一般に「なす」の活用形で読む。「何為」や「客何為者」

（史記、項羽本紀）などは古い読み方のなごりである。

このほか「何以」「何由」「何従」「誰与」など疑問代名詞と介詞とが結びつく場合も倒装される。ただし「何である」「誰である」「何と謂う」などの場合は倒装されない。

7 長沮曰、夫執輿者為**誰**。子路曰、為孔丘。（論語、微子）

長沮「車に乗って手綱をにぎっているあの人はだれであるか」。子路「孔丘です」。

8 文承間、問其父嬰曰、子之子為**何**。曰、為孫。（史記、孟嘗君列伝）

田文は父のひまな時を見計らって自分の父の嬰に尋ねた、「子の子は何ですか」。「孫である」。

○「為誰」「為何」と読みならわされているが、「誰であるか」「何であるか」の意。「為誰」「為何」「為孔丘」「為孫」と読むも可。

9 漢六年、人有上書告楚王韓信反。高帝問諸将。諸将曰、亟発兵阬豎子耳。高帝黙然。問陳平。平固辞

謝曰、諸将云何。上具告之。(史記、陳丞相世家)

漢の六年に、人々のなかに楚王韓信が反逆したと上書して訴えるものがいた。高祖が諸将にどうすればよいかを問うた。諸将は「すぐに軍隊を繰り出して小僧めを穴埋めにするだけです」と言った。高祖はそれに対してだまっていた。そして陳平に尋ねた。陳平は固く断って、「諸将は何と言っていますか」と尋ねた。天子はくわしく諸将の言葉を告げた。

10　初四人倶拝於前。小史窃言。武帝問言何。対曰、為侯者得東帰不。上曰、女欲不貴矣。女郷名為何。対曰、名遺郷。上曰、用遺汝矣。於是賜小史爵関内侯、食遺郷六百戸。(漢書、酷吏伝、田広明)

話はもとにもどるが、四人は〔手柄があったのでお目どおりを許され〕そろって天子の前で拝謁した。そのとき四人のうちの一人の小史（下級書記官）がつぶやいた。武帝は何といったのかを尋ねた。お答えして「諸侯になった者は東の方の国へ帰れますかどうですか」と言った。天子「なんじは貴くなくていたいのか。なんじの住んでいる郷の名は何であるか」。お答えして「遺郷という名です」。天子「それをなんじにやろう」。そこで小史に関内侯の爵位を賜い、遺郷六百戸の年貢を収入とさせた。

○「於是」を「そこで」と訳すが「その場所で」の意でない。心配なら「それで」「かくて」と訳せばよい。

11　肩吾問於連叔曰、吾聞言於接輿。大而無当、往而不返。吾驚怖其言。猶河漢而無極也。大有径庭、不近人情焉。連叔曰、其言謂何哉。曰、藐姑射之山、有神人居焉。肌膚若冰雪、淖約若処子。不食五穀、吸風飲露。乗雲気御飛竜、而遊乎四海之外。其神凝使物不疵癘而年穀熟。吾以是狂而不信也。（荘子、逍遥遊）

肩吾が連叔に尋ねて言った、「わたくしは接輿から話を聞いたが、その話は大きいばかりで道理にかなったところがなく、でまかせでとりとめがない。わたくしは彼の話に恐ろしさを感じる。彼の話はまるで天の川のようであって極まりがないのである。突飛なところが大いにあって、常識とかけ離れている」。連叔「彼の話はどんな内容か」。「藐姑射の山に神人がいて住んでいる。肌は氷や雪のように白く、しゃなしゃなとして処女のようである。穀物を食べず、風を吸い露を飲んで生きている。雲に乗り飛竜に鞭打って、四方の海の外まで飛んで行く。その心は静寂不動で、万物を傷ついたり病んだりすることがないようにし、穀物を豊作であるようにする、というのである。わたくしはこの話を狂人じみているとして信じないのである」。

○「藐姑射」の藐はバク、またはベウ（ビョウ）。射はヤ、セキ、シャなどの読み方が経典釈文にのっている。日本では昔から「ハコヤ」と読んでいる。「以レ是狂」は「以レ是為レ狂」の省略。

12　孝文即(つキ)レ位(ニ)、有司議(シテ)欲(ス)レ定(メント)ニ儀礼(ヲ)一。孝文好(ミ)ニ道家之学(ヲ)一、以(お)為(もヘラク)繁(クシ)レ礼(ヲ)飾(ルハ)レ貌(ヲ)、無(シ)レ益ニ於治(ニ)一、躬(ただ)化**謂**(い)**何**(かん)耳(のみト)。（史記、礼書）

孝文帝が即位されたので、担当官は相談して儀礼を制定しようとした。孝文帝は道家の学問を好まれたので、礼式を煩わしくし外面を飾るのは政治に無益であり、どのように身を以て人民を教化するかが肝要なのだとのお考えであった。

○王引之の経伝釈詞に「謂…何」「謂何」が「如…何」「如何」と同義であることを例を挙げて示している。その例の多くは「如何せん」の意であるが、ここの「躬化謂何」は「如何」ではあるが「何如」と同義である。王引之が自注で「為(ス)レ治(ヲ)者(ハ)不(ラ)レ在ニ多言(ニ)一、顧力行何如耳」（史記、儒林伝）を引いているのに当たる。さてこのことから考えると、11の「其言謂何哉」も「其言何如哉」の意であるかも知れない。疑いを残しておく。なお秦漢の文章では如何と何如とは原則として意味に相違がある。謂何が如何の意であるとしても、それがどうして何如の意になるか、この点も不明である。

B 否定文で賓語が代名詞である場合

1 子曰、以吾一日長乎爾、毋吾以也。居則曰、不吾知也。如或知爾、則何以哉。（論語、先進）

孔子が言われた、「わたしが諸君より少々年長であるけれども、わたしに遠慮をしてはならないぞ。諸君は平素は、人々が自分を認めてくれないのだと言っている。もし諸君を認めてくれる者がいた場合には、どういうやり方で世のために尽くすか」。

2 衛霊公問陳於孔子。孔子対曰、俎豆之事、則嘗聞之矣。軍旅之事、未之学也。（論語、衛霊公）

衛国の霊公が軍隊の隊列や陣形のことを孔子に尋ねた。孔子はお答えして言った、「祭礼に関することは、聞いたことがあります。軍隊のことは学んだことがないのであります」と。

○「陳」、陣に同じ。「俎豆」、祭器の名称。「軍旅」、軍隊。一万二千五百人を軍といい、五百人を旅という。

3　不患人之不己知、患不知人也。（論語、学而）

人が自分のことを知ってくれないのを心配しないで、自分が人を知らないことを心配すべきである。

4　彼若不吾仮道、必不吾受也。（呂氏春秋、権勲）

かの国がもしわれわれに領内通過を許さないつもりならば、われわれから贈物を受け取らないにきまっています。

5　上拝主父為斉相。至斉。遍召昆弟賓客、散五百金予之、数之曰、始吾貧時、昆弟不我衣食、賓客不我内門。今吾相斉、諸君迎我、或千里。吾与諸君絶矣、毋復入偃之門。（史記、平津侯主父列伝）

天子は主父偃を任命して斉国の相（大臣）にした。主父偃は斉に到着した。兄弟や客人を広範囲に招き、五百金をばらまいて彼らに与え、彼らを責めて言った、「昔わたしが貧しかった時に、兄弟はわたしに衣食を与えず、客人はわたしを門に入れなかった。ところがいまわたしが斉の相になると、諸君はわたしを出迎え、なかには千里の遠くまで出迎えに来た者もいる。わたしは諸君と絶交した。またとわたしの家に来るな」。

6　子曰、人皆曰予知。駆而納諸罟擭陥阱之中、而莫之知辟也。（中庸）

孔子いわく、「世間の人はみな自分は知恵があるといっている。しかし駆りたてそいつをわなや落とし穴の中に入れても、それを避けることを知っているものはいないのである」。

○「辟」は避。第38 39節。

ただしこれに対して「無友不如己者」（論語、学而）、「吾不知之矣」（同、泰伯）「貴賤不在己」（荘子、秋水）、「天下不知之」（荀子、性悪）、「漢果不撃我矣」（漢書、趙充国伝）など倒装でない例もある。倒装でも倒装でなくても文章の意味には変わりはないようである。なお南北朝以後、擬古文の場合を例外として、倒装の形式はなくなる。

C　賓語を強調するために前に転置する場合

たとえば「不善を患(うれ)ふ」は「患フ二不善ヲ一」であるが、不善を強めて前へ出すと「不善ヲ之(こレ)患フ」となり（之のほかに是・焉・於なども用いる）、「不善ヲコレ患フ」と読む。不善が本来の賓語であるから「不善ヲ」と読み「之」は倒装したというマークにすぎないから「コレ」とだけ読む。

1　安二定スルニハ国家ヲ一、必ズ大ヲ焉(こレ)先ニセヨ。（左伝、襄公三十年）

国家を安定させるのには、有力な貴族をば必ずまず手なずけねばならない。

2　身ノ不善ヲ之(こレ)患ヘヨ、毋レ患フル二人ノ莫キヲ一レ己ヲ知ル。（管子、小称）

自分自身の善くない点をば気にかけよ。人が自分を知ってくれないことを気にしてはならない。

3　知者ハ無キレ不ルレ知ラ也。当ニレ務ムベキヲ之レ為スレ急ト。仁者ハ無キレ不ルレ愛セ也。急ナルヲレ親シムニレ賢ニ之レ為スレ務メト。（孟子、尽心上）

知者は知らないところはないのである。そのうちでも何に務めるべきかを知ってそれに務めるべきことをば急務とする。仁者は愛しないものはないのである。そのうちでも賢者を親愛するのに熱心なことをば務めとする。

4 君子非無賄之難、立而無令名之患。…為国非不能事大字小之難、無礼以定其位之患。（左伝、昭公十六年）

君子は財貨のないことをば憂えるのでなく、支配者の地位についても立派な名声の立たないことをば憂える。…国を治めるのには、大国につかえ小国をいつくしむことのできないのをば憂えるのでなく、その地位を安定させるのに礼のないことをば憂える。

○「難」は患に同じ。「字」は慈に同じ。イツクシムとも読む。

5 晋饑。乞糴於秦。丕豹曰、晋君無礼於君、衆莫不知。往年有難、今又荐饑。已失人、又失天。其殃也多矣。君其伐之。勿予糴。公曰、寡人其君是悪、其民何罪。…。（晋語、三）

晋国は凶作で、穀物を輸入したいと秦に頼んで来た。丕豹の言うよう、「晋の君主が殿様に無礼であったことは、人々は知らないものがありません。かの国は先年事件があり、いままた凶作続きであります。すでに人の心を失っただけでなく、また天の助けをも失っています。晋国の受けている災いは多いです。殿様よ晋国を攻撃しなさい。穀物の輸入を許してはなりません」と。秦公の言うには「拙者は晋の君主をば憎んでいるが、晋の人民は何の罪があろうか。…」。

6　皇天無親、惟徳**是**輔。民心無常、惟恵**之**懐。(書経、蔡仲之命)

天の神は人に対してだれを特に親愛するということはなく、ただ徳を備えた人をのみ助ける。人民の心は君主に対して一定不変ということはなく、ただ恵みを施す君主にのみなつき従う。

7　当是之時、天下之人、惟利**是**求、而不復知有仁義。

(孟子、梁恵王上、首章、朱子注)

この時において、天下の人はただ利益をのみ求めて、仁義という道徳の存在を知りもしなかった。

8　赫赫南仲、玁狁于襄。（詩経、小雅、出車）

威名のかがやかしい南仲大将が北方異族の玁狁をば平定する。

9　楚子在申、召蔡霊侯。霊侯将往。蔡大夫曰、王貪而無信、唯蔡於感。今幣重而言甘。誘我也。不如無往。蔡侯不可。三月丙申、楚子伏甲而饗蔡侯於申、酔而執之。（左伝、昭公十一年）

楚国の殿様は申（地名）におり、蔡国の霊侯を招いた。霊侯は行こうと思った。蔡国の家老は「楚の王は欲深くうそつきで、蔡国をばひたすらに怨んでいます。ところがこのたびたくさんの贈り物をし、うまいことを言って来ています。これはわれわれを誘惑しようとしているのです。行かない方がよろしい」と言った。蔡侯は聞き入れず行くことにした。三月丙申の日に、楚の殿様は兵士を隠しておいて、申で蔡侯を饗応し、酔わせて彼を捕らえた。

○「感」は憾に同じ。↓第38節、文字の繁省。

10 忠信之人、可以学礼。苟無忠信之人、則礼不虚道、是以得其人之為貴也。（礼記、礼器）

心に忠誠(まごころ)があり言葉の信実(まこと)の人は、礼を学ぶことができる。もしも忠信のない人ならば、礼は忠信なしでは、その人に従わない。だから礼を学ぶには忠信の徳のある人を得ることをば貴いとする。

11 技経肯綮之未嘗、而況大軱乎。（荘子、養生主）

腕前は刀が骨と肉とくっついているところに触れることさえもいままでにあったことがなかった。まして刀が大骨に当たるなんて絶対にない。

12 小人之使為国家、菑害並至。（礼記、大学）

小人に国家を治めさせたら、あらゆる災害が起こって来る。

13 吾浅之為丈夫也。（左伝、襄公十九年）

わたしはつまらぬ男なのだ。

○安井息軒の左伝輯釈(しゅうしゃく)に、「衡案、此当言吾為浅丈夫也。欲奇句

法、故言浅之為丈夫也。凡倒用字句者、加之字於所倒之字下。如謂此也作此之謂也、人皆習見不怪焉。唯此及戴記大学篇小人之使治国家、以字句差長、人或不暁句法与此之謂也同、故特詳之」という。息軒の引用文中の「小人之使治国家」の治は為の思い違い。

14　吾不獲鱄也使主社稷。（左伝、成公十四年）

わたしは鱄に国政をつかさどらせたいがそれができない。

○「鱄也」の也は一字名につける助字で意味なし。この文では「使鱄也主社稷」とあるべきが、「之」などの助字を挿入しないで倒装したもの。竹添光鴻の左氏会箋にいう「使字在鱄也上是常語、今在下是変法」と。

15　非夫人之為慟而誰為。（論語、先進）

あの人のために慟哭するのでなくてだれのために慟哭しようか。

○「慟」は身もだえしてはなはだしく泣くこと。ここは「非為夫人慟而誰為」の倒置。「誰為」も誰が疑問代名詞だから倒置してある。18の注を参照。以下16 17も同じ。

16　執一之君子、執一而不失、能君万物、日月之与同光、天地之与同理。（管子、心術下）

一つのものを固く守っている君子は、一つのものを固く守って失わないので、万物に対して支配者になることができ、日月と同様に光り輝き、天地と同様に万物を私心なく生育する。

○「与日月同光、与天地同理」の倒装。

17　我又与蔡人、奉戴厲公、至於荘宣、皆我之自立、夏氏之乱、成公播蕩、又我之自入、君所知也。（左伝、襄公二十五年）

わたくしはまた蔡国の人々と厲公を奉戴し、荘公・宣公に至るまでみなわたくしの力で位につき、夏徴舒の乱のときに成公が他国に亡命したが、またわたくしの力で帰還したことは、殿様のご存じのことであります。

○18の注を参照。

18　顔率至斉、謂斉王曰、周頼大国之義、得君臣父子相保一也。願献二九鼎一。不レ識大国何塗**之**レ従而致二**之**斉一。

（東周策、一）

顔率は斉国に到着し、斉王に話をして言った、「わが周王室は貴国の義侠心のおかげで、君臣父子たがいに生命を保つことができたのであります。だから九鼎を献上したいと存じます。さあ貴国はどの道を通ってこれを斉国までお運びなさることやら」と。

○「九鼎」、夏王朝の禹王が鋳た九つのかなえで、天子の位を伝える証拠としてつぎつぎに伝授されたといわれるもの。15 16 17 18の例でわかるように倒装法での文章を訓読すると、きわめて珍妙な読み方になる。だからそのような場合は、倒装法だということを念頭に置いた上で、普通の読み方、すなわちたとえば「我之自立」は「之」を無視して「自レ我立」と同じように、「何塗之従」も「従二何塗一」と同じように読むとよい。あるいは「自レ我立」「従二何塗一」と読むも可である。

19　室**於**怒、市**於**色。（左伝、昭公一九年）

家庭内で腹を立てて、市場でぶりぶりした顔付きをする。

○「怒於室、色於市」の倒装だといわれる。「私族**於**謀」（昭公十九年）、

「報ユルニ**於**何カ有ラン」（僖公二八年）、「衣食ニ**於**奔走ス」（韓愈、与ニ陳給事一書）などを見るとそのように見える。ただし89の「玁狁**于**襄」「唯蔡**於**感」を見ると、「襄**于**玁狁」「唯感**於**蔡」の倒装とすべきか、あるいは于・於が之・是と同じ役目をしているとすべきか、この点は確定しかねる。

第17節 大主語・提示語・副詞的修飾語

主語・述語の順序で並べられた文章で、述語の上に置かれる語が一つの主語だけでなく、主語が重なっている場合がある。また何かについて述べようとしてその語をまず先に掲げておいて、その次にそれについて具体的に説明する場合がある。そのほか行為や事件のあった時や所を何の媒介する語もなしで述語より前に置くことがある。英語などでは主語と述語動詞との対応や、前置詞使用の法則があるから、文章の構造が明らかになるし、日本語では助詞が発達しているという利点があるが、漢字ばかり並べた漢文では、大主語・提示語・副詞的修飾語の区別はある程度はつくが、必ずしも明確にしがたい。次に掲げる文で、それぞれ傍線の語は大主語・小主語（または単なる主語）・提示語・副詞的修飾語のなんらかの役割をしていると見られる。

1 李広才気天下無双ナリ。（史記、李将軍列伝）

李広は才気が天下で比べものがない。

○「李広ハ才気天下ニ無双ナリ」と読むも可。

2　労大ナル者ハ其ノ禄厚ク、功多キ者ハ其ノ爵尊シ。（史記、范雎蔡沢列伝）

手柄の多大な者はその俸給が多くその身分が尊い。

○「労大」と「功多」とは同じことであるが、修辞的に二つに分けて対句にしたもの。

3　吾ハ日暮レテ途遠シ。（史記、平津侯主父列伝）

わたしは日が暮れて道が遠い状態である。

4　朕尊キコト万乗ナリ。（史記、秦始皇本紀）

朕はその尊さは万乗の天子である。

○「朕」、始皇帝の時に始まった天子の自称。「万乗」、周代の制度で天子は自分の直轄の領地から一万台の兵車を徴発する資格があったので、万乗は天子の別称。ただし戦国時代には諸侯にも万乗と称する国がある。

5　両人所レ出イツル微ナリ。（史記、外戚世家）

二人は出身が微賤である。

6　見季子位高金多也。(史記、蘇秦列伝)

季子の位が高くて金が多いのを見たからです。

○「季子位」と続くのでなく「位高金多」が「季子」に続く。

7　鳥吾知其能飛。(史記、老子韓非列伝)

鳥についていえば、わたしはそれが飛ぶ能力のあることを知っている。

8　及壮、試為吏、為泗水亭長。廷中吏無所不狎侮。(史記、高祖本紀)

壮年に達したときに、試みに採用されて下級役人となり、泗水の宿場監理官となったが、彼が属していた県役所にいる役人に対しては、彼はだれもかれもみななめてかかった。

○「廷中吏」の下に「高祖」が省かれている。正義に「府県之吏、高祖皆軽慢也」。

9　是ノ時漢ハ兵盛ンニ食多シ。（史記、項羽本紀）

このとき漢は兵力が盛んで食糧が多かった。

10　定王十六年、三晋滅シ智伯ヲ、分有ス其ノ地ヲ。（史記、周本紀）

11　長平之戦ヒ、趙卒ノ降ル者、数十万人ナリ。（史記、白起王翦列伝）

12　士以テ此(これ)ヲ方数千里ヨリ、争ヒ往キテ帰ス之ニ。（史記、魏公子列伝）

士はこのことによって数千里四方の遠い各地からわれ先にと出かけて行って魏公子に身を寄せた。

13　殿下ニハ郎中俠(はさ)ミ陛ヲ、陛ゴトニ数百人ナリ。（史記、劉敬叔孫通列伝）

宮殿の下には侍従官がきざはしを挟んで立ち、きざはしごとに数百人いる。

○「俠」は挾の仮借。

14　夏(か)人(ひと)ハ政ニ尚(たつと)ブ忠朴ヲ。（史記、貨殖列伝）

夏（か）王朝の人は政治にまことで飾り気のないことを重んじた。

第18節　助動詞的な語

英語などでは一つの語が動詞にも助動詞にも用いられることがあるが、助動詞としての使用上の原則はある程度決まっていて辞書にも明示されている。漢文ではこの点の決定が困難である。ここでは助動詞らしい語というあいまいな標準で同類のもののいくつかを集める。

A　可（ベシ）　可能・許可を、また勧告を表す。「…できる」「…してよい」「…してもよい」「…するがよい」などの意

1　汝**可**(ベシ)二疾(とク)去(ル)一。且(まさニ)レ見(らレント)レ禽(とりこニセ)ス。（史記、商君列伝）

お前は早く逃げ去るがよい。〔そうでないと〕とりこにされるであろう。

○「且」→第18節E。「見」→第30節D。「禽」は「擒(とりこ)」の意。

2　司馬夜引二袁盎一起曰、君**可**二**以**去一矣。呉王期二旦日斬一レ君。

（史記、袁盎鼂錯列伝）

司馬（武官名）が夜なかに袁盎を引っぱって起こして言った、「殿様は逃げ去りなさるがよろしい。呉王が明朝殿様を斬ると決めております」と。

○語法上は「引二袁盎一起」と読むのが正しいが、日本語としてわかり易いように読んでおく。1の「可」と、ここの「可以」とについてはあとでまとめて説く。

3　寡固不レ**可**二**以**敵一レ衆。（孟子、梁恵王上）

無勢はもちろん多勢に敵対できない。

4　人不レ**可**二**以**無一レ恥。（孟子、尽心上）

人は恥じる心がなくてはいけない。

5　**可**二**以**取一、**可**二**以**無一レ取、取傷レ廉。（孟子、離婁下）

受け取ってもよく、受け取らなくてもよい場合に、受け取るならば潔白性を傷つける。

6 当是時。冒頓為単于、兵彊、控弦三十万、数苦北辺。上患之問劉敬。劉敬曰、天下初定、士卒罷於兵。未**可**以武服也。冒頓殺父代立、妻群母、以力為威。未**可**以仁義説也、独**可以**計久遠子孫為臣耳。（史記、劉敬叔孫通列伝）

この時に、冒頓（ぼくとつ）（匈奴の人名）が単于（ぜんう）（匈奴の王の称号）となり、軍隊が強く、弓の射撃兵が三十万人もおり、中国の北方の辺境の人々をしばしば苦しめた。天子はこれを憂え劉敬に問うた。劉敬の言うに、「天下は平定したばかりで、士卒は戦争に疲れていますから、匈奴は武力で服従させることはできないのであります。冒頓は父を殺して代わって位につき、父の妻妾たちを妻とし、力で威勢を示しているようなやつですから、仁義で説得することはできないのであります。ただ単于の遠い子孫が漢の臣となるように計りごとを立てることができるだけです」。

○漢の皇女を単于の妻として送るならば、生まれた子がやがて単于となり漢に臣属するという計略。

7 荊軻曰、今有一言**可以**解燕国之患、報将軍之仇者、

何如。（史記、刺客列伝、荊軻）

荊軻が言う、「いまここに燕国の憂えを解き、将軍様の仇をうつことのできる一つの話がありますが、どうお考えでしょうか」。

○「有一言可以解…」の「以」は「以之」つまり「以一言」の意を含み、「いまここに一つの話、この一つの話の内容で燕国の…仇をうつことのできるのがあります」の意。ただし「有一言可以之解…」などとは書かない。

8　斉人伐燕。或問曰、勧斉伐燕、有諸。曰、未也。沈同問、燕**可**伐与、吾応之曰、可。彼然而伐之也。彼如曰孰**可以**伐之、則将応之曰、為天吏則**可以**伐之。…

（孟子、公孫丑下）

斉国が燕国を討伐した。ある人が孟子に尋ねて、「あなたは斉に勧めて燕を討伐させたそうだが、そういうことがありましたか」。孟子「そうとはいえないのである。沈同が『燕は伐ってもよろしいか』と問うたので、わたしはそれに答えて『よろしい』と言った。彼はかくして燕を伐ったのである。彼がもし『だれが燕を伐ってもよろしいか』といったならば、これに答えて『天命を受けた役人すなわち天子であったならば、これを伐ってもよろしい』と言ったであろう。…」。

○「有諸」は「有之乎」と同じ。

さて**可**と**可以**との区別であるが、右の文に見えるように、天吏が燕国を伐つとして、伐つ側の天吏を主語とするときは「天吏**可以**伐之」となり、伐たれる側の燕を主語とするときは「燕**可**伐」（「燕可伐与」はその疑問形）となる。「爵禄**可**辞也、白刃**可**蹈也」（爵禄も辞退することができ、白刃も蹈むことができるのである。中庸）、「事未**可**知」（事態はどうなるかまだわからない。史記、陸賈伝）、「狼子不**可**養、後必為害」（狼の子は養ってはいけない、のちに必ず害を起こすであろう。蜀志、関羽伝注引蜀記）、「天下**可**運於掌」（天下は掌上で物をころがすように容易に治めることができる。孟子、梁恵王上）、「秦虎狼之国、不**可**親也」（秦は虎や狼のような国で、親しむことはできないのである。史記、蘇秦列伝）などは、すべて行為の対象となるものを主語とした場合で、この場合は「可」だけである。ところが「五十者**可以**衣帛矣」（五十歳の者は絹の着物を着ることができる。孟子、梁恵王上）、「徳何如則**可以**王矣」（徳がどのようであれば王者になることができるか。同）、「如此然後**可以**為民父母」（このようであって始めて民の父母たる天子となることができる。同下）など、及び既述の文例と2〜5と6の一部の「可以」は行為者を主語として書いた場合である（主語を省いてあることもあるが）。それでは12の「汝可疾去」と「君可以去矣」とはどう異なるか。この場合は異ならない。つまり「可以」は省略されて「可」だけになることがあるのである。「及二平長一、**可**レ娶レ妻。富人莫二肯レ与者一」（陳平が一人前になって、妻をめとってよい年ごろになったが、金持ちには、娘をやることを承知する者はいなかった。史記、陳丞相世家）も「可以娶妻」とあってもよいのが「可娶妻」となっているのである。それに反して「可」だけでよいものは原則として「可以」となることはない。

9　（蘇秦）於レ是得二周書陰符一、伏而読レ之、期年以出二揣摩一、曰、此**可**三**以**説二当世之君一矣。（史記、蘇秦列伝）

蘇秦はさてそこで周書陰符という兵法書を見付け出し、机にかじりついてこれを読み、丸一年で揣摩の術を考え出し、「これは当世の君主を説得するのに使える」と言った。

○この場合、「此」は揣摩の術であるが、揣摩の術を説くのでなく、揣摩の術で君主に自分の見解を説くのであるから「以」が用いられているのである。このように行為の主体以外について述べる場合も「**可以**」を用いることがある。なお「揣摩」は、相手の心中を推測し、うまく説き伏せて丸め込むこと。

ところが先に挙げた2「君**可以**去矣」、3「寡固不**可以**敵衆」、4「人不**可以**無恥」などの「可以」の「以」は、もとはそれぞれ何かの理由で用いられたのであろうが、明確に説明のしにくい場合が多い。そこで「可以」は一種の熟語であって「以」は添え字になってしまっていると説く学者があり、その説明でやむを得ないと思われる。現代の中国では「可以」は全く一つの術語になりきっている。もっともこれについては今後も研究すべきであるが、さしあたって日本語に言い換える場合は、一々「以」の意味を微妙に表現しうることは不可能で、「以」を無視してもよい場合が多い。

10　(求)非吾徒也。小子鳴鼓而攻之**可**也。(論語、先進)

冉求(ぜんきゅう)はわれわれの同志ではないのだ。諸君は太鼓を鳴らして彼を攻撃してもよろしい。

11　子貢曰、貧而無諂、富而無驕、何如。子曰、**可**也。未若貧而楽道、富而好礼者也。(同、学而)

子貢「貧しくてもへつらうことがなく、富んでいてもおごることがなかったら、どうでしょうか」。孔子「まあよろしい。しかし貧しくても道を楽しみ、富んでいても礼を好む者にはまだ及ばないのである」。

○「楽道」、通行本に道の字なし。道の字のあるテキストがあり、それに従って補う。

文例8に「沈同問、燕可伐与、吾応之曰、可」とある場合の「可」は「可伐」の省略、10の「小子鳴鼓而攻之可也」は「…してもそれでもかまわぬ」の意、11の「可也」は古注に「未レ足レ多」といい、朱子注に「僅可而有レ所レ未レ尽之辞也」といい、「感心するほどでもない」「まあまあである」「まあよろしい」の意。このほかに「可レ憐」「可レ惜」「可レ愛」など「…されるに値する」「…されるにふさわしい」とでもいうか、英語で言えば pitiable, regrettable, lovable, hatable などの接尾詞 able に似た用法もある。また「ばかり」の意の場合がある。第28節Bを参照。

B 宜（よろシク…ベシ）「…するがよい」「…するのがよい」「…するのがほどよい」「…するはずだ」「どうも…のようだ」などと訳す。最後のは「殆」と同じで、ホトンドと読む人もある

1　臣宜従、病甚。（史記、留侯世家）

わたくしはお供するのがよいのですが、病気がひどいです。

2　於是二世令御史案諸生言反者下吏、非所宜言。（史記、劉敬叔孫通列伝）

そこで二世皇帝は検察官に命じて学生で反逆だと言った者どもを取り調べさせ役人にさげ渡して処刑させた。反逆だなどとは口に出すのにふさわしいことばでないという理由である。

3　蓋君子善善悪悪、君宜知之。（史記、平津侯主父列伝）

いったい君子は善を善とし悪を悪とするものだが、あなたはこのことを知っているはずだ。

4　景子曰、…礼曰、父召無諾、君命召不俟駕。固将朝也。聞王命而遂不果。宜与夫礼若不相似然。（孟子、

公孫丑下）

景子が言う、「礼の書物に、父が召すときはへーィなどゆるゆるした返事をすることなくただちに唯と答え、君主が使者を出して召すときは車に馬をつけるのを待つようなのんびりしたことをせず直ちに参内すべきであるという。貴殿はもともと参内しようとしていたのである。それに王の命令を聞いて、その結果、参内を果たさなかった。どうも先に述べたあの礼と類似していないように思われる」。

○「**若**不相似然」、「若…然」と対応する。「然」の有無にかかわらず意味は同じ。

右のほかに「宜」は単なる形容詞として「よろし」と読むことがあり、また「うべなり」「むべなり」と読んで「道理がある」「もっともである」を意味することもある。

5　代王曰、宗室将相王列侯以為莫**宜**寡人。寡人不敢辞。遂即天子位。（史記、孝文本紀）

代王は「皇族・将軍・丞相・王・列侯が拙者より適当な者はないと思っているのならば、拙者は辞退などはしない」と言い、かくて天子の位についた。

○「王列侯」とは漢代の諸侯に王と列侯との二つのランクがあったことに基づく。

6　二子之不欲戦也**宜**。政在季氏。（左伝、哀公十一年）

〔孟孫・叔孫の〕二人が出陣することを望まないのは道理のあることです。政権が季氏に握られているからです。

7　**宜**乎百姓之謂我愛也。（孟子、梁恵王上）

道理のあることだなあ、人民どもが私のことを物惜しみしたのだと言っているのは。

C　当（まさニ…ベシ）「…するのが当然だ」「当然…すべきだ」「…すべきだ」「当然…にちがいない」「…するはずだ」の意

1　王即弗用鞅、**当**殺之。（史記、商君列伝）

王様がもし衛鞅を採用しなさらぬのなら、彼を殺すべきです。

2　少年有客、相之曰、**当**刑而王。（史記、黥布列伝）

少年のとき、よそから来た人がいて、彼の人相を見て、「刑罰を受けてから王になるはずだ」と言った。

「まさに…べし」と読む語に**応**・**合**があり、これらはまた**当応**・**応合**などと連用される。意味は「当」と同じ。連用については第41節、複語。

3　言二君臣一邪、固**当**二諫争一、語二朋友一邪、**応**レ有二切磋一。（後漢書、馬援伝）

君臣の関係をいうならば、臣下はもとより君主を強く諫めるべきであり、朋友の関係を問題にするならば、朋友同士はたがいに人格を陶冶しあうべきである。

4　謂二盆子一曰、自知レ**当**レ死不。対曰、罪**当**二**応**死一、猶幸二上憐一赦レ之耳。（後漢書、劉盆子伝）

〔光武帝は〕劉盆子に「死刑になるはずであることを自分で知っているかどうか」と言った。劉盆子はお答えして「わたくしの罪は死刑になるはずです。それでもなんとかして天子様が憐んでわたくしをおゆるしくだされればありがたいと存じております」。

○「当応」などは仮に「当」だけに訓点をつけておく。ただし「当応レ死」その他の訓点のつけ方も可能である。要するに二字で「まさに…べし」と読むとよい。

宜当・当宜などと連用することもあり、「よろしく」「まさに」いずれか適宜に読んでおく。

5　諸事**応**奏而不奏、不**応**奏而奏者、杖八十。(唐律、職制律)

およそ何事かについて天子に奏上すべきに奏上せず、奏上すべきでないのに奏上するときは、杖たたき八十の刑を受ける。

○この律の疏議に「応奏而不奏者、謂依律令及式、事**応合**奏而不奏」とあり、応合の連用が見える。

D　須（すべかラク…ベシ）「することが必要だ」の意

1　人生得意**須**尽歓。(李白、将進酒)

人生において得意のときには歓楽をつくすことが必要だ。

2　奉世上言、願得其衆、不**須**復煩大将。(漢書、馮奉世伝)

馮奉世は上言した、「どうかその軍隊をわたくしにお与えください。大将の御出陣をさらにわずらわす必要はありません」。

○通常「不須」の場合は「もちひず」と読む。また「紛紛軽薄何須㆑数」(杜甫、貧交行)のような疑問・反語の場合も「もちひん」と読む。なお「何須数」を「何可㆑数」と同一視して「数えきれぬ」と解している人があるが、須は可と同義になることはなく、この解は誤り。

3　若㆑是聖主不㆑須㆓封禅㆒、若㆑是凡主不㆑応㆓封禅㆒。(梁書、許懋伝)

このようであるならば聖明な君主は封禅する必要はなく、このようであるならば平凡な君主は封禅すべきではない。

○「封禅」は天地の神を祭る一種の儀式。この文は通鑑梁紀天監八年の条に引用されており、そこでは「若㆓聖主㆒…若㆓凡主㆒…」となっている。いずれか、または、いずれにも、文に誤りがあるのかも知れない。ここでは「不須」「不応」だけを取り上げる。さてさきに「不須」は「もちひず」と読むといった。したがってここでも通常は「もちひず」と読む。それでは「すべからく…べからず」と読めば誤りかというと、そうではない。この文にある「不応」は「まさに…べからず」と読み、「奉世不㆑宜㆑受㆑封」(奉世は封爵を受けるのにふさわしくない。漢書、馮奉世伝)は「よろしく…べからず」と読む。それと同様に「すべからく…べからず」と読んでも誤りでない。要するに「まさに」「よろしく」「すべからく」は「べからず」までかかるのでなく、「べし」までかかるのであって、「ず」はこれをまとめて否定しているのである。不応・不宜・不須の文字の配置を見れば明らかである。それでは一般に「すべからく…べからず」と読まないのはなぜかというと、「すべからく」という訓は比較的新しくてなじみが少ないのと、「すべからく…べからず」はあまりにも冗長であるので、便利な「…するをもちひず」が常用されたものと思われる。高山樗牛（ちょぎゅう）の「吾人は須らく現代を超越せざるべからず」という言葉が誤りとされるのは、「須らく」が「べからず」にまでかかる積もりで言われているからである。これは当然「吾人は須らく現代を超越すべし」または「吾人は現代を超越せざるべからず」と言うべきである。また別にこれを漢文にすると「吾人不須不超越現代」つまり「現代を超越しない必要はない、超越してもかまわない」という意味となり、超越することを勧めるにしてはきわめて気の抜けた表現となるからである。

E　将（まさニ…セントス）「…するであろう」「…しようとする」「…しそうだ」「…しようと思う」の意。また「将」と同じ意味で「且」を用いることがある

1　天将（ニ）（ス）下以（テ）二夫子（ヲ）一為（サント）中木鐸（ト）上。（論語、八佾（いつ））

天の神は先生を社会教育者にしようと思っていられるのだ。

2　君将何以教我。（楚辞、卜居）

あなたは何をわたしに教えようと思うのか。

▽卜居の原文は「君将何以教之」。なお、助字弁略および詞詮の「将」条は卜居の文として「君将何以教我」を例示する。

3　大樹将顚、非一縄所維。（後漢書、徐穉伝）

大木が倒れそうになっているのは、一本のなわのつなぎ止めうるものではない。

4　今人乍見孺子将入於井、皆有怵惕惻隠之心。（孟子、公孫丑上）

いま仮に人が不意に、子供が井戸に落ち込みそうになっているのを見るならば、だれでもハッと驚きかわいそうにと思う心をもつであろう。

5　今滕絶長補短、将五十里也。（孟子、滕文公上）

いま滕国は出っぱっているところを絶ち、引っこんでいるところを補うならば、五十里平方となるでしょう。

○あとの7を参照。

6　会日且入、大風起、砂礫撃面。（史記、衛将軍列伝）

ちょうどそのとき日が没しようとしたが、大風が起こり、砂や小石が顔に当たった。

7　欽子及昆弟支属、至二千石者且十人。（漢書、杜周伝）

杜欽の子および兄弟や一族で太守にまで出世した者が十人に近かった。

○「二千石」、郡の長官の太守（郡守ともいう）の年俸。ここの「且」および5の「将」を「ちかし」と読んでもよい。

F　欲（ほっス）　単なる動詞として「ほしがる」の意もあるが、「将」と同じ意味に用いられる場合が多い

1　読書欲睡、引錐自刺其股。（秦策、一）

書物を読んでねむりそうになると、きりを手に取って自分で自分のももを刺した。

2　山雨欲レ来風満レ楼。（許渾、咸陽城東楼）

山雨がひと雨来そうになって風が高殿にいっぱい吹き込む。

3　山青花欲レ燃。（杜甫、絶句無題）

山は木が青々と茂っており、そこに花が燃えんばかりに赤く咲いている。

4　君之危若二朝露一、尚将三欲延レ年益レ寿乎。（史記、商君列伝）

あなたの危ういことは今にも消える朝露のようであるのに、それでも命を延ばしもっと長生きしたいと思っているのか。

5　夫管仲民之父母也。将三欲治二其子一、不レ可レ棄二其父母一。（管子、小匡）

そもそも管仲は人民の父母ともいうべき人物です。その子すなわち人民を治めようと思うならば、その父母たる管仲を捨てておいてはいけません。

○45の「将欲」、67の「欲将」は同義の語を重ねたもの。音読しておく。

6　燕昭王収破燕、後即位。卑身厚幣、以招賢者、**欲将**以報讐。（燕策、一）

燕の昭王は敗戦の燕国を収復し、そののち王位についた。彼は腰を低くし贈り物をじゅうぶんにして、優秀な人物を招き、敵国に復讐しようと思った。

7　賊以刃脅降巡。巡不屈。即牽去将斬之。又降霽雲。雲未応。巡呼雲曰、南八、男子死耳。不可為不義屈。雲笑曰、**欲将**以有為也。公有言、雲敢不死。（韓愈、張中丞伝後序）

賊は刃で脅かして張巡を降伏させようとした。張巡は降伏しなかった。そこで引っ張って連れ去り、彼を斬り殺そうとした。また南霽雲を降伏させようとした。霽雲はまだ返答をしていなかった。張巡は霽雲に声をかけて言った、「南八よ。男児は死ぬだけだ。不義に対して屈服してはならぬぞ」と。雲は笑って、「降伏しておいて何かをしようと思ったのです。貴殿の仰せを承りまして、私は死なないでいられましょうか」と言った。

○「欲将以有為也」の「以」は「降伏することによって」の意を含んでいる。さて45の将欲、67の欲将は、古くは「将欲…」「欲将…」などと訓読したこともあるが、将欲の方はまだしも欲将の方は「しようとする（＝将）ように（マタハことを）欲する」と解しているように見えていけない。これらは将一字、欲一字でも意味は同じであるが、同義語を二字ならべたものにすぎず、二字連ねて音読しておく方が正確である。↓第41節、複語。

次に「欲」について、助動詞的用法ではないが、国語の「あらまほし」に相当し、「…が望ましい」「…でありたい」「…であってほしい」「…であることが理想的だ」の意になることがある。

8　君子欲訥於言而敏於行。（論語、里仁）

君子は言葉において消極的で、実践において積極的であることが望ましい。

9　慶賞刑罰、欲必以信。（荀子、議兵）

褒美と刑罰とは、決めたとおりに必ず行い、言ったとおりに相違なく行うのが望ましい。

10　心ハ欲シテ㆑小ナランコトヲ而志ハ欲ス㆑大ナランコトヲ。智ハ欲シテ㆑円ナランコトヲ而行ヒハ欲ス㆑方ナランコトヲ。（淮南子、主術訓）

心は小さいことが望ましくて志は大きいことが望ましい。知は円満であることが望ましくて行いは方正であることが望ましい。

〇旧唐書隠逸孫思邈（そんしばく）伝では、これに基づいて「胆欲㆑大而心欲㆑小、智欲㆑円而行欲㆑方」という。

Ⅱ　者と所

第19節　者と所についての概説

いま仮に「我読レ書ヲ」という文から「読」の字を用いて読む人の方を表そうとすれば「読ム者」といい、読まれる書物の方を表すには「所レ読ム」とする。前者は「読レ書ヲ者」ともなり、後者は「所ノレ読ム者」「所ノレ読ム書」ともなるが、前者を「所レ読ム」「所ノレ読ム書ヲ者」とすることはない。次にその基本例を示そう。

1　君者トイフハ**所**レ事つかフル也、非ザル二事フルレ人ニ**者**一也。（礼記、礼運）

君主というのはつかえる対象である。人につかえるものでないのである。

○「君者トイフハ人ノ所レ事フル也」とあればよりよくわかる。「君者」については第20節D。

2　由リテ二**所**ノレ殺ス蛇ハ白帝ノ子、殺ス**者**ハ赤帝ノ子ナルニ一、故ニ上たっとブレ赤ヲ。（史記、高祖本紀）

殺した相手である蛇（＝殺された蛇）は白帝の子で、殺した方は赤帝の子であるので、それで赤を尊んだ。

3　上曰、苟各有主者、而君所主何事也。(漢書、陳平伝)

天子が言う、「もしもそれぞれの仕事に担当者があるというのならば、そなたの担当しているのは何の仕事であるか」。

4　上且怒且喜、罵何曰、若亡何也。何曰、臣不敢亡。臣追亡者。上曰、若所追者誰。何曰、韓信也。(史記、淮陰侯列伝)

(戦争中に蕭何が逃亡したと聞いて悲しんでいたところへ蕭何が帰って来たので)天子は怒ったり喜んだりして、蕭何をののしって言った、「なんじが逃亡するとは何ごとだ」。蕭何「わたくしは逃亡したりなんかしないのであります、わたくしは逃亡した者を追いかけていました」。天子「なんじの追いかけた相手はだれじゃ」。蕭何「韓信です」。

○「上」、この時はまだ天子でないが、後の世から書いている。

5　此人一一為具言所聞、皆歎惋。(陶潜、桃花源記)

この人は一々相手に対して自分の聞いて知っていることを詳しく話した。みな驚嘆した。

○「所聞」とある以上は上述の訳になる。「所聞」を「聞く人」と解することはできない。もし「聞者」とあれば、当然「聞ク者皆歎惋ス」と読まねばならない。また「此人為具言聞皆歎惋」とあれば（蒙求「武陵桃源」徐子光補注）、「聞きてみな歎惋す」となる。

第20節　者について

説文解字に「者」を「別ツレ事ヲ詞」とあるが、他の事物と区別するということは、その事物を特に指示することになるので、事物を指示する助字という方がわかりよいように思われる。経伝釈詞に「或イハ指シ二其ノ事ヲ一、或イハ指シ二其ノ物ヲ一、或イハ指ス二其ノ人ヲ一」とあるが、そのほか時・所・理由などをも指す。

A　人を指す。日本の大昔の訓点ではこの場合「者(ひと)」と読んだらしい。後世では「者(もの)」と読む

1　殺スレ人ヲ**者**ハ死ス。（史記、高祖本紀）

人を殺す者は死刑になる。

2　奪フ二項王ノ天下ヲ一**者**ハ、必ズ沛公也。（史記、項羽本紀）

項王の天下を奪い取る者は、必ず沛公（はいこう）である。

3　誰為此計**者**乎。（史記、范雎蔡沢列伝）

だれがこの計りごとを立てたのであるか。

4　惟仁**者**為能以大事小。（孟子、梁恵王下）

ただ仁徳を備えた君主のみが、大国でありながら小国につかえることができるのである。

5　召辱己之少年、令出胯下**者**、以為楚中尉。（史記、淮陰侯列伝）

〔韓信は〕自分を辱めた少年で股の下をくぐってでさせた者を召し出して、彼を楚国の中尉にした。

○上に「辱己」といったので「令己出胯下者」の「己」は省いてある。なお「己」は本来ならば行為者自身を指すはずであるが、ここでは韓信の立場から「己」といっている。

6　且吾所為者極難耳。然所以為此者、将以愧天下後世之為人臣懐二心以事其君者也。（史記、刺客列伝、予譲）

その上にわたしのしていることはきわめて困難なのだ。それにもかかわらずこのことをするわけは、こうすることで天下後世の人臣でありながら二心を抱いて自分の君主につかえる者を恥じさせようと思うからである。

○初めの二つの「者」についてはFの項を参照。

B　ことがらを指す

1　乃鑿井、深者四十餘丈。（史記、河渠書）

そこで井戸を掘ったが、深さは四十数丈であった。

○「者（こと）」と訓読したが、大抵の場合は「者（もの）」で済ますことが多い。以下同じ。

2　非死者難也、処死者難。（史記、廉頗藺相如列伝）

死ぬことがむずかしいというわけでないのである。死に対処することがむずかしい。

3　范増数目二項王一、挙二所レ佩玉玦一以示レ之者三。（史記、項羽本紀）

范増はしばしば項王に目くばせし、腰に帯びていた玉玦を差し上げて項王に示すことが三度であった。

4　無二恒産一而有二恒心一者、惟士為レ能。（孟子、梁恵王上）

一定不変の生活手段がなくても一定不変の心をもつということは、ただ士だけができるのである。

○A4とともに「惟（唯）…為…」は一つの形式であって「ただ…だけが…のである」の意。この「為」を「わづかに」と訓読している本もあるが誤りである。

C　場合・条件を指す

1　所レ苦者、身不レ得二安逸一、口不レ得二厚味一、形不レ得二美服一、目不レ得二好色一、耳不レ得二音声一。若不レ得者、則大憂以懼。（荘子、至楽）

天下の人々の苦しみとすることは、わが身に安楽を得ず、口に美味を得ず、体に美服を得ず、目に美色を得ず、耳に音楽を得ないことである。もしこれらのものを得ないときは、大いに憂えて恐れる。

○「者(とき)」と訓読したが、大抵の場合は「者(もの)」で済ますことが多い。以下同じ。

2　田横来、大**者**王、小**者**廼侯耳。不来、且挙兵加誅焉。(史記、田儋(でんたん)列伝)

田横が帰順して来るならば、高く取り立てた場合は王にし、低い場合でもそれでも侯にしてやろう。帰順して来ぬならば、兵を起こして誅罰を加えるであろう。

3　無忌曰、伍奢有二子。不殺**者**、為楚国患。(史記、楚世家)

〔楚の家老の〕費無忌が言った、「伍奢に二人の子がいる。この二人の子を殺さないときは、楚国の災いの種になるでしょう」。

4　今秦有貪利之心、而欲不可足也。非尽天下之地、臣海内之王**者**、其意不厭。(史記、刺客列伝、荊軻)

ところが秦は利をむさぼる心を抱いていて、その欲望は満足させることができないのである。天下の領地を奪いつくし、天下の王を家来にするのでないときは、その心は満足しない。

○3「不殺者」および4「非…者」などの場合、「殺サズンバ」「非ズンバ」と読み「者」の字を訓読から省く場合もある。「勿已者」ヤムコトナクンバ、「不者」シカラズンバ、「然者」シカラバ・シカレバ、「何者」ナントナレバなどの読み方もある。

D　人や物それ自体を指す

1　有顔回者。（論語、雍也）

○顔回ナル者とも読み習わしている。

顔回という者がいる。

2　淮陰侯韓信者、淮陰之人也。（史記、淮陰侯列伝）

淮陰侯韓信という者は淮陰の人である。

○「者」を者と読む人もいる。便宜上それでかまわないが、万葉仮名で「者」を「は」として用いるから「韓信者」を「韓信者」と読むべきだというならば誤り。

145の例を見ればすぐにわかる。

3　真者精誠之至也。（荘子、漁父）

真というのは精誠の極致である。

4　有天爵者、有人爵者。（孟子、告子上）

天爵といわれるものがあり、人爵といわれるものがある。

5　陛下有高世之行者三。（史記、袁盎鼂錯列伝）

陛下は世にすぐれている行いといわれるもの三つを備えていられる。

○「行」は音読も可。他に同様の場合も多い。

E　所を指す

1　（后稷）相地之宜、宜穀者稼穡焉。（史記、周本紀）

后稷は土地の適宜性を観察し、穀物に適した土地ではそこで農業をした。

○「稼穡焉」と読むこともある。

2　環会稽三百里者、以為范蠡地。（越語、下）

会稽をめぐる三百里四方の土地、それを范蠡の領地にした。

F　理由を指す

1　今有仁心仁聞、而民不被其沢、不可法於後世者、不行先王之道也。（孟子、離婁上）

いま（君主が）仁愛の心と仁愛の名声を有しているのに、人民がその恩沢を被らず、後世に対して模範となることのできないのは、先王の道を行わないからである。

2　虞公之兵殆而地削者何也。（韓非子、十過）

虞公の軍隊が危うくなり領地が削り取られたのはなぜであるか。

3　人君無智愚賢不肖、莫不欲求忠以自為、挙賢以自佐、然亡国破家相随属、而聖君治国累世而不見者、其所謂忠者不忠、而所謂賢者不賢也。（史記、屈原賈生列伝）

君主は知愚賢不肖の別なく、忠臣を求めて自分に役立て賢臣を登用して自分の手助けにしたいと望まないものはない。それにもかかわらず国を滅ぼし家を破滅させることがつぎつぎと起こり、聖君治国には幾世代を経ても会わないのは、世の君主が忠臣だと思っている者が真の忠臣でなく、また賢臣だと思っている者が真の賢臣でないからである。

4　且夫天下游士、左親戚、棄墳墓、去故旧、従陛下**者**、但日夜望咫尺之地。(漢書、張良伝)

またそもそも天下の方々からやって来た戦士が親戚をほったらかしにし墳墓を見捨て知人を置き去りにして陛下に従ったわけは、ただ、ごくわずかな領地でも手に入れたいと日夜望んでいるからです。

G　状態を指す。多くは偽・為・如などの語と呼応する

1　有変告信欲反。書聞、上患之。用陳平謀、偽游於雲夢**者**。実欲襲信。(漢書、韓信伝)

韓信が反乱を起こそうとしていると重大な告発をしたものがいて、上書が奏聞され、

天子は心配した。〔そこで〕陳平の計りごとを用い、雲夢（うんぼう）へ旅行に行くようなふりをした。実は〔旅行の供に韓信を呼び出し〕韓信の不意を突いて捕らえようとしたのである。

○「偽（いつはル）ニ…者（ト）ニ」と読む人もある。

▽「変告」は、変事を知らせること。

2　夫子**為**（まねシテざル）ニ弗レ聞（カ）也**者**（ノ）ニ而過（グ）レ之（ヲ）。（礼記、檀弓下）

先生は聞かないふりをよそおってそこを通り過ぎた。

3　子之哭（スルや）也、壱（ニ）**似**（タリ）ニ重（ネテ）有（ル）レ憂（ヒ）**者**（ニ）一。（同右）

あなたの泣き叫んでいられるのは、全く重ねがさね御不幸がおありになったふうに見受けられます。

4　孔子於（テハ）ニ郷党（ニ）一、恂（じゅん）恂如（タル）也。**似**（タリ）ニ不（ル）レ能（ハ）レ言（フ）**者**（ニ）一。（論語、郷党）

孔子は郷里で生活しているときは、おだやかでうやうやしかった。ものも言えないふうであった。

○史記万石張叔列伝には「**如**（シ）ニ不（ル）レ能（ハ）レ言（フ）**者**（ノ）ニ」という表現もある。「恂」、慣用音はジュン、正音はシュン。

5　於是公子立自責、**似若**無所容**者**。（史記、魏公子列伝）

そこで公子は直ちに自分の過ちを責めとがめ、身の置きどころもないがごとき様子であった。

○前掲4論語の文の刑昺の疏にも「**如似**不能言**者**」とある。「似若」「如似」は同義語・類義語を並べたもので、第41節、複語を参照。音読でわかりにくければ、二字で「ごとし」または「にたり」と読むも可。

6　吾視郭解、状貌不及中人、言語不足採**者**。（史記、游侠列伝賛）

わたしは郭解を観察したが、姿や顔付きは並みの人にも及ばず、言葉は採るに足りないようであった。

○「似」などの語を省略。

7　捐水郎門霤下、**類**溺**者**之**状**。（韓非子、内儲説下）

水を回廊の門の雨だれ受けの下に捨てたが、小便をしたような様子に見えた。

○だれかが小便をしたようにぬれていたの意。「類溺者」をより詳しくしたもの。「溺」は、おぼれるの意のときはデキ、小便の意のときはデウ（ジョウ）、ネウ（ニョウ）。尿に同じ。

8　酒酣以往、高漸離撃筑、荊軻和而歌於市中相楽也。已而相泣、旁若無人者。（史記、刺客列伝、荊軻）

○「酣」、酒宴のまっさかり。

酒盛りの最中が過ぎると、高漸離は筑という楽器を打ち、荊軻はそれに合わせて市場の中で歌をうたい互いに楽しんだのである。そうこうしているうちにともどもに泣き、あたりに対してはまるで人がだれもいないかのような振舞いであった。

H　このほかに昔者・古者・嚮者・曩者・頃者・日者・近者・今者など、時に関係した語に者をつけることがあるが、昔者・古者でも昔・古と意味は同じであるわが万葉集などで者をハと読ませているので「昔ハ」「古ハ」と読むべきように誤解している人もあるが、そうではない。

1　昔者吾友嘗従事於斯矣。（論語、泰伯）

以前にわが友顔淵がこのことに努め励んだことがあった。

2　**曩者**使女狗白而往、黒而来、子豈能毋怪哉。（韓非子、説林下）

もしもお前の犬が白い色で出かけて行き、黒い色になって帰って来たとしたら、そなたはどうして怪しまないでいられようか。

○「曩者使…」は仮定を表す。↓第29節D。

3　文帝曰、嗟乎、此真将軍矣。**曩者**覇上棘門軍、若児戯耳。其将固可襲而虜也。至於亜夫、可得而犯邪。（史記、絳侯周勃世家）

文帝は「ああ、この男は真の将軍だ。さきに視察した覇上や棘門に駐屯している軍隊は、子供の遊びみたいなものだ。そこの将軍らはもちろん急襲して捕虜にできるのである。周亜夫となると、手出しをすることができようか」と言った。

○十八史略では「**向者**覇上棘門軍」。

4　操歎息曰、生子当如孫仲謀。**向者**劉景升児子、豚犬

耳。（十八史略、東漢）

曹操は嘆息して言った、「子を生むならば孫仲謀のような子を生むべきだ。さきの劉景升の子供などは、ぶたや犬のようなものに過ぎない」と。

○「仲謀」「景升」、それぞれ孫権・劉表のあざな。

｜「誰…者」の場合

楊樹達の詞詮は「誰可者」〔史記、五帝本紀〕「誰踰仲卿者」〔漢書、王章伝〕などの「者」について「表疑問」といい、裴学海の古書虚字集釈は「者猶哉」という。また、「誰加衣者。左右対曰、典冠」〔韓非子、二柄〕について「者」は「諸」に通じ、「乎」と同じだとして「誰加衣者」と読む説もある。なるほど経伝釈詞などを見ると、諸が者に通じる場合があり、乎に通じる場合もある。だからといって者が乎に通じる場合はないのである。一歩譲ってこの「誰…者」の場合に諸と者とが通じたとするならば、多数の「誰…者」のうちに「誰…諸」があるはずだが（もっと厳格にいうならば「誰…諸」が大部分で「誰…者」が少ないはずだが）、「誰…者」ばかりで「誰…諸」は見られない。次に「誰…者」の形式に「誰…者乎」となっているのがある。「孰能当此者乎」（史記、陳丞相世家賛）、「誰為此計者乎」（范睢蔡沢列伝)、「天下誰最愛我者乎」(佞幸列伝)などがこれである。者が乎と同じならば者乎は乎乎と同じことになる。諸乎の場合に之乎と同じ意味になることはあるが、乎乎と同じになる例はないし、またありえない。このような諸点を考慮すると、者が乎に通じるという説の誤りは明白である。

　裴学海は左伝襄公二八年に「誰敢者」があり襄公八年に「誰敢哉」があるなどの理由で、「者猶哉也」といっている。これも者と哉とを同一視しなくても、「誰敢者」「誰敢哉」の表現がそれぞれ存在すると考えればすむことである。もしも裴学海の論法で行けば、晏子春秋巻五に「孰謂晏子習于礼乎」と「孰謂晏子習于礼者」とがあって、者は乎と同じことになる。この推論は一般の方法論としては可能である。しかしこの場合の誤りはすでに述べた。いったい、文章というものは同じことをいうのでも表現法は種々あるものである。たとえば、「孰謂微生高直」(論語、公冶長)「孰謂鄹人之子知礼乎」(八佾)、「誰謂由也而不知礼乎」(礼記、礼器)、「誰謂吾弑君者乎」(公羊伝、宣公六年)、「孰為盾而忍弑其君者乎」(穀梁伝、宣公二年)と前引の晏子春秋の文とを比較すると、乎だけ、または者だけの付いたもの、者乎とあるもの、及び乎も者も者乎もないものがある。それぞれが成立すると考えていけないだろうか。

　呂叔湘の文言虚字によると、「誰可代君」だけでも文が成立するのに「者」をつけて「誰可代君者」とする場合は、「誰可代君者」は「可代君者誰」と同じで、「誰」は主語から謂語（＝述語）に変わるという。説明の便宜からは、日本語に訳する場合をも含めて、呂叔湘の説明はわかりやすいが、「誰」はやはり主語と考える方がよい。というのは「誰…者乎」の形式があるからである。とにかく、これはこれで一つの表現法だと思えば、何も問題はないのである。なお「誰カ…者ゾ」「誰カ…者カ」という訓読は、特に後者は珍妙ではあるが、「誰ガ」という訓読法のない以上は、異例はやむを得ない。

1　誰為大王為此計者。（史記、項羽本紀）

だれが大王様のためにこの計画を立てたのですか（↑立てた者ですか）。

○「者」を「の」と訳すとうまくいく場合がある。

2　昔者韓昭侯酔而寝。典冠者見君之寒也、故加衣於君之上。覚寝而説、問左右曰、**誰**加衣**者**。左右対曰、典冠。君因兼罪典衣与典冠。其罪典衣、以為失其事也。其罪典冠、以為越其職也。非不悪寒也。以為侵官之害甚於寒。（韓非子、二柄）

むかし韓の昭侯は酔っぱらって寝た。冠がかりの役人が殿様の寒いのを見たものだから、それで着物を殿様の上に着せた。殿様は眠りから覚めて喜び、おそばづきの家来に「だれが着物を掛けたのか」と尋ねた。おそばづきの家来がお答え申し上げて「冠がかりです」と言った。殿様はそれを聞いたものだから典衣と典冠とを両方ともに処罰した。この場合典衣を処罰したのは、典衣の果たすべき仕事をしなかったと考えたからである。この場合典冠を処罰したのは、典冠の職務以外のことに手出ししたと考えたからである。寒いのをいやがらないわけでないのだ。官職を侵犯する害が寒いのよりもはなはだしいと考えたのだ。

○「覚寝」と読むも可。「対」、卑者が尊者に答えること。「其罪典衣」の「其」は「その場合」「そのうち」の意。

3　富貴不帰故郷、如衣繍夜行。誰知之者。（史記、項羽本紀）

富貴になって故郷に帰らないのは、刺繍の美しい着物を着て夜の暗い道を歩くようなものである。美しい着物を着ていることをだれが知ってくれるものだろうか。

4　孟嘗君時相斉、封万戸於薛。其食客三千人、邑入不足以奉客。使人出銭於薛。歳餘不入。貸銭者多不能与其息。客奉将不給。孟嘗君憂之、問左右、**何人**可使収債於薛**者**。伝舎長曰、代舎客馮公、形容状貌、甚辯、長者、無他伎能、宜可令収債。（史記、孟嘗君列伝）

孟嘗君はこのとき斉国の大臣で、薛で一万戸の領地をもらっていた。彼の食客は三千人で、領地からの年貢は食客たちの接待に当てるには足りず、家来に命じて薛で金を貸し出させていたが、一年以上たったが収入がなかった。金を借りた者は大部分は利息を払うことができず、食客の接待はでき兼ねそうになった。孟嘗君はこのことを心配し、おそばづきの家来に尋ねた、「だれが薛で貸金を回収させるのに適当なものであるか」と。宿舎の役人頭が「代舎にいる食客の馮どのは立派な顔つき体つきで、たいそう弁が立ち、人物ですが、ほかの能力はありません。貸金を回収させるのに適当です」と言った。

○「貸」、かす・かりるのいずれの意味にも用いる。「債」、借金・未払金。ただし貸金・未収金の意にも用い、債主といえば債権者のこと。「伝舎」、孟嘗君のところの食客の宿舎は、下級の伝舎、中級の幸舎、上級の代舎と三種類あった。ここでの伝舎長はこれらすべての宿舎の監理役人の長らしい。「**宜可**」は類義語の連用。「宜可…」と訓点をつけてもよい。その場合は、可は読まないことになる。

5 後孟嘗君出記、問門下諸客、誰習計会、能為文収責於薛者乎。（斉策、四）

そののち孟嘗君は帳簿を出し、「わが家のもろもろの食客たちで、だれが会計に熟達しており、わたしのために薛で貸金を回収してくれることのできるものであるか」と尋ねた。

○「習」、習熟・熟達の意。「文」、孟嘗君の名。「責」、この場合は債に同じ。サイと読む。「だれか…者はいないか」と訳すも可。原案は直訳してある。

6 文帝嘗病癰。鄧通常為帝唶吮之。文帝不楽。従容問通曰、天下誰最愛我者乎。通曰、宜莫如太子。太子入問病。文帝使唶癰。唶癰而色難之。已而聞通常為帝唶吮之、心慙、由此怨通矣。（史記、佞幸列伝）

文帝は悪性のできものを病んだことがあった。鄧通はいつも帝のためにできもののうみを吸った。文帝は病気で機嫌がよくなかったが、少しくつろいだときに鄧通に尋ねた、「天下でだれが一番わたしを愛しているものだろうか」。鄧通いわく「太子に及ぶものはないはずです」と。太子が部屋に来て病気を見舞ったが、文帝はできもののうみを吸わせた。太子はできものを吸っていやな顔付きをした。そのようなことがあったのち太子は鄧通がいつも帝のためにできものを吸っているということを聞いて、心に恥じ、このことで鄧通を怨むことになった。

7　公儀休者、魯博士也。以高弟為魯相。…客有遺相魚者。相不受。客曰、聞君嗜魚、遺君魚。何故不受也。相曰、以嗜魚故不受也。今為相、能自給魚。今受魚而免、**誰**復給我魚**者**。吾故不受也。（史記、循吏列伝）

公儀休という人は魯国の博士である。学識が優秀であるので魯国の大臣になった。…客人のなかに大臣に魚を贈った人がいた。大臣は受け取らなかった。客人「あなた様が魚がすきだと聞きましたので、あなた様に魚を差しあげます。なぜお受け取りなさらないのですか」。大臣「魚が好きだからそれで受け取らないのです。いまわたしは大臣ですから、自分で魚を買うことができます。いまもし魚を受け取って免職にされたならば、だれがまたとわたしに魚をくれるものですか。わたしはだから受け取らないのです」。

○「何ノ故ニ」とも読む。

▽「弟」は第に同じ。高第は、優秀であること。

第21節　所について

所は「ソレを（に・で・から）…する（である）ソレ」を表す。だいたいからいえば行為の対象を表す場合が多いが、その他の場合もある。

1　富与レ貴、是人之**所**レ欲也。（論語、里仁）

財産の多いことと身分の貴いこととは、人の望むことがらである。

2　寿富多二男子一、人之**所**レ欲也。（荘子、天地）

長生きすることと、財産家になることと、男の子が多く生まれることとは、人の望むことがらである。

3　夫天下之**所**レ尊者、富貴寿善也。（荘子、至楽）

いったい天下の人々の重んじることがらは、財産が多いこと、身分が貴くなること、長生きすること、及び立派な名声が広まることである。

4　古之為市者、以其所有、易其所無者、有司者治之耳。（孟子、公孫丑下）

むかし市を立てた場合は、自分の持っている物を自分のない物に交換し、市場担当の役人は売買を監督していただけである。

○3の「所尊者」およびここの「所無者」の「者」は書くこともあれば書かないこともある。↓第19節。

5　其畜之所多、則馬牛羊。（史記、匈奴列伝）

彼らの家畜のうちで多いのは、馬・牛・羊である。

○「其畜多馬牛羊」の意に帰着する。

6　四方各以土地所生貢献。（塩鉄論、未通）

天下の方々の郡や国はそれぞれ自分の土地の生産物をばみつぎ物として献上した。

7　夙興夜寐、毋忝爾所生。（詩経、小雅、小宛）

朝早く起き夜おそく寝てよく勉励し、なんじが生まれた父母に恥をかかせないようにせよ。

8　冀之北土、馬之所生。（左伝、昭公四年）

冀（主として河北・山西両省の地）の北部地域は馬の生産地である。

○6の「土地所生」は「土地がソレを生じるソレ＝土地の生産物」。7の「爾所生」は「なんじがソレから生まれたソレ＝なんじの父母」。8の「馬之所生」は「馬がソコで生じるソコ＝馬の生産地」。このように同じ「所生」でも前後の関係で意味が異なる。

9　（李少君）匿其年及所生長、常自謂七十、能使物卻老。（史記、孝武本紀）

李少君は自分の年齢及びどこで生まれどこで成長したかということを隠し、いつも自分のことを七十歳で、魔物を自分の思うままに使い、また老衰を生じさせない能力があると言っていた。

○「自謂」→第7節。「卻」は却と同じ。

10　（馮諼）辞曰、責畢収、以何市而反。孟嘗君曰、視吾家所寡有者。（斉策、四）

馮諼は出発のあいさつをして「貸金が全部回収できたら、それで何を買って帰りましょうか」と言うと、孟嘗君は「わが家に少ししかないものをよく考えてそれを買ってこい」と言った。

11　君之所未嘗食、唯人肉耳。（韓非子、十過）

殿様のいままでに召し上がりなさらなかったのは、ただ人間の肉だけである。

○「所未嘗食」は「所未嘗者」の誤りだという説もある。

12　緩急人之所時有也。（史記、游侠列伝）

さし迫った場合は人にとってしばしばあるものである。

○「緩急」のうち「急」のみの意味で用いられている。↓第42節、A複義偏用。

13　（宣公）与太子白旄、而告界盗、見持白旄者殺之。且行。子朔之兄寿、太子異母弟也。知朔之悪太子、而君欲殺之、乃謂太子曰、界盗見太子白旄、即殺太子。太子可毋行。太子曰、逆父命求生不可。遂行。寿見太子不止、乃盗其白旄、而先駆至界。界盗見其験、即殺之。寿已死。而太子伋又至、謂盗曰、所当殺乃我也。盗幷殺太子伋、以報宣公。（史記、衛康叔世家）

〔衛国の宣公は太子を殺そうとして斉国へ使者として遣わし〕太子に白旄（＝さおの先に牛の尾の白い毛をぶらさげた一種の旗）を授け、そして国境にいる盗賊に、白旄を持った者を見たならばその者を殺せと告げておいた。太子は出発しようとした。子朔の兄の寿は太子の異母弟である。朔が太子の悪口をいって、殿様が太子を殺そうと思うようになったことを知り、そこで太子に話をして「国境の盗賊が太子の白旄を見たら、すぐに太子を殺すでしょう。太子は行きなさらないのがよろしい」と言った。太子は「父の命令に逆らって生き長らえようと求めるのはよくない」と言い、かくて出発することにした。寿は太子が行くのをやめないのを見て、そこで太子の白旄を盗んで、先に馬車を走らせて国境に到着した。国境の盗賊は彼が持っている白旄のしるしを見て、すぐに彼を殺した。寿はすでに死んだのに、太子伋はさらにまた到着し、盗賊に対して「殺すべき相手は何とわたしである」と言った。盗賊は太子伋をもあわせて殺し、そのことを宣公に報告した。

○「子朔」、もと子の朔（ここでは宣公の子）の意であるが、子朔と続けて名のようにいうことがある。秦の二世皇帝に次いで秦王となった子嬰もこの例。「所当殺」は「所当殺」と読めば誤りで、「汝所当殺」の意であることに注意。

14 初蘇秦之燕、貸百銭為資。及得富貴、以百金償之。偏報諸**所**嘗見徳者。其従者有一人、独未得報。乃前自言。蘇秦曰、我非忘子。子之与我至燕、再三欲去我易水之上。方是時我困、故望子深、是以後子。子今亦得矣。（史記、蘇秦列伝）

さて話はもとにもどって蘇秦が燕国へ行ったとき、銅銭百枚を借りて旅費にした。富貴な地位を手に入れるに及んで、金百斤をその人に返済した。もろもろのかつて恩恵を施された相手の人に全部恩返しをした。彼の従者のなかに一人のものがいて、その人だけがまだ恩返しを受けなかった。そこで進み出て自分のことを言った。蘇秦いわく、「わたしはそなたを忘れたのではない。そなたがわたしと燕国に行ったとき、そなたは易水のほとりで再三わたしを見捨てようとした。このときにはわたしは困難な状態にあった、だからそなたをひどく怨んでいる。それでそなたをあとまわしにした。そなたもうすぐに恩返しを受けますぞ」。

○甲が乙に恩恵を施すならば「甲 徳スレ乙ニ」「乙 見ルレ徳セ二於甲ニ一」となり、また「乙ハ甲ノ(之)所ノレ徳スル(者)」(乙は甲がソノヒトに恩恵を施したソノヒトだ)、「甲ハ乙ノ(之)所レ見レシレ徳セ(者)」(甲は乙がソノヒトから恩恵を施されたソノヒトだ)となる。

15 凡ソ説之務メハ、在リレ知ルニ下飾リテ二所レ説クの之所ヲレ矜(ほこ)ル、而滅スルヲ中其所ヲ上レ恥ヅル。(韓非子、説難(ぜいなん))

全般的にいって人を説き伏せる場合に務めるべきことは、説く相手の自慢していることを飾り立てて言い、相手の恥じていることを言わないようにすることを知ることが肝要だ。

○「所 説」には説く内容と説く相手との二つがあるが、ここでは後者。「説」の音は、ときわける、のべるの意のときはセツ、説明(せつめい)・解説(かいせつ)など。自分の意見を述べて従わせるときはゼイ、遊説(ぜい)。このほかに悦(えつ)(よろこぶ)の意に用いることもあり、このときはエツ。

16 予譲伏スニ二於所レ当ニレ過グベキ之橋ノ下ニ一。(史記、刺客列伝、予譲)

予譲は〔趙襄子が〕通り過ぎるはずであった橋の下に隠れていた。

○語を補うならば「…趙襄子所当過之橋下」となる。「所当過」だけでは「通り過ぎるはずの場所」であるが、それが橋であることを具体的に表すために「之橋」を付加したもの。以下これに準じる。通り過ぎるところが橋であるか橋の下であるかは、文脈によって判別する。

17 此ハ韓非之所レ著ス之書也。(史記、老子韓非列伝)

これは韓非が著した書物である。

18 臣不レ知ラ二卿所ノレ死スル処ヲ一矣。(史記、樗(ちょ)里子甘茂列伝)

わたくしはあなたの死になさる場所を知らない→あなたがどこで死になさるかを知らない。

19 今君又尚厚ク積ミ二余蔵ヲ一、欲スルカ三以テ遺(おく)ラント二所ノレ不ルレ知ラ何人(なんぴと)ニ一。(史記、孟嘗君列伝)

ところがいま父君はさらにまた、有り余る財産をたっぷりとたくわえていなさるが、それを自分の知らないだれに贈ろうと思っていなさるのですか。

20 （陸賈）有五男。迺出所使越得橐中装、売千金、分其子。子二百金、令為生産。（史記、酈生陸賈列伝）

陸賈には五人の男の子がいた。そこで越国に使者として行って越王から褒美にもらったものである袋の中味を取り出し、千金に売り、自分の子に分配したが、一人につき二百金であって、生業を立てさせた。

○「迺」は俗に廼とも書く。音義ともに乃に同じ。「橐」、「有底曰囊、無底曰橐」と注されることがある。底がないとは筒形で両端のあいたふくろ。物を入れて両端をしばる。

21 （冒頓）悉復収秦所使蒙恬所奪匈奴地者。（史記、匈奴列伝）

冒頓は秦〔の始皇帝〕が派遣した将軍蒙恬が奪った匈奴の地であった部分を全部もとどおり手に収めた。

○「冒頓」は秦から漢初にかけていた匈奴の王（単于）の名。

22 於是陳王以故所善陳人武臣為将軍。（史記、張耳陳余列伝）

さてそこで陳王は昔から仲良しであった陳国の人の武臣をば将軍にした。

23 被曰、被所善者黄義、従大将軍撃匈奴。…（史記、淮南衡山列伝）

伍被が言う、「わたくしの仲良しである人の黄義は、大将軍衛青に従って匈奴を征伐しました。…」。

24 故人所善賓客仰衣食、弘奉禄、皆以給之。（史記、平津侯主父列伝）

昔なじみの人で仲良しの者や客人たちは公孫弘に衣食の世話になり、公孫弘の俸給は、すべてそれを彼らの世話に使った。

25 今陛下為天子、而所封皆蕭曹故人所親愛、所誅者、皆平生所仇怨。（史記、留侯世家）

いま陛下は天子となられたが、領主に取り立てなさった者はみな蕭何・曹参ら昔なじみで陛下が親愛していなさった者らであり、処刑しなさった者はみな陛下が平生敵視したり怨んだりしていなさった者らであります。

26 軍法、父子倶従軍、有死事、得与喪帰。灌夫不肯
随喪帰、奮曰、願取呉王若将軍頭、以報父之仇。於
是灌夫被甲持戟募軍中、壮士所善願従者数十人。
（史記、魏其武安列伝）

軍法では、父と子とがともどもに従軍し、〔どちらかが〕戦死することがあると、遺体を収めた棺といっしょに家に帰ることができた。灌夫は棺の供をして帰ることを承知せず、心を励まして「呉王または呉軍の将軍の首を取って、父の仇を報いたいと思います」と言い、さてそこで灌夫はよろいを着けほこを手にして軍中から募集すると、壮士で彼が親交を結んでいたもので従いたいと願う者が数十人いた。

27 魏顆敗秦師于輔氏、獲杜回。秦之力人也。初魏武子
有嬖妾、無子。武子疾。命顆曰、必嫁是。疾病則曰、
必以為殉。及卒、顆嫁之。曰、疾病則乱、吾従其治也。
及輔氏之役、顆見老人、結草以亢杜回、杜回躓而
顛。故獲之。夜夢之、曰、余而所嫁婦人之父也。爾用

先人之治命、余是以報。（左伝、宣公十五年）

晋国の魏顆は輔氏という所で秦軍を打ち破り、杜回を捕虜にした。杜回は秦国の強力の男である。話は昔にもどるが魏武子にお気に入りの側妻があり、その側妻には男の子がなかった。武子が病気になった。むすこの顆に命じて、「わしが死んだら必ずこの側妻をたれかに嫁にやれ」と言った。ところが病気が危篤になったときには「必ずこの側妻を殉死にせよ」と言った。武子が死んだとき、顆はこの側妻を嫁にやった。その理由として「病気が危篤になると精神が錯乱する。わたしは父の精神の正常なときの命令に従うのだ」と言った。さて輔氏での戦争のときになって、戦場で顆は老人を見かけたが、その老人は草を結んで杜回の邪魔をし、杜回は草につまずいてひっくり返った。だから杜回を捕虜にした。魏顆はその夜その老人の夢を見た。老人の言うのに、「わしはなんじが嫁にやってくれた婦人の父である。なんじはなき父君の精神の正常なときの命令を用いてくれた。わしはだからお礼返しをしたのだ」と。

○「疾病」→第40節10。「顆見老人結草以亢杜回」と続ける人もある。

28　天所崇之子孫、或在畎畝。（周語、下）

天の神が高い身分にしたもの〔すなわち天子〕の子孫にも、なかには落ちぶれて農民になっているものもあった。

○「畎」は田のうねとうねとの間の溝、「畝」は田のうね。

29 食其所愛之肉、以与賊抗。（韓愈、張中丞後伝序）

自分の愛する者（すなわち妻妾）の肉を食って、敵と抗戦した。

○16「所当過之橋」、17「韓非之所著之書」では、「所当過」と橋、「所著」と書とは同一のものであるが、28「所崇」と子孫、29「所愛」と肉とは別のものであることに注意。

30 臣東周之鄙人也、窃聞大王義甚高、鄙人不敏、釈鉏耨而干大王。至於邯鄲、所見者絀於所聞於東周、臣窃負其志。及至燕廷、観王之群臣下吏、王天下之明王也。（史記、蘇秦列伝）

わたくしめは東周のいなか者であります。大王様の人格のはなはだすぐれていられることをはばかりながら承り、やつがれは愚かではありますが、鋤や鍬を捨て大王様に御採用願おうとて参りました。途中、〔趙の都の〕邯鄲に来ましたところ、そこで見ましたものは東周でうわさに聞いていたのより劣っていて、わたくしめははばかりながら期待はずれでありました。燕国の朝廷に参りまして、王様の御家来衆や下役の人々を観察いたしますに、王様は天下の明君でいらっしゃいます。

31（聶政）見厳仲子曰、前日所以不許仲子者、徒以親在。今不幸而母以天年終。仲子所欲報仇者為誰。請得従事焉。（史記、刺客列伝、聶政）

聶政は厳仲子に会って言った、「先日仲子に対して承諾しなかったわけは、ただわたくしの親が生存していたからです。いま不幸にも母は天寿を全うして息を引き取りました。仲子が仇を討とうと思っていられる相手はだれですか。ひと仕事させていただきましょう」。

○昔からの読みならわしは「仲子所欲報仇者為誰」。

32（張儀）謂楚王曰、敝邑之王所甚説者、無先大王、雖儀之所甚願為門闌之廝者、亦無先大王。（史記、楚世家）

張儀が楚王に言った、「わたくしどもの国の王のはなはだ好意をもっている相手は、大王様以上のものはなく、わたくしが門のわきの使用人になりたいとはなはだ願っている相手でも、大王様以上の人はありません」。

◯「敝邑」、自分の国のへりくだった表現。邑は村・町・都会・国、いずれの意味にも用いる。「説」はここでは悦に同じ、よろこぶ。「門闌之断」、門闌は門のとびらの開いてあるとき、通行をさえぎるために置いてある柵（さく）。「断」は、掃除や使い走りをする者。大王様の家来になりたいというのを、特にへりくだって言ったもの。

33　孟嘗君相斉、其舎人魏（ぎ）子、為孟嘗君収邑入。三反而不致一入。孟嘗君問之。対曰、有賢者、窃仮与之、以故不致入。…居数年、人或毀孟嘗君於斉湣王曰、孟嘗君将作乱。…魏子所与粟賢者聞之、乃上書言孟嘗君不作乱。請以身為盟。遂自剄（けいし）宮門、以明孟嘗君。（史記、孟嘗君列伝）

孟嘗君が斉国の大臣であったとき、彼の召使いの魏子が孟嘗君のために領地の年貢を取り立てに行った。三回帰って来たが一度の年貢も孟嘗君に渡さなかった。孟嘗君は彼に尋ねた。お答えして「立派な人物がおりまして、ないしょでそれにやりました。だから年貢を渡さないのです」と言った。…数年たって、人々のなかに孟嘗君を斉の湣（びん）王にそしる者がいて「孟嘗君は乱を起こそうとしています」と言った。…魏子が年貢の穀物を与えた賢者がこれを聞いて、そこで上書して「孟嘗君は乱を起こしません。身を以て誓いたいと思います」と言い、かくて宮門で首を切って自殺して、孟嘗君の無罪を証明した。

34 (霊公)欲殺盾。盾素仁愛人。嘗所食桑下餓人、反扞救盾、盾以得亡。(史記、趙世家)

霊公が趙盾を殺そうとした。趙盾は平素から情け深くて人々を愛した。彼がかつて食べ物を与えた桑の木の下で飢えていた人〔で霊公の家来になっていた者〕が、寝返りを打って防いで趙盾を救い、趙盾はそれで逃げることができた。

○「盾」、人名のときは音トン。「たて」の意のときはジュン。

35 有起于甲中者、抱趙盾而乗之。趙盾顧曰、吾何以得此于子。曰、子某時所食活我于暴桑下者也。(公羊、宣公六年)

武装兵の中から飛び出して来た者がいて、趙盾を抱きかかえて車に載せた。趙盾は振り返って「わたしはどうしてあなたにこのようなことをしてもらえるのか」と言うと、「あなたがこれこれのときに暴桑の下で——私を——物を食べさせて活かして下さった者です」と言った。

○「子某時所食活我于暴桑下」の「我」は本来は不要。急いで重複して言った体にしてある。「暴桑」は何休の注では「枝葉のまばらな桑」。これについては左伝宣公二年の「翳桑之餓人」の翳桑とともに諸説があるが、ここでは省略する。

36　子不聞夫越之流人乎。去国数日、見其所知而喜。去国旬月、見所嘗見於国中者喜。及期年也、見似人者而喜矣。不亦去人滋久、思人滋深乎。（荘子、徐無鬼）

あなたはあの越国の流浪した人の話を聞いていないか。国を離れることが数日であるときは、自分の知り合いの人を見れば喜ぶ。国を離れることが十日とか一月とかであるときは、かつて国で会ったことのある人を見れば喜ぶ。まる一年にもなると、郷里の人に似た者を見ると喜ぶ。なんと人から離れることがますます久しければ、人を思うことがますます深いのではあるまいか。

○「越之流人」、越を遠と解し、遠くへ流罪で送られる人とする説もある。「而喜」はここでは「則喜」と同じ。「矣」は、喜ぶにきまっているという語感を示す。「見似人者…」は疏に「…故見似郷里人而歓喜矣」とあるのに従う。別の解釈も可能。

37 夫流於海者、行之旬月、見似人者而喜矣。及其期年也、見其所嘗見物於中国者而喜矣。（呂氏春秋、聴言）

いったい、海を漂流する者は、十日も一月も流れていると、人に似たものを見れば喜ぶ。（すなわち入道雲でもペンギンでも人に似ておれば何でもよい。）丸一年にもなると、自分がかつて中国で見たもの――物をだが――を見れば喜ぶ。（すなわち箸でもお椀のかけらでも中国で見た物であれば何でもよい。）

第22節　副詞と「所」との位置

前節の12「所**時**有」、14「所**嘗**見徳」、36 37「所**嘗**見」などは、副詞は「所」の下にあるが、22「**故**所善」、25「**平生**所仇怨」、34「**嘗**所食」、35「**某時**所食活」は「所」の上にある。このような上にある例としては、そのほかに次のようなものがある。

1　府丞嘗献其生魚。続受而懸於庭。丞後又進之。続乃出**前**所懸者、以杜其意。（後漢書、羊続伝）

郡役所の助役がかつて生魚を献上した。羊続はそれを受け取って庭にぶら下げておいた。助役はそのあとまた生魚を進上した。羊続はそれで前に掛けておいた魚を出して、助役の贈り物をしようとする考えをやめさせた。

○「其生魚」、其は府丞を指す。「懸於庭」、庭の樹にかけたことか。

2　其素所仮貸人間数百万。遺令焚削文契。責家聞者皆慙、争往償之。諸子従勅、竟不肯受。（後漢書、樊宏伝）

〔樊宏の父樊重が〕平素世間の人に貸した金は数百万銭であった。死ぬとき遺言をして証書を焼いたり字を消したりさせた。債務者でそれを聞いた者はみな恥じ、われ先にと出かけて行って借金を返済しようとした。息子らは言いつけを守って、最後まで受け取ることを承知しなかった。

◯「焚削」、当時の証文は木の板に書いてあったので削るという。

3　劉巴者宿昔之所忌恨也、皆処之顕任、尽其器能。
（蜀志、先主伝）

…劉巴という者は先主が昔からいやがり怨んでいた者である。先主はこれらの者をみな高い官職につけ、その才能を発揮させた。

◯「先主」、蜀漢の初代の天子の劉備。

4　承字偉平、博学洽聞、嘗所知見、終身不忘。（呉志、呉主権謝夫人伝注引会稽典録）

謝承は字は偉平で、学問・見聞が広く行きわたっており、一度知ったり見たりした人や物事は、一生涯忘れなかった。

5　初順帝時、琅邪宮崇詣闕、上其師于吉於曲陽泉水上所得神書百七十巻。（後漢書、襄楷伝）

話はもとにもどって順帝の時に、琅邪の宮崇が宮門に来て、彼の先生の于吉が曲陽の泉水のほとりで入手した神書百七十巻を天子に献上した。

さて右の3「宿昔之所忌恨」を見ると、「宿昔之」は「所忌恨」という体言を修飾している。すると1「前所懸者」は「前所懸者」、2「素所仮貸人間」は「素所仮貸人間」と読むべきであるようにみえる。しかし前節34及びここの4の「嘗」の字のごときは漢文としては副詞として用いるのみで、体言を修飾するのに用いることはない。その上に5「於曲陽泉水上所得」のように「於曲陽泉水上」が「所得」の上にある場合もある。「所」自体は一種の関係代名詞のようなもので、他の語を下に補われて初めて意味を示す。したがって、たとえば「於曲陽泉水上所得」では、「於曲陽泉水上」は「所」を修飾するのでなく「所得」を修飾するのであり、かくて「於曲陽泉水上」が直接に「得」

を修飾する可能性はある。このことは「所」そのものがその上にでなく下に語を補われて名詞化するという異常性に起因するようである。3の「宿昔之所忌恨」も「宿昔之」は「所忌恨」を修飾しているけれども、宿昔は実は忌恨に関係するのである。このように考えると、たとえば孟子梁恵王上「以若所為、求若所欲、猶縁木而求魚也」も、必ずしも「若所為」「若所欲」と読まねばならぬことはなく、「かくのごとク」でよいと思われる。次の文は「所以」の場合であるが、参考のため掲げておく。

6　卓遣歩騎数万人逆堅、軽騎数十先到。堅方行酒談笑。勅部曲整頓行陣、無得妄動。後騎漸益。堅徐罷坐、導引入城。乃謂左右曰、向堅**所以**不即起者、恐兵相蹈藉、諸君不得入耳。卓兵見堅士衆甚整、不敢攻城、乃引還。（呉志、孫堅伝）

董卓は歩兵騎兵数万人を派遣して孫堅を迎え撃たせることとし、身軽な騎兵数十騎が先にやって来た。孫堅はちょうどそのとき〔城外で宴会をし〕酒をついで勧めながら談笑していたが、部隊に命じて隊列を整えさせ、みだりに動くことを許さなかった。

そののち敵の騎兵が次第に増えた。そのとき孫堅はゆっくりと宴会をやめて、部下を引率して城内に入った。かくて左右の家来に「さきにわしが敵の来たときすぐに立ち上がらなかったわけは、敵味方が混戦になり踏みにじり合い、諸君が城に入ることができないのを恐れたからだ」と言った。董卓の兵は孫堅の軍隊のはなはだ整っているのを見て、城を攻める勇気もなく、かくて退却して帰った。

○「向堅所以不即起」のように「向」が「所」より上にある。

第23節　唯…所…

1　於是孫子使使報王曰、兵既整斉。王可試下観之。**唯**王**所**欲用之。雖赴水火猶可也。（史記、孫子呉起列伝）

そこで孫子は使いの者をやって王に報告させた、「兵隊はすでに規律どおりになりました。王様はちょっと高台から下りて来て御覧になるがよろしい。王様が彼らを何にお使いになろうと思うままであります。たとい火のなか水のなかへ飛び込ませることでもなお可能であります」。

2　斉王因令人謂燕太子平曰、…寡人之国小、不足以為先後。雖然、則**唯**太子**所以**令之。（史記、燕召公世家）

斉王はそれで家来をやって燕国の太子の平に言わせた、「…わたくしめの国は小さくて、おそばについてお世話するだけの能力はありません。しかしながら、太子様がわたくしに何を御命令になろうとそのとおりにいたします」。

3　大王誠能聴臣、臣請令山東之国、奉四時之献、以承大王之明詔。委社稷、奉宗廟、練士厲兵、在大王之所用之。（史記、蘇秦列伝）

大王様がもしわたくしの申すことをお聞き入れなさいますならば、わたくしは山東の国々に、四季ごとの献上物を奉呈して大王様の御命令を承るようにさせたいと存じます。国々は大王様に社稷をゆだね宗廟をささげ、士卒を訓練し、大王様が彼らを何にお使いになろうと自由になるでしょう。

○「誠能」、仮定文の常用語。「山東」、崤山・函谷関より東、一説に華山より東の地。要するに戦国時代の秦を除くほかの六国の地。「奉宗廟」、貴国の宗廟に奉仕しの意にもとれるが、他の場所に「敬奉社稷以従」などの表現もあり、奉は奉呈・奉献の意に違いない。「委社稷奉宗廟」は要するに国の守護神、君主の祖先のみたまやを奉献して全面的に臣属するの意。

4　易王母、文侯夫人也。与蘇秦私通。燕王知之、而事之加厚。蘇秦恐誅、乃説燕王曰、臣居燕、不能

使燕重、而在斉則燕必重。燕王曰、**唯**先生之斉**所**為。於是蘇秦詳為得罪於燕、而亡走斉。斉宣王以為客卿。（同）

〔燕国の〕易王の母は、父の文侯の夫人である。この人が蘇秦と私通した。燕王はこのことを知り、ますます手厚く蘇秦につかえた。〔一方〕蘇秦は処刑されることを恐れて、そこで燕王に説いて「わたくしが燕にいても、燕の権威を高めることができませんが、斉国におれば、燕は必ず権威が高くなります」と言った。燕王は「先生のしたいと思われるままにしてください」と言い、そこで蘇秦はいつわって燕国で咎めを受けたように見せかけ、亡命して斉に逃げた。斉王は蘇秦を客分の大臣にした。

5　夫上之化下、下之従上、猶泥之在鈞、**唯**甄者之**所**為。猶金之在鎔、**唯**冶者之**所**鋳。（漢書、董仲舒伝）

そもそも上の者が下の者を感化し、下の者が上の者に従うのは、あたかも粘土がろくろの上にあり、陶器師がどのように作ろうと思うままになるようなものである。あたかも金属が鋳型のなかにあり、鋳造者がどのように鋳ようと思うままになるようなものである。

6　威令一、則唯将所使。（潜夫論、勧将）

権威のありかと命令の出どころが一ところであれば、軍隊は将軍の思う存分に使える。

第24節　誓盟の辞の所不…者　有如…

1　及河。子犯以璧授公子曰、臣負羈紲、従君巡於天下、臣之罪甚多矣。臣猶知之、而況君乎。請由此亡。公子曰、**所不**与舅氏同心**者**、**有如**白水。投其璧于河。（左伝、僖公二四年）

黄河の所まで来た。子犯は公子重耳から預かっていた璧を公子に返して、「わたくしは馬車の手綱を持ち、殿様のお供をして天下を巡りましたが、その間、申しわけのないことをはなはだ多くいたしました。わたくしでも知っているのですから、殿様はもちろんご存じであります。ここから逃亡したいと思います」と言った。公子は「万一舅氏と心を同じゅうしない場合には、黄河の神もみそなわしわたくしに罰を与え給うであろう」と言い、誓いのためにその璧を黄河に投げ込んだ。

○「所不」の所について、論語雍也「子見南子」章の劉宝楠の正義には「所若也」というが、「所」が直ちに「もし」の義にあたるのでなくて、これは誓いの形式だから文脈からして上句は仮定になるのであろう。「舅氏」は母の兄弟。「有如白水」、黄河の神に誓うのであるが、黄河の流れの中にも白い部分があるので、誓いが明白であることの意味で白水といったとされている。さて「有如白水」のほかに「有レ如レ河」「有レ如レ日」「有レ如ニ皦日一」「有レ如ニ上帝一」などの表現もあり、黄河・太陽・天帝に対して誓うのである。この場合ただ「有如…」といって具体的な誓詞を述べていないが、すべて、誓いのとおりに神が罰するであろうの意。なおこの部分、史記晋世家には「重耳曰、若反レ国、**所**レ**不**下与ニ子犯一共上**者**、河伯視レ之」とある。23の注を参照。

2　士会辞曰、晋人虎狼也。若背ニ其言一、臣死、妻子為レ戮、無レ益ニ於君一。不レ可レ悔也。秦伯曰、若背ニ其言一、**所**レ**不**レ帰ニ爾帑一**者**、**有**レ**如**レ河。（左伝、文公十三年）

士会は〔晋君への使者の役目を〕辞退して言った、「晋の人は虎や狼のようで信用できません。彼らがもし約束に背いたら、わたくしは晋で殺され、妻子は秦で処刑されることになり、殿様にとって何の益もないでしょう。後悔してもだめです」と。秦の殿様が言った、「たとい晋が約束に背いても、万一そちの妻子を返さぬ場合には、黄河の神が見そなわしてわたしに罰を加え給うであろう」と。

○安井息軒（名は衡）の左伝輯釈にいう、「衡案、有如河者、言河神既罰之、有如其所質也。凡言有如者、皆謂如所質諸其神。既為盟誓套語、則雖不述誓詞、其神罰之之意、自在有如中矣」（套語は常用語）。

3　**所不**此報、無能渉河。（左伝、宣公十七年）

もしもこの怨みに報いない場合には、黄河を渡ることができない。↓必ず黄河を渡ってこの怨みに報いるぞ。

○「所不…者、有如…」の上句に「者」がなく、下句に「有如…」のない例。史記晋世家に「不報斉者、河伯視之」（…黄河の神が見そなわすであろう）とある。

4　爾**所弗**勖、其于爾躬有戮。（書経、牧誓）

なんじらが努めぬ場合には、なんじらの身に刑罰が施されるぞ。

○右に同じ。

5　自今日既盟之後、鄭国而不唯晋命是聴、而或有異

志一者、有レ如二此盟一。（左伝、襄公九年）

今日すでに誓ってからのち、鄭国が万一ひたすらに晋の命令に服従することをせずして、ひょっとして二心のある場合には、この誓いに述べられてあるような罰があろう。

○上句に「所」の字のない例。

6　所レ難レ子者、上有レ天、下有二先君一。（左伝、哀公十四年）

万一そなたに災いを及ぼすようなことがあれば、上には天の神があり、下に先君の霊があり罰を加え給うであろう。

○上句に「不」がなく、下句に「有如…」のない例。

7　謂二予不レ信、有レ如二皦日一。（詩経、王風、大車）

わたくしのことをうそを言っていると思うかも知れないが、もしうそであるならば、お天道様がわたくしに罰を与えなさるであろう。

○上句に「所不…者」のない例。

8　予所㆑否者、天厭㆑之、天厭㆑之。（論語、雍也）

わたしが万一礼にかなわず道に従っていない場合には、天の神がわたしを見捨てたまうであろう、天の神がわたしを見捨てたまうであろう。

○朱子の「否謂㆘不㆑合㆓於礼㆒、不㆖由㆓其道㆒也」という説に従っておく。他の説もある。これは6と同じく下句に「有如…」のない例。

第25節　所以・所与・所為など

「以レ刃殺レ人」「為二土地一戦」などの文から「殺」や「戦」の字を用いて「刃」とか「土地」とかを示すには、「所二以殺一」「所二為戦一」と書く。つまり「ソレデ殺すソレ」＝殺す手段・材料、「ソレノタメニ戦ふソレ」＝戦う理由・原因・目的を表すわけである。ただし「所以」は通常ひとまとめにしてユヱンと読むことが多く、「所為」もまたユヱンと読むことがある。次にこれらの例を示す。

1　諸所二与交通一、無レ非二豪桀大猾一也。（史記、魏其武安侯列伝）

灌夫が往来交際していたもろもろの相手の人は、みな土地の豪族や大悪人どもであった。

○「桀」、傑に同じ。

2　伍子胥初所二与倶亡一故楚太子建之子勝者在二於呉一。

（史記、伍子胥列伝）

伍子胥（ごししょ）が昔いっしょに亡命した相手であるもとの楚の太子建の子の勝という者が呉にいた。

○「所㆓与倶亡㆒」は、ソノヒトと（＝与）いっしょに（＝倶）亡命したソノヒト（＝所）。建とも勝ともとれるが、ここでは建をいう。

3　（項）梁乃召㆓故所㆑知豪吏㆒、諭以㆑所㆔為起㆓大事㆒。（史記、項羽本紀）

項梁はそこで前から知っていた有力な役人たちを呼び集め、大事を起こす理由を言い聞かせた。

○「所為起大事」、ソレのために大事を起こすソレ↓何のために大事を起こすかという理由。「所為」をユヱンと読んでもよい。その例はのちの20以下参照。ユヱンと読むときは、返り点は「諭以㆕所㆔為起㆓大事㆒」となる。

4　財用有㆑余、而不㆑知㆔其所㆓自来㆒。（荘子、天地）

必要な物資は有り余るほどじゅうぶんにあって、しかもそれがどこから来るのかわからない。

5　**所道**攻燕、非斉則魏。（楚策、四）

燕国を攻める経路は、斉国か魏国かのいずれかだ。

○「道」は由の意。「所道…」、ソコを経由して…するソコ。

6　凡人臣之**所道**成姦者、有八術。（韓非子、八姦）

いったい、家来が悪事を成しとげる手段・方法は、八つの術がある。

○「所道…」、ソレによって…するソレ。

7　明主之**所導**制其臣者、二柄而已矣。二柄者刑徳也。

（韓非子、二柄）

賢明な君主が自分の家来を抑え従える手段は、二柄なのだ。二柄というのは刑罰と恩徳である。

○「導」も道と同じで由の意。「柄」はもと斧の柄、握って持っている物、掌握すべき物、権力の意。

8　法令ハ、所㆓以導ク㆑民ヲ也。刑罰ハ、所㆓以禁ズル㆑姦ヲ也。（史記、循吏列伝）

法令は人民を導く手段である。刑罰は悪事を禁止する手段である。

9　人ノ所㆓以ハ立ツ㆒、信知勇也。（左伝、成公十七年）

人の存立する根拠は、信・知・勇である。

10　試ミニ為ニ㆑我ガ著セ㆘秦ノ所㆔以失ヒシ㆓天下ヲ㆒、吾ガ所㆓以ノ得シ㆑之ヲ者ハ何カ、及ビ古今成敗之国ヲ㆖。（史記、酈生陸賈列伝）

試みにわたしのために秦が天下を失った理由、わたしが天下を得た理由は何か、及び古今の成功したり失敗したりした国々のことを書き著せ。

11　趙之所㆓以ノ国全ク兵勁（つよ）クシテ、而地不㆑（ざりシ）幷（あは）サレ㆓於諸侯ニ㆒者ハ、以テ㆓其ノ能ク忍ビテ㆑難キヲ、而重（はばか）リシヲ㆑出ダスヲ㆑地ヲ也。（史記、穣侯列伝）

趙の国が、国が安全で兵が強くて、領土が他の諸侯に併呑されなかったわけは、趙が苦難に耐え忍ぶことができて領地を差し出すことをしぶったからであります。

12 将軍所以功未甚多、身食万戸、三子皆為侯者、徒以皇后故也。（史記、衛将軍驃騎列伝）

将軍様が、功がはなはだ多いというところまでいっていないのに、御自身が一万戸の領地の年貢を得、三人のお子様がみな侯となったわけは、ただ皇后様のおかげです。

○「以皇后故也」とも読む。以・故のいずれかがなくても意味は同じ。11 12は趙・将軍を大主語として所以の下に小主語のある例。

13 堅拠古文、以応当世、猶辰参之錯、膠柱而調琴、固而難合矣。孔子所以不用於世、孟軻見賤於諸侯也。（塩鉄論、相刺）

昔の学説を堅く根拠にして当世に対処するのは、あたかも北極星とからすき星とが接触しようとし、琴柱を膠づけして琴をかなでようとするようなもので、固定していてうまくゆきにくいにきまっている。孔子がだから世に用いられず、孟子が諸侯に軽蔑されたのである。

○10「秦所以失天下、吾所以得之者何」と同様に、ここでも「孟軻所以見賤於諸侯」とも書きうるが、通常は所以の重複を避ける。

14　秦所以東益地弱諸侯、嘗称帝於天下、天下皆西郷稽首者、穰侯之功也。（史記、穰侯列伝）

秦が東方において領地を増し諸侯を弱め、かつて天下で帝の称号をとなえ、天下がみな西の方を向いて頭を地に着けて屈服したわけは、穰侯の功によるのである。

15　石駘仲卒。無適子、有庶子六人、卜所以為後者。（礼記、檀弓下）

石駘仲が死亡した。正妻の子がなく、側妻の子六人がいたので、後嗣ぎとすべき者を占った。

○「適子」、嫡子に同じ。「甲を後嗣ぎとする」は「以甲為後」であるから、甲は「所以為後（者）」となる。なおここの「所以」を、意味さえ誤らねばユヱンと読むも可。

16　夫敖倉、天下転輸久矣。臣聞其下迺有蔵粟甚多。楚人抜滎陽、不堅守敖倉、迺引而東、令適卒分守成

皐《ヲ》一。此乃《チ》天《ノ》所二以資《スル》レ漢《ニ》也。（史記、酈生陸賈列伝）

いったい、敖倉《ごうそう》（敖山の中にあった穀物倉）は天下の各地から穀物を輸送することが久しいことでありました。わたくしの聞いているのには、その地下の穴蔵に、それで、しまってある穀物が非常に多いとのことです。楚軍は滎陽《けいよう》を奪取したのに、敖倉を堅守しないで、かえって兵を率いて東へ行き、ぐうたら部隊に成皐《せいこう》の守備を分担させております。これぞ天の神が漢に与えて下さったものです。

○「迺引而東」、古写本に「引」の下に兵の字があり、引は引率の意。「適卒」、適は謫《たく》の意、刑罰により遠地の守備にやられた兵隊、ただしここでは単に精鋭でない守備兵の意であろう（中井積徳説）。「此乃天所以資漢也」は「天以レ此資レ漢」（天はこれを漢に与える）の変化。「此乃《チ》天所《ところ》二以《テ》資《スル》レ漢《ニ》也」と読むも可。「此」は敖倉の穀物、または、この状勢。「資」は「給也」「以二財物一与レ人也」の意。

17　此《ハ》呉国之宝、非《ザル》三所二以《ニ》贈《ル》一也。（新序、節士上）

これは呉国の宝で、贈り物にすべきものでないのであります。

○「非《ザル》レ所《ニ》二以《テ》贈《ル》一也」と読むも可。

18　狄人之所欲者、吾土地也。吾聞之也、君子不以其所以養人者害人。（孟子、梁恵王下）

狄人のほしがるものはわれわれの土地である。わたくしは次のことを聞いている、君子は人民を養う手段である土地のために人民をそこなうようなことをしないと。

○「所以養人」、ソレで人を養うソレ。ここの文意は、土地を取られぬために戦争をして人民に害を受けさせるようなことはしないの意。

19　不以所用養害所養。（荘子、譲王）

人を養う手段である土地のために養う対象である人民をそこなうことをしない。

○18と同じことを書いた文。「以所用養」と読むも可。

20　凡所為有兵者、為争奪也。（荀子、議兵）

いったい何のために軍備があるかというその理由は、争奪のためである。

○「所為有兵者」と読むも可。21も同じ。

21　今戎狄所為攻戦、以吾地与民。（史記、周本紀）

いま北西の蛮族が攻めて来て戦うわけは、われわれの土地と人民とがほしいからだ。

22 范雎蔡沢、世所謂一切辯士。然游説諸侯、至白首、無所遇者。非計策之拙、所為説力少也。及二人羈旅入秦、継踵取卿相、垂功於天下者、固彊弱之勢異也。（史記、范雎蔡沢列伝賛）

范雎・蔡沢は世間でいう一般の弁舌者である。しかしあちらこちらと諸侯に説いてまわったが、しらが頭になるまで自分の考えがぴったりあてはまる君主がいなかった。二人の計策がつたなかったのではなく、意見を述べた相手の君主が力が足りなかったのである。二人が旅に出て秦に身を寄せるとなると、つぎつぎに大臣の地位を得、功績を天下に示したのは、いうまでもなく国力の強弱の相違のためである。

○「所為説」の為は「…に対して」の意。→第12節32 33。

23 上所謂数問君、畏君傾動関中。（漢書、蕭何伝）

天子があなたのことをしばしば尋ねるわけは、あなたが関中で大きな勢力をもつであろうことを恐れるからである。

○史記蕭相国世家には「上所為数問君者」となっている。去声の為（タメニの意）と謂とは同音で、仮借されたもの。ただしここは特別で、「**所謂**」は多くの場合はイハユルと読む。22にその例が見える。

24　常人安於故俗、学者溺於所聞。以此両者、居官守法可也。非**所与**論於法之外也。（史記、商君列伝）

一般の人々は旧来の習俗に安んじ、学問をしている者は自分の聞いた学説に溺れる。この二つの態度でやるならば、官職に就き規定どおりに行うことはまあできる。規定の範囲外のことを論じるやり方ではないのである。

○「所与論」は普通ならば「論じる相手の人」の意であるが、ここは「以此両者、…非所与論…」となるから、所与は所以と同じ意味にとらねばならない。

次に「所」だけで「所以」と同じ意味になる例をいくつか示す。

25　人之**所**乗船者、為其能浮、而不能沈也。（呂氏春秋、壱行）

人が船に乗るわけは、それが浮かぶことができて沈むことがありえないためである。

○「人がなぜ船に乗るかというと」と訳すとうまく行く。他の場合も同じ。

26 所悪於智者、為其鑿也。（孟子、離婁下）

知識をにくむわけは、知識があると重箱のすみをつつくようなことをするからである。

27 所悪執一者、為其賊道也。（孟子、尽心上）

一つのことを固執するのをにくむわけは、それが正しい道をそこなうからである。

28 以有若似聖人、欲以所事夫子事之。（孟子、滕文公上）

有若が聖人孔子に似ているので、〔孔子の弟子たちは〕先生につかえた態度で有若につかえようと思った。

29 故天之生万物、以奉人也。主愛人以順天也。聞以六畜禽獣養人、未聞以所養害人者也。（塩鉄論、刑徳）

ゆえに天が万物を作り出すのは、それを人に与えるためである。君主は人民を愛して天の意志に従うのである。六畜禽獣で人民を養うということを聞いているが、養う手段すなわち六畜禽獣のために人民を害するということをいまだ聞いたことがないのである。

○ここは牛馬を盗んだ者が死刑などになることについて述べている。「所養」は普通ならば養う相手であるが、ここでは「所以養」（ソレで養うソレ。養う手段・材料）の意。「六畜」は馬・牛・羊・豚・犬・鶏の家畜、禽獣は広い範囲の鳥獣。

第26節　所の用法の異例

A　所乎　所於

1　生有所乎萌、死有所乎帰。（荘子、田子方）

生は萌して来るもとがあり、死は帰着するさきがある。

2　許由非彊也。有所乎通也。有所通、則貪汙之利外矣。（呂氏春秋、有度）

〔許由は堯から天子の位を譲ろうと言われて拒絶したが〕許由は無理なことをしたのでないのである。何かよく心得ている点があったのである。よく心得ている点があれば、欲張りの心は捨てられてしまう。

3　衛懿公有臣、曰弘演。有所於使。（同、忠廉）

衛国の懿公に家来がおり弘演という名であった。どこかの国へ使者として行った。

4　逆旅之民、無所於食、則必農。（商君書、墾令）

旅館を利用する民すなわち商人や無宿者などは、食らうべき手段がなければ、必ず農業に従事する。

右の1の「萌」「帰」、2の「通」、3の「使」は、たとえば「萌乎天」「帰乎地」「通於性命之情」「使於斉」のように多くの場合に乎・於を用いるが、それが「所」の場合に「所乎」「所於」と残っている特異な例である。通常はこのような場合は乎・於を用いない。2に「有所乎通」と書くと同時に「有所通」と書いているのはその証拠である。4の「所於食」は食べる場所をも意味しうるが、ここではたとえば「食於農」（農業で生活する）というような場合の「於」である。

B　所の有無によって意味に相違があるか、あるいは、「所」の字の不要と思われる場合

史記淮南衡山列伝に、淮南王安が謀反し、淮南王及び関係者が逮捕された記事があるが、疑問のある個所が多くあるので、まずその点について述べる。

1　太子念所坐者謀刺漢中尉、所与謀者已死、以為口絶、…太子即自剄不殊。（同）

太子が考えるに「罪になる点は漢から派遣された中尉を刺そうと謀ったことである、王が謀議した相手がすでに死んでしまえば、証言する者がいなくなる」と思い、…太子はすぐに首を切って自殺したが死にきれなかった。

○「所与謀者」は「王所二与謀一者」で、太子を指すことになる。もし「所下与レ王謀上者」のつもりならば「所」の字は不要である。「念…以為二口絶一」の構文は少々異例である。

2　伍被自詣レ吏、因告下与二淮南王一謀反、反蹤跡具如上レ此。吏因捕二太子王后一、囲二王宮一、尽求下捕王所二与謀反一賓客在二国中一者上、索二得反具一以聞。上下二公卿一治。所二連引一与二淮南王一謀反列侯二千石豪傑数千人、皆以二罪軽重一受レ誅。（同）

伍被はみずから漢の役人のもとに出頭し、かくて自分は淮南王と謀反し、謀反の証拠はこのようにそなわっているということを告白した。役人はそれで太子・王后を捕え、王宮を囲み、王が謀反したなかまである賓客の国中にいる者をことごとく探し求めて捕え、謀反の武器などを捜索し見付けて天子に報告した。天子は大臣に命じて取り調べをさせた。〔訊問に対する供述で〕引き合いに出された者は、淮南王と謀反した諸侯や郡守や豪族ら数千人であって、みな罪の軽重によって刑罰を受けた。

○「王所与謀反…者」は、王がソレと謀反したソレである…者、謀反の相手・なかまの意。なお「反」とは天子または国家に直接に害を与える行為、「謀」は二人以上で謀議すること、一人でも予備すれば謀となる。「所連引」はわかりにくいが日本の古写本に「辞所連引」とあり、それならば訳のとおり。連引は供述中に事件関係者として名を挙げること。なお、ここは「所連引与淮南王謀反列侯二千石豪傑数千人」とも読める。「**如此**」は、一般に「かくのごとし」と読む。

3　淮南王安自剄殺、王后荼太子遷、諸**所**与謀反者皆族。（同）

淮南王安は首を切って自殺し、王后の荼、太子の遷、およびもろもろの淮南王が謀反した仲間の者らはみな一家皆殺しの刑を受けた。

○「諸淮南王所与謀反者」の意であろう。もし「諸所与淮南王謀反者」または「諸所与淮南謀反者」ならば次の文を参照。「**諸**」はいつも「もろもろの」と読む。「諸」とすることもある。

4　元朔七年冬、有司公卿下沛郡、求捕**所**与淮南謀反者、未得。得陳喜於衡山王子孝家。吏劾孝首匿喜。孝以為陳喜雅数与王計謀反、恐其発之、聞律先自告除其罪、又疑太子使白嬴上書発其事、即先自告、告所与謀反者救赫陳喜等。廷尉治、験。

(同)

元朔七年冬、当局者及び大臣は沛郡に命じて、淮南の謀反に加わっていた者を捜索し逮捕させようとしたが、なかなか捕えられなかった。ところが陳喜を衡山王の子の孝の家で捕えた。役人は孝が首謀者となって喜をかくまったと弾劾した。孝は陳喜がつねにしばしば王と反逆の謀議をしていたと思ったので、喜が事件を自白するだろうことを恐れたが、刑法に先にみずから自分または共犯者の罪を訴え出るときはその罪を免除するとあるのを聞いていたし、さらに、太子が白嬴に命じて上書して今回の事件を自白させるかも知れないと疑ったので、ただちにさきに自分の罪を訴え、謀反のなかまである救赫・陳喜らを訴えた。廷尉(=最高裁判所長官のような者)が取り調べたところが、証拠がそろっていた。

○「元朔七年」、元朔は六年までで、漢書衡山王伝では元狩元年。「陳喜雅数与王計謀反」は漢書に「謀」字なし。「即先自告告所与謀反…」は漢書では

「告」の字は一字だけ。さて「求捕所与淮南謀反者」は、仮に「求捕所与淮南謀反者」と読むとしても、いずれの場合にも「所」の字は不要である。漢書には「求捕与淮南王謀反者」とあって「所」の字はない。

さて右の四つの文例のうち「所」の字のある場合はそれを生かして解釈したが、4の「求捕所与淮南謀反者」では「所」はどう考えても不要である。このような「所」の字の不要な文が、億に一つ、兆に一つくらいの割合ではあるが、存在する場合があるので、それについて述べる。

5　(由所殺蛇白帝子、所殺者赤帝子故也。)念孫案、下所字、渉上所字而衍。殺者謂殺蛇者也。則殺者上不当有所字。文選王命論注、引此無所字。史記同。郊祀志曰、蛇白帝子、而殺者赤帝子也。殺者上亦無所字。史記封禅書同。

(王念孫、読書雑志、漢書第一、所殺者)

念孫が考えるに、下の所の字は上の所の字にひきずられて余分に入ったのである。殺者は蛇を殺す者を意味するのである。してみると殺者の上に所の字のあるはずはない。文選王命論の注にここの文を引いているが所の字がない。史記も同じく所の字がない。漢書郊祀志に「蛇は白帝の子であって、殺す者は赤帝の子である」といっており、殺者の上にここでも所の字がない。史記封禅書も郊祀志に同じである。

○これは殺す側を表すには殺者と書くべく所殺者と書くべきでないことを明言したもので、多くの証拠があがっているから、だれも疑わない。

6　問国所開口而食者幾何人。（管子、問）

問う、国内で農業もしないで人のおかげで口をあけて食べている者は幾人いるか。

○原注に「言其不農作直開口仰食」とある。さてこの場合は「所」の字は不要。

7　発兵距所迎襄公弟於秦者。（史記、趙世家）

軍隊を出して、襄公の弟を秦から迎えて来た者の入国を妨げた。

○上の解釈のようならば「所」の字は不要である。あるいは「秦から迎えて来た者すなわち襄公の弟の入国を妨げた」のつもりであろうか。それならば異例な文である。第21節35 37にも同様の例がある。

8　恃交援而簡近隣、怙強大之救而侮所迫之国者、可亡也。（韓非子、亡徴）

友好国の援助をあてにして近隣の国をないがしろにし、強大国の救援をたよりにして、迫って来る国を侮るものは、滅びる可能性がある。

○「所迫之国」は普通ならば「迫之之国」「迫我之国」でなければならない。

松下大三郎「標準漢文法」はこの文および韓愈の「後二十九日復上書」に「其所求進見之士、豈復有賢於周公者哉」「其所求進見之士、雖不足以希望盛徳、至比於百執事、豈尽出其下哉」とあるのを引いて、「所迫之国」は「迫之之国」と同義であり、「所求進見之士」は「求進見於此之士」と同義であるという（四一五ページ）。「所」の字のこのような用例は唐代より前にはあまり見かけないが、唐以後いくらか見かけることがある。いまその例を挙げる。

9　諸宿衛者、以非応宿衛人、冒名自代、及代之者、入宮内流三千里、殿内絞。若以応宿衛人、自代及代之者、各以闌入論。主司不覚、減二等。知而聴行、与同罪。疏議曰、主司…不覚人冒名自代及代之者、減所犯人罪二等、…。（唐律、衛禁律）

およそ宿衛する者が、宿衛の資格のない人を姓名をいつわって自分の代わりにし、及び代わってやった場合は、宮内に入ったときは流三千里、殿内に入ったときは絞刑。もし宿衛の資格のある人を自分の代わりにし、及び代わってやった場合は、それぞれ闌入罪でさばく。監督官が気付かなかったときは二等を減罪する。知っていて替玉行為を許したときは、当該罪人と同罪である。疏議に曰く、監督官…が、人が姓名をいつわって自分の代わりにし及び代わってやったのに気付かなかった場合は、この罪を犯した人の罪から二等を減じる。

○「応」とも読む。「与同罪」は刑律の慣用語。「所犯人」は「犯之（之）人」の意。

10 諸因事得入宮殿而輒宿、及容止者、各減闌入一等。

疏議曰、因事得入宮殿者、謂朝参辞見、迎輸造作之

類、不合宿者而輒宿、及容止所宿之人、各減闌入罪二等、在宮内徒一年、殿内徒一年半。(同)

およそ用事によって宮内殿内に入ることができてそのまま勝手に宿泊し、及び泊めてやった場合は、それぞれ闌入の罪から二等を減じる。疏議に曰く、事に因りて宮内殿内に入ることを得るとは、参内しての拝謁、赴任挨拶のお目どおり、送迎・輸送・工事のたぐいで入ることをいい、宿泊することが許されない者が勝手に宿泊し、及びそこに宿泊する人を泊めてやるならば、それぞれ闌入の罪から二等を減じ、宮内に泊った場合は一年の徒刑（懲役刑）、殿内の場合は一年半の徒刑になる。

○「不合宿」とも読む。「所宿之人」は「宿此之人」の意。

11　諸盗宝印符節封用、即所主者盗封用、及以仮人、若出売、所仮及買者封用、各以偽造写論。(唐律、詐偽)

およそ皇室の印・官印・割符旌節を担当官の許可なしに勝手に封用したとき、あるいはもし担当官が自分勝手に封用し、及びそれを人に貸し、もしくは売却したとき、これを借り及び買った者が封用したときは、それぞれ偽造・模造の罪でさばく。

○「封用」は、封印に用い文書に押し、または符節を使用すること。「写」は、印を蠟・ねん土などでまねて作ること。「所主者」は「主レ之者」の意、「所仮及買者」は「仮レ之及買レ之者」の意。

右の数例を見るに松下博士の説に合致するように見える。ただし実際に調査して見るとこの例はさほど多く見当たらない。かつまたこの説は松下博士のみが説かれた説で、中国の学者にはこれに言及するものはないようである。あるいはこれらの「所」の用法は誤用なのであろうか、法則化されそうで中途半端で終わってしまったのであろうか。もっと多くの材料を集めて研究する必要がある。なお清朝の唐甄の潜書の富民篇に「潞之西山之中、有二苗氏者一、富二於鉄冶一、業レ之数世矣。多致二四方之賈一、椎鑿鼓瀉担輓、所二藉而食レ之者、常百餘人」（山西省潞県の西山の中に苗氏という人がいて、鉄工業で金持ちになり、数代これを家業にしている。おおぜい四方の商人を引き寄せ、鉄器に細工をしたり、鉄を融かして鋳型に流し込んだり、材料や製品を運搬したりして、そのおかげで生活している者がつねに百余人いた）という文があり、ここの「所藉而食之者」の「所」の字は明らかに不要である（この後ろに「向之藉而食レ之者」とあり「所」の字がない）。また古く捜神後記に「所レ養レ亀人」という語がある。これも「所」は不要であり「養レ亀之人」と書くべきである。すると「所」は一種の関係代名詞のようなものであるから、用法を誤った場合もあると考えることもできる。これらのいくらかの例外を除いて「所」の多数の用例から考えるならば、さきに述べた使用上の原則はぐらつかない。

第27節　所字が省略されている場合

1　孔子遊於景山之上。子路子貢顔淵従。孔子曰、君子登高必賦。小子願者何。言其願。丘将啓汝。（韓詩外伝、七）

孔子が景山の上へ散歩に行った。子路・子貢・顔淵が供をした。孔子曰く、「君子は高い所に登ると必ず詩を作るものだ。諸君の願っていることは何だ。諸君の願いを言え。わたしは君らを啓発してあげよう」と。

○「願者」は「所願」または「所願者」が正しい。

2　和帝梁氏生者。（後漢書、梁竦伝）

和帝は梁氏が生んだ者である。

○「生者」は「所生」または「所生者」が正しい。

3　卿今食者、緑葵菜耳。（顔氏家訓、勉学）

あなたがいま食べていなさるのは、緑葵菜（りょくきさい）（野菜の名称）なのです。

○「食者」は「所食」または「所食者」が正しい。

4　斉人有一妻一妾而処室者。其良人出、則必饜酒肉而後反。其妻問所与飲食者、則尽富貴也。其妻告其妾曰、良人出、則必饜酒肉而後反。問其与飲食者、尽富貴也。而未嘗有顕者来。吾将瞷良人之所之也。（孟子、離婁下）

斉国の人に一人の妻と一人の側妻とをもって同居している者がいた。その夫が外出すると、必ず酒や肉をたっぷり飲食してから帰ってくる。その妻が夫の飲食の相手を尋ねると、全部富貴な人である。その妻がその側妻に告げて言った、「夫が外出すると、必ず酒や肉をたっぷり飲食してから帰ってくる。夫の飲食の相手の人を尋ねると、全部富貴な人である。ところが世にときめく人が訪れて来たことは一度もない。わたしは夫がどこへ行くかを探ってみようと思うのです」と。

○「其与飲食者」は「其所与飲食者」の意。

第28節　所字余説

A　所字を用いた辞句を訳す場合、次のように意訳するとすらすらといくことがある

1　邦畿千里、維民所レ止。（詩経、大雅、玄鳥）

天子の直轄地は千里四方で、人民はそこに安住している。

2　王在二霊囿一、麀鹿攸レ伏。（詩経、大雅、霊台）

文王が霊囿というお庭にいらっしゃる。めじかやおじかがそこにねそべっている。

○「攸」は「所」と音の異なる別字であるが、古くは助字の「所」と同義で用いられた。

3　将レ徹、必請レ所レ与。（孟子、離婁上）

父のお膳をさげようとするとき、残り物をだれに与えたらよいかを必ず父に問う。

○「所与」は与える物品と、与える相手との二つの場合があるが、ここでは後者。

4　所レ欲スル必ズ成ル。（左伝、哀公元年）

何を欲しても必ずなしとげられる。

5　夫レ賢者ノ所レ在ル、其ノ君未ダ嘗テ不ズンバアラレ尊カラ。（楚策、四）

いったい賢者がどこの国にいても、そこの国の君主はいつも尊くなる。

B　次の「ばかり」を意味する「所」は以上のものと全く無関係であるが、ついでに述べておく。あわせて「許」「可」にも触れる

1　前（すすンデ）未ダレ到ラ二匈奴ノ陳一二里所（ばかリ）ニシテ止マル。（史記、李将軍列伝）

進んで行って匈奴の陣地の手前二里ばかりの所で停止した。

▽「陳」は陣。

2　良殊ニ大イニ驚キ、随ツテ目（もく）スレ之ヲ。父去ルコト里所（しよ）ニシテ、復タ還ル。（史記、留侯世家）

張良はとりわけたいそう驚き、去って行くあとをずっと見ていた。おやじさんは一里ばかり去って、また引き返して来た。

3　十八日所而病愈。（史記、扁鵲倉公列伝）

十八日ばかりで病気が治った。

○「愈」、癒に同じ。

4　才留三千所兵、守武昌耳。（呉志、周魴伝）

わずかに三千人ばかりの兵をとどめて武昌を守備させているだけである。

5　広陵太守陳登、忽患匈中煩懣、面赤不食。佗脉之曰、府君胃中有虫、欲成内疽、腥物所為也。即作湯二升再服、須臾吐出三升許虫。（後漢書、華佗伝）

広陵太守の陳登は胸がつかえて苦しい病気に急にかかり、顔が赤くなり物が食べられなかった。華佗は太守の脈をとり、「太守さまの胃の中に虫がおり、潰瘍ができそうになっており、その際発生する腐敗物のせいです」といい、すぐに煎じ薬二升を作り二回服用させると、しばらくして三升ばかりの虫を吐き出した。

○「匈」は胸に同じ。↓第38節文字の繁省。「脉」は脈の俗字。

6　操因問曰、聞夫人家先多墳籍、猶能憶識之不。文姫曰、昔亡父賜書四千許巻。流離塗炭、罔有存者。今所誦憶、裁四百餘篇耳。操曰、今当使十吏就夫人写之。文姫曰、妾聞男女之別、礼不親授。乞給紙筆、真草唯命。於是繕書送之、文無遺誤。（後漢書、列女、董祀妻伝）

曹操はその機会に尋ねて「夫人の家にむかし書籍が多かったと聞いているが、いまでも内容をよく記憶しているか」と言うと、文姫は「むかし亡父が四千巻ばかりの書物を下さいましたが、戦乱で各地をさまよいひどい苦しみに遭いましたので、残っているものはありません。いま暗記しているのは、やっと四百余篇に過ぎません」。曹操「いま十人の役人に命じ夫人の宅に行ってそれを筆写させるつもりである」。文姫「男女の別があり、礼では男女間で物事をじかに授けないものだと聞いております。どうか紙と筆とをお与え下さい。楷書ででも草書ででも仰せのままに書きます」。かくて筆写してこれを曹操の所に送ったが、文に脱落も誤りもなかった。

○「真草唯命」とも読む。第23節の形式の一つ。

7　魴率吏士七十許人、力戦連日。（後漢書、馮魴伝）

馮魴は部下七十人ばかりを率いて連日力戦した。

○「所」「許」ともに数字にすぐ続けて書く場合と量詞に続けて書く場合とがある。前者の場合は音読する人も多い。たとえば、4「三千所兵」、7「七十許人」、または「三千所兵」、「七十許人」など。

8　大宛在匈奴西南、在漢正西、去漢**可**万里。…其属邑大小七十余城、衆**可**数十万。（史記、大宛列伝）

大宛は匈奴の南西にあり、漢の真西にあり、漢からの距離は一万里ばかりである。その従属の集落は大小七十余城で、人口は数十万人ばかりである。

9　臣意即避席再拝、謁受其脈書上下経…接陰陽禁書、受読解験之、**可**一年**所**、明歳即験之、有験。然尚未精也。要事之三年**所**、即嘗已為人治、診病決生死、有験精良。（史記、扁鵲倉公列伝）

わたくしめ淳于意はそこで座席から退いて再拝し、先生の脈書上下経…接陰陽禁書を拝受し、書物の解説を受けて試すことが一年ばかり、明年になって試してみると効験があった。しかしそれでもまだ精密ではなかった。おおよそ先生につかえることが三年ばかりで、試みにその方法で人のために治療をし、病気を診察し生死の判断をしたが、効験があって精密で間違いがなかった。

○「謁受」の意味不明。「可一年所」は上下に「ばかり」を意味する文字を加えた例。訓読では一方だけを読んでおくか「可二一年所一」とするよりしかたがない。また古小説鉤沈に収める小説のなかに「可十許日」がある。訓点はうまくつけられない。「十日ばかり」の意さえわかれば、「可二十許日一」とでもする。「嘗已為人治」の已は以の仮借。

Ⅲ　特殊な形式

第29節　仮定

仮定には順接的仮定（…ならば）と、逆接的仮定（…であっても）とがあるが、ここでは別に区別をしない。また既定的条件（…であるけれども）も形式が同じであるので併せて説く。

A　仮定の助字を用いないもの

1　宋ニ有リ二富人一。天雨フリテ牆壊しやうくづル。其ノ子曰ク、不レ築カバ必ズ将ニレ有ラントレ盗。（韓非子、説難）

宋国に金持ちの人がいた。雨が降って土塀がくずれた。そこの家の子が「土塀を築かなかったならば、きっと泥坊がはいるだろう」と言った。

○「天雨」、天候に関することを言うとき、しばしば「天」という。

2　所レ言フ公ナラバ、公ニ言セヨ之ヲ一。所レ言フ私ナラバ、王者ハ不レ受ケレ私ヲ。（史記、孝文本紀）

言おうとすることが公事ならば、おおやけの場所で言え。言おうとすることが私事ならば、天子は私事を受け入れない。

3　王不レ備ヘ二伍員ニ一、員必ズ為サンレ乱ヲ。（史記、越王勾践世家）

王様が伍員(ごうん)に対して備えをしなかったならば、伍員は必ず乱を起こすでしょう。

4　周苛罵(ののし)ッテ曰ク、若(なんぢ)不ンバ二趣(すみや)カニ降ラレ漢ニ、漢今ニ虜セントレ若ヲ。（史記、項羽本紀）

周苛がののしって言った、「なんじがすみやかに漢に降伏しないならば、漢は今すぐなんじを捕虜にするであろう」。

B　疑問の形式を用いるもの。この場合、対句の形式を用いるのが通例である

1　我之大賢ナランか与、於テレ人ニ何ノ所レ不ルレ容(い)レ。我之不賢ナランか与、人将ニレ拒(こば)マントスレ我ヲ。如レ之ヲ何ゾ其レ拒マンレ人ヲ也。（論語、子張）

〔交際において〕われわれが大賢人であるならば、人に対してはわれわれの受け入れない相手はない。われわれが不賢人であるならば、人の方からわれわれを拒絶するであろう。どうして人を拒絶することがありえようか。

2　其在彼邪、亡乎我。在我邪、亡乎彼。（荘子、田子方）

いったい〔尊ぶべき点が〕彼に存するならば我にない。我に存するならば彼にない。

3　吏急而壱之虖、則大為煩苛、而力不能勝。縦而弗呵虖、則市肆異用、銭文大乱。（漢書、食貨志下）

役人がせっかちになって貨幣を統一しようとするならば、たいそう煩わしいことであって力が堪えきれない。大目に見て取り締まらないならば、市場では通貨がまちまちになり、銭の標記がたいそう不統一になる。

4　居無何、而朔婦免身生男。屠岸賈聞之、索於宮中。夫人置児絝中、祝曰、趙宗滅乎、若号。即不滅、若無声。及索児、竟無声。（史記、趙世家）

それからあまり日がたたないうちに、趙朔（ちょうさく）の妻が分娩（ぶんべん）して男の子を生んだ。屠岸賈（とがんか）

はそのことを聞いて、〔その子を殺そうとして〕宮中で探し求めた。夫人はその子をズボンの中に隠し、「趙一族が滅びる運命ならば、お前は泣いてもよい。もし滅びないのならば、お前は声を出すな」と祈って言った。子を探しに来たときになって、すこしも声をたてなかった。

○「絝」は袴の本字。「無レ声」の訓読については↓第33節E、禁止について。

C　仮定・条件を表す助字を用いるもの

1　**若**薬弗瞑眩、厥疾弗瘳。（書経、説命上）

もし薬が目がくらむほどきつくなかったら、その病気は治らない。

2　王**如**用予、則豈徒斉民安、天下之民挙安。（孟子、公孫丑下）

王様がもし私を採用なさるならば、どうしてただ斉国の人民が安らかになるだけでしょうか、天下の人民がみな安らかになります。

○「豈徒…」は反語の形式。これを普通の形式にすると「不徒…」となる。

3　王即不レ聴レ用レ鞅、必殺レ之。無レ令レ出レ境。（史記、商君列伝）

王様がもし衛鞅を採用することをお聞き入れにならないのならば、必ず彼を殺しなさい。国境を出て他国へ行かせてはなりません。

○「無レ令ニ鞅出一レ境」の意であるから「無レ令レ出レ境」と読んではいけない。

4　天下有レ変、王割ニ漢中一以和レ楚、楚必畔ニ天下一而与レ王。王今以ニ漢中一与レ楚、即天下有レ変、王何以市レ楚也。（秦策、一）

天下に乱が起こったときに、王様が漢中を割譲して楚に和親するならば、楚は必ず天下の他の国を捨てておいて王様に味方するでしょう。ところが王様がいま漢中を楚に与えるならば、万一天下に乱が起こった場合には、王様は何を楚に与えて取り引きなさいますか。

○「以和楚」は「以為和楚」となっているテキストもあるが採らない。

さて右の四つの例を見るに、「もし」を意味する文字が主語の下にある場合と上にある場合とがあるが、意味に変わりはない。他の助字においても同じである。

5　呂蒙…依姉夫鄧当。当為孫策将、数討山越。蒙年十五六、窃随当撃賊。当顧見大驚、呵叱不能禁止。帰以告蒙母。母恚欲罰之。蒙曰、貧賤難可居。**脱**誤有功、富貴可致。且不探虎穴、安得虎子。母哀而舎之。（呉志、呂蒙伝）

呂蒙は…姉の夫の鄧当の世話になっていた。鄧当は孫策の下の隊長になって、しばしば山越の異民族を討伐した。呂蒙は十五、六歳であったが、こっそりと鄧当について行って賊を討った。鄧当はふりかえって目についたので大いに驚き、しかったがやめさせることができなかった。帰ってそのことを呂蒙の母に告げた。母は怒って呂蒙を仕置きしようとした。呂蒙が言うのに、「貧賤は生活ができにくいです。もし間違いにでも功を立てるならば、富貴は手に入れることができます。それに虎の穴を探らなければ、どうして虎の子が得られましょうか」と。母は哀れんで彼をゆるした。

6　或説沛公曰、秦富十倍天下、地形彊。今聞章邯降項羽、項羽乃号為雍王、王関中。**今則**来、沛公恐不得有此。可急使兵守函谷関、無内諸侯軍、稍徴関中

兵㆒ヲ以テ自ラ益シ、距（ふせ）グ㆑之ヲ。（史記、高祖本紀）

ある人が沛公に説いて「秦の本土の富は天下の十倍もあり、地形が堅固であります。いま聞いているところでは秦の将軍章邯（しょうかん）は項羽に降伏し、項羽はそこで彼に雍（よう）王の称号を与え、王として関中を支配させることにしたそうであります。いまもし章邯が攻めて来たならば、沛公様はおそらくこの地を保有することができないでしょう。急いで軍隊に函谷関（かんこくかん）を守らせ、諸侯の軍隊を入れないようにし、次第に関中の兵を召集して自分の兵力を増し、あとから来る軍隊を防ぐようにするがよろしい」と言った。

○「今則来」は漢書高祖紀では「即来」となっていて「則」は「即」と同じであることがわかる。この「今則来」の今も仮定の辞。

7　謹ンデ守レ㆓成皋㆒ヲ。**則**（もシ）漢欲セバ㆓挑戦セント㆒、慎ンデ勿カレ㆓与ともニ戦フ㆒。（史記、項羽本紀）

気を付けて成皋（せいこう）を守備せよ。もし漢が挑戦しようとしたら、決して漢と戦ってはならぬ。

○「則」は高祖本紀では「若」、漢書項籍伝では「即」になっている。なおこの文の場合は「則（たとヒ）漢欲スルモ㆓挑戦セント㆒」「…欲ストモ…」と読んでもよい。「慎勿」「慎無」「慎毋」は「切莫（せつニなカレ）」というのと同じ（楊樹達、詞詮）。

8 公子即合符、而晋鄙不授公子兵、而復請之、事必危矣。（史記、魏公子列伝）

公子様がたとい割符を合わせて証明なさっても、晋鄙将軍が公子様に軍隊を授けないで、もう一度それを王様の方に問い合わせるならば、事態はかならず危うくなるでしょう。

9 雖晋人伐斉、楚必救之。（左伝、成公元年）

晋人が斉を伐っても、楚は必ず斉を救うであろう。

10 国雖大、好戦必亡。天下雖平、忘戦必危。（史記、平津侯主父列伝）

国が大きくても、戦争を好むならばかならず滅びる。天下が平和であっても、戦争を忘れるならばかならず危うくなる。

11 楚雖有富大之名、而実空虚、其卒雖多、然而軽走易北、不能堅戦。（史記、張儀列伝）

楚は富んでいて大きいという評判はあるけれども、実際はからっぽであり、その兵士は多いけれども、しかしすぐ簡単に逃げ、頑張って戦うことができない。

○「軽走易北」は同類の語句を二つ重ねたもので、「走」も「北」もにげるの意。

12　荊軻雖游於酒人乎、然其為人沈深好書。（史記、刺客列伝、荊軻）

荊軻は酒飲み連中と交わっていたけれども、しかし、その人がらは落ち着いていて読書を好んだ。

○「雖」の上に主語のある、たとえば11 12の場合「…けれども」と既定になることが多い。ただし10のような仮定の場合もあるから、それぞれの場合での判定が必要。なお12の「乎」は詠嘆的に入れたもので、訓読では「や」と読む人もあるが、読まない人も多い。

13　出其東門、有女如雲、雖則如雲、匪我思存。（詩経、鄭風、出其東門）

その東門を出ると女が雲のようにおおぜいいる。雲のようにおおぜいいることはいるけれども、私の思いはそれらには向かっていない。

14 （韓信）曰、大王自料、勇悍仁強、孰与項王。漢王黙然良久、曰、不如也。信再拝賀曰、惟信亦為大王不如也。（史記、淮陰侯列伝）

韓信は漢王に尋ねて言った、「大王様が御自身を評価をなさいまして、勇猛で情け深く兵力の強いことは項王と比べてどちらが上でしょうか」。漢王はしばしの間だまっていたが、「わしが劣っているのだ」と言った。韓信は再拝し賛成して言った、「わたくしでも大王様が劣っていらっしゃると思うのであります」。

○「惟信」は漢書では「**唯**信」となっている。かくて「惟」「唯」も「雖」と同義に用いることがある。経伝釈詞などに多くの例を掲げる。同義になる理由が畳韻によるのか、字形の類似によるのかは未詳。

15 **自**子夏門人之高弟也、猶云、出見紛華盛麗而説、入聞夫子之道而楽、二者心戦、未能自決。（史記、礼書）

子夏は門人の中の高弟であるにもかかわらず、なお、通りに出て派手できらびやかなのを見るとうれしく、屋内で先生の教えを聞くと楽しく、二つが心の中で争い、自分でどちらを選ぶかを決めかねたといわれている。

16 高祖不修文学、而性明達、好謀能聴、自監門戍卒、見之如旧。（漢書、高祖紀下）

高祖は学問を修めなかったが、生まれつき聡明で、計りごとを好み、人のことばを聞き入れる才能があり、門番や番兵でさえも、昔からの知り合いのような態度で彼らに会った。

17 且予縦不得大葬、予死於道路乎。（論語、子罕）

その上にわたしはたとい立派な葬式をしてもらえなくても、わたしは埋葬されないで道路に捨てられるようなことがあろうか。

18 縦江東父兄憐而王我、我何面目見之。（史記、項羽本紀）

たとい江東の父兄が哀れんでわしを王にしてくれても、わしはどんな顔をして彼らに会おうか。

19 楊子曰、世固非一毛之所済。禽子曰、仮済為之乎。

（列子、楊朱）

楊子「世の中は本来一本の毛髪で救えるものではない」。禽子「もし救えるならばそれをするか」。

○「仮（もシ）」と読むも可。

20 **誠**ニ得ルコト丁劫（おびやカシ）二秦王ヲ一、使ムルヲ丙悉（ことごとク）反（かへサ）乙諸侯ノ侵地ヲ甲、若クンバ三曹沫之与（おけルガ）二斉ノ桓公ニ一、則チ大イニ善シ矣。**則**（もシ）不可ナラバ、因リテ而刺セヨ二殺之ヲ一。（史記、刺客列伝、荊軻）

むかし曹沫（そうばつ）が斉の桓公に対してしたように、もしも秦王を脅やかし、諸侯の侵略された領地を全部返させることができるならば、たいそう結構である。もし不可能ならば、その機会に秦王を刺し殺せ。

21 上（しやう）曰ク、**苟**（いやしクモ）各〻有ラバ二主（つかさど）ル者一、而（すなは）チ君ノ所ノレ主ル者ハ何事ゾ也（や）ト。（史記、陳丞相世家）

天子曰く、「もしも仕事にそれぞれ担当者があるのならば、そなたの担当しているのは何の仕事であるか」。

○「苟」が仮定に用いられるときは「もし」「かりそめにも」と読む人もある。なおこの字は仮定以外に、たとえば「臨レ財毋二苟得一」（財貨を目の前にしては良い加減な態度で手に入れてはならぬ。礼記曲礼。「苟」は、「かりそめに」「かりそめにも」とも読む）、「苟美矣」（なんとかまあ立派になった。論語子路）のような意味もある。

22　公子光曰、**使**レ以二兄弟次一**邪**、季子当レ立。必以レ子**乎**、則光真適嗣、当レ立。（史記、刺客列伝、専諸）

公子光が言った、「もし兄弟の順序によるならば、（兄弟がつぎつぎ死んだのだから）末弟の季札が王位につくべきだ。子が継ぐという原則に必ず従うならば、わたしは真の嫡嗣だから、当然位につくべきだ」。

○「使」という使役の助字を使うもの。なお疑問の助字「…邪…乎」の用例は第35節C。

23　丞相曰、**使**二君所レ言公事一、之レ曹与二長史掾一議。吾且レ奏レ之。**即**私**邪**、吾不レ受二私語一。（史記、袁盎鼂錯列伝）

丞相曰く、「そなたの言うことがらが公事ならば、役所へ行って次官補佐と相談せよ。わたしはその結果を天子に申し上げるであろう。もし私事ならば、わたしは私事に関した言葉を受けつけない」。

24 **如**有周公之才之美、**使**驕且吝、其余不足観也已。（論語、泰伯）

たとい周公のような才能の優れたものをそなえていても、もしおごり高ぶりけちくさかったならば、その外にいかなる長所があってもそれは見るに足らぬのだ。

25 **令**他馬、固不敗傷我乎。（史記、張釈之馮唐列伝）

もし外の馬であったとしたら、もちろんわしをけがさせたかも知れない。

26 **郷**亡桓公、星遂至地、中国其良絶矣。（漢書、五行志下之下）

もしも斉の桓公がいなかったとしたら、星はそのまま地上にまで落ちてしまって、中国はほんとに滅びてしまったことであろう。

○「さきに」の語を用いるときは原則として過去の仮定を意味する。

27 秦王与中期争論、不勝。秦王大怒。中期徐行而去。或

為中期説秦王曰、悍人也中期。適遇明君故也。**向者**遇桀紂、必殺之矣。秦王因不罪。（秦策、五）

秦王は中期と論争して負けた。秦王はたいそう怒った。中期はゆっくり歩いて立ち去った。ある人が中期のために秦王に説いて言った、「がむしゃらな男ですなあ中期は。ちょうど明君にうまく会えたからよかったのです。もしも桀王紂王のような暴君に出会っていたとしたら、必ず彼を殺したでしょう」と。秦王は〔桀紂と同一視されるのをいやがって、〕それがために中期を処罰しなかった。

28 **今**人乍見孺子将入於井、皆有怵惕惻隠之心。（孟子、公孫丑上）

いま仮に人が子供が井戸に陥りそうなのを不意に見たならば、だれでもどきっとしてかわいそうだという心を起こすだろう。

29 **今**有璞玉**於此**、雖万鎰、必使玉人彫琢之。（孟子、梁惠王下）

いまここに山から掘り出したままで磨いてない玉があるとするに、いかに高価なものでも、〔人手に渡して〕専門家の玉師にこれを磨いて細工させるであろう。

「使」「令」を仮定に用いるのは、「実際は…でないが、…であるようにさせると」という意味から仮定を意味し、「向者」などの「さきに」を仮定に用いるのは、仮定は現実でないことを仮定するのであり、過去も現実でないから仮定になると思われる。ところがまた「今」「於此」も仮定に用いられるのは、いまここに実在するのでないものをいまここに実在するかのように仮定していうのである。荻生徂徠の訓訳示蒙にも安・寧をイヅクンゾ・ナンゾと訓ずる所以を説明して「寧字、胡也ト註シテ、ナンゾトヨム時ハ、安ノ字ヲイヅクンゾトヨムト同ジ事也。総ジテ字義ヲ顚倒シテ用フル事アリ。汚ヲス、ム（スムの誤り）トヨミ乱ヲオサムルトヨム類ナリ。安ノ字、寧ノ字ハ何レモヤスシト云フ字ナレバ、ヤスキハヲチツク意ナリ、ソレヲ顚倒シテヲチツカヌ事ニ用フルナリ。イヅクンゾナンゾ皆ヲチツカヌ詞ナリ」といっている。今・於此も同じことである。また審・誠・果なども同じ心理で仮定に用いられる。助字弁略に「此誠字、審也、苟也。蓋辞之未定。…誠与苟、義相違而相通者、反訓也」といっている。

30　**審**若此、公卿以下、必以死争、不奉詔。（漢書、史丹伝）

もしこのようであるならば、大臣以下すべての者がかならず決死の覚悟で諫め、詔を承らないでしょう。

31 是以聖人**果**可以利其国、不一其用、**果**可以便其事、不同其礼。（史記、趙世家）

こういうわけで聖人はもし自分の国に利益を与えることができるならば、その使用品を変えるし、もしも自分らの物事に便益を与えることができるならば、その制度を変える。

○趙策二には「…聖人**苟**可以利其民、…」となっている。

D　助字を二字連用するもの

1 **誠即**得水、可令畝十石。（漢書、溝洫志）

もしも水の便さえ良ければ、一畝ごとに十石の収穫を得るようにできるであろう。

2 **信如**君不君、臣不臣、父不父、子不子、雖有粟、吾得而食諸。（論語、顔淵）

もしも君が君らしくなく、臣が臣らしくなく、父が父らしくなく、子が子らしくないならば、〔国が乱れるに違いないから〕穀物があってもわれわれはそれを食べることができようか。

○「得而食諸」は「得レ食レ之乎」と同じ。

3　使メバ二斉ヲシテ北面シテ伐一レタ燕ヲ、**即雖**たとヒモ二五燕ト一不レ能ハレ当タル。（燕策、二）

もしも斉国が北方に向かって燕国を伐つならば、たとい燕国が五つ集まっても敵対することができない。

4　**誠ニ令**メバ三成安君ヲシテ聴カ二足下ノ計ヲ一、若キノ信者モ亦已ニ為レリシナラント禽矣。（史記、淮陰侯列伝）

もしも成安君陳余があなたの計りごとを聞き入れていたならば、私などもすでに捕虜になっていたことでしょう。

○「誠令」は漢書では「**向**さきニ**令**」になっている。

5　此ノ四君ノ者ハ、皆以テス二客之功ヲ一。由ツテレ此ニ観レバレ之ヲ、客何ゾ負そむカン二於秦ニ一哉や。**向**ニ**使**メバ二四君ヲシテ卻しりぞケテレ客ヲ而不レ内いレ、疏うとンジテレ士ヲ而不ラレ用ヒレ、是使下メシナラン国ヲシテ無クシテ二

富利之実、而秦無彊大之名。（史記、李斯列伝）

この四人の君主（＝秦の繆公・孝公・恵王・昭王）はみな外来者の功績のおかげを被った。このことから観察すると、外来者はどうして秦の期待に背きましょうか。もしも四人の君主が外来者を拒否して国内に入れず、知識人をうとんじて採用しなかったとしたら、つまりわが秦国に豊富強大の事実も名声もないようにしたことでありましょう。

○「富利之実」「彊大之名」は「富利彊大之名実」を互文にしたもの。「利」はここでは物資が豊かで生活に不都合のない意。

6　**郷使**魯君察於天変、宜亡此害。（漢書、蕭望之伝）

もしも魯の君主が天変をよく考慮に入れていたとしたら、このような害はなかったはずである。

7　**曩者使**女狗白而往、黒而来、子豈能毋怪哉。（韓非子、説林下）

もし汝の犬が出て行ったときは白色で、帰って来たときは黒色になっていたとしたら、あなたはどうして怪しむことがなくていられようか。

8　**借使**秦王計上世之事、並殷周之迹、以制御其政、後雖有淫驕之主、而未有傾危之患也。（賈誼、過秦論）

かりに秦王が上世の政治を計画し、殷周の聖天子の治績を見倣って、自分の政治をうまく運営したとしたら、子孫に度外れな行いをする君主が出て来ても、国が危うくなるというような心配が生じるところまでは行かなかったであろう。

9　惜乎子不遇時。**如令**子当高帝時、万戸侯豈足道哉。（史記、李将軍列伝）

そなたが良い時にうまく生まれ合わさなかったのは惜しいことだなあ。もしそなたがうまく高帝の時に生まれていたとしたら、一万戸の領地の大名になることは言わずと知れたことだ。

10　**設如**家人有五子十孫、父母不察精慊、則懃力者懈弛、而惰慢者遂非也。（潜夫論、考績）

かりに庶民の家に五人の子、十人の孫がいるとして、父母が子孫の精勤とぐずとを観察しなかったら、勤勉な者はだらけるし、怠け者は悪事をしでかすであろう。
○「愞」は、他の音もある。意気地がない、元気がない、ひよわいの意。

このほかに**設令・仮設・仮令・仮使・仮如・藉令・藉使**（藉＝借）・**若誠・誠即・即使・就使・就令・向若**などの連用がある。これらは後漢以後にますます増加している。

11　会（公叔）座病。魏恵王親往問病、曰、公叔病、**有如**不可諱、将奈社稷何。公叔曰、座之中庶子公孫鞅、年雖少有奇才。願王挙国而聴之。（史記、商君列伝）

おりしも公叔座が病気になった。魏の恵王はみずから出かけて行って病気を見舞い、「公叔は重病だ。もしも避けられないような事態が起こった場合は、国政をどうしようか」と言った。公叔の言うことには「私の家令の公孫鞅は年は若いですが人並みでない才能があります。どうか王様は国政全般を彼におまかせなさい」と。
○「不可諱」は、いやだからといって逃れようと思っても逃れることのできないこと、つまり死ぬことを婉曲にいう。ある書物に「有如」を「亦如」の意として「またもし」と読んでいる。「有」は「又」と音通ではあるが「亦」と同義になることはない。またここの文義の上から言っても「亦」とは無関係だから、その説は誤りである。ただしこの形式は仮定であることに疑いはなく、その説明は14を参照。

12　**有如**両宮螫将軍、則妻子毋類矣。（史記、魏其武安侯列伝）

万一にも両御所様が将軍に対してお怒りなさるならば、あなたの妻子は一人残らず殺されてしまうでしょう。

13　荘生雖居窮閻、然以廉直聞於国、自楚王以下、皆師尊之。及朱公進金、非有意受也。欲以成事後復帰之以為信耳。故金至、謂其婦曰、此朱公之金。**有如**病不宿誡、後復帰、勿動。（史記、越王勾践世家）

荘生は路地裏に住んでいたが、しかし清廉正直ということで国で有名であり、楚王以下がみな彼を師として尊んでいた。朱公が金（＝逮捕されている次男を救出するための運動資金）を差し出したときには、荘生は受け取る意思をもっていたわけでないのである。成功したのちにまた朱公の方へこれを返し、自分の信義の証明にしようと思っていたのだ。だから金が届くと、自分の妻に言った、「これは朱公の金である。わしが万一もし病気になってあらかじめ言い付けることができないならばいけないので今言っておくが、のちにまた返すのだから、手をつけてはならない」と。

14 及括将行、其母上書言於王曰、括不可使将。王曰、何以。対曰、始妾事其父。時為将。身所奉飯飲而進食者以十数、所友者以百数。大王及宗室所賞賜者、尽以予軍吏士大夫。受命之日、不問家事。今括一旦為将、東向而朝軍吏、無敢仰視之者。王所賜金帛、帰蔵於家、而日視便利田宅可買者買之。王以為何如其父。父子異心。願王勿遣。王曰、母置之。吾已決矣。括母因曰、王終遣之、**即有如**不称、妾得無随坐乎。王許諾。（史記、廉頗藺相如列伝）

趙括が出陣しようとするときになって、その母が上書して王様に申し上げた、「趙括は将軍にならせてはいけません」。王「なぜか」。お答えして「むかしわたくしは彼の父につかえていましたが、そのとき父は将軍でした。自分自身で飲食物を捧げて食事を差し上げる相手の人は十人もおり、友として交わる相手の人は百人もいました。

大王様や御一族が褒美として下さる品々は、ことごとくそれを武官や文官に与えました。出征の命令を受けた日からは、自分の家の事を問題にしませんでした。ところがいま括は思いがけず将軍となりますと、偉い人のつく席に威張ってついて武官をお目どおりさせ、みな恐れて頭を上げることのできる者がおりません。王の賜うた貴金属や絹織物は家にしまい込み、毎日、便利な田地や家屋で買ってよさそうなのを調べてそれを買っています。王様は彼の父と比べてどちらがすぐれているとお思いになりますか。父と子とは心構えが違います。どうか王様派遣しなさいますな」。王「母よ捨てておきなさい。わたしはすでに決めたのだ」。括の母はそう言われたので言った、「王様が結局括を派遣なさるのなら、たといひょっとして御意（ぎょい）にかないませんでしても、わたしは連座することがなくて済みましょうか」と。王は許諾した。

○「以十数」「以百数」→第12節42。数十人・数百人と訳しているものもあるが、実際問題としてもそのように多くはあるまい。「東向」、尊者のすわる向き。顧炎武の日知録巻二八に「東向坐」の項目がある。なお「東向而朝」で句切る人が多いが、朝は使役他動詞として用いてあるから「東向而朝軍吏」でなければならぬ。顧炎武も軍吏まで続ける。「帰蔵」、帰も蔵の意。「持って帰る」の意ではない。「日視㆓便利田宅㆒、可㆑買者買㆑之」とも読める。「王以為何㆓如其父㆒」と読むも可。「不称」は、将軍の職に相応しないの意にも解することができる。

15　今盗宗廟器而族之、有如万分之一仮令愚民取長陵一抔土、陛下何以加其法乎。（史記、張釈之馮唐列伝）

いま仮に御先祖様の廟の道具を盗んだだけでその者に一族皆殺しの刑を施しなさるならば、ひょっとしてもし万一仮にも愚民が長陵の一すくいの土を取るならば、陛下はどんな標準でそれに対する刑罰を施しなさいますか。

○「取長陵一抔土」は漢の高祖の墓をあばいて中の埋葬品を盗むことをきわめて遠まわしに言ったもの。このようなありえないことははっきりと口に出しにくいので「有如万分之一仮令」という修飾語をもつけている。なお以上「有如」は「有如…」でもよいと思うが、助字弁略の「如」の条に「有如・仮令、並若或之辞、重言也」「即有如、亦重言也」というのに従って「有如」と読んでおく。

第30節　被動

A　動詞がそのままで被動になるもの

1　主辱メラルレバ臣死ス。（史記、韓長孺列伝）

主人が他人から辱められると、家来は〔その恥をすすぐために〕命をささげる。

2　有レドモ㆑功亦誅セラレ、無ケレドモ㆑功亦誅セラル。（史記、項羽本紀）

手柄を立てても処刑されるし、手柄を立てなくても処刑される。

3　朱公ノ中男、殺シテ㆑人ヲ囚とらヘラル㆓於楚ニ㆒。（史記、越王勾践世家）

朱公の中（なか）の息子が人を殺して楚国で牢屋に入れられた。

4　陶之富人朱公之子、殺シテ㆑人ヲ囚ヘラル㆑楚ニ。（同）

陶の金持ちの朱公の子が人を殺して楚国で牢屋に入れられた。

○「陶」は地名、山東省定陶県にあたる。

5　人皆寐則盲者不㆑**知**、皆黙則瘖者不㆑**知**。（韓非子、六反）

人がみな眠ると、盲人は人から盲人だと知られず、みなだまると、唖者は人から唖者だと知られない。

6　誹謗者**族**、偶語者**棄市**。（史記、高祖本紀）

政治をそしる者は一族みな処刑され、二人で話し合う者は死刑にされて市場でさらしものにされる。

B　於を用いるもの

1　労㆑心者治㆑人、労㆑力者治㆓**於**人㆒。（孟子、滕文公上）

精神労働をする者は人を治め、肉体労働をする者は人に治められる。

2　君子役㆑物、小人役㆓**於**物㆒。（荀子、修身）

君子は富貴などの物質的なものを克服し、小人は物質的なものに支配される。

3　先発制人、後発制於人。（漢書、項籍伝）

先に着手すれば人を支配し、おくれて着手すれば人に支配される。

4　通者常制人、窮者常制於人。（荀子、栄辱）

都合よく行っている者はつねに人を支配し、行き詰まっている者はつねに人に支配される。

5　不信乎朋友、不獲乎上。（礼記、中庸）

朋友に信用されなければ、目上の人に取り立ててもらえない。

C　右の於を省いたもの

1　天下有道、小徳役大徳、小賢役大賢。天下無道、小役大、弱役強。（孟子、離婁上）

天下に道義が行われているときは、〔道徳が優位を占めるので〕小徳の者は大徳の者に支配され、小賢の者は大賢の者に支配される。天下に道義が行われていないときは、

〔力が優位を占めるので〕小国は大国に支配され、弱国は強国に支配される。

○「天下…」とも読む。

2　兵破陳渉、地奪諸侯。（塩鉄論、結和）

軍隊は陳渉に破られ、領地は諸侯に奪われた。

D　見・被・遇などの助字を用いるもの

1　斉閔王之**遇**殺、其子法章変姓名、為莒太史家庸夫。（斉策、六）

斉の閔（びん）王が殺されたとき、その子の法章は姓名を変えて、莒（きょ）国の書記官長の家の傭い人となった。

2　信而**見**疑、忠而**被**謗。（史記、屈原賈生列伝）

うそを言っていないのに疑われ、まごころを尽くしているのに悪口をいわれる。

3　**被**人決水縦火、漂焚財物。（唐律、闘訟律「諸告人罪」条疏議）

人に水を流し出されたり火を放たれたりして、財物を流失したり焼失したりする。
○行為者を被のすぐ下に書くこの形式の場合、被の代わりに見を用いることはない。つまり「見人決水縦火」とはならない。

E　DとBとを併用するもの

1　昔者弥子瑕**見**愛**於**衛君。（史記、老子韓非列伝）
むかし弥子瑕は衛国の殿様に愛された。

2　屈原曰、前大王**見**欺**於**張儀。張儀至、臣以為大王烹之。今縦弗忍殺之、又聴其邪説、不可。（史記、張儀列伝）
屈原の言うよう、「前に大王様は張儀に欺かれなさいました。張儀が来たならば、大王様は彼を釜ゆでになさるものと私は思っておりました。いまたとい彼を殺すに忍びないとしても、それでも彼の邪道の説を聞き入れなさることは良くありません」と。

3　且燕国大乱、君臣失計、上下迷惑。栗腹以十万之衆、五折於外、以万乗之国、**被**囲**於**趙、壌削主困、為天

下ノ僇笑ト㆒。（史記、魯仲連鄒陽列伝）

かつ燕国は大いに乱れ、君臣ともに政策を誤り、上の者も下の者もどうしたらよいかわからない状態である。将軍栗腹は十万の軍隊を率いながら、五度も国外で撃滅され、万乗の大国でありながら、趙の軍に囲まれ、領地は奪い取られ君主は苦しみ、天下の笑いものになっている。

4　又故ノ大傅陳蕃、輔㆓相シ陛下ヲ㆒、勤㆓身ヲ王室ニ㆒、夙夜匪㆑懈ラザルニ、而見㆑陥㆓群邪ニ㆒。（後漢書、謝弼伝）

また前の大傅の陳蕃は、陛下のお手伝いをし、朝廷のために身を粉にして努め、朝早くから夜遅くまで怠らなかったのに、悪者どもに罪に陥れられた。

○「見陥群邪」は「見陥於群邪」の省略、つまりDとCとの併用。「勤」↓第41節9。

F　為…所…

1　先ンズレバ即チ制㆑人ヲ、後ルレバ則チ為㆓人ノ所㆑制スル。（史記、項羽本紀）

先手をとると人を支配し、後手にまわると人に支配される。

○「レバ則」を繰り返すとき、多くの場合「即」と「則」とを用いる。

2 章雖為鳳所挙、非鳳専権、不親附鳳。会日有蝕之、章奏封事、召見、言鳳不可任用、宜更選忠賢。上初納受章言、後不忍退鳳。章由是見疑、遂為鳳所陥、罪至大逆。(漢書、王章伝)

王章は王鳳に推挙されたのではあるが、王鳳の専権を良くないとし、王鳳に親しみ従わなかった。おりしも日食があり、王章は密封した意見書を天子に奉り、召し出されて拝謁し、「王鳳は任用してはいけません、改めて忠賢の臣を選びなさるがよろしい」ということを言った。天子は初めは王章の言葉を受け入れたが、後には王鳳を免職にするに忍びなかった。王章はこのことで疑われ、かくて王鳳に罪に陥れられ、罪は大逆罪ということにさえなった。

○慣用音で「王鳳」と読むも可。

3 漢王追楚、為項籍所敗固陵。(史記、魏豹彭越列伝)

漢王は楚軍を追撃したが、項籍に固陵で打ち破られた。

○「敗」は「破」とともに勝敗いずれの意味にもなる。「所敗固陵」は「所敗於固陵」に同じ。

4　車騎大将軍鄧騭、為種羌所敗於冀西。（後漢書、安帝紀）

車騎大将軍鄧騭は種羌という異民族に冀西で打ち破られた。

5　羕仕州不過書佐。後又為衆人所謗毀於州牧劉璋、璋髡鉗羕為徒隷。（蜀志、彭羕伝）

彭羕は州役所に仕えたが書記に過ぎなかった。その後さらに衆人によって州の長官の劉璋にあしざまに告げ口され、劉璋は羕を丸坊主にし鉄の首かせをはめ徒刑囚にした。

○「髡」は刑罰の名称。髪をそり落とし労役させる刑。

6　陳湯…家貧、匄貸無節、不為州里所称。（漢書、陳湯伝）

陳湯は…家が貧しく、むやみやたらに人に物をねだり、土地の人々によく言われなかった。

G　為…之所…

1　凡国有三制。有制人者。有為人之所制者。有不能制人、人亦不能制者。（管子、枢言）

一般的に国に三つの支配の型がある。人を支配する型がある。人に支配される型がある。人を支配することができず人もまた支配することができないという型がある。

2　故人主之意欲見於外、則為人臣之所制。（淮南子、道応訓）

だから君主の意思や欲望が表面に現れると、家来に支配される。

3　夏則為大暑之所暴炙、冬則為風寒之所匽薄。（漢書、王吉伝）

夏にはひどい暑さにさらし焼きつけられ、冬には寒い風に吹きつけられる。

○「匽」は「偃」、なびきふす。「薄」は迫、せまる。

4　或有狼藉几案、分散部秩、多為童稚婢妾之所点汚、風雨虫鼠之所毀傷。実為累徳。（顔氏家訓、治家）

なかには机の上を乱雑にし、書物の順序をばらばらにし、しばしば子供や下働きの女によごされ、風雨や虫や鼠にいためられる場合がある。実に人格をそこなうものである。

H　為…　為…之…

1　不為酒困。（論語、子罕）

酒に乱されない。

○「不為酒困」と読むも可。釈文に馬融注の「困乱也」を引くだけで、為を于偽反とは書かず、皇侃の義疏に「不為酒所困」という。

2　魯為斉弱久矣。（左伝、哀公十四年）

魯国はずっと前から斉国に弱められて来た。

○「為斉弱」と読むも可。

3　上笑曰、多多益善、何為為我禽。(史記、淮陰侯列伝)

天子は笑って言った、「(兵士が)多ければ多いほどますますうまく統率できるのならば、どうしてわしの家来にされたのか」。

4　頭足異処、卒為天下笑。(同)

首と足とがばらばらになり、結局、天下の人々に笑われた。

5　秦少出兵、則晋楚不信也。多出兵、則晋楚為制於秦。(史記、穰侯列伝)

秦が少しだけ兵を出すならば、晋や楚は信用しないのである。多く兵を出すならば、晋や楚は秦に抑えられる。

○「為制於秦」「為制……」と読むも可。

6　彼伍胥、父兄為戮於楚。而勧王伐楚者、欲以自報其讎耳。(史記、伍子胥列伝)

あの伍子胥は父と兄とが楚で処刑されました。そして王様に楚を伐つことを勧めるのは、楚を伐つことによって自分自身父や兄の仇を討ちたいと思っているのであります。

○「為ラレ戮セ二於楚ニ一」と読むも可。

7　身死シ国亡ビ、為ル二天下之大戮ト一。（荀子、正論）

自分自身は死に国は滅び、天下の人々に大いに悪く言われた。

○ここでは「戮」は辱めるの意。

8　然レドモ其ノ窮涸シテ不レ能ハ三自ラ致スコト二乎水ニ一、為ル二獱獺之笑ヒト一者ハ、蓋シ十ノ八九ナリ矣。（韓愈、応科目時与人書）

しかしながら喉をからしてフーフーといいながら自分を水の所までもって行くことができず、かわうそどもに笑われる者は、だいたい十のうち八九である。

さて「為」を用いる被動において、たとえば「為人所制」を、わが国で昔から「為メニレ人ノ所ラルレ制セ」と読んだ人がおり、中国の学者でも十八史略の陳殷の音釈は「為」を去声とし、楊樹達のごときも詞詮で、この場合の「為」を介詞とし「所」を「見・被」の意としているので、この点につき一言しておく。唐の陸徳明に経典釈文という本があり、経文や古注の文字の発音が記されており、「為」についてはタメニの時は常に于偽反と記しているが、この被動の「為」に対しては于偽反と記した箇所が一つもない。これは被動の「為」が去声（…のために）でなく平声（…たり、…となる、…となす）である証拠である（現代音では wèi でなくて wéi）。またすでに挙げた「為人所制」「為人之所制」「為天下笑」「為天下之大戮」などの一連の文例によれば、この場合の「為」が「ために」でないことは明らかである。助字弁略、および最近の中国語辞典の新華字典・現代漢語詞典も平声としている。「為人所制」は「人の制する対象になる」という意味から被動になったのであり、これは「受動の助動詞 **werden** は元来『成る』という意味の動詞であり、従って **er wurde getötet** は『彼は殺されたものに成った』という意味から来ている」（相良守峯「ドイツ文法」一五九ページ、岩波全書）というのと同種である。

次に楊樹達は「所」を「見・被」と同じ被動助動詞としているが、これも誤りである。「見」や「被」は「不」を上につけて否定形ができる。たとえば漢書張禹伝「根言雖切、猶不見従」（曲陽侯王根のことばは適切であったけれども、それでも天子に取り上げられなかった）、韓愈進学解「然而公不見信於人、私不見助於友」（しかしながら公的には人々に信じられず、私的には友人に助けられなかった）などがこれであるが、「所」の場合は「（郤）正既不為（黄）皓所愛、亦不為皓所憎」（蜀志、郤正伝）、「漢嘉太守黄元素、為諸葛亮所不喜」（同、楊洪伝）という形式はあるが、「不所」などはありえない。楊樹達も引用しているが、淮南子説林訓の「嗜慾在外、則明所蔽矣」の如きは「明所蔽矣」と読んでもかまわない。それはこの文が「聡明さがおおわれる」という意味だからである。だからといって「所」と「見」とが同じだといえば誤りである。「明所蔽矣」は「明為所蔽矣」の省略なのである。

次に「為天下笑」「為獱獺之笑」などの形式について一言しておく。「笑」が「所笑」を意味する例は他にもしばしばある。たとえば史記太史公自序に、一方では「使人拘而多所畏」とあり、他方では「使人拘而多畏」といい、六国年表に「東方物所始生、西方物之成孰」とあり、荘子盗跖に「世所謂忠臣者、莫若王子比干伍子胥。子胥沈江、比干剖心。此二子者、世謂忠臣也。然卒為天下笑」とあり、また左伝僖公四年の「賜我先君履」の杜預注に「所践履之界」（領土の意）とあり、詩経の出其東門の「匪我思存」の鄭箋に「皆非我思所存也」とある。したがって「為天下笑」を「為天下所笑」と同じと考えて被動扱いにする。ただし、一々の場合には疑わしい場合もある。たとえば「少君死於人中、人見其尸。故知少君性寿之人也。如少君処山林之中、入絶跡之野、独病死於巖石之間、尸為虎狼狐狸之食、則世復以為真仙去矣」（李少君は人々の住んでいる世の中で死に、人々はその死体を見た。だから人々は少君が生まれつき長寿の人であったことを知ったのである。もし少君が山林の中で生活し、人の行かない場所に入り、洞窟の中でひとり病死し、死体が虎狼狐狸の餌食となったとしたら、世間の人はまた、ほんとうに仙人になって姿を消したのだと思ったことであろう。〈論衡、道虚〉）の「尸為虎狼狐狸之食」のごときは、上記の訳のようにも解されるし、「虎狼狐狸に食べられる」という意味にもとれる。「吾属今為之虜矣」〈項羽本紀〉も「沛公の捕虜になる」か「沛公に捕虜にされる」か、どちらとも確定できない。被動に「為…」形式が少なくなり「為…所…」形式が多くなったのもこのような事情によるのであろう。

一　「…に…を…される」の形式

1　**遭**呂太后虧損至徳。（漢書、恵帝紀賛）

〔恵帝は〕呂太后にりっぱな人格を傷つけられた。

2　食於道旁、乃**為**烏所盗肉。（漢書、循吏黄覇伝）

道ばたで飯を食い、なんと烏に肉を盗まれた。

3　為漢使月氏、而為匈奴所閉道。(史記、大宛列伝)

漢のために月氏に使者として行き、匈奴に通行を妨げられた。

○「月氏」、西域にあった国、大月氏。

4　歳十餘輩出此初郡抵大夏。皆復閉昆明、為所殺奪幣財。終莫能通至大夏焉。(同)

一年に十数団体の使者がこれらの新しく作られた郡を出て大夏に行き着こうとしたが、いずれの場合も今までどおり昆明の通行を妨害され、殺されたり財貨を奪われたりして、結局、大夏に到着することのできる者はいなかった。

5　今亀使来抵網、而遭漁者得之。(史記、亀策列伝)

いま亀が使者として来て網にかかり、漁師に捕えられた。

6　去之趙。見逐。入韓魏、遇奪釜鬲於塗。(史記、范雎蔡沢列伝)

〔蔡沢はそこを〕立ち去って趙国に行ったが、追い出された。韓または魏の国に入ろうとして、途中で炊事道具を奪われた。

○「釜」、かま。「鬲」、中空の三本足のついたかま。「塗」は途の意。

J　為…所見…　その他

この形式は三世紀ごろから現れるもので、訓読しにくいので、やむを得ない読み方をしておく。

1　臣昔為曹氏所見交接、外託君臣、内如骨肉。…遂為邪議所見搆会、招致猜疑、誣臣欲叛。（呉志、胡綜伝）

わたくしはむかし曹氏に交際してもらい、うわべは君臣という体にしていたが、内面は骨肉のような関係であった。…かくて悪者どもの口で罪をでっちあげられ、それがため人々の疑いを招き、人々は私のことを謀反しようとしているとありもしないことを言った。

○「誣」、しいる。ありもしないことを事実のようにいう。

2　休又下詔曰、諸葛恪滕胤呂拠、蓋以無罪為峻綝兄

弟所見残害。可為痛心。（呉志、孫綝伝）

孫休はさらに詔をくだして言った、「諸葛恪・滕胤・呂拠は、思うに何の罪もないのに孫峻・孫綝兄弟に殺害された。それがために心の痛い思いがする」。

3　預備有闕、巡警不厳、被賊所掩襲覆敗者斬。（唐律、擅興律「守備不設、為賊所掩覆者斬」疏議）

準備に欠ける点があり、見回りが厳格でなく、賊に急襲され打ち負かされる場合は斬首刑にする。

4　頻為節将見邀用、皆就不永。（抱朴子、自叙）

たびたび天子の旌節を受けた将軍から迎えられ登用されたが、どの場合にも職に就くことが長くなかった。

▽抱朴子の通行本は「頻為節将見邀用、皆不就。永惟富貴可以漸得、…」とするが、この文例では「永」までを一文とし、「不」と「就」の位置を入れ替えている。

5　彭因進説曰、…彭幸蒙司徒公所見全済、未有報徳、旋被禍難、永恨於心。今復遭遇。願出身自効。光武深接納之。（後漢書、岑彭伝）

岑彭はそれで進み出て自分の意見を述べて言うよう、「…彭は幸いに大司徒様に命を救われまして、まだ御恩に報いることもしておりませんうちに、間もなく災いにお遭いなされ、長く心の中で、残念に思っていました。今またはからずもお目にかかることができました。わが身をささげて力を尽くしたいと存じます」と。光武帝は深く彼のことばを受け入れた。

○「司徒公」は光武帝の長兄劉演、字は伯升。

6　臣以朽邁遭人倫所棄。（北魏書、高允伝）

わたくしは老いさらばえましたために世間の人々に見捨てられました。

右の諸種の例は「為…所…」をより被動らしくするために考えられた新しい形式である。これらは文章全体で被動になっているので、どの字が「に」にあたり、どの字が「らる」にあたると特定できるものではないが、訓読の便宜上右のように読んでおく。

K　見の字の特異な用例

1　寛嘗行。有人失牛者、乃就寛車中認之。寛無所言、下駕歩帰。有頃認者得牛而送還。叩頭謝曰、慙負長者、随所刑罪。寛曰、物有相類、事容脱誤。幸労**見**帰、何為謝之。州里服其不校。（後漢書、劉寛伝）

劉寛がかつて外出した。牛をなくした人がいて、それで寛の車のところに来て、この牛は自分の牛だといった。寛は何も言わないで、牛車からおりて歩いて帰った。しばらくして、誤認した者が本当の自分の牛を見付けたので送り返して来て、頭を地面に打ちつけてあやまって、「人格のすぐれた旦那様に失礼したことを恥じ入ります、どのようなお仕置きをも受けます」と言った。寛の言うのに「物には似ているものがあり、人のすることには迂闊や勘違いもありえます。幸いにわざわざ私に返して下さったのだから、なにもあやまりなさることはありません」と。土地の人々は彼が人と争い合わないことに感服した。

2　若使君不見聴許、登亦未敢聴使君也。（蜀志、先主伝）

もし刺史どのがわたくしの言うことをお聞き届けにならぬならば、陳登も刺史どのの仰せを聞き入れることができません。

3　始到謁河内太守馬稜。稜勉之曰、君儒者、当謀謨廟堂、反在朝歌乎。詡曰、初除之日、士大夫皆見弔勉。以詡籌之、知其無能為也。…（後漢書、虞詡伝）

〔虞詡は群盗のはびこっている朝歌県の県長に任命され、〕任地に到着するとすぐに河内の太守の馬稜にお目どおりした。稜は彼を励まして「あなたは儒者だから朝廷で国策を定めるべきだのに、反って朝歌に赴任したか」と言った。詡の言うよう、「任命されました当初、役人がたはみなわたくしを慰めたり励ましたりしてくださいました。わたくしの考えで見積もってみますと、盗賊どもは何もできないということがわかるのであります。…」。

4　布与卓侍婢私通、恐事発覚、心不自安。先是司

徒王允以布州里壮健、厚接納之。後布詣允、陳卓幾**見**殺状。（魏志、呂布伝）

呂布は董卓のおそば付きの女と密通しており、事が発覚することを恐れ、心の中で不安であった。これよりさき司徒の王允は呂布がその土地の勇壮な男であるので、十分に目をかけてやっていた。そののち呂布は王允の所に来て、董卓がもうすこしで自分を殺すところであった様子を述べた。

5　生孩六月、慈父**見**背。（李密、陳情表）

生後六か月の赤ん坊のときに、父は私をあとに残してなくなりました。

6　然而聖主不加誅、宰臣不**見**斥、茲非其幸歟。（韓愈、進学解）

しかしながら聖天子は誅罰を施さず宰相はわたくしを免職にしない、これはわたくしの幸運ではないか。

右の文例において「見」について特異な訓読をした。このような「見」の用法は現代でも書翰文など多少文語的な文に残っていて、新華字典にも助詞として被動の外に「動詞の前に用いて我に対してどうであるかを表示する」と説明している。被動の場合とともに助詞（日本語の助詞と同じでない）というからは、さきに訓読した「見(われ)」には当たらない。それではどういうつもりかというと、日本語で、自分が他の人のために何かをする場合に「してやる（してあげる）」（「してくれる」ということもある）などといい、他の人からは「してもらう（していただく）」などというのに対して、相手を主語として自分に対しては「してくれる（してくださる）」という言い方がある。いま問題にしている「見」はこの「くれる、くださる」に似た語法ではないかと思われる。だが、たとえば、1「見(くル)レ帰(シテ)」、2「不(ンバ)レ見(くださラ)二聴許(シテ)一」、3「見(くださル)二弔勉(シテ)一」と読むのも奇異であるし、「してくれる（してくださる）」は原則として利を受けるのに言い、害を受ける場合には用いないから（「殺してくれ」「殺してください」など、自分から希望する場合は別）、4「卓幾(ほとんド)見(くル)レ殺(シテ)」とか5「慈父見(くださル)レ背(キテ)」とかは言いえない。それでひとまず次に述べる呂叔湘の説に従って「見(われ)」と読んでおいた。この「見」の特異性について最も詳しい論文は管見によると呂叔湘の「見字之指代作用」（漢語語法論文集に収む）である。それによると、見の後ろの動詞の受事者はみな話者本人であって、みな略して言わない。だから見の字を取り去って動詞の後ろに我の字を着けたのと意味が同じになる。見の字の作用は第一人称指示代名詞に類するものがあり、あるいはさらに慎重な言い方をすれば見の字は第一人称代名詞が賓語（目的語）となる場合の省略を表す、という。つまり「慈父見背」は「慈父背我」と同じ意味を表すことになる。（なお、口語「くれる」の文語は「くる」で、下二段活用）呂叔湘はまたこの**見**が**相**と類似した作用のあることを示すために文例を八つ挙げているが、そのうちの理解し易いのをいくつかここにあげる。

7　吾**相**遇甚厚、何以**見**負。（晋書、忠義羅、企生伝）

わしはお前をはなはだねんごろにもてなしたのに、なぜわしに従わないのか。

8　許下論議、待吾不足。足下**相**為観察、還以**見**誨。（魏志、陳矯伝）

許（地名）での評判では、わたしに対する期待は不十分だ。貴殿はわたしのために観察して回り、帰って来てわたしに教えてくれ。

9　張祖希若欲**相**識、自応**見**詣。（世説新語、方正）

張祖希がわたしと知り合いになりたいと思うなら、それには当然わたしの所に来るべきだ。

○「自」↓第7節。

右の「相」は第8節で説いたように相手を表すことがあり、相手の人称はその場その場で異なる。ところが「見」の場合は話者の第一人称に限る。呂叔湘は第三者を表す場合として「中牟疑是亡人、見拘於県」（魏志、武帝紀注引郭頒世語）と「王華賊亡之餘、賞擢之（不？）次、先帝常見訪逮、庶有一分可取」（宋書、謝晦伝）とをあげ、前者の「見拘」は「拘之」、後者の「常見訪逮」は「常訪問之」に等しいという。後者は文章に理解しにくい点があり、どうともいえないが、前者は、主語の曹操が省略されていて「見拘於県」（中牟県の者は曹操を逃亡者だろうと疑ったので、曹操は中牟県で拘留された）である。漢文では主語が変わったり省かれたりするのは常時のことである。なおいま問題にしている「見」の字は対話の中や書簡・上表などの文書の中で自分について述べている場合に用いられ、客観的事実の記述には用いられないのが原則である。呂氏は客観的記述の場合をも挙げているが、被動と見る方が妥当である。

さて呂氏のいうように相と見とは類似した用法があるが、相は元来からの副詞であり、見は動詞から変化した助動詞的な語である。したがって、「してくれる」というように、相手の行為が自分に向かっていることを表すような語であると考えるのがよいと前に述べた。しかしそのような訓読も珍妙であり、また見と訓読するのも奇異であると思うならば、やむを得ない窮余の策として4「卓幾見殺状」、5「慈父見背」などと読むより仕方がない。しかしこの場合注意すべきは、常に、本来は慈父や董卓が主語だが、便宜的にこの文での話者自身を主語のつもりで受身で読んでいると頭の中で切り換えねばいけない。1の「幸労見帰」を見ると、労の字は帰された者すなわち話者が労したのでなく、帰してくれた人が労したことが明らかであるからである。もう一つ注意すべきは、仮に受身に読んでル・ラルと言っても、このル・ラルはあくまで受身であって敬語でないことである。したがって6「聖主不加誅、宰臣不見斥」を「宰臣不見斥」と読んで「宰相が免職にしなさらない」と敬語に解するならば誤りである。なお対話や書簡などに現れる語であるから、日本語に訳すときはどうしても「してくださる」というように訳すべき場合が多い。しかし、この場合も、漢文それ自体では、敬語の語法でなく、相手の行為が話者に向かっていることを表しているのに過ぎないことを了解しなければならない。相手が自分より身分の低い場合がしばしばあるのである。

この語法はいつから始まるか。史記・漢書の司馬相如伝に見える子虚賦（文選にも）に「先生又見客」という語がある。漢書顔師古注は「見猶至也。言至此国為客也。若今人自称見顧・見眷耳」という。これは「先生はまた当方へ客としておいでになったので」（「又」は理由の重複としてであって、ここでは関係がない）ということで、正にここに述べている見の用法に当たる。しかし史記索隠や文選注に引く如淳注には「見二賓客礼待一故也」とあり、「先生はまた賓客として礼遇されているので」という受身になる。なお子虚賦に続く上林賦の終わったところで、「於レ是二子愀然改レ容、超若自失、逡巡避レ席曰、鄙人固陋、不レ知二忌諱一、乃今日**見教**、謹聞レ命矣」とある。これも先生を主語とするならば「見教」（教えてくださった）であり、二子を主語とすれば「見レ教」（教えられた、教えてもらった）の受身である。この二つについていうと、前漢のときはまだ受身であったような感じがする。それはそののち見の新しい用法が普及するまでにかなりの空白の期間があることと、「乃今日見教」を「我等乃今日見レ教」と解すると、「われらはやっと今日になって教えてもらった」となって「乃今日」が生きるけれども、「先生乃今日見教」と解すると「先生はやっと今日になってわれわれに教えてくださった」となって、先生の教えるのが遅かったことを言っているように見えるからである。しかしこの「見教」などの言い方は後世の見字の新しい用法の起源のようには思われるけれども。

　次にこの新しい見字形式はどうして起こったか。呂叔湘によると、被動の形式の「甲見レV二於乙一」「甲為二乙所レV」（Vは動詞）が一つになって「甲為乙所見

V」（本節J参照）ができたが、ここから「為…所」が取り去られたものだという。この説明には疑問点が多いが、一応挙げておく。これには研究すべき点がなお多くある。

第31節　比較

A　A…於B（…ヨリモ…）（…ヨリ…）

1　青出於藍、而青於藍。冰水為之、而寒於水。（荀子、勧学）

青色は藍（あい）から作り出されるが、藍よりも青い。氷は水がこれを作るのであるが、水よりも冷たい。

○「青取之於藍」となっているテキストもある。「青於藍」「寒於水」とも読む。以下同じ。

2　与人善言、煖于布帛。傷人以言、深于矛戟。（荀子、栄辱）

ためになる言葉を人に贈るのは布帛の温かさよりも温かい。言葉で人を傷つけるのは矛戟（ほこ）で傷つけるよりも深い害を与える。

○原文は「傷人之言」、王念孫説［読書雑志、荀子第一］で改めた。

3　下之化上、疾於景響。（史記、張釈之馮唐列伝）

下の者が上の者の行いに感化されるのは、影が形に応じ響が音に応じるのよりも速い。

4　防民之口、甚於防川。川壅而潰、傷人必多。民亦如之。是故為川者、決之使導、為民者宣之使言。（周語、上）

人民の口を防いでものを言わせないのは、川の流れを防ぐよりもひどい害がある。川はふさがって流れないでそこが壊れると、人を傷つけることが必ず多い。民の場合もこれと同様である。そうであるから川を治める者は、ふさがった所を切り開いて通じさせ、民を治める者は民に言論を自由にして言わせる。

○韋昭注「導通也。宣猶放也」。

5　死或重於太山、或軽於鴻毛。（司馬遷、報任少卿書）

死は時には泰山よりも重く、時には鴻毛よりも軽い。

6　愛我家人於郷人。（墨子、耕柱）

自分の家族を村の人々よりも愛する。

7　自烏孫以西至安息、以近匈奴、匈奴困月氏也、匈奴使持単于一信、則国国伝送食、不敢留苦。及至漢使、非出幣帛不得食、不市畜不得騎用。所以然者、遠漢而漢多財物、故必市乃得所欲。然以畏匈奴於漢使焉。（史記、大宛列伝）

烏孫から以西安息までは、匈奴に近く匈奴が月氏を苦しめたので、匈奴の使者は単于（＝匈奴の王の称号）の一証明書さえ持っておれば、国々はつぎつぎに送ってくれ食べさせてもくれ、引き留めて苦しめるなどのことはしなかった。ところが漢の使者ということになると、贈り物の絹織物などを出すのでなければ食物が手に入らず、馬などを買わないと、乗ったり運送に用いたりできない。なぜそうかというと、彼らは漢から遠い〔ので攻められる心配がない〕し漢の使者が財物を多くもっているのを見透していたので、それで必ず交易してやっとほしい物を手に入れることができたのだ。

しかし〔実際は〕匈奴を漢の使者よりも恐れていたためである。

8　名重(シ)二太山(ヨリ)一。(史記、廉頗藺(りん)相如伝賛)

名声は泰山よりも重く確固たるものであった。

○以下「於」を省略したもの。

9　此(ノ)国(ニ)有(リ)下賢(ナル)二不斉(ヨリ)一者五人上。(史記、仲尼弟子列伝)

この国に宓(ふく)不斉よりすぐれた者五人がいる。

B　不如　不若(…しかず)

1　百聞(ハ)不レ如(シカ)二一見(ニ)一。(漢書、趙充国伝)

百回聞くのは一回見るのに及ばない。百回聞くよりも一回見る方がよい。

2　耳聞(クハ)レ之(ヲ)不レ如(カ)二目見(ルニ)一レ之(ヲ)、目見(ルハ)レ之(ヲ)不レ如(カ)二足践(ふムニ)一レ之(ヲ)。(説(ぜい)苑、政理)

物事を耳で聞くのは目で見るのに及ばない。目で見るのはその場に行って確かめるのに及ばない。

3　生キテ而辱メラルルハ不レ如カ二死シテ而栄アルニ一。（史記、范雎蔡沢列伝）

生きて辱めを受けるよりは死んで栄誉を受ける方がましだ。

4　興スハ二一利ヲ一不レ如カレ除クニ二一害ヲ一。（元史、耶律楚材伝）

一利を興すより一害を除く方がよい。

5　夫レ被リレ堅ヲ執ルハレ鋭ヲ、義ハ不レ如カレ公ニ、坐シテ而運ラスハレ策ヲ、公ハ不レ如カレ義ニ。（史記、項羽本紀）

いったい堅牢なよろいを着、鋭い武器を手にして戦うことでは、わたくし宋義はあなたに及ばず、じっとしていて策略をめぐらす点では、あなたはわたくしに及びません。

6　指ノ不ルハレ若カレ人ニ、則チ知ルレ悪ムヲレ之ヲ、心ノ不ルハレ若カレ人ニ、則チ不レ知ラレ悪ムヲ。此ヲ之レ謂フレ不トレ知ラレ類ヲ也。（孟子、告子上）

自分の指が人の指に劣っていることは、これをいやがることを知っているが、自分の心が人の心に劣っていることは、いやがることを知らない。このことをば物事の軽重の度合いを知らないというのだ。

○「指不若人」は「我指不若人指」の意。「此之謂不知類也」は「謂**之**不知類也」を倒置すれば「**之**之謂不知類也」となるが、「之」が句頭に来ることは、「之子」「之二虫」などが主語となる特別の場合を除いて、原則としてないので「**此**之謂…」となる。必ずしも「謂此不知類也」の倒置と考えずして可。

7　於是項伯復夜去、至軍中、具以沛公言報項王、因言曰、沛公不先破関中、公豈敢入乎。今人有大功、而撃之不義。**不如**因善遇之。項王許諾。（史記、項羽本紀）

そこで項伯はまた夜中に立ち去り、自分の陣地中に帰り、詳しく沛公の言葉を項王に報告し、その機会に言うよう、「沛公が先に関中を撃破しなかったならば、貴公はどうして関中に入るなんてできたであろうか。いま人が大功を立てたのに、これを攻撃するのは道義に反している。この機会に彼を善く待遇する方がよろしい」と。項王は承諾した。

○要するに「撃之不如因善遇之」の意であるが、「撃之不義」と断定しておいて、次いで「不如因善遇之」と述べる。したがって「因善遇之」を勧奨していることになる。次の８９も同じ。

８　趙良曰、…虞舜有言曰、自卑也尚矣。君不若道虞舜之道。（史記、商君列伝）

趙良の言うよう、「…虞舜に次のような言葉がある、すなわち、へりくだった態度をとっていても真実は尊いのだと。あなたは虞舜の道に従いなさる方がよろしい」と。

９　公不聴、果伐魯。魯不敢戦、去国五十里而為之関。魯請比於関内、以従于斉、斉亦毋復侵魯。桓公許諾。魯人請盟曰、魯小国也。固不帯剣。今而帯剣、是交兵聞於諸侯。君不如已。請去兵。（管子、大匡）

桓公は管仲の言を聞き入れず、案のじょう魯を伐った。魯は戦うなどのことはせず、都を去ること五十里のところに国境の関所を作った。魯は、斉の関内侯に準じて斉に服従するが、斉もまた二度と魯を侵略することのないように、と願い出た。桓公は許諾した。魯側は盟約しようと願い出て「魯は小国である。いうまでもなく剣を帯びていない。今になって剣を帯びていたら、つまり戦争することが諸侯間のうわさになるのである。そんなことなら殿様は盟約なんかやめなさる方がよろしい。どうか武器を除き去って下さい」と言った。

10 今彭王已死、臣生不如死。(史記、季布欒布列伝)

いま彭王はすでに死になさったから、私は生きているより死ぬ方がましです。

11 吾嘗跂而望矣。不如登高之博見也。(荀子、勧学)

わたしはつまだって遥かに眺めたことがあった。それよりも高い所に登る方が広く見えるのである。

12 亡南陽之害小、不如得済北之利大。(史記、魯仲連鄒陽列伝)

南陽を失う損失は小さくて、それよりも済北を得る方が利益が大きい。

13 死不如速朽之愈也。(礼記、檀弓上)

死んだならば、死体が速やかに腐る方がましである。

14 礼奢而備、不若倹而不備之愈也。(論語、八佾、朱子注)

礼は贅沢で完備しているよりも、倹素で不備な方がよいのである。

15 雖爾所以処此百方、然不如使我得自尽其心之為愈也。（詩経、鄘風、載馳、集伝）

なんじらのこれに対処する方法はいろいろさまざまであろうが、しかしそれよりもわたしに自分の心を尽くすことができるようにしてくれる方がよいのである。

○「為愈」と訓読するが「まさっているのである」の意で、13 14の単に「愈」とあるのと意味は同じ。この形式で「A不若B為愜」（AよりもBの方が妥当である）（第34節G43解説）などもある。また第32節A15、第34節F7を参照。

16 初匈奴好漢繒絮食物。中行説曰、匈奴人衆、不能当漢之一郡、然所以彊者、以衣食異、無仰於漢也。今単于変俗好漢物。漢物不過什二、則匈奴尽帰於漢矣。其得漢繒絮、以馳草棘中、衣袴皆裂敝、以示不如旃裘之完善也。得漢食物皆去之、以示不如湩酪之便美也。（史記、匈奴列伝）

話はもとにもどるがそれ以前に匈奴は漢の絹織物・真綿(まわた)及び食物を好んでいた。中行説(ちゅうこうえつ)の言うよう、「匈奴の人口は漢の一郡にも相当することができませんが、それでもなぜ強いかというと、衣食が漢と異なっていて漢に供給を仰ぐ必要がないからです。ところが単于(ぜんう)様は風俗を変えて漢の物を好んでいられる。漢の物が十分の二に過ぎないうちに、匈奴は全部漢に従属してしまうでしょう。漢の絹織物や真綿を得た場合には、それを着て草むらやいばらの中を馬で駆け、上着もズボンもみなぼろぼろになり、こうするによって毛織や毛皮の匈奴の着物の方が丈夫でぐあいが良いことを示しなさい。漢の食物を得た場合にはみな捨て去り、牛馬の乳やチーズの方が便利でおいしいことを示しなさい」と。

○「漢物不レ過ギ二什ノ一ニ一」。韋昭注の「漢物十中之二入ル二匈奴ニ一」、顔師古注の「漢費ス二物十分之二ヲ一」は誤りで、「匈奴の使用消費物資のうち漢物が十分の二を占めるに至らぬうちに」の意であろう。

C　莫如（しくはなし）　その他

1　知ルハレ臣ヲ**莫**シレ**如**クハレ君ニ。（史記、斉太公世家）

臣下のことを知っているのは君主に及ぶものはない。臣下のことは君主が一番よく知っている。

2　衣莫レ若レ新、人莫レ若レ故。（晏子春秋、雑上）

着物は新しいのに及ぶものはなく、人は古いなじみに及ぶものはない。着物は新しいのが一番良く、人との交わりは古いのが一番良い。

3　一年之計、莫レ如レ樹レ穀、十年之計、莫レ如レ樹レ木、終身之計、莫レ如レ樹レ人。（管子、権修）

一年先までの計画では、穀物を植えるのが一番良く、十年先までの計画では、木を植えるのが一番良く、一生にわたっての計画では、人物を養成するのが一番良い。

4　欲ニ人勿一レ聞、莫レ若レ勿レ言。欲ニ人勿一レ知、莫レ若レ勿レ為。（漢書、枚乗伝）

人の聞かないことを望むならば、言わないのが一番良い。人の知らないことを望むならば、しないのが一番良い。

5　邪莫レ如ニ蚤禁一レ之。（管子、法法）

悪事は早いうちに禁止するのが一番よい。

○「蚤」は虫の名としては「のみ」であるが「早」と音が通じる。「蚤（はやく）」と読むも可。早期の意で、迅速の意ではない。

6　呂公曰、臣少好相人、相人多矣、**無如**季相。…（史記、高祖本紀）

呂公の言うには、「わたしは若い時から人相を見ることがすきで、おおぜいの人相を見ましたが、季さんの人相に及ぶものはありません。…」

○「季」は漢の高祖劉邦の字（あざな）という説もあるが、末弟であるから季といったとする説が正しい。

7　秦之所害**莫如**楚、楚彊則秦弱、秦彊則楚弱、其勢不両立。故為大王計、**莫如**従親以孤秦。（史記、蘇秦列伝）

秦が目のかたきにしているのは楚に及ぶものがなく、楚が強いと秦が弱く、秦が強いと楚が弱く、その成り行きとしては両立しないことになっています。だから大王様のために計略を立てますと、南北同盟を結んで秦を孤立させるのが一番よろしい。

○「従親」は縦親に同じ。

8　能自得師者王。謂人**莫**己**若**者亡。（書経、仲虺之誥）

自分で先生を見付けてその人に学ぶことのできる者は王者になる。人々のなかには自分に及ぶ者はいないと考える者は滅びる。

○「莫己若」の語順については第16節B。

9　秦之号令賞罰、地形利害、天下**莫若**也。（韓非子、初見秦）

秦の命令・賞罰、地形のよしあしは、天下で及ぶものがないのである。

○「天下莫若秦之号令…也」の倒置。「莫若」は秦策一では「**莫如**」。

10　上察宗室諸竇、**毋如**竇嬰**賢**。（史記、魏其武安侯列伝）

天子が皇族や竇氏一族を観察したところ、竇嬰が最もすぐれた人物であった。

11　且卜筮之、**莫如**劉季**最吉**。（史記、高祖本紀）

その上に〔だれが頭となるべきかを〕占ったところ、劉季どのが最も吉である。↓本節C6。

12 帝病不楽。従容曰、天下誰最愛朕者乎。鄧通欲称太子之孝、則因対曰、莫若太子最愛陛下也。(潜夫論、賢難)

文帝は病気で気分が良くなかった。それとなく「天下でだれがわしを最も愛してくれる者であるか」と言うと、鄧通は太子の孝心をたたえようと思ったので、その機会に「太子が最も陛下を愛していられ、これに及ぶものはありません」とお答えした。

○10 11 12は、文脈から考えれば単に「毋如竇嬰」「莫如劉季」「莫若太子」というだけでもよい。事実として史記佞幸列伝には「通曰、宜莫如太子」とある。しかし「しくはなし」とは比較の最上級を示すだけで、具体的内容は示されていない。具体的内容を示そうとすれば上記10 11 12の文例のように書くか、「賢毋如竇嬰」「吉莫如劉季」「愛陛下莫若太子」と書く。

13 養心莫善於寡欲。(孟子、尽心下)

心の修養をするには欲望を少なくするより善い方法はない。

14 功莫大於高皇帝、徳莫盛於孝文皇帝。(史記、孝文本紀)

功績の点では高祖が一番大きく、恩徳の点では文帝が一番盛んである。

15 天下之国、**莫強於**越。（管子、軽重甲）

天下の国のうちで、越より強い国はない。

16 晋国、天下**莫強焉**。（孟子、梁恵王上）

晋国は天下でこれより強い国はない。

○「焉」は於此に同じ。

17 今君相楚而攻魏、破軍殺将。功**莫大焉**。（史記、楚世家）

いまあなたは楚の大臣となって魏を攻め、敵軍を撃破し敵将を殺した。手柄としてはこれより大きいものはない。

18 父子之間不責善。責善則離。離則不祥**莫大焉**。（孟子、離婁上）

父子の間では善行を必ず行うべきことを強要しない。善行を強要すれば父子の心が離れる。心が離れると不祥な点ではこれより大きいものはない。

19　奉二君命一以使、而欲三背レ盟以干二盟主一。無二不祥大一レ焉。（左伝、昭公二五年）

君命を承って使者となって出て来たのに、自分の国の加わっている盟約に背いて盟主たる晋国に反抗しようとしている。これより大きい不祥事はない。

20　且夫楚唯**無**レ**彊**。（史記、留侯世家）

その上にそもそも楚国のみはこれ以上に強い国はないのである。

○「無レ彊レ焉」の意。

21　…今呉又見レ告矣。天子春秋鼎盛、行レ義未レ過、徳沢有レ加レ焉、猶尚如レ是。況**莫大**諸侯、権力且レ十レ此者虖。（漢書、賈誼伝）

〔天子の一族の諸侯が謀反し〕いままた呉王が朝廷に恭順でないというので訴えられました。天子様は今やお若い盛りで、正しい政治をおこなって過ちがなく、恩恵が彼らに施されているのに、それでもなおこのように謀反するものがあるのです。ましてこの上なく強大な諸侯で権力がこれらの十倍もあろうと思われる者にあっては謀反の可能性は十分にあります。

○顔師古注「莫大、謂レ無レ有下大二於其国一者上。言二最大一也」。

22　昔者晋有二六将軍一、而智伯**莫**レ**為**レ**強**焉。（墨子、非攻中）

むかし晋国に六将軍がいたが、智伯は最強であった。

23　天之所レ生、地之所レ養、**無**二人**為**一レ**大**。（礼記、祭義）

天の生じ地の養う万物のうちで、人より重要であるものはない。

○正義に「無レ如二人最為一レ大」という。この句法は異例に属する。このほか後世の文に「莫二父子若一」「未レ有二漢文若者一也」（漢文は漢の文帝）の形式もあるが、きわめてまれである。

▽「後世の文」の例の前者は、宋、張孝祥、湯伯達墓誌および明、高啓、評史、李泌に、後者は、宋、真徳秀、大学衍義に見える。

24　代王曰、宗室相将王列侯、以為**莫**レ**宜**二寡人一。寡人不二敢辞一。（史記、孝文本紀）

代王の言うよう、「皇族・将軍・大臣・王・諸侯らは拙者より適当な者はないと思っている。拙者は辞退などはせぬ」。
○「莫宜於寡人」の於を省いたもの。

25　人情莫親父母、莫楽夫婦。（漢書、賈捐之伝）
人情において父母との間が最も親しく、夫婦の間が最も楽しい。
○24と同じく於を省いたもの。この例ははなはだ多い。

D　於の代わりに如を用いるもの

1　君人也者、無貴如其言、臣人也者、無愛如其力。（管子、君臣上）
君主にとっては自分の言葉より尊いものはなく、臣下にとっては自分の力より大切なものはない。
○原注「君以言制下、無言則下無所稟令。故言最貴也。臣則宣力事君。故其力最可愛也」。

2　衣人以其寒也、食人以其饑也、饑寒人之大害也、救之義也。人之困窮、甚如饑寒。故賢主必憐人之困也、必哀人之窮也。如此則名号顕矣、国士得矣。
(呂氏春秋、愛士)

人々に着物を着させるのは、人々が寒いからである。人々に食べさせるのは、人々が飢えるからである。飢えと寒さとは人々にとっての大害である。これを救うのは正義である。人が苦しみ行き詰まっているのは飢えや寒さの害よりも甚だしいのである。ゆえに賢明な君主は人々の苦しみを憐れむのである。人々の行き詰まりを哀れむのである。このようにして困窮の人々を哀れむならば、君主の名声が世に知れわたり、国家的人物が家来として得られるのである。

○「饑」は本来は凶作の意、「飢」が「うえる」の意であるが、混同されることがある。「憐人之困」「哀人之窮」は単に「哀憐人之困窮」を互文にしたもの。困窮はここでは一般に行き詰まり状態になっていることで、必ずしも生活上のことだけではない。

さて右の二文は普通ならば「無貴於其言」「無愛於其力」「甚於饑

寒」と書く場合の「於」を「如」と書いたもので、極めてまれな例である。なお比較で「於」の代わりに「焉」を用いる場合もある。↓第33節Dのc3。

E　寧A不B　その他

1　吾寧闘智、不能闘力。（史記、項羽本紀）

わしはどちらかといえば知恵の戦いをしたい、力の戦いなんかはできない。

2　寧為雞口、無為牛後。（史記、蘇秦列伝）

にわとりの口ばしになってもよいが、牛の尻になってはならぬ。

○別な解釈もある。

3　寧為刑罰所加、不為陳君所短。（後漢書、陳寔伝）

刑罰の加わる身になってもかまわないが、陳君に非難されてはならぬ。

○「不為…」（非難されないようにしよう）と解するも可。刑罰が我に施されるとすると、「刑罰加我」であるから、転じて「我為刑罰所加」となる。

4　好論議人長短、妄是非正法、此吾所大悪也。**寧**死不願子孫有此行也。（後漢書、馬援伝）

人の長所短所を好んで議論し、朝廷の政治をみだりに批判することは、これはわたしの大いにきらいなことである。いっそ死んでもかまわないが、子孫にこのような行いがあってほしくないのだ。

○子孫にこのような行いがあるくらいなら、わたしは死んだ方がましだ。

5　**寧**赴湘流、葬於江魚之腹中、**安**能以皓皓之白、而蒙世俗之塵埃乎。（楚辞、漁父）

いっそのこと湘江の流れに飛び込んで江中の魚の腹の中に葬られようとも、どうしてこのまっ白な潔白な身で世俗の汚れを被るなんてできようか。

○「安能」は「不能」に帰着する反語表現。

6　**無**汚我、我**寧**游戯汚瀆之中自快。（史記、老子韓非列伝）

わたしを汚しなさるな。わたしはそれよりも泥んこの溝の中で戯れて自分の思いのままにしたい。

7 虞卿謂趙王曰、人之情、寧朝人乎、寧朝於人也。趙王曰、人亦寧朝人耳、何故寧朝於人。（趙策、四）

虞卿が趙王に言った、「人情では人をお目どおりしに来させたいですか、人にお目どおりしに行きたいですか」。趙王「人は何と言っても人をお目どおりしに来させたいのだ。どうして人にお目どおりに行くことを望もうか」。

8 寧正言不諱以危身乎、将従俗富貴以媮生乎。（楚辞、卜居）

気がねしないで正言して身を危うくした方がよいだろうか、あるいは世俗に従い富貴になって人生を楽しむ方がよいだろうか。

F 与（其）A（也）、寧B　与（其）A（也）、不如B

1 礼与其奢也、寧倹。（論語、八佾）

礼は贅沢にするよりは、むしろ倹素な方がよい。

2　**与**リハ二人刃(じん)センレ我ヲ、**寧**ロ自刃セン。（史記、魯仲連鄒陽列伝(すう)）

人がやいばでわたしを殺すよりは、むしろ自刃した方がよい。

3　吾**与**リハ三富貴ニシテ而詘(くつ)セン二於人一、**寧**ロ貧賤ニシテ而軽ンジレ世ヲ肆(ほしいまま)ニセンレ志ヲ焉。（同右）

私は富貴になって人に身を屈するよりは、むしろ貧賤であって世を軽んじ思いのままにしたい。

○「富貴」云々は、ここでは富貴にしてもらうこと。「詘」は屈。「焉」は於此と同じ、貧賤の状態での意。

4　簡子曰ク、**与**リハ三吾得ン二革車千乗ヲ一**也**、**不**レ**如**カレ聞クニ二行人燭過之一言ヲ一。（呂氏春秋、貴直）

趙簡子が言った、「わたしが装甲兵車千台を手に入れるよりは、行人燭過の一言の諫めを聞いた方がよかった」。

○「行人」、賓客の接待をつかさどる官名。「燭過」は人名。

5 **与**(リハ)ニ**其**(ノ)生(キテ)而無(カラン)レ義、固(ヨリ)**不**レ**如**(カ)レ烹(ニラルルニ)。(史記、田単列伝)

生きていて正義に反するよりは、もちろんかまゆでの刑にされる方がよい。

6 **与**(リハ)ニ**其**(ノ)誉(メテ)レ堯(ヲ)而非(そしラン)レ桀(ヲ)**也**、**不**レ**如**(カ)両(ふたツナガラ)忘(レテ)而化(センニハ)ニ其(ノ)道(ニ)一。(荘子、大宗師)

堯をほめ桀をそしるよりは、善悪二つとも忘れて天地自然の道に同化する方がよい。

○「…ニシカズ」を「シカズ…ニハ」と読む人もある。意味は同じ。

7 喪礼(ハ)、**与**(リハ)ニ**其**(ノ)哀不(シテ)レ足(ラ)而礼有(ラン)レ餘(リ)**也**、**不**(ル)レ**若**(カ)ニ礼不(シテ)レ足(ラ)而哀有(ルニ)レ餘(リ)也。祭礼(ハ)、**与**(リハ)ニ**其**(ノ)敬不(シテ)レ足(ラ)而礼有(ラン)レ餘(リ)**也**、**不**(ル)レ**若**(カ)ニ礼不(シテ)レ足(ラ)而敬有(ルニ)レ餘(リ)也。(礼記、檀弓上)

喪礼は、悲哀は足りないが礼は余りあるよりは、礼は足りないが悲哀は余りあるほうがよい。祭礼は、崇敬は足りないが礼が余りあるよりは、礼は足りないが崇敬は余りあるほうがよい。

○右の「与其…也、寧…」「与其…也、不如…」の上の句に其・也がある場合とない場合とがあるが、口調上から入れられたもので意味に変わりはない。したがってたとえば7「与其哀…」は「其哀」とだけ続くのでなく「与其」と続き、「其」は「也」の上までに続くわけである。またこの場合の「也」は訓読では読まない。また「…ヨリハ…ニシカズ」は奇妙な表現であるが、「…ニシカズ」は「…の方がよい」の意であるから、結局この場合の「不如」は「寧」と同じになる。

G　右の反語の形式

1　且而**与其**従辟人之士也、**豈若**従辟世之士**乎**。（論語、微子）

その上にお前は個々の悪い君主を避けて仕えない人物に従うよりは、悪い世を避けて隠棲（いんせい）している人物に従う方がよいではないか。

○「豈若」＝不若。

2　**与**我処畎畝之中、由是以楽堯舜之道、吾**豈若**使是君為堯舜之君**哉**。（孟子、万章上）

わたしが農民生活をし、それによって聖天子堯舜の道を楽しむよりは、私はなんとこの君主を堯舜のような君主にならせる方がよくはなかろうか。

3　且予与其死於臣之手也、無寧死於二三子之手乎。（論語、子罕）

かつわたしは臣下の手に守られて死ぬよりは、弟子諸君らの手に守られて死ぬ方がよくはなかろうか。

○「無寧、寧也」との注があることから、無寧そのものが即ち寧であるかのように誤解している人があるが、これは反語であることを表す。だから句末に「乎」などの助字がついているのである（疑問、反語に句末助字のつかないこともあるから、乎などがついていない場合もあるが）。「無乃」「無亦」なども この原則に同じ。↓第34節G74、75。

H　A孰与B　何与　孰若　何如（いづれぞ）

1　楚王之猟、何与寡人。（史記、司馬相如列伝）

楚王の狩猟は拙者の狩猟と比べてどちらが盛大か。

○漢書の子虚賦は「孰与寡人」、文選では「孰与寡人乎」となっている。

2　高曰、君侯自料、能**孰与**蒙恬、功高**孰与**蒙恬、謀遠不失、**孰与**蒙恬。無怨於天下、**孰与**蒙恬、長子旧而信之、**孰与**蒙恬。斯曰、此五者皆不及蒙恬。（史記、李斯列伝）

趙高の言うよう、「あなたが自己評価をしなさって、才能は蒙恬と比べてどうですか。功績の大きいことは蒙恬と比べてどうですか。計りごとが深遠で失策のないことは蒙恬と比べてどうですか。天下の人々に怨みを受けていないことは蒙恬と比べてどうですか。長子扶蘇が旧交があってこちらを信頼していることは蒙恬と比べてどうですか」。李斯「この五つの点ではわたしはすべて蒙恬に及ばない」。

3　王以為**何如**其父。（史記、廉頗藺相如列伝）

王様は、〔趙括は〕その父と比べてどちらがすぐれているとお思いですか。

○「王以為趙括何如其父」の意。

4　囂曰、卿謂**何如**高帝。援曰、不如也。（後漢書、馬援伝）

隗囂が言う、「そなたは、わたしは高帝（漢の高祖）と比べてどうだと思うか」。馬援「殿様は劣っていられるのであります」。

5　長安**何如**日遠。(世説新語、夙恵)

〔ここからの距離で〕長安は太陽の遠いのと比べてどうだ。長安は太陽とどちらが遠いか。

○「長安何如日」ではどういう点について比較しているのかわからないから、「長安何如日遠」または「遠長安何如日」と書く(2の例を見よ)。

6　漢**孰与**我大。(史記、西南夷列伝)

漢はわが国と比べてどちらが大きいか。

7　我**孰与**城北徐公美。(斉策、一)

わしは城北の徐公と比べてどちらが美男子か。

8　**孰与**君少長。長於臣。(史記、項羽本紀)

「〔項伯どのは〕そなたと比べて年少か年長か」。「私よりも年長です」。

○「項伯孰与君少長」の略。この場合、年少とも年長ともわからないから少長といった。若さを主とすれば「孰与君少」でよく、反対の場合は「孰与君長」となる。

9　秦昭王謂左右曰、今日韓魏、孰与始強。対曰、弗如也。（秦策、四）

秦の昭王がおそばの者に言うよう、「今日の韓魏は昔の韓魏と比べてどちらが強いか」。おそばの者がお答えして「今日の方が劣っています」。

10　坐而待伐、孰与伐人之利。（史記、樗里子甘茂列伝）

じっとしていて伐たれるのを待つのは、こちらから相手を伐つのと比べてどちらが有利か。

11　与其有楽於身、孰若無憂於其心。（韓愈、送李愿帰盤谷序）

体に楽しみがあるよりは、自分の心に心配のない方がよくはなかろうか。

○「孰若」はここでは「寧」または「不如」と言うのを疑問形でいったもの。「与其…孰若…」は古い文に見えず、韓愈に始まるか。

右の孰与・何与・何如・孰若はいずれもイヅレゾと読み習わしている（古くはイヅレと読んだらしい）。10「坐而待伐、孰与伐人之利」は本来は「じっとしていて伐たれるのを待つのは、こちらから相手を伐つのの有利さと比べてどうであるか」の意であって、意訳すれば既述の訳のようになる。6「漢孰与我大」などは「孰与伐人之利」の「之」のない形である。これを「漢孰与我大」と読む人があるが、それは誤りである。「孰」を用いる場合は必ず比べるべき二つのものを先に挙げなければならない（次に掲げるIを参照）。次に8「孰与君少長」を「与君少長孰」の倒置だという人がある。これは倒置でも何でもないし、何より大きい誤りは「与君少長孰」などという文章それ自体がありえないことである。いずれにしてもこれらの誤りは孰与・何与・何如・孰若などが熟語であることを知らないことから起こっている。

I　A与B孰…

1　礼与食孰重。（孟子、告子下）

礼儀と飲食とはどちらが重要であるか。

2　撃与和親孰便。（史記、匈奴列伝）

攻撃するのと和睦するのとはどちらが都合がよいか。

3　吾与徐公孰美。（斉策、一）

わたしと徐公とはどちらが美男子か。

4　今某之業所就、与仲力孰多。（太平御覧、皇王部引史記）

いまわたくしの事業が成し遂げた成果は、仲兄さんの力によるものとどちらが多いですか。

▽高祖本紀の原文は第9節B7の文例を参照。

J　まぎらわしい文例

1　**不如**逃之、無使罪至。為呉太伯、不亦可乎。猶有令名、**与其**及**也**。（左伝、閔公元年）

太子の地位を捨てて亡命し、罪をわが身に及ばせないようにしなさる方がよろしい。

〔むかし位を譲って異国に亡命した人に呉の太伯があるが〕呉の太伯と同じ行動をとられるのもなんとよいではないか。そうしたらなお良い名声が得られるでしょう。災いにかかるよりは。

○史記晋世家の集解に「王粛曰、雖去猶可有令名。何与其坐而及禍也」という文を引き、また左伝の杜預注には「雖去猶有令名、勝於留而及禍也」とある。意味の上からは右の注は誤りといえないが、「**与其及也**、**不如**…、猶有令名」の倒置と考える方がよい。この文は四字句で二句ずつ結合するためにこの倒置が生じたのである。倒置でなければ「**与其及也**」が文末に来て文を締めくくる例は他に見えない。

2　孝而安民、子其図之、**与其**危身以速罪**也**。

（同、閔公二年）

〔身を全うして〕孝を尽くし〔戦わずして〕民を安んじることを、あなたは目指しなさい、身を危うくして罪を招くよりは。

○ここの杜預注も「有功益見害、故言執与危身以召罪也」とあるが、倒置法と考える方がよかろう。

右に関して王引之の経伝釈詞、巻一の「与」の条で一般に「与其…寧」「与其…不若」の「与其」を「如其」の意だとしているが、「如其」という表現は見当たらないものであるから、どういうつもりで言っているのかわからない。さらに前引12の左伝の文の「与其及也」「与其危身以速罪也」を倒置で説明しないで、その解に「何与其坐而及禍也」「孰与危身以召罪」とあるので、「与其」を「何与」「孰与」と同一視しているのも不可解である（たとえば漢文大系の左氏会箋はこの説に従ったのか「与其」とある）。

なおこのほかにまぎらわしい文に「与秦地何如不与何如」（趙策、三）と「予秦地何如毋予孰吉」（史記、平原君列伝）がある。王念孫は読書雑志で、前者は「与秦地何如不与」であって最後の何如は衍字だといい（戦国策第二）、後者は「予秦地如毋予、孰吉」で、如は与と同じ、また何の字は衍字とし、新序に「予秦地与無予孰吉」とあるのを証拠としている（史記第四）。この説明は正しいと思われる。

第32節　使役の形式

A　使役の助字の使・令・教などを用いるもの

1　楚数使奇兵渡河撃趙。（史記、淮陰侯列伝）
楚はしばしば奇襲兵に命じて黄河を渡り趙を攻撃させた。

2　使天下無以古非今。（史記、李斯列伝）
天下の人々に昔の学説で今の政治を非難することのないようにさせた。
○「非」はソシルとも読む。

3　使辺境之士、饑寒於外、百姓労苦於内。（塩鉄論、本議）
辺境守備の兵士には遠い国境で飢えと寒さに苦しませ、一般人民には国内で食糧輸送で苦労させる。
○内外は朝廷・都・国の内外など種々の場合があるが、ここの場合の「外」は単に遠い国境地域の意。荘子徳充符に形骸之内・形骸之外の語があり、形骸之内が徳を意味するのに対し形骸之外は形骸そのものを指す。形骸よりも外の意ではない。

4　故礼之教化也微、其止邪也於未形、**使**人日徙善遠罪而不自知也。（礼記、経解）

だから礼が人々を教化するのはちびりちびりと漸進的であり、礼が悪事をやめさせるのは悪事がまだ現れないうちであり、人々に日々善行の方へ移り罪悪から遠ざかってしかも自分のことに気がつかないようにさせるのである。

○「於未形」と読むも可。「不自知」は「不自覚」と同じで、人々に自分がどのようになりつつあるかを自覚しないままで善にうつり罪より遠ざからせるの意。

5　我独見**使**従軍南行伐鄭。（詩経、邶風、撃鼓、鄭箋）

わたくしだけが従軍し南方へ進んで鄭国を討伐させられた。

6　律者、所以定分止争也。令者、所以**令**人知事也。（管子、七臣七主）

律というのは、名分を定め争いを禁じるためのものである。令というのは、人々に制度を知るようにさせるためのものである。

7　王即不聴用鞅、必殺之。無令出境。

↓第29節C3。

8　太子有子曰岑娶。而太子蚤死。臨死謂其父昆莫曰、必以岑娶為太子、無令他人代之。（史記、大宛列伝）

太子に子があって岑娶という名であった。そして太子は早くに死んだが、死ぬに際して自分の父の昆莫に話をして「必ず岑娶を太子にしてください。ほかの者に彼に代わって太子にならせてはなりません」と言った。

9　令男三十而娶、女二十而嫁。（周礼、地官媒氏）

男には三十歳で娶らせ、女には二十歳で嫁がせる。

○一々「ヲシテ」と読むと面倒なので「令男三十…女…嫁」と読む人もある。この文例の場合は一々使役するのでなく、制度で決めるのであるから「令男三十而娶、女二十而嫁」または「令男三十而娶、女二十而嫁」と読んでも、誤りとはいえない。なお「嫁」は通常は音で読むことが多いので、その場合は「令…嫁」となる。

10　及后有疾、特令后母兄弟入視医薬、不限以日数。后言於帝曰、宮禁至重、而使外舎久在内省、上令陛下有幸私之譏、下使賤妾獲不知足之謗、上下交損、誠不願也。（後漢書、鄧皇后紀）

鄧后が病気にかかったとき、特に后の母や兄弟に禁中に入って医薬の世話をさせ、滞在日数を制限しなかった。后は天子に言った、「宮中での禁止事項は極めて厳重でありますのに、外戚を長期間にわたって禁中にいさせるのは、かみは陛下に特別のお気に入りの者を寵愛するというそしりを受けさせ、しもはわたくしめに満足することを知らないというそしりを受けさせることになり、上下互いに不都合でありまして、まことに希望しないのであります」。

○「后」、このときはまだ皇后でなく貴人という宮女であったが、のちに皇后になったので后として書いてある。

11　項羽晨朝上将軍宋義、即其帳中、斬宋義頭、出令軍中曰、宋義与斉謀反楚、楚王陰令羽誅之。当是時諸将皆慴服、莫敢枝梧。皆曰、首立楚者、将軍家也。今将軍誅乱。乃相与共立羽為仮上将軍。使人追宋義子。及之斉、殺之。使桓楚報命於懐王。懐王因使項羽為上将軍、当陽君蒲将軍、皆属項羽。（史記、項羽本紀）

項羽は早朝に上将軍宋義にお目どおりし、彼のとばりの中に直接入って行き、宋義の首を切り、軍中に命令を出して言った、「宋義は斉と相談をして楚に対して反乱を謀ったので、楚王はひそかにわしに彼を処刑させなされたのだ」と。この時において諸将はみな恐れひれふし、抵抗する勇気のあるものはなかった。みなの言うよう、「まっ先に楚国を樹立したのは、将軍御一族です。いま将軍は反乱者を処刑なされました」と。そこでみなで相談して共に項羽を位につけて仮の大将軍にした。項羽は家来に命じて宋義の子を追跡させた。家来は斉で宋義の子に追い付きこれを殺した。桓楚に命じて懐王に復命させた。懐王はこのようになったので項羽を大将軍にならせ、当陽君や蒲将軍は、みな項羽に従属した。

○「首（はじメニ）」とも読む。「使人追宋義子」は「殺之」までかかるように見えるが、どこで追いつくかはそのときの成り行きで命令の一部ではない。したがって原案のようになる。「報命」、命ぜられた任務を果たして、帰ってそれを報告すること。ここより前の文を見るに宋義を殺したのは実は項羽の独断であるが、項羽は楚王の命ということにして報命させたのである。

12 張儀於是之趙、上謁求見蘇秦。蘇秦乃**誡**門下人不為通、又**使**不得去者数日。已而見之、**坐**之堂下、賜僕妾之食。因而数譲之曰、以子之材能、乃自**令**困辱至此。吾寧不能言而富貴子。子不足収也。謝**去**之。（史記、張儀列伝）

張儀はそこで趙国へ行き、名刺を差し出して蘇秦に面会したいと求めた。蘇秦はところが家来に言い含めて張儀のために取り次ぎをしないようにさせ、さらにまた張儀には帰ることができないようにさせることが数日間であった。そのようなことをしたのちに張儀に会い、表座敷の庭先にすわらせ召使い向きの食事を与え、その機会に張儀を非難して、「君のような才能がありながら、それにこれほどまでにわが身を苦しく恥ずかしい状態に自分自身で立ち至らせている。わしは口添えをして君を富貴にしてやることができないわけでもないが、君は世話をしてやる値打ちがないのだ」と言い、断って彼を帰らせた。

◯「自令」は自分で自分に…させること。

13 (高祖)見信死、且喜且憐之、問信死亦何言。呂后曰、信言恨不用蒯通計。高祖曰、是斉辯士也。乃詔斉捕蒯通。蒯通至。上曰、若教淮陰侯反乎。対曰、然、臣固教之。豎子不用臣之策、故令自夷於此。如彼豎子用臣之計、陛下安得而夷之乎。上怒曰、烹之。通曰、嗟乎、冤哉、烹也。上曰、若教韓信反、何冤。(史記、淮陰侯列伝)

高祖は韓信の死んだのを知って、一方では喜び一方では彼を哀れみ、韓信が死ぬときそれにしても何を言ったかと問うた。呂后は「韓信は蒯通の計を用いなかったのが残念だと言いました」と言うと、高祖は「それは斉の弁舌家だ」と言い、そこで斉に詔して蒯通を捕えさせた。蒯通が到着した。天子「なんじは淮陰侯に反乱することを教えたのか」。お答えして「そうです。私はもちろん彼に教えました。小僧は私の策略を用いず、だから今このように自滅を招いたのです。もしあの小僧が私の計略を採用していたら、陛下はどうして彼を滅ぼすことができたでしょうか」。天子は怒って

「こいつを釜ゆでにせよ」。蒯通「ああ、無実ですなあ、釜ゆでとは」。天子「なんじは韓信に反乱を教えておきながら、なぜ無実だ」。

○「令自夷於此」。「夷」は、平らげる、滅ぼす、殺すの意。したがって「令自夷」は自分で自分を滅ぼすようにさせること。だれにさせたかというと自分にさせたのだから「自令自夷於此」と書けば完全であるが、煩わしいので「自令」の自を省いた。「自令」については12を、また「自」の用法は↓第7節。「若教淮陰侯反乎」は「若教淮陰侯反乎」とも読め、また「若教淮陰侯反乎」とも読める。後者の場合はあとの「臣固教之」は「教之」と読む。

14 有行人入上林中。二世自射殺之。趙高教其女壻咸陽令閻楽劾不知何人賊、殺人移上林。高乃諫二世曰、天子無故賊殺不辜人、此上帝之禁也。鬼神不享、天且降殃。当遠避宮以禳之。二世乃出居望夷之宮。留三日、趙高詐詔衛士、令士皆素服、持兵内郷、入告二世曰、山東群盗兵大至。二世上観而見之恐懼。高即因劫令自殺。（史記、李斯列伝）

通行人がいて上林苑中に入った。二世皇帝はその人を射て殺した。趙高は自分の娘婿の咸陽県長官の閻楽（えんらく）に言い付けて、なにものともわからない賊が人を殺して上林苑に運び込んだといってその取り調べを要求させた。趙高はそこで二世皇帝を諫めて「天子が何の理由もなく罪のない者を殺害なさる、これは天帝の禁じたまうところであります。神霊は受け入れたまわず、天は災いを降したまうでしょう。宮城から遠く離れて災いを払い除きなさるべきです」と言った。二世はそこで宮城から出て望夷宮という離宮に住んだ。三日たって、趙高は衛士に偽りの詔勅を出し、兵士にみな白装束を着け兵器を持って離宮側に向いて立たせ、自分は離宮の中に入って二世皇帝に告げて「山東のおおぜいの賊兵が大挙して来ました」と言った。二世は城門上の矢倉に登ってこれを見、恐れおじけた。趙高は早速ここぞとおどかして自殺させた。

○「上林」、宮城付属の庭園、鳥獣を放ち飼いしてある。「有行人…」、日本古写本には「有人…」とあり、その方がよいようである。「山東」、崤（こう）山、函谷関より東、一説に華山より東の地。秦の根拠地よりも東の地。今の山東省とは異なる。

15 宣公夏濫於泗淵。里革断其罟而棄之、曰、…今魚方別孕、不教魚長、又行網罟、貪無藝也。公聞之曰、吾過而里革匡我、不亦善乎。是良罟也。為我得法。使有司

蔵之、使吾無忘諗。師存侍。曰、蔵罟不如寘里革於側之不忘也。（魯語、上）

魯の宣公が夏に泗水の深みに網を入れて魚を取っていた。家来の里革がその網を切って捨てた。そして言うのに「…いま魚が雄と別れて子をはらんでいる最中だのに、魚を成長させないで、かえって網取りを行うのは、貪欲きわまりないことです」と。宣公はこれを聞いて、「わしは過ちをしたが里革がわしを正してくれた。ほんとに良いことではないか。この切られた網は良い網である。わしにとってよい手本が手に入った。役人に命じてこれを保管させ、里革が言ってくれた言葉をわしに忘れないようにさせよう」と言った。音楽師の存という名の者が侍っていたが、「網を保存しておくよりも、里革をそばに置いて忠言を聞く方がいっそう忘れないでいられますよ」と言った。

○韋昭注「濫、漬也、漬罟於泗水之淵以取魚也。…別、別於雄而懐子也。蓺、極也。…言見此罟則不忘里革之言也。諗、告也…」。「蔵罟不如寘里革於側之不忘也」→第31節B11－16。

16　臣聞聖王公之先封者、遺後之人法、使無陥於悪。

其為後世昭前之令聞也、使長監於世。（魯語、上）

わたくしが聞いておりますところでは、聖王聖公で初めて領主となられた始祖は、後世の子孫に手本を残して、悪に陥ることのないようにさせます。そもそも後世の子孫に前世の君主の立派な名声を明らかに発揚させて、長く世の成敗を手本にするようにさせるということです。

○韋昭注「為、猶使也、監、観也。観世成敗以為戒也」。

17　君子創業垂統、為可続也。（孟子、梁恵王下）

君子は事業を創始しその事業の続きを後世に残し、後世の子孫に継続して行うことができるようにしてやるのである。

○趙岐注「君子造業垂統、貴令後世可継続而行耳」。

18　項籍之封諸王、皆就国。韓王成以不従無功、不遣就国、更以為列侯。（史記、韓王信伝）

項羽が領地を与えて諸王を任命したとき、諸王はみな自分の国に赴任した。韓王成は項羽に付き従って戦闘せず手柄がなかったので、項羽は彼を国に赴任させず、さらに王の位からさげて彼を列侯にした。
○項羽本紀に「韓王成無軍功、項王不**使**之国、与倶至彭城、廃以為侯」。

19 漢四年、遂皆降、平斉。(韓信)**使**人言漢王曰、斉偽詐多変、反覆之国也。南辺楚。不為仮王以鎮之、其勢不定。願為仮王、便。当是時、楚方急囲漢王於滎陽。韓信使者至。発書、漢王大怒、罵曰、吾困於此、旦暮望若来佐我、乃欲自立為王。張良陳平躡漢王足、因附耳語曰、漢方不利。寧能禁信之王乎。不如因而立、善遇之、**使**自為守。不然、変生。漢王亦悟、因復罵曰、大丈夫定諸侯、即為真王耳、何以仮為。乃**遣**張良往、立信為斉王、徴其兵撃楚。(史記、淮陰侯列伝)

漢の四年に、斉軍はかくてみな降伏し、斉を平定した。韓信は家来をやって漢王に次のように言わせた、「斉はうそつきで心変わりが多く、しばしば寝返りをする国であります。南は楚に隣接しています。臨時の王になって鎮圧するのでなければ、落ち着かない状勢にあります。臨時の王になりたいと存じます、その方が好都合であります」と。このときには、楚がちょうど滎陽で漢王を激しく包囲していた。韓信の使者が到着した。使者が持って来た手紙を開き、漢王は大いに怒り、ののしって言った「わしは今ここで苦しい目に遭い、汝がわしを助けに来るのを朝な夕なに待ちわびているのに、こともあろうに自分で王の位につきたいと言いおる」と。張良と陳平は漢王の足を踏み、注意を引いておいて耳もとでささやいた、「漢は今や形勢が不利です。どうして韓信が王になるのをやめさせることができましょうぞ。それよりもこれを機会に王にし、優遇し、自分の責任で守備させる方がよろしい。そうでなければ、反乱が起こるでしょう」。漢王も悟り、それでまたどなりつけた、「りっぱな男が諸侯を平定したのだから、真の王となるがよいのだ。臨時なんかどうして必要であろうか」。そこで張良を派遣して行かせ、韓信を位につけて斉王とし、その軍隊を呼び寄せて楚を攻撃した。

○「仮王」、一時的な代理の王。「使自為守」↓第7節12。「何以仮為」、「為」は読まない。↓第35節M。「乃遣張良往、立信為斉王」その他の読み方も可能であるが、原案が最も妥当であろう。「遣…為斉王」と読めば誤り。なお史記会注考証本は「乃遣張良、往立信為韓王」と句読しているが誤り。「遣」の字は古い文章では派遣の意味で用いてあることが多い。しかし後世の詩などでは純粋の使役の助字となっており、釈大典の詩語解にも「風雨遣情多」「先遣小姑嘗」「誰遣有高情」「幾度遣栄枯」「幽人未遣回」「復遣画蛾眉」「莫遣沙場匹馬還」「当年誰遣客遊梁」（返り点・送り仮名もとのまま）という例が載っている。

20　…至於覇王、時**教使**然也。（史記、平津侯主父列伝）

覇者王者の地位に至ったのは、時勢がそうさせたのである。

○ここの「教使」および次の「教令」は複語。↓第41節。

21　為臣不忠、幸不伏誅、復蒙恩徴用、不悔前過、而**教令**人言変事。誣罔不道。（漢書、劉向伝）

人臣としては不忠であるが、幸いに処刑を受けることなく、再びお恵みを受けて召し抱えられたのに、前過を悔いないで、人に言いつけて容易ならざる事件を天子に上書させた。誣罔不道である。

○「教令人言変事」と読むも可。「誣罔不道」、天子に対してありもしない事を言う、臣下としての道にはずれた罪。多くは死刑になる。

B　ある行為の結果が使役になるもの

使役の助字は本来は普通の動詞で、それが原義から離れて「させる」の意味の強くなったものであるが、Aのうちでも「教」「遣」などは原義が残っている場合があった。ここでは原義から離れないで、その行為の結果が使役となる例を挙げる。この場合は次のような送り仮名法による習わしになっており、その例はすでにAにおいてもいくらか現れている。

1　文侯曰ク、…子(し)必ズ欲セバ二合従シテ以テ安ンゼントレ燕ヲ、寡(くわ)人請フ以テレ国ヲ従ハント。於テレ是(ここ)ニ**資**シテ二蘇秦ニ車馬金帛(はく)ヲ一以テ至ラシムレ趙ニ。(史記、蘇秦列伝)

燕の文侯の言うよう、「…そなたが合縦(がっしょう)して燕国を安んじようとぜひ欲するならば、拙者は国を挙げてそなたの説に従いたい」と。そこで蘇秦に車や馬や金や絹織物を支給して趙に行かせた。

2　於テレ是ニ悉ク**禁**ジテ二郡国ニ一無カラシムレ鋳ルコトレ銭ヲ。(史記、平準書)

そこで全面的に郡や諸侯の国に禁止令を出して銅銭を鋳ないようにさせた。

3　恵帝二年、蕭何卒(しゅっ)ス。参聞キレ之ヲ、**告**ゲテ二舎人ニ一趣(すみ)ヤカニ治メシムレ行ヲ、吾将ニ二ストト

入相。居無何、使者果召参。（史記、曹相国世家）

恵帝二年に丞相の蕭何が亡くなった。曹参はそのことを聞いて、家来に告げて急いで旅行の支度をさせた、「わたしは都に行って丞相になるであろう」と。余りたたないうちに天子からの使者が案のじょう曹参を呼びに来た。

4　兵法不曰、陥之死地而後生、置之亡地而後存。且信非得素拊循士大夫也。此所謂駆市人而戦之、其勢非置之死地、使人人自為戦、今予之生地、皆走。寧尚可得而用之乎。（史記、淮陰侯列伝）

兵法に言っているではないか、「部下を死ぬような境地に陥れて、しかるのち生き、滅びるような境地に置いて、しかるのち存続する」と。そのうえにわたくし韓信は平素から職業軍人を手なずけることができていたわけでないのである。これは世にいう「市場の寄り集まりの未訓練者を駆り立てて彼らを戦わせる」というものであって、その成り行きとして、彼らを死ぬような境地に置き、一人一人自分の命のために戦わせるのでなくて、仮に彼らに生きられる境地を与えるならば、みな逃げるであろう。どうしてそれでも彼らを用いることができようか。

○「兵法」、孫子九地編の文。「駆市人而戦之」、呂氏春秋簡選編にも見える語で、当時のことわざ。

5　今日病矣。予助苗長矣。（孟子、公孫丑上）

今日は疲れてしまった。わたしは苗の手助けをして生長させて来た。

6　重耳愛斉女、毋去心。…（斉女）勧重耳趣行。重耳曰、人生安楽、孰知其他。必死於此。不能去。斉女曰、子一国公子、窮而来此。数士者以子為命。子不疾反国報労臣、而懐女徳、窃為子羞之。且不求何時得功。乃与趙衰等謀、酔重耳、載以行。（史記、晋世家）

重耳は斉公の娘を愛して、斉国を去って再挙をはかる心がなかった。…（斉の娘は）重耳に勧めて速やかに旅立たせようとした。重耳の言うよう「人生は安楽が肝心で、だれもそのほかの事は知らない。是非ここで死にたい。去ることはできない」。斉の娘の言うよう「あなたは一国の公子であって、にっちもさっちも行かなくなってここに来なさったのです。数人の家来がたはあなたに命を懸けています。あなたは速く国に帰り功臣たちに報いることをしないで、色香を慕っていられる。はばかりながらあなたのために恥ずかしいと思います。その上にやってみなければいつ良い結果が得られましょうか」。そこで重耳の家来の趙衰(ちょうし)らと相談し、重耳を酔わせ馬車に載せて旅立たせた。

○「勧(ム)㆓重耳(ニ)趣(ヤカニ)行(カンコトヲ)㆒」とも読む。「酔(ハセ)㆓重耳(ヲ)㆒」については次のCを参照。

7　斉襄公饗(ス)㆑公(ヲ)。公酔(フ)。使(メ)㆔公子彭生(ヲシテ)抱(カ)㆓魯(ノ)桓公(ヲ)㆒、因(リテ)命(ジテ)㆓彭生(ニ)㆒摺(くじカシム)㆓其(ノ)脅(ヲ)㆒。公死(ス)㆓于車(ニ)㆒。(史記、魯周公世家)

斉の襄公は魯の桓公を饗応した。桓公は酔った。公子彭生に魯の桓公を抱いて車に載せさせ、その機会に彭生に言いつけて桓公のあばら骨をきつく締めて折らせた。桓公は車上で死んだ。

○「脅」は脇に同じ。

8　管仲**以**(テ)㆓其(ノ)君(ヲ)㆒覇(はタラシメ)、晏(あん)子(し)**以**(テ)㆓其(ノ)君(ヲ)㆒顕(レシム)。(孟子、公孫丑上)

管仲は自分の君主をば覇者とならせ、晏子は自分の君主を有名にならせた。

○「以」は「用いて」「使って」の意であるから、使役に用いられるものと思われる。「以(シメ)㆓其(ノ)君(ヲシテ)覇(タラ)㆒」と読むも可。以下同じ。

9　元帝後宮既多、不レ得二常見一。乃使二画工図一レ形、案レ図召二幸之一。…匈奴入朝、求二美人一為二閼氏一。於レ是上案レ図、以二昭君一行。（西京雑記、二）

元帝には宮女が多かったものだから、宮女はいつもお目どおりできるわけでなかった。そこで元帝は絵かきに言いつけて宮女の姿を描かせ、図を調べて美しい者を選び召し出して寵愛した。…匈奴が入朝し、宮中の美人をいただいて王妃にしようと思った。そこで天子は図を調べ、（悪く描かれた）王昭君を行かせることにした。

C　動詞を使役的他動詞として用いるもの

たとえば「恐れる」という語を用いて「甲恐乙」と書けば、普通ならば「甲が乙を恐れる」という意味であるが、ときには「甲が乙を恐れさせる」という意味になることがある。これは「甲使二乙恐一」と同じ意味内容であるので、この場合の「恐」を使役的他動詞という。そしてこのような場合「甲恐レ乙」または「甲恐レ乙」と読む。

1　桓公与二宋夫人一飲二船中一。夫人蕩レ船而懼レ公。（管子、

大匡）

斉の桓公は宋夫人と船中で酒宴をした。夫人は船をゆさぶって公を恐れさせた。

○「宋夫人」は宋国から嫁いで来た夫人。ただし左伝・史記に蔡姫(さいき)（蔡国から嫁いで来た夫人）とあるのが正しい。

2　項王東(ノカタ)撃(チテ)破(リ)レ之(ヲ)、**走**(ラス)二彭越(ヲ)一。（史記、項羽本紀）

項王は東に向かって攻撃してこれ（＝彭越(ほうえつ)への援軍）を打ち破り、彭越を敗走させた。

3　見二使者(ヲ)一詳(いつはり)驚愕(がくシテ)曰(ク)、吾以(テ)為(セシガ)二亜父(ノ)使者(ト)一、乃(チ)反(ツテ)項王(ノ)使者(ナリト)。更(あらためテ)持(チ)去(リ)、以(テ)二悪食(ヲ)一**食**(ラハシム)二項王(ノ)使者(ニ)一。（同右）

使者を見ていつわってびっくりした様子をして、「わたしは亜父(あほ)（＝范増(はんぞう)）様の使者と思っていたが、こともあろうに反対に項王の使者だ」と言い、変更して今まで持って来た御馳走を持ち去り、悪い食物を項王の使者に食べさせた。

○「詳」は「佯」に同じ。「以悪食食…」、上の食はショク（入声(にっしょう)職韻 shì）、下の食はシ（去声寘(し)韻 sì）。

4　李斯因テ説キ二秦王ニ一、請フ三先ヅ取リレ韓ヲ以テ恐レシメンコトヲ二他国ヲ一。（史記、秦始皇本紀）

李斯（りし）はこの機会に秦王に説いて、まず韓を占領し他国を恐れさせましょうと願い出た。

5　且王之所ノレ求ムル者ハ、闘ハシムル二晋楚ヲ一也。晋楚不ンバレ闘ハ、越兵不ざランレ起タ。（史記、越王勾践世家）

その上に越王様の求めていなさることは、晋と楚とを戦わせるということです。晋と楚とが戦わない場合は、越の軍隊は行動を起こさないでしょう。

6　楚ノ霊王以テ三霊侯弑シタルヲ二其ノ父ヲ一、誘いざなヒ二蔡ノ霊侯ヲ于申ニ一、伏セレ甲ヲ、飲マセレ之ニ、酔ハセテ而殺スレ之ヲ。（史記、管蔡世家）

楚の霊王は霊侯が自分（＝霊王）の父を殺したので、蔡の霊侯を申という地に誘い出し、武装兵を隠しておいて、宴会で霊侯に酒を飲ませ、酔わせてこれを殺した。

○「飲」、飲むの意のときは上声寝韻 yǐn、飲ませるの意のときは去声沁韻 yìn。

7　驪姫与フレバ二犬ニ肉ヲ一、犬斃たほル。飲マスレバ二小臣ニ酒ヲ一、亦斃ル。（晋語、二）

驪姫が犬に肉を与えると、犬が死んだ。小臣（＝奥向きの家来、宦官）に酒を飲ませると、小臣も死んだ。

○毒が入っていたのである。

8　呉広素愛人、士卒多為用者。将尉酔、広故数言欲亡、**忿恚**尉、令辱之、以**激怒**其衆。尉果笞広。尉剣挺。広起、奪而殺之。（史記、陳渉世家）

呉広は平素から人を愛したので、士卒のなかには呉広のためにひとはだ脱ぐ者が多かった。部隊長が酔ったとき、呉広は逃げたいとことさらにしばしば言い、部隊長を怒らせ、部隊長に呉広を辱めさせ、かくして兵卒たちを激怒させようとした。部隊長は案のじょう呉広をむち打った。そのとき部隊長の剣が抜けて出た。呉広は立ち上がって、剣を奪って部隊長を殺した。

○「使尉忿恚、令尉辱之（＝呉広）、以使其衆激怒」の意。その衆を激怒させるのは、反乱に立ち上がらせるためである。

9　死諸葛**走**生仲達。（蜀志、諸葛亮伝注引漢晋春秋）

死んでいる諸葛孔明が生きている司馬仲達を恐れさせて逃げさせた。

○諸葛孔明（名は亮）が陣中で病死したので、部下は死亡を秘密にして遺体を馬車に載せ陣地を引き上げた。曹操の臣の司馬仲達がこれを追うと、太鼓を鳴らし司馬仲達を迎え撃つ様子を示したので、司馬仲達が退却した。それでこのようなことわざができた。

10　止二子路一宿、殺レ雞為レ黍而食レ之、見二其二子一焉。（論語、微子）

子路を引き止めて泊まらせ、鶏を殺したり黍飯を作ったりして子路に食べさせ、自分の二人の子を子路にお目どおりさせた。

第33節　否定の形式

A　不　否　不者

さきに第11節において大体の説明をしたが、「不」は否定される動詞、形容詞などの上に置かれ、名詞でも述語として用いられたものは不を加えて否定することができる（論語、学而「不亦君子乎」など）。しかし場合によってはその否定される語が省略されることがある。

1　王曰、斉晋魯衛、其封皆受宝器。我独不。今吾使使周、求鼎以為分。其予我乎。析父対曰、其予君王哉。（史記、楚世家）

楚の霊王の言うよう、「斉晋魯衛の四国は諸侯に封ぜられたときにみな宝器の鼎をもらったが、わが国だけはもらっていない。いまわしは周の天子の所へ使者を遣わし、鼎を要求してわが国への分け前にしようと思うが、わしに与えるだろうか」と。析父がお答えして「きっと殿様に与えますよ」と言った。

2　太子死、有母弟可立。不即立長。（史記、魯周公世家）

太子が死んだ場合には、同じ母から生まれた弟がいるならばその人を君主の位につければよい。正腹の弟がいないときは庶子の年長者を立てる。

○君主が死に、太子が年が改まって即位するはずであったのが、また死んだ場合について いう。

3　願君留意臣之計。否必為二子所禽矣。（史記、淮陰侯列伝）

どうか殿様、わたくしの計略に留意してください。そうでなければ必ず〔韓信・張耳の〕二人に捕虜にされてしまうでしょう。

4　若入前為寿。寿畢、請以剣舞、因撃沛公於坐、殺之。不者若属皆且為所虜。（史記、項羽本紀）

なんじは宴会場に入り沛公のところへ進んで行って酒をついで長寿祝福をせよ。祝福が終わったならば、剣舞をさせてほしいと頼み、剣舞の機会にその席にいる沛公に切りつけて殺せ。そうしなければなんじらはみな沛公に捕虜にされるであろう。

5　君子ノ所ニシテ敬スル、而小人ノ所ノ不しかせザル者与か。（荀子、賦）
君子の敬うものであり、小人の敬わないものであるなあ。
6　人視レバ水ヲ見形ヲ、視レバ民ヲ知ル治マレルヤいなヤヲ不。（史記、殷本紀）
人々は水をよく見れば自分の姿がわかり、人民をよく見れば治まっているかいないかがわかる。
○「…知ル治ち不ひヲ」とも読む。一般に不の下の語が省略されているときは否と同じで、音はヒ、現代音では bù でなくて fǒu となる。
右の不をシカセズ・シカラズなどと読む場合、送り仮名を全くつけない人もあるが、便宜上「不ズ」とつける。すると「不」をズで否定しているように見えるけれども、次に述べる「非」に「非ズ」と送り仮名をつけるのと同じに考えるより仕方がない。

B　非について

不が行為や状態を直接的に否定するのに対し、非は判断的に否定して陳述する。存在のあり方を否定する。ある範疇はんちゅうに入らないことを示す。「…でない」と訳す。

1　無羞悪之心、非人也。（孟子、公孫丑上）

自分の悪い点を恥じ人の悪い点を憎む心のない者は、人でないのである。

2　我非愛其財、而易之以羊也。（孟子、梁恵王上）

わたしは牛の値打ちのあるのを惜しんで羊をそれに代えたわけでないのである。

3　兵者不祥之器、非君子之器。（老子）

兵器というのは不吉な道具であって、君子の持つべき道具ではない。

4　登高而招、臂非加長也、而見者遠。（荀子、勧学）

高所に登って招くと、腕はいっそう長くなったわけではないのであるが、しかも遠いところから見える。

5　若伯夷叔斉、可謂善人者非邪。（史記、伯夷列伝）

伯夷・叔斉のような人は、善人ということのできる人であろうか、そうではなかろうか。

○史記索隠本は「可謂善人者邪、抑非也」となっていて、王念孫は読書雑志の史記第四で「淮南王伝曰、公以為呉興兵是邪非也、貨殖伝曰、豈所謂素封者邪非也、…疑索隠本是原文、而今本為後人所改也。老子曰、是以侯王自謂孤寡不穀、此其以賤為本邪、非乎。語意亦相似」という（老子の文の意味は「こういうわけで諸侯や天子は自分のことを孤とか寡人〈徳の少ない人〉とか不穀〈不善の人〉とかいうが、これは彼らが賤しいことを根本としているのであろうか、そうではなかろうか」）。これは疑問を繰り返すときに「…**邪、非也**」「…**邪、非乎**」と書く例を挙げたものである。なお伯夷列伝には「由此観之、怨邪非邪」「天道是邪非邪」などの例もある。→第35節C。

6　孟子去斉居休。公孫丑問曰、仕而不受禄、古之道乎。曰、**非**也。於崇吾得見王。退而有去志、不欲変、故不受也。継而有師命、不可以請。久於斉**非**我志也。（孟子、公孫丑下）

孟子は斉の都を去って休（＝地名）にいたとき、公孫丑が問うて言った、「人に仕えて俸給を受けないのは、昔の聖王時代の原則ですか」と。孟子が言う、「そうではないのだ。崇（＝地名）でわたしは斉の宣王にお目どおりする機会があったが、王の前から退出したとき斉国を立ち去る志を持っていて、この志を変更したくなかった。

だから俸給を受けなかったのである。ところがすぐあとで出兵命令があり〔戦争が始まって王様が忙しくなったので〕、退去を願い出ることができなかった。斉に長くいることは、わたしの志ではなかったのである」。

○「非也」は「非古之道也」の意。

7　斉宣王見孟子於雪宮。王曰、賢者亦有此楽乎。孟子対曰、有。人不得、則非其上矣。不得而非其上者**非**也。為民上而不与民同楽者亦**非**也。（孟子、梁恵王下）

斉の宣王は雪宮という離宮で孟子に会見した。王の言うよう「そなたのような賢者もこの庭園などを見て楽しむ心があるか」と。孟子がお答えして「あります。人は志を得ない場合は自分の支配者を非難します。志を得なくて自分の支配者を非難する者は間違っています。さりとて人民の支配者でありながら人民と楽しみを共にしない者も間違っています」と。

○この場合の「非」は「是」に対する「非」。

C　未について

時間・場所・境地などに関して、現在まだ到達していないことを表す。

1 宋公及楚人戦于泓。宋人既成列。楚人未既済。司馬曰、彼衆我寡。及其未既済也、請撃之。公曰、不可。既済而未成列。又以告。公曰、未可。既陳而後撃之。宋師敗績。（左伝、僖公二二年）

宋の襄公は楚軍と泓という川で戦争をしようとした。宋軍はすでに陣列を整えていたが、楚軍はまだ川を渡りきっていなかった。陸軍大臣「敵軍は多勢でわが軍は無勢です。相手のまだ渡りきらないうちに、攻撃したいと思います」。襄公「いけない」。楚軍はすでに川を渡ったがまだ陣列を整えていなかった。再び攻撃のことを申し出た。襄公「まだいけない」。楚軍がすでに陣列を整えたあとで楚軍を攻撃した。宋軍は大敗した。

○初めに「不可」といい、あとで「未可」といっているのは「不可」から「可」の方に進んで来たが「まだ可とはいえない」段階にあることを示す。

2 子貢曰、貧而無諂、富而無驕、何如。子曰、可也。未若貧而楽道、富而好礼者也。（論語、学而）

子貢「貧しくても人にへつらうことがなく、富んでいても人におごりたかぶることがないならば、どうでしょうか」。孔子「まあよろしい。しかし貧しくても先王の道を楽しみ、富んでいても礼を好む者にはまだ及ばないのである」。

○「楽道」の道の字は皇侃本で補った。「未若」は「不若」といってもよいところを婉曲に表現している。

3　士志於道、而恥悪衣悪食者、未足与議也。（論語、里仁）

学生で先王の道に志していながら、悪い衣服や悪い食事を恥じるような者は、討論の相手にするだけの値打ちがないといってもよいのである。

○「未足」は「不足」を婉曲に言ったもの。

4　嘗独立。鯉趨而過庭。曰、学詩乎。対曰、未也。不学詩、無以言。（論語、季氏）

〔父上が〕かつてひとりで立っていられた。わたくしは小走りして庭を通り過ぎた。「詩を学んだか」とおっしゃった。お答えして「まだです」と言った。「詩を学ばないと、ものをいうすべがないぞよ」とおっしゃった。

○「鯉」は孔子の子の名。ここはかつて孔子と鯉との間で行われた対話を鯉があとで物語っている。

D　無について

物や事がないことを表す。ナシを意味する字ははなはだ多いが、すべて無と同音または類似音である。

a　**莫**（バク・マク）

1　上好レ礼、則民**莫**二敢不一レ敬。（論語、子路）

為政者が礼を好むならば、人民には為政者を敬わないようなものはいなくなる。

2　人之所レ欲、**莫**レ甚二於生一。（孟子、告子上）

人のほしがるものでは、生命以上のものはない。

3　桓楚亡、人**莫**レ知二其処一。（史記、項羽本紀）

桓楚（かんそ）は逃亡し、人々のなかには桓楚のいる所を知っている者はいなかった。

4 一人守険、万夫**莫**向。（文選、左思、蜀都賦）

一人が狭い山道を守備していると、一万人でも立ち向かうすべがない。

5 上罔顕於義皇、中**莫**盛於唐虞、邇靡著於成周。（文選、揚雄、劇秦美新）

大むかしでは伏義より功績の明らかなものはなく、中ごろでは堯舜の時代より盛んなのはなく、近い時期では周代より著しいものはない。

b **勿**（ブツ・モチ）

1 犂牛之子、騂且角、雖欲**勿**用、山川其舎諸。（論語、雍也）

まだら牛の子でも、赤い色で角の形が正しいならば、犠牲に用いることのないようにしようと思っても、山や川の神は捨てておかれようか。

○「犂牛」、一説に耕牛。「**諸**」は之乎に同じ。

2　是故所欲有甚於生者、所悪有甚於死者。非独賢者有是心也。人皆有之。賢者能勿喪耳。（孟子、告子上）

こういうわけで人々の欲するものには、生命よりもはなはだしいものがある。〔それは義である。〕人々の憎むものには、死よりもはなはだしいものがある。〔それは不義である。〕ただ賢者だけがこの義を欲し不義を憎む心を持っているわけではないのである。人々はみなこの心を持っている。〔しかしほかの者はその心を失うが〕ただ賢者だけは失うことがなくていられるのだ。

c　亡（なしの意のときは音ブ・ム）

1　人皆有兄弟、我独亡。（論語、顔淵）

人々はみな兄弟があるが、わたしだけは兄弟がない。

2　孔子時其亡也、往而拝之。（論語、陽貨）

孔子は相手の不在であるときをうかがって、出かけていってお礼の挨拶をしようとした。

3　人莫大焉亡親戚君臣上下。（孟子、尽心上）

人には親戚の間、君臣上下の間の道徳が欠けていることほど重大なことはない。

○「焉」はここでは「於」に同じ。

4　亡是公者、亡是人也。（漢書、司馬相如伝）

亡是公というのは、そのような人はいないということである。

○史記の列伝では「無是公者、無是人也」になっている。「是」は本来は音シであるがゼが慣用音となっている。「ブシ公」「ムゼ公」などの読み方が可能である。

5　上喜曰、豨不南拠邯鄲、而阻漳水。吾知其亡能為矣。趙相周昌奏、常山二十五城、亡其二十城、請誅守尉。上曰、守尉反乎。対曰、不。上曰、是力不足。亡罪。（漢書、高帝紀）

天子は喜んで言った、「陳豨は南進して邯鄲を根拠地にしないで漳水を防衛線にしている。あいつが何もできないことはわしにはわかっているのだ」と。趙王国の大臣の周昌が、「常山郡には二十五の町がありますが、そのうちの二十の町を敵に取られました。常山郡守と軍隊長とを処刑したいと思います」と奏上した。天子「郡守や軍隊長は反乱を起こしたのか」。お答えして「そうではありません」。天子「取られたのは力が足りなかったのだ。罪はない」。

○「亡㆓能為㆒」「亡㆑罪」は wú、「亡㆓其二十城㆒」は wáng。

d　**毋**（ブ・ム）無と同じ

1　燕趙城、可㆓毋㆑戦而降㆒也。（史記、張耳陳余列伝）

燕や趙の町は、戦わないで降伏させることができる。

2　随㆑畜遷徙、毋㆓常処㆒、毋㆓君長㆒。（史記、西南夷列伝）

家畜のあとについて移動し、定住地がなく君主がいない。

3　其妻曰、嘻、子毋㆓読書游説㆒、安得㆓此辱㆒乎。（史記、張儀列伝）

彼の妻が言った、「ああ、あなたが書物を読んであちらこちらの諸侯に意見を説いてまわることがなかったら、どうしてこんな辱めを受けましょうか」。

4 夫断二右臂一而与レ人闘、失二其党一而孤居、求二欲毋一レ危、豈可レ得乎。（史記、張儀列伝）

そもそも右腕を切られた状態で人と戦い、自分のなかまを失って一人ぽっちでいるのに、危うくなることがないようにと望んでも、どうして思うとおりに行こうか。

○「求欲」、同義の複語、↓第41節。

e 罔（バウ・マウ↓ボウ・モウ）

1 罔二昼夜一頟頟、罔レ水行レ舟。（書経、益稷）

昼も夜も区別なしにぶっ続けに悪事にふけり、水のない陸地で舟を動かすという無茶をする。

2 爾不レ従二誓言一、予則孥二戮汝一、罔レ有レ攸レ赦。（書経、湯誓）

なんじらが戒めのことばに従わないときは、わしはなんじらを家族ぐるみ処刑し、だれをもゆるしはしないぞ。

○「攸赦」は「所赦」と同じ意味に用いる。攸の音はイウ↓ユウ。

3　方今世俗、奢僭罔レ極、靡レ有二厭足一。（漢書、成帝紀）

現今、世の中の風習は、贅沢が極まりなく、満足することがない。

f　**末**（バツ・マツ）

1　吾**末**二如レ之何一也已矣。（論語、子罕）

わたしはこれをどうともすることもできないのだ。

2　雖レ欲レ従レ之、**末**レ由也已。（同）

先生のあとからついて行こうと思うけれども、方法がないのだ。

g　**靡**（ビ・ミ）

1　**靡**二日不一レ思。（詩経、邶風、泉水）

一日として思わない日はない。

2　靡不有初、鮮克有終。（詩経、大雅、蕩）

やり初めのないものはないが、終わりを全うすることのできるものは少ない。

3　徳洋而恩普、物靡不得其所。（史記、司馬相如列伝）

天子の恩徳が広く行きわたっており、人々はそれぞれ自分にふさわしい生活をしていないものがない。

h　蔑（ベツ）

1　封疆之削、何国蔑有。（左伝、昭公元年）

領土が侵略されることは、どの国でもあることだ。

2　…臣出晋君、君納重耳、蔑不済矣。（左伝、僖公十年）

…わたくしが晋君を追い出し、殿様がそのあとがまに晋の公子重耳を晋に送り込むならば、万事うまく行くに違いありません。

さて右のナシを意味する語に用法の相違のあることを説く学者もあり、文章作成上では注意がいる場合もあるが、文章を解釈する立場から言えば、そのようなことを気にする必要はない。かつまたこれらの語はしばしば互用されるのである。たとえば、第33節Dのa5の文例では罔・莫・靡が互用されており、また論語子罕の「末由也已」を史記孔子世家には「蔑由也已」とし、雍也の「亡之命矣夫」を漢書宣元六王伝の楚孝王囂伝およびそこの顔師古注には「蔑之命矣夫」としているなどの例がある。

次に不・非・無はすでに述べたように意味と使用法とに区別があったが、否定という点に共通点があるので、場合によっては共通に用いられる場合がある。たとえば王引之は経伝釈詞で次のようなことを言っている。

書経洪範の「無偏無党」は墨子兼愛・史記張釈之馮唐列伝賛に引かれて「不偏不党」とあり、論語学而の「食無求飽、居無求安」は漢書蓋寛伝に引かれて「居不求安、食不求飽」とあり、礼記月令の「五穀無実」は呂氏春秋孟秋では「五穀不実」とあるから、無と不とは同義の場合がある。また礼記礼器の「苟無忠信之人、則礼不虚道」は、易繫辞伝の「苟非其人、道不虚行」と文義が同じであり、管子形勢解に「無徳厚以安之、無度数以治之、国非其国、民無其民也」とあることから、非と無とが同義で用いられることがある。また大戴礼保傅篇の「人性非二甚相遠一也」が漢書賈逵伝では非が不になっているから非と不と同じ場合がある、等々という。

また釈大典の文語解にも「無者対レ有之称トアリ、此字ナシト訳スル類字ノ宗ニシテ、何ノ義ヘモ通ズ。法甚ヒロク、意マタ明ナリ。無レ易之道也（三年問）、注ニ猶レ不也トアリ。スベテ文ノ無レ有、詩ノ無レ多ノ類ハ皆不ノ字ノ意ナリ。力田不レ如レ逢レ年、善仕不レ如二偶合一、固無二虚言一（史佞幸伝）、コレハ非ノ字トナシテミル」（巻一、無の条）といい、また「不ノ下ハ多ク虚ナリ活ナリ用ナリ。非ノ下ハ多ク実ナリ死ナリ体ナリ。然ドモ用トコロ同キコトアリ。但不ハ直ナリ非ハ婉ナリ。不知ハシラヌナリ、非知ハシラヌコトヲ辯ズル意アリ。陳平為レ相非レ治レ事（陳丞相世家）、漢法令非レ行也（賈誼伝）、生レ子不レ生レ男、有二緩急一、非レ有レ益也（孝文本紀）、得レ継二嗣一而已、非レ有レ賤也、師古注、苟得レ子耳。勿レ論二其母之貴賤一（谷永伝）。コノ類不ノ義アリ無ノ義アリ、然レドモ語勢婉ナリト知ベシ」（巻一、非の条）といっている（原文のまま）。このようにはいっているが、よほどの場合を除いては本来の意味で考えて差支えのない場合が多い。

E　禁止について

禁止とは否定的命令である。漢文には元来命令を表す文字や語法はない。ベシと読む字はあるが命令ではない。文章の前後関係から、つまり文脈から命令だと判断するより外に方法はない。「愛人不親、反其仁」（人を愛しているにもかかわらず人から親しまれない場合は、自分の仁を反省せよ。孟子、離婁上）、「為政不難、不得罪於巨室」（君主が政治をするのは困難ではない。その国で歴代続いて来た有力者に非難されないようにせよ。同上）などが命令である。そのうちで「不得罪於巨室」は禁止であるが、禁止の場合に不を用いることは少なくて、通常は無の系統の字を用いる。

1　**無**友不如己者。過則**勿**憚改。（論語、学而）

自分より劣った者を友としてはならぬ。過ちをした場合には改めるのにはばかってはならぬ。

2　**毋**友不如己者。（論語、子罕）

3　儆戒無虞、**罔**失法度。…任賢**勿**弐、去邪**勿**疑。（書経、大禹謨）

思いがけぬことから事件が起こるかもわからぬのであらかじめ警戒し、政治や道徳の原則を失墜させてはならない。…賢者に政務を任せるのに気迷いしてはならぬ。悪人を除き去るときは疑いためらってはならぬ。

4　則(たとヒ)漢欲スルモ二挑戦セント一、慎ンデ勿カレ二与ニ戦フ一。毋キレ令ムルレ得レ東スルヲ而已。(史記、項羽本紀)

たとい漢軍が戦いをしかけようとしても、決してそいつと戦ってはならぬ。漢軍を東進できさせないようしさえすればよいのだ。

5　即ヒ漢欲スルモ二挑戦セント一、慎ンデ毋カレ二与ニ戦フ一。勿キレ令ムルレ得レ東スルヲ而已。(漢書、項籍伝)

6　秦ノ恵王車二裂シ商君一ヲ以テ徇(となヘテ)曰ク、莫下カレ如ク二商鞅ノ一反スル者上。(史記、商君列伝)

秦の恵王は商君を車裂きの刑に処し見せしめにして言った、「商鞅のように謀反する者のないようにせよ」と。

7　荘為(たリシトキ)二太史一、誡ム二門下ヲ一、客至レバ、無ク二貴賤ト一無カレト二留ムル一門ニ者一。執リ二賓主之礼ヲ一、以テシテ二其ノ貴ヲ一下ル二レ人ニ。(史記、汲鄭列伝)

荘（＝鄭当時の字(あざな)）が太史（＝内史の字の誤り）であったとき、部下によく言い聞かせておいた、「客人が来た場合には貴賤の別なく〔直ちに取り次ぐべきで〕門の所で長く待っている人のないようにせよ」と。客と主人との対等の礼を守り、自分の貴い身分にもかかわらず人々にへりくだった。

8　**莫**レ如下楚共王庶子囲、弑二其君兄之子員一而代レ之立上。
（史記、楚世家）

楚の共王の庶子の囲が自分の君主である兄の子の員を殺して、これに代わって位についたようなことのないようにせよ。

○「其君」は「兄之子員」にかかる。なお左伝昭公四年では「無レ或レ如下楚共王之庶子囲、弑二其君兄之子麇一而代レ之、以盟中諸侯上」とある。

9　**毋**レ或レ如下東門遂不レ聴二公命一、殺レ適立上庶。（左伝、襄公二三年）

東門遂が主君の命令を聞き入れないで、嫡子を殺して庶子を位につけたようなことがあってはならぬ。

10　陳二朕過失一、**靡**レ有レ所レ諱。（漢書、翼奉伝）

朕の過失を述べ、遠慮する点があってはならぬ。

F　二重否定

1　城**非**レ**不**レ高也。(孟子、公孫丑下)

城は高くないのではないのである。

2　**莫**レ**非**レ命也。(孟子、尽心上)

天命でないものはないのである。

○「莫レ非レ命也」とも読む。

3　人主**莫**レ**不**レ欲二其臣之忠一、而忠未二必信一。(荘子、外物)

君主は自分の臣の忠を望まないものはない、(だから臣はみな忠を尽くすのであるが)忠は必ずしも君主に信用されない。

○「莫レ不……」とも読む。

4　父母之年、**不**レ可レ**不**レ知也。一則以喜、一則以懼。(論語、里

(二)

父母の年齢は記憶していなければならないのである。一方ではそれでその長寿を喜び、一方ではそれでその老い衰えたことを恐れる。

○「不レ可レ不レ知」とも読む。「以喜」「以懼」の「以」は「父母の年を知っていることによって」の意。

5　余読二孟子書一、至四梁恵王問三何以利二吾国一、未三嘗不二廃レ書而歎一也。（史記、孟子荀卿列伝）

わたしは孟子の書物を読み、梁の恵王がどういう方法でわが国に利益を与えてくれるかと問う箇所になると、書物を投げ出して嘆息しないことはいままでになかったのである。

○「いつも書を廃して嘆息した」の意。「不」から「不」に返って読むときは「ズンバアラズ」と読む習わしになっている。

G　無(シ)二…(トシテ)不(ルハ)レ…(セ)

1　苟(クモ)得(バ)二其(ノ)養(ヲ)一、無(ク)二物(トシテ)不(ルハ)レ長(ゼ)、苟(クモ)失(ハバ)二其(ノ)養(ヲ)一、無(シ)二物(トシテ)不(ルハ)レ消(エ)。（孟子、告子上）

もしも正しい養い方を受けるならば、どのような物でも生長しないものはなく、もしも誤った養い方を受けるならば、どのような物でも消滅しないものはない。

○「無(シ)二物(トシテ)不(ル)レ長(ゼ)」「無(シ)二物(トシテ)不(トイフコト)レ長(ゼ)」などと読むも可。以下同じ。

2　無(ク)二草(トシテ)不(ルハ)レ死(セ)、無(シ)二木(トシテ)不(ルハ)レ萎(なエ)。（詩経、小雅、谷風）

どのような草木でも葉の枯れ枝のしおれないものはない。

3　靡(なシ)二国(トシテ)不(ルハ)レ泯(ほろボサレ)。（詩経、大雅、桑柔）

どのような国でも滅ぼされないものはない。

4　無(シ)二遠(シトシテ)弗(ざルハ)レ届(いたラ)。（書経、大禹謨）

どのような遠い国でも徳を慕ってやって来ないものはない。

5　而吾徳教之所施、可以無遠而不至矣。（孟子、離婁上「為政不難」朱子注）

そしてわが徳の感化の及ぶ範囲では、いかに遠い所の者でも喜び慕ってやって来ない者がないようになりうるにちがいない。

6　天積気耳、亡処亡気。（列子、天瑞）

天は気という微粒物質の蓄積されたものなのだ。いかなる所も気のないところはない。

7　無時無処而不用其力也。（論語、里仁「君子無終食之間違仁」朱子注）

いかなる時いかなる所においても努力しないことはないのである。

○「無時而不用其力也」「無処而不用其力也」の二つを合わせたものだから、「無時無処而不用其力也」として一つの「無」を無視するか、「無時無処而…」として二つの「無」を同時に読むか、いずれかの方がよいと思われるが、訓点の便宜上原案のように読み習わされている。「用其力」は自分の力を発揮すること。

8　是以近無不聴、遠無不服。（周語、上）

〔刑罰征討の準備が整っている上で道徳で感化するのだから〕こういうわけで近い国々は命令を聞き入れぬものはなく、遠い国々は服従しないものはない。

○これと9とは単に「無不」と続く二重否定で「無…不…」とは別。

9　善無不顕、悪無不章。（後漢書、荀悦伝）

善も悪もはっきり明らかにならないものはない。

「無…不…」の形式、たとえば「無草不死」は「草の枯れないものはない」「枯れない草はない」の意、これに対して「善無不顕」は、「善は顕れないのがない」「善はすべて顕れる」の意であって、表現法に相違がある。

H　無一…一無…

1　無一人還。（史記、項羽本紀）

一人の帰る者もない。

○「無二一人還一」と読むも可。

2　士卒必死、無一還心。（同）

士卒は戦死を覚悟しており、すこしの帰る心もない。

○「無二一還心一」と読むも可。

3　蓋君子不患人心之不服、而患吾身之不修。吾身既修、則人心之難服者先服、而無一人之不服矣。（孟子、離婁上「為政不難」朱子注）

思うに君子は他人の心がこちらに服従しないのを憂えないで、わが身の修まらないことを憂える。わが身がすでに修まると、〔国の有力者のような〕人心の服従させにくい者がまず服従し、そして一人の服従しない者もなくなる。

4　其道大行、無一夫不被其沢。（孟子、尽心上「広土衆民」朱子注）

自分の政道が大いに行われ、一人のその恩恵を被らない者もいない。→その恩恵を被らない者が一人もいない。

5　唯未央宮被焚而已、其餘宮館、一無所毀。（後漢書、劉玄伝）

ただ未央宮が焼かれただけで、その他の宮殿や官庁は、破損されたのが全然なかった。

6　時饑饉米貴。峻等問遺、一無所受。（晋書、劉超伝）

そのとき凶年であって米が高かった。蘇峻らが慰問の贈り物をしたが、劉超は全然何も受け取らなかった。

7　予壱不知夫喪之踊也。予欲去之久矣。（礼記、檀弓下）

わたしは死んだ人に対する儀式の中の泣きながら地団駄を踏むあの踊という儀式のことが全くわからないのである。わたしはずっと前からこの踊の儀式を廃止しようと思っていた。

○正義に「我専壱不知夫喪之踊也」とあり、「一不…」は「まるきり…しない」「全然…しない」の意であって、否定を強める役をする。「一つも…しない」と解する人があり、大局の意味には相違はないが、「一不」「一無」の場合は「一つ」という数には無関係なのである。

8　歳一不登、民有飢色。（漢書、文帝紀）

収穫がもしも凶作であるならば、人民は飢えた顔付きになる。

○この場合の「一」は「一旦」の意。仮定または条件を意味するときに用いる語で、必ずしも正確に一度の意ではないが、「一たび」と訓読するならわしになっている。「相如一奮其気、威信敵国」（史記、廉頗藺相如列伝賛）の「一」も同じ。

9　一穀不升、謂之嗛。二穀不升、謂之饑。三穀不升、謂之饉。四穀不升、謂之廉。五穀不升、謂之大侵。（穀梁伝、襄公二四年）

一種類の穀物が実らないのは、これを嗛という（以下、凶作についての名称を述べる）。

10　一日不見、如三月兮。（詩経、王風、采葛）

一日でも会わないと、三か月も会わないような気がする。

○「兮」、口調上の助字で意味はなく、訓読では読まない。

11 一民莫レ非ニ其臣一也。（孟子、公孫丑上）

一人の人民でも殷国の家来でないものはないのである。

○10 11は「一日でも」「一民でも」の意。

ー無ニ…一 無レ…無レ…

1 君子無ニ衆寡一、無ニ小大一、無ニ敢慢一。（論語、堯曰）

君子は相手の人数の多い少ないに関係なく、物事の大小を問わず、おろそかな態度をとるようなことはない。

2 人無ニ幼長貴賤一、天之臣也。（墨子、法儀）

人は長幼貴賤の区別なしに、みな天の神のしもべである。

3 天之亡レ秦、無ニ愚智一皆知レ之。（史記、項羽本紀）

天の神が秦を亡ぼすのだということは、愚者智者の区別なしにみな知っている。

4　百姓聞之、知与不知、無老壮、皆為垂涕。（史記、李将軍列伝）

人民はこのことを聞き、李広を知っている者も、知らない者も、老者壮者の区別なしに、みな李広のために涙を流した。

5　女無美悪、居宮見妒、士無賢不肖、入朝見嫉。（史記、魯仲連鄒陽列伝）

女は美女醜女の区別なしに、後宮に入ると人にねたまれ、役人階級の者は才能のあるなしにかかわらず、宮中に入ると人に憎まれる。

○「妒」は「妬」の異体字（音義ともに同じで字体のみ異なるもの。別体ともいう）。「嫉」は妒と同義にも用いる。同じ訓が重なるのを避けて「にくむ」と読んだが「ねたむ」でも可。

6　天下無賢与不肖、知与不知、皆慕其声。（史記、游侠列伝賛）

天下の人々は賢者と不肖者と、彼を知っている人と知らない人との区別なしに、みな彼の名声を慕った。

7　無ク㆑貴ト無ク㆑賤ト、無ク㆑長ト無ク㆑少ト、道之所ハ㆑存スル、師之所㆑存スル也。（韓愈、師説）

貴賤の区別なしに、長幼の区別なしに、聖人の道が存在しているところは、師たる資格がそこに存在しているのである。

第34節　部分否定と全面否定

この部分否定・全面否定（一部否定と全部否定などともいう）は日本独自の用語らしく、中国での文法書にはこれらの用語も説明もない。漢文は語順によってのみ意味がきまり、たとえば「必不読」と「不必読」のごときの相違は自明であったと思われる。なぜならば副詞は上から下へ修飾するのであるから「必不読」では「必」が「不読」を修飾し、「不必読」は「不」が「必読」を修飾するのであって、もしこの原則が狂えば、文義の理解に支障が生じる。ところがわれわれはこの漢文を訓読するならわしになっており、副詞の「不」は「ず」という助動詞になり「必ズ不レ読マ」「不ニ必ズ読一マ」となる。「読む」の否定は「読まず」であり、「読む」を「必ず」で修飾すれば「必ず読む」であるから、右に掲げた読み方で誤りはない。しかし「必不読」と「不必読」とが同じ訓読では両者の区別がつきにくい。そこで一般には「必ズ不レ読マ」「不ニ必ズシモ読一マ」と読み分ける。ところが国語では「必ずしも読まず」の「必ず」は「読む」を修飾するけれども「しも」のついた場合は通常「読まず」と呼応することになっているのに対し、漢文の「不必読」の「必」は「不」を修飾することはなく、「読」のみを修飾し、この「必読」を「不」が修飾する（つまり「必読」を「不」が否定する）。かくして漢文そのものとそれの訓読との間に不一致があるが、それはやむを得ないものとして、意味の近い点を採って「必不読」「不必読」と訓読するわけである。なお、ここでは一応の説明にとどめておくが、「必」には必須・必要の意と、必然・必定の意とがあるから、「必読」の意味は必ずしも一定しない。必については第34節Fを参照。

　同様にして「常不…」「不常…」、「皆不…」「不皆…」、「甚不…」「不甚…」などと読む。しかし「不復」などは「不復…」とは読めないから「不復…」「不復…」などと読んで「復不…」と区別しようとする。しかし読み分けることの不可能な場合もあり、また読み分けても意味の相違が容易には判明しない場合もある。かつまた、訓読は時代により、また、人によって相違があり、一定しているわけではない。そこで古人の訓読を見て、「コソ」とか「ハ」とかのあるなしで部分否定だとか全面否定だとかいえば誤りが生じる。漢文そのものを必ず語順によってのみ判断すべきである。

　さて、このような誤解の例を見てみよう。

　論語憲問の「有徳者必有言、有言者不必有徳、仁者必有徳、勇者不必有仁」の古訓点は、たとえば「勇者不必有仁」「勇者不必有仁」

の二種類があるとされるが、これは先に述べたように時代による、また人による訓読上の相違であって、日本の訓点に二種類あるからといって、「勇 者 不 必 有 仁」そのものの解釈に部分否定と全面否定との二種類があるとはいえない。また中国及び日本の昔の注釈者が「勇 者 不 必 有 仁」を説明する場合、仁のない勇者の例を多く挙げるのは、一方で「仁 者 必 有 勇」といっているから、それと同様に勇者は必ず仁があると思う人がいるといけないからであって、勇者は必ず仁がないということを論証するためではない。「仁 者 必 有 勇」という以上、仁者の勇を備えている人がいるはずであり、その人を勇者の側面から見るならば、その人は仁を備えているに違いない。古人はこのようなことは常識として知っており、一々説明するわけではないのである。

　昔の日本語で「必ず」を強めて「必ずしも」という場合のあること、また「必ずしも…ず」が全面否定を表す場合のあることを述べる人もいるが、これは日本語自体の問題で、「不 必」自体とは関係のないことである。しかし漢文には訓読という問題が付随するから、訓読の便宜上から「不 必」をどう読めばよいかというと、やはり「不（二）必（ズシモ）…（一）」と読む方がよい。なぜかといえば現代の人々は常識として「必ず…しない」と「必ずしも…しない」の区別ができ、「不 必」は「必ずしも…しない」の方にあたるからである。

「不必」の例については、たとえば「子帰而求、有餘師」（孟子、告子下）の朱子注の「言道不難知、若帰而求之事親敬長之間、則性分之内、万理皆備、随処発見、無不可師、不必留此而受業也」は「ここにとどまって学業を受ける必要はない」「何もここにとどまって学業を受けなければならないというわけでもない」つまり「…学業を受けなくてもよい」の意である。

ちなみに孟子公孫丑上「不得於言勿求於心」の朱子注は「於言有所不達、則当舎置其言而不必反求其理於心」と昔から読まれているが、正しくは「於言有所不達、則当舎置其言、而不必反求其理於心也」（「…不必反求…也」とも読む）と読むべきである。「当不必反求…」というような文はありえないからである。なぜそうかというとの孟子の文も朱子の注も難解であって簡単に説明しかねるけれども、「決して逆にその道理を心に求め煩わされるな」という意味ではなく、「反省してその理を心に求める必要はない」「必ず…求めなければならないというわけでない」の意である。

また、告子上「食色性也」の朱子注を「学者但当用力於仁、而不必求合於義也」と読む人がいるが、正しくは「学者但当用力於仁、而不必求合於義也」と読むべく、意味も「（義は外であるから）義にかなうことを決して求めないのがよろしい」ではなく、「義に合うことを必ず求めねばならぬというわけでないのである」つまり「求めなくてもよいのである」の意である。

A　不必

1　此章文義、多不可暁、**不必**強為之説。（孟子、万章下「敢問交際何心也」朱子注）

この章の文章の意味は大部分が理解できない。無理にここの文義の解説をする必要はない。

2　敬人而**不必**見敬、愛人而**不必**見愛。（呂氏春秋、必己）

人を敬っても人に敬われるとは決まっていず、人を愛しても人に愛されるとは決まっていない。

3　且多能非所以率人、故又言君子**不必**多能以暁之。（論語、子罕「大宰問於子貢」朱子注）

かつ多能ということは人の指導者となるための要件ではない、だからまた君子は多能が必要条件でないことを言って彼らを教えさとした。

○「君子多ナラン乎哉、不レル多ナラ也」の注だからといって「不必多能」を「決して多能ではない」としたら誤り。孔子自身が「吾少(わか)キトキ也賤シ、故ニ多二能ナリ鄙事ニ一」といっており、聖人でさえ多能な場合があったのに、朱子が「君子は決して多能ではない」という意味のことをいうはずはない。「君子多乎哉、不多也」とは孔子が原則的なことをおおまかにいったに過ぎない。論語精義に引く謝氏説にも「多能ハ不レ害セレ為(た)ルヲ二君子一、然レドモ為ルハ二君子一、不二必ズシモ多能ナラ一」とある。

4　殷(いん)ノ礼ニ有リ二兄弟相及ボスコト一、不三必ズシモ伝ヘ二子孫ニ一。（左伝、隠公三年、杜預注）

殷の礼では兄から弟へと位を伝える原則があり、必ずしも子孫に伝えなかった。

○兄弟相及というのは原則であって、実際は子が位を継いだ例は殷本紀を見ればかなり多くある。「不三必ズシモ伝ヘ二子孫ニ一」というのは、周代に父子相伝が原則であったのを念頭に置いて殷代のことを言っている。

B　未必

1　学之道、必以忠信為主、而以勝己者輔之。然或吝於改過、則終無以入徳、而賢者亦未必楽告以善道、故以過勿憚改終焉。（論語、学而「君子不重則不威」朱子注引游氏説）

学問の道は、必ず忠信をば第一とし、そして自分にまさる友で自分の修養を助ける。しかし自分がもし過ちを改めることに消極的であるならば、最後まで、徳の備わった状態に進むすべがなく、そして賢者も楽しんで善道を知らせてくれるとは決まっていない。だから「過ちをした場合には改めるのに気遅れしてはならない」という言葉で締めくくったのである。

◯「賢者楽告以善道」は詩経鄘風干旄の序に「衛文公、臣子多好善、賢者楽告以善道也」とあり、衛の文公のときは賢者は楽しんで善道を告げてくれたが、いつもそうだとは限らないから、自分から進んで過ちを改めよの意。

2　夫事以密成、而以泄敗。未必其身泄之也、而語及其所匿之事、如此者身危。（史記、老子韓非列伝）

いったいものごとは秘密を守ることによって成功し、漏れることによって失敗する。

〔秘密の計りごとを立てている君主〕その人自身がこれを漏らすとは限っていないのであるが、しかし〔臣下または遊説者の〕語が君主の秘密にしている事がらに触れる、このような場合は〔臣下または遊説者の〕身が危うい。

○韓非子説難（臣下や遊説者が君主に自分の意見を述べて説得することの困難なことを述べる）の文であることを念頭に入れれば、君主が秘密を漏らし、説く者の語がそれに及ぶ場合はもちろんであるが、漏らさない場合でも、説く者がその秘密のことを言えば、こいつはおれの秘密の計りごとを知っていて漏らすかも知れないということになり、説く者が処刑されるという意味だとわかる。「未必」は「不必」の婉曲な表現。

3　教子者、本為愛其子也。継之以怒、則反傷其子矣。父既傷其子、子之心又責其父曰、夫子教我以正道、而夫子之身、**未必**自行正道。則是子又傷其父也。

（孟子、離婁上「君子之不教子」朱子注）

子を教えるのは、本来、わが子を愛するからである。〔ところが子が教えに従わないからといって〕すぐあとから怒るならば、反ってわが子の心を傷つける。父がわが子の心を傷つけるからには、子の心としてもさらにまたわが父を責めとがめて、「お父さんはわたしに正しい事を教えるが、お父さん自身は自分で正しい事を行っているとは限らない」という。つまり子がさらにわが父の心を傷つけることになるのだ。

○かりに「夫子不出於正」といえば通常一般の否定であるが、「未出於正」といえば「正に出るところまでは行っていない」「正に出るとはいいきれない」という婉曲な表現である。注はそれをいっそう婉曲に表現して「未必自行正道」といったのである。

4　不知人足之大小而為之屨、雖**未必**適中、然必似足形、不至成蕢也。（孟子、告子上「富歳子弟多頼」朱子注）

人の足の大小を知らないでその人のくつを作る場合、ぴったり当てはまるとは決まっていないけれども、しかし必ず足の形に似ていて、もっこのような大きいものを作ることにはならないのである。

5　孔子自言其進徳之序如此者、聖人**未必**然、但為学者立法、使之盈科而進、成章而後達耳。（論語、為政「吾十有五而志于学」朱子注引程子説）

孔子が、彼が徳を高めた順序を、自分でこのように言っているのは、聖人孔子は必ずこのようであったとは限らないけれども、ただ学問に従事する者のために法則を設け、彼らに順序を踏んで次第に完成の域に到達させようとしているのである。

○「盈科…」、孟子離婁下に「盈科而後進」、尽心上に「流水之為物也、不盈科不行。君子之志於道也、不成章不達」とあるのに基づく。水が流れるとき、途中のへこんだところに満ちてから向こうへ流れ進み、人が学問をする場合に、学問が次第に蓄積されて立派さが目につくようになってのちに一応完成の域に達すること。「未必然」は「不然」を極めて婉曲に表現したもの。

6　子游聖門高弟、**未必**至此、聖人直恐其愛踰於敬、故以是深警発之也。（論語、為政「子游問孝」朱子注引胡氏説）

子游は聖門の高弟であるから、こんなこと（＝親を養うのに犬馬を養うのと異ならない）にまで至るとは限らないけれども、聖人孔子はただ彼の親への愛が親への敬を越えるであろうことを恐れ、それでこの言葉によって深く戒めてこれを発したのである。

○子游が孝を問うたのに対し、孔子が「親を養うだけでは孝とは言えない。人は犬や馬をさえ養っている。親を敬わなかったら犬や馬を養うのとどこに区別があろうか」と言ったことについての注である。この孔子の答えは子游の敬が足りなく不敬に至る危険性があるから発せられた。

7　巧言令色孔壬、堯舜畏之、以比驩兜有苗、則宜曰不仁而已。然而曰鮮者、則有時而仁也。夫巧言令色之人、亦為利而已、其心未必不仁也。人君邇之、必敗乱天下。其無以鮮而易之也。（論語、学而「巧言令色鮮矣仁」についての范祖禹説）

言葉巧みな人・にこにこ顔をする人・はなはだしく腹黒い人は、堯や舜も恐れて、悪者の驩兜や有苗と同類視したほどであるから、「巧言令色は不仁だ」というのが適当なのである。それにもかかわらず「巧言令色、鮮なし仁」と言っているのは、時には仁になることがあるからである。いったい巧言令色の人も、わが利益のためにそうなっているのであって、その心は不仁だと決まっているわけでないのである。しかし人君が巧言令色の人を近づけるならば、天下を壊乱するに違いない。〔不仁でなくて〕仁が少ない程度だからとて彼らに気をゆるめてはならないのだ。

○朱子論語精義より引く。「驩兜」は人名、「有苗」は部族名。「有時」は「まま…のことがある」「時には…のことがある」を意味する。「有時乎」（孟子万章下）となることもある。

8 時歳荒民倹。有盗夜入其室、止於梁上。寔陰見、乃起自整払、呼命子孫、正色訓之曰、夫人不可不自勉。不善之人、**未必**本悪、習以性成、遂至於此。梁上君子者是矣。盗大驚、自投於地、稽顙帰罪。寔徐譬之曰、視君状貌、不似悪人。宜深剋己反善、然此当由貧困。令遺絹二匹。自是一県無復盗窃。（後漢書、陳寔伝）

当時、作物のできが非常に悪く人民は生活が不自由であった。盗人がいて夜かれの家に入り、梁の上に上ってじっとひそんでいた。陳寔はひそかに見て、そこで立ち上がって自分の身なりを整え、子孫を呼び寄せ、厳粛な顔付きをして彼らに言った、「一体、人は自分の心を励まして努力しなければならない。善くないことをする人も、本来から悪人であるとは決まっていない。悪習が身につくとそれに伴って性質も悪くなってしまい、その結果このようにまでなる。あの梁の上の紳士がそれなのだ」と。盗人は大いに驚き、地上に飛んで下り、額を地面につけてお辞儀をし、悪いことをしましたと白状した。陳寔はおもむろに盗人をさとして、「あなたの様子をよく見ると、悪人らしくない。深く自分の欲望に打ち勝って善心に立ち帰るがよろしい。しかしこのように盗みに入ったのは貧困が原因であるに違いない」と言って、家人に言いつけて絹二匹を与えさせた。この事件から後は、県じゅう、盗人が今までのようにはいなくなった。

◯「梁」、柱の上に横に渡してある木。昔は多くは天井がなかったので梁が下から見えた。「習以性成」は「習与性成」（書経、太甲）と同じ。↓第12節50。「習ひ性と成る」という訓読に引っ張られて「習慣が性格となり」と訳すのは誤り。

C　非必・無必

1　今之征伐、**非必**略地屠城、要在平定安集之耳。（後漢書、馮異伝）

現今の征伐は、必ずしも領地を奪い取り町を全滅させるのではなくて、肝要な点はその領地を平定し人民を落ち着かせ慕い集まらせるにあるのだ。

◯「在平定安集之」の返り点のつけ方に注意［↓第4節4］。

2　此因有土有財而言、以明足国之道、在乎務本而

節用、非必外本内末、而後財可聚也。（大学章句、伝十章）

ここは領土があり財（＝物資）があるということに基づいて述べて、国力を充足させる道は、徳に務めて費用を節約するに在り、必ずしも徳を軽んじ財を重んじ、かくてこそ財が集めうるというわけではないことを明らかにしたのである。

○「外本内末」などに関しては大学の前文を参照。

3　若紂有良子、而先喪紂、無章其悪而厚其敗。鈞之死也、無必仮手於武王、而其世不廃、祀至于今。吾豈知紂之善否哉。（晋語、一）

もし殷の紂王に良い子がいて、〔紂王が武王に滅ぼされるよりも〕先に紂王を滅ぼしたとしたら、紂王は自分の暴悪な行いを世の中に明らかにし自分の敗亡をひどいものとすることがなかったであろう。どちらにしても同じく死ぬのである、〔先に殺されていたら〕武王の手を借りる必要もなく、その血筋は王位を廃されることがなく、祖先の祭りは今まで続いたことであろう、もしそうならばわたしはどうして紂王の善否を知ることができましょうか。

○「厚其敗」、韋昭注に「謂武王撃以軽剣、斬以黄鉞也」というから、武王に伐たれて死んだ様子を指すようである。

D 何必

反語形で、「不必」と同じ結論になる。

1 子路問成人。子曰、若臧武仲之知、公綽之不欲、卞荘子之勇、冉求之藝、文之以礼楽、亦可以為成人矣。曰、今之成人者**何必**然。見利思義、見危授命、久要不忘平生之言、亦可以為成人矣。（論語、憲問）

子路が成人（完成した人物）について尋ねた。孔子の言うよう、「臧武仲の知、公綽の無欲、卞荘子の勇、冉求の才能などを兼ね備えており、礼楽で磨きをかけるならば、まあ成人ということができる」と。また言うに、「昨今の成人というのは必ずそうでなければならないわけでもない。利益に当面したときはそれが義に合っているかどうかを考え、君主の危ういのを見た場合には命をささげ、昔の古い約束にも平生の言葉を忘れず約束を果たすならば、それでも成人ということができる」。

○あとの「曰」については、朱子は「復加曰字者、既答而復言也」といい、また別に「今之成人以下、乃子路之言」という胡氏の説を掲げ、「未詳孰是」といっている。

2　公山弗擾以費畔。召。子欲往。子路不説曰、末之也已。**何必**公山氏之之也。（論語、陽貨）

公山弗擾が自分が差配している費という地の人民を率いて主人の季氏に謀反を起こし、孔子を招いた。孔子は行こうとした。子路は喜ばないで、「行ってはならないのです。どうして公山氏のところへ行かねばならないでしょうか」と言った。

○「不必之公山氏也」に同じ。「不説」と古い活用形（上二段）で読む人もある。

3　直道而事人、焉往而不三黜。枉道而事人、**何必**去父母之邦。（論語、微子）

人の守るべき道を正しく守って人に仕えるのならば、どこの国へ行ってもしばしば免職になる。道を曲げて人に仕えるのならば、何も父母の国を去って他国に職を求める必要はない。

○「不必去父母之邦」の意に帰着する。「**三**」について経典釈文に「息暫反、又如字」とあり、朱子注に「去声」とある。息暫反・去声のときは再三、たびたびの意（sàn）、如字は普通の意味で平声で読むこと。三度（sān）。

4　**何必**読書、然後為学。（論語、先進）

必ずしも書物を読んでそこで始めて学問をしたことになるわけでもない。

○「不必読書、然後為学」に同じ。

5　王子猷居山陰、夜大雪。眠覚開室、命酌酒、四望皎然。因起彷徨、詠左思招隠詩。忽憶戴安道。時戴在剡。即便夜乗小船就之、経宿方至。造門不前而返。人問其故。王曰、吾本乗興而行、興尽而返。**何必**見戴。（世説新語、任誕）

王子猷が山陰（浙江省紹興県）にいたとき、ある夜、大雪がふった。眠りから覚めて部屋の戸を開け、家人に命じて酒の酌をさせ、四方を眺めると銀世界である。それで立ち上がってあたりをさまよいながら、左思の招隠の詩を詠じていたが、ふと戴安道を思い出した。そのとき戴安道は剡（浙江省の地名）にいた。すぐに夜中に小船に乗り彼のもとに行こうとし、一晩かかってやっと着いた。門のところまで行って中へ入らないで引き返した。人がそのわけを尋ねた。王の言うよう、「わたしは本来、興に乗じて行き、興が尽きて引き返した。戴に会わねばならないわけでもない」。

○「即便」、同義語を重ねた複語、↓第41節。

6　子張曰、書云、高宗諒陰三年不言、何謂也。子曰、何必高宗、古之人皆然。君薨百官総己、以聴於冢宰三年。（論語、憲問）

子張曰く、「書経（説命上）に、殷代の高宗は父の喪に服すること三年間で、その間はものを言わなかったとあります。（それでは臣下は天子の命令を聞くことができませんが、書経のこの言葉は）どういう意味ですか」と。子曰く、「（喪に服していて三年間ものを言わないのは）どうして高宗だけに限ろうか。古の人は（天子も諸侯も）みなそうであった。君主がなくなると、もろもろの官吏はそれぞれ自分の職務をとりまとめて、三年間、冢宰（＝総理大臣）の指図を受ける。（だから君主は三年間ものを言わないでいられるのだ）」。

○「諒陰」は、天子が喪に服しているときいる建物の名とも、服喪の期間ともいい、諸説があり、朱子も「諒陰、天子居喪之名。未詳其義」という。なおこの場諒闇・涼陰・梁闇・亮陰なども書き、リャウ（リョウ）アンと読む。

合の「何必」を助字弁略は「豈但」の意であるという。「必」に必要条件の意があるので、「何必高宗」は「どうして高宗でなければならないだろうか」という意味から「高宗でなくてもよい」、つまり「高宗だけでなく他の者も…」の意になる。だから「非必高宗」に帰着し、わかり易く言えば「非但…」となる。したがって反語でいえば豈但の意にもなる。

E　不常・不倶・非皆・不皆　その他

1　車胤、字武子、南平人也、曾祖浚呉会稽太守、父育郡主簿。太守王胡之名知人、見胤於童幼之中、謂胤父曰、此児当大興卿門、可使専学。胤恭勤不倦、博学多通。家貧**不常**得油、夏月則練嚢盛数十螢火以照書、以夜継日焉。(晋書、車胤伝)

車胤は字は武子、南平郡の人である。曾祖父の浚は三国時代の呉の会稽郡の太守で、父の育は郡の主簿であった。太守の王胡之は人物を見抜くことで有名で、子供らの中にいる胤を見、胤の父に話をして、「この子はそなたの家を大いに興すはずである。

学問に専心させるがよい」と言った。胤は謹み深く勤勉で、物事にあきっぽくなく、広く学問をして博識であった。家が貧しくていつも油が買えるとは限らず、夏にはねり絹の袋に数十のほたるの火のとぼるのを入れて書物を照らし、昼に継いで夜も勉強した。

○当時は門閥貴族が勢力をもっていた時代で、郡の主簿のような地方官の息子が出世して中央の高官になった場合、すべて素寒・寒門の出身といわれた。しかし郡の主簿は晋代では太守の下の事務長だから、「いつも油が得られない」というような家庭ではない。また「不常得油」というのは「常得油」ということを否定しているのであって、いつも油が買えたとは限らない、つまり、時には油の買えないこともあったことを意味する。

2　世ニ有リ二伯楽一、然ル後有リ二千里ノ馬一。千里ノ馬ハ常ニ有レドモ、而伯楽ハ不二常ニハ有ラ一。（韓愈、雑説）

世の中に馬をよく見分ける伯楽がいて、そこで初めて伯楽に見出されて一日に千里も走る名馬が現れる。千里の馬は常に有るのだけれども、伯楽は常にいるとは限らない。〔だから名馬がいても発見されないで埋もれたまま終わってしまうのだ。〕

○「不常有」には、「不二常ニシモ有ラ一」という訓読法もあったらしいが、そのちすたれ、今では「不㆓常ニハ有㆒ラ」と読んで「常ニ不㆑有ラ」と区別する人が多い。しかし「ハ」がつけば部分否定だというと誤りになる場合もあるから、語順に注意すべきである。中国人や欧米人には「ハ」とか「シモ」とかがないから語順によってのみ文義を理解しているのである。

3　先生ハ不㆑知㆓何許（いづこ）ノ人㆒タルカヲ、不㆑詳㆓ラカニセ姓字㆒ヲ。宅辺ニ有㆓リ五柳樹㆒、因リテ以テ為ス㆑号ト焉。閑静ニシテ少ナク㆑言、不㆑慕ハ㆓栄利㆒ヲ。好ンデ読メドモ㆑書ヲ、**不**㆑求メ㆓**甚**解㆒ヲ、毎ニ有ル㆑会スルコト㆑意ニ、欣然トシテ忘ル㆑食ヲ。性嗜（たしな）メドモ㆑酒ヲ而家貧シク、**不**㆑能ハ㆓**恒**（つね）ニハ得㆒ル。

（晋書、陶潜伝）

先生はどこの人かわからず、姓名もはっきりしない。住まいのそばに五本の柳の木があり、それにちなんで五柳を号にした。もの静かな性格で言葉数が少なく、栄達や利益に心を向けなかった。書物を読むことが好きであったが、徹底的な理解をば求めないで、自分の考えに合致することがあるたび、うれしくなって食事をすることも忘れた。生まれつき酒が好きであったが家が貧しくて、酒をいつも手に入れるということはできなかった。

◯「不㆑能㆓ハ恒ニ得㆒ル」「不㆑能㆓ハ恒ニ得㆒ルコトハ」と読むも可。要するに「つねに得るということは不可能であった」の意。「不恒能得」ならば「得ることがつねに可能であったわけでない」の意、「恒不能得」ならば「得ることがつねに不可能であった」の意。

4　相如雖駑、独畏廉将軍哉。顧吾念之、彊秦之所以不敢加兵於趙者、徒以吾両人在也。今両虎共闘、其勢**不倶**生。吾所以為此者、以先国家之急、而後私讎也。（史記、廉頗藺相如伝）

相如はつまらぬ者ではあるが、どうして廉頗将軍を恐れようか。ただわたしが今回の事を考えてみると、強い秦が趙に攻撃を加えることのできないわけは、ただわれわれ二人がいるからである。いま仮に二匹の虎がともに戦ったならば、そのなりゆきとしてはどちらも揃っては生きていないであろう。わたしがこのこと（＝廉頗との衝突を避けること）をするわけは、国家の急務を第一とし、個人的敵対関係をあとまわしにするからである。

○「どちらも揃って生きている」ことを「不」で否定しているのであって、「どちらも揃っては生きていない」、つまり、どちらか一方が死ぬか、両方が死ぬかである。しかし両方が死ぬことがはっきりしておれば「倶不生」「倶死」であり、どちらか一方が死にさえすれば「不倶生」の条件を満たすから、この文を説明する場合、通常「どちらか一方は死ぬ」という。もっと正確を期するならば「少なくともどちらか一方は死ぬ」といえばよい。実際問題としては虎は傷つき無事でないに違いないが、「不倶生」の解釈として全面否定とするのは誤り。傷ついても死なければ、生きている部類に入るのである。→第31節C7「不両立」、第34節G7「不倶死」。

5　五帝之世**非皆**智。三季之末**非皆**愚。用与不用、知与不知也。（魏志、陳思王植伝）

太古の聖天子の五帝の時代には臣下がみな聡明であったというわけでない。夏殷周三代それぞれの末年には臣下がみな愚かであったというわけでない。立派な人物を用いると用いないと、知り分けると知り分けないとの違いがあったのである。

○もし「皆非智」ならば、「みなが智でない」、つまり「みなが愚である」ということになる。

6　詩人之作、各以情言。君子論之、不以文害意。故春秋伝引詩、**不皆**与今説詩者同。（左伝、隠公元年、杜注）

詩人が詩を作る場合には、それぞれ感情によって言葉を発する。君子がこの詩を論じる場合は、詩の文字にこだわって作詩者の意図を誤解するようなことはしない。だから春秋伝で詩を引く場合は、いま（＝晋代で）詩を解釈する者〔の説〕とすべて同じだというわけではない。

○「不皆」は、みながみなまで…であるわけでないの意。「不皆…」と読む人もある。上文の「不以文害意」は孟子万章上「故説詩者、不以文害辞、不以辞害志」云々に基づく。

F　必不・常不　その他

まず**必**について説明しよう。

「必」は未然のことをいうとする説もみられるが、「必」は過去・現在についてもいう。「其良人出、則**必**饜酒肉而後反」（孟子、離婁下）や「過宮門闕、万石君**必**下車趨、見路馬**必**式焉。子孫為小吏、来帰謁、万石君**必**朝服見之、不名。…上時賜食於家、**必**稽首俯伏而食之、如在上前」（宮殿の門を通るときは、万石君は必ず馬車からおりて、小走りに進み、天子の馬車を引く馬を目にしたときは、必ず車上の軾に手をついて敬礼した。子孫が小役人であっても、休暇で帰省して御機嫌伺いに来たときは、万石君は必ず礼服を着て会い、相手の名を言わなかった〈卑者に対しては普通は名を呼び、尊者には字を呼ぶのが習わし。自分の子孫であり、かつ小役人でも、天子につかえる役人として敬意を以て遇した〉。天子が時たま食物を家に送り届けて下賜されたときは、必ず頭を地面につけてひれ伏すようにして食べ、天子の前でいただくかのようであった。史記、万石張叔列伝）というのは、かの良人や万石君が過去から現在まで必ずおこなった習わしである。「必」について釈大典の文語解にいう、「決定シタル辞ナリ。又後来ヲ期スル辞、俚語ノゼヒトモナリ。又既往ノ事イツモカクアリシト云(いふ)辞トナル。皆ソノ義明ナリ。引証スルニ及バズ」と。

「必」の意味はこれだけではわかりにくい。「必」には必然・必定と必須・必要の二種類がある。いま「青年の必読書」という言葉を例に取ると、ある人は「勧誘しなくても、また、禁止しても、青年がだれでも必ず読む本」のことだという。それは必然・必定の方の意味である。またある人は「青年がだれでも読まなければならない本」だという。それは必須・必要の方の意味である。現実にそのような本があるかないかは別の問題で、言葉そのものの本来の意味は後者であるが、言葉というものは理解の仕方で意味に相違が生じるものである。孟子公孫丑上に「以レ力仮レ仁者霸、霸**必**有(たもツ)二大国一。以レ徳行レ仁者王、王不レ待レ大」という文があり、「王不待大」が王者になるには大国を必要としないの義であるのに対し（待は須の意）、霸者になるには大国をもっていることが必要であることを述べたもので、「霸必レ有二大国一」「霸必有二大国一」などと訓読すればやや理解し易いけれども、通常は「霸必有大国」と読み来たっている（「有」を「たもつ」と読むのは慣習で、「もつ」または音読でも誤りとはいえない）。

史記孔子世家に「魯定公且以乗車好往。孔子摂相事。曰、臣聞有文事者、必有武備、有武事者、必有文備。古者諸侯出疆、必具官以従。請具左右司馬。」（魯の定公は平和友好会議のつもりで出席しようとした。孔子は大臣（説明略）の職務を代行していたが、「…（後述）…むかし諸侯が国境を出て他国へ行くときは、必ず役人を漏れなく備えて従えたものです。左右の司馬（隊長）を備えて行きたいと思います」といった）とある。さてこの「有文事者必有武備」云々であるが、「文事のある者は武備のあることが必要である」と解するならば、必須の意である。また後文の「古者諸侯…」と同様に「むかしから文事のある者は必ず武備があったものである」と解するならば、必然の意である。孔子は武備のあることが必要だという意味で言ったように見えるけれども、「臣聞」と言っている以上、これは古語であり、夾谷の会の事件を穀梁伝定公十年に記して「雖有文事、必有武備」といい、また別に襄公二十五年に「古者雖有文事、必有武備」という文のあることから考えると、この場合の「必」は必然の意のように思える。このようなわけでどちらとも決定しがたい場合もあるけれども、種々の用法のあることだけは念頭に入れておかねばならない。

なお「…其不レ知二厭足一、如レ是甚也。且漢王不レ可レ必。身居二項王掌握中一数矣。項王憐而活レ之。然得レ脱、輒倍レ約復撃二項王一。其不レ可二親信一如レ此。…足下与二項王一有レ故。何不下反レ漢、与レ楚連和、参二分天下一王上レ之。今釈二此時一而自必二於漢一以撃レ楚。且為二智者一固若レ此乎」（…漢王が満足することを知らないことはこのようにはなはだしいのである。その上に漢王は信頼することができない。彼自身が項王に運命をにぎられたことはしばしばあった。項王は哀れんで助けてやった。しかし逃れることができると、そのたびにいつも約束に背き、今までどおりに項王を攻撃した。漢王の親しみ信じることのできないのはこのようである。…あなたは項王と古いなじみがある。漢に背いて楚と同盟し、天下を三分してあなたの持ち分の斉に王として君臨したらどうですか。ところがいまあなたはこの好機を捨てて漢にみずから期待をかけて楚を攻撃していられる。そもそも知者たるものは本来このようなものでしょうか。史記、淮陰侯列伝）、また「中国有二礼義之教、刑罰之誅一、愚民猶尚犯レ禁、又況単于能必二其衆不一レ犯レ約哉」（中国に礼義の教え、刑罰の仕置きがあるのに、愚民はそれでも禁令を犯す、それにまして単于は匈奴の民衆が約束を犯さないことを保証することができましょうか。漢書、匈奴伝下）など動詞に用いるときは、多くの人は「必ス」と音読しているようである。論語子罕に「毋意毋必」云々の文があるが、何晏は「専必」と注し「一途な態度を採る」意とし、朱子は「期必」と注し「決めてかかる」意とする。要するに「必」には、必ずこうなると決定・確信・信頼・保証する意味のあることも念頭に入れておくべきである。

1 無忌曰、伍奢有二子。不殺者、為楚国患。盍以免其父死召之、必至。於是王使使謂奢、能致二子則生、不能将死。奢曰、尚至、胥不至。王曰、何也。奢曰、尚之為人、廉死節、慈孝而仁。聞召而免父、必至、不顧其死。胥之為人、智而好謀、勇而矜功。知来必死、必不来。（史記、楚世家）

費無忌が言うには、「伍奢に二人の子があります。この二人の子を殺さないときは、楚国の災いを起こすでしょう。父の死を免除するという条件で彼らを呼び寄せなさったらどうですか。必ず来るでしょう」と。そこで楚の平王は使者をやって伍奢に告げさせた、「二人の子を呼び寄せることができたら生かしてやる、できねば死ぬことになるぞ」と。伍奢の言うよう、「兄の尚は来、弟の胥は来ないでしょう」。王の言うよう、「なぜか」。伍奢「尚の人がらは潔白で節義のために命を捨て、孝心があって情け深い。呼び寄せられて父の死を免れさせられるということを聞いたら、必ず来、自分が殺されることを念頭に入れないでしょう。胥の人がらは、知恵があって計りごとを好み、勇敢で功名を誇る。来たら必ず殺されるということを知ったら必ず来ないでしょう」。

○「王曰」、実は使者と伍奢との対話であるが、使者は王の代理であるから、「王曰」としている。「慈孝」、ここでは孝に重点がある。「**盍**」、音カフ（コウ）＝何不。

2　有人於此、其待我以横逆、則君子必自反也、我**必不**仁也、**必無**礼也、此物奚宜至哉。其自反而仁矣、自反而有礼矣。其横逆由是也。君子必自反也、我**必不**忠。自反而忠矣。其横逆由是也。君子曰、此亦妄人也已矣。如此則与禽獣奚択哉。於禽獣又何難焉。（孟子、離婁下）

いま仮にここに人がいるとして、その人がこちらを無茶な態度であしらうならば、君子は必ず反省するのである、自分はきっと不仁なのであろう、きっと無礼なのであろう、そうでなければこんなことがどうしてわが身に対して行われるはずがあろうかと。自分で反省してみると仁を行っている、反省してみると礼を備えている。しかも相手の無茶が相変わらずであるならば、君子は必ず反省するのである、自分はきっとまごころが足らぬのであろうと。反省してみるとまごころを尽くしている。しかも相手の無茶が相変わらずであるならば、君子はいう「この男はただでたらめな人間なのだ。このようなのは鳥獣と何の区別があろうか。鳥獣に対しては、無茶なことをされても、責めとがめてもむだだ」と。

○「必不仁也」「必無礼也」「必不忠」なども読む。意味は同じ。

「**由**」は「猶」と音通。

3　為大王計、莫如事秦。事秦、則楚韓**必不**敢動。無楚韓之患、則大王高枕而臥、国**必無**憂矣。（史記、張儀列伝）

大王様のために計りごとを立てますに、秦に服従するのが一番よろしい。秦に服従するならば、楚や韓は動き出すだけの勇気はきっとないでしょう。楚や韓からの災いがないならば、大王様は枕を高くして寝ることができ、国には心配事がきっとありません。

○最後の「**矣**」は決定的であること、既定の事実であることを表す。

4 仮人於越而救溺子。越人雖善游、子**必不**生矣。失火而取水於海。海水雖多、火**必不**滅矣。遠水不救近火也。
（韓非子、説林上）

人に越から来てもらって溺れている子を救うとする。越の人が泳ぎがじょうずでも、子はきっと死ぬ。過ちで火事を起こして海から水を取るとする。海水は多くても、火はきっと消えない。遠い所の水は近くの火事を消せないからである。

5 於是韓王勃然作色、攘臂瞋目、按剣仰天、太息曰、寡人雖不肖、**必不**能事秦。今主君詔以趙王之教。敬奉社稷以従。（史記、蘇秦列伝）

そこで韓王はむっと顔付きを変え、腕をまくり目を怒らせ、剣のつかに手をかけ天を仰ぎ、大きなため息をして言った、「拙者はふつつかながらも、秦に服従することは決してできない。いま貴殿は趙王のお言葉をお知らせ下された。つつしんで国家をすべてお任せして従いましょう」と。

6　子貢問政。子曰、足食、足兵、民信之矣。子貢曰、必不得已而去、於斯三者何先。曰、去兵。子貢曰、必不得已而去、於斯二者何先。曰、去食。自古皆有死。民無信不立。（論語、顔淵）

子貢が政治について尋ねた。孔子「食糧を充実させ、軍備を充実させ、人民が為政者を信頼するようにしよう」。子貢「万やむを得ないで除き去るとしたら、この三者のうちで何を先にしますか」。孔子「軍隊を除き去ろう」。子貢「万やむを得ないで除き去るとしたら、この二者のうちで何を先にしますか」。孔子「食糧を除き去ろう。昔から人にはみな死がある。〔だから死んでもかまわないが、〕人民は信義なしでは自分で存立していくことができない」。

○「必不得已」とも読む。どうしてもやむを得ない、絶対にやむを得ない、決定的にやむを得ないの意。

7　民無食必死。然死者人之所必不免。無信則雖生而無以自立、不若死之為安。故寧死而不失信於民、使民亦寧死而不失信於我也。（右の朱注の一部）

人民は食物がなければ必ず死ぬ。しかしながら死というものは人々の決して免れないものである。信義がなければ、たとい生きていても自分で存立して行くべきすべがなく、それよりも、死んだ方が安らかである。だからいっそ自分が死んでも人民に対して信義を失わないようにし、人民にもまたいっそ死んでもこちら（＝為政者）に対して信義を失わないようにさせるのである。

○「**不若**死**之為**安」、〔信義なしで生きているのは〕死ぬのが安らかであるのには及ばない。つまり、信義なしで生きているよりも、死んだ方が安らかである。この句法については↓第31節B15。

8　秦貪戻之国也。而毋親。蚕食魏氏、又尽晋国。戦勝暴子、割八県、地**未畢**入、兵復出矣。夫秦何猒之有哉。今又走芒卯、入北宅。此非敢攻梁也。且劫王以求多割地。王**必勿**聴也。今王背楚趙而講秦、楚趙怒而去王、与王争事秦、秦必受之。秦挟楚趙之兵、以復攻梁、則国求無亡、不可得也。願王之**必無**講也。（史記、穣侯列伝）

秦は欲張りで無茶をする国であります。そしてどの国とも和親がありません。魏国をじりじりと侵略し、さらに昔の晋国の領地を全部奪おうとしています。将軍暴鳶（ぼうえん）に戦って勝ち、八つの県を割譲させ、その土地が全部接収済みというところまでは行っていないうちに、軍隊がまた出動しました。一体、秦は満足することがありません。いままた将軍芒卯（ぼうぼう）を敗走させ、北宅（＝地名）に侵入しました。これは魏の都の大梁を攻めようとしているわけでないのであります。王様をおどして領地をたくさん割譲することを要求するつもりであります。王様は決して聞き入れてはなりません。いまもし王様が楚や趙に背を向けて秦と講和するならば、楚や趙は怒って王様から離れ、王様と競争で秦に服従しようとし、秦は必ずそれを受け入れるでしょう。秦が楚・趙の軍隊を援軍にしてまた大梁を攻めるならば、魏の国は亡びることのないようにと求めても不可能なのであります。どうか王様決して講和なさりませぬように。

9　許行欲使市中所粥之物、**皆不**論精粗美悪、但以長短軽重多寡大小為価也。…今不論精粗、使之同価、是使天下之人、**皆不**肯為其精者、而競為濫悪之物以相欺耳。（孟子、滕文公上「従許子之道」朱子注）

許行は、市場で売る品物をば、すべて精粗美悪を問題にしないで、長短・軽重・多少・大小だけで価格を決めるようにしようと思うのである。…いま仮に精粗を問題にしないで、品物の価格が同じであるようにしたら、つまり、天下の人々にみな精良な品物を作ることを承知しないで、きそって粗悪な物を作って人を欺くようにさせることになるのだ。

○初めの「皆」は市中所粥之物すべて。あとの「皆」は天下之人がみな。

10 気質之性、固有美悪之不同矣。然以其初而言、則**皆不**甚相遠也。(論語、陽貨「性相近」朱子注)

気質の性は、いうまでもなく、人によって良いのや悪いのやの違いがある。しかし人が生まれて気質の性をもち始めたときについていうときは、だれしもそうはなはだしくは相違していないのである。

○「不甚遠」は「非常に遠いのではない」「そう遠くはない」の意、「甚不遠」ならば「たいそう近い」の意。

11 人主今臨事任用、**並非**常所禄養之士、故難可尽其死力也。(史記、老子韓非列伝「所用非所養」索隠)

君主がいま戦争などの一大事に臨んで任用する武士らは、みな、平生俸禄を与えて養っている学者らとは別なものである。だから死力を尽くさせることができにくいのである。

○「いつも…ではない」は「常非」である。「非常」は部分否定である。「並非」の全面否定と「非常」の部分否定が連なることはできず、「常所養禄之士」は一連の語と見なさなければならない。副詞と「所」との結合については第22節を参照。なお「並」は「みな」「いずれも」の義。ただし後世及び現代では「並」が否定語の前に置かれると「決して…でない」などと否定を強める。

12 政煩刑重、民無所措手足、則常不畏死。雖以死懼之、無益也。民安于政、常楽生畏死、然後執其詭異乱群者而殺之、孰敢不服哉。（老子、七四章蘇子由注）

政治がこせこせとうるさく刑罰が厳しくて、人民が身の置き所もない状態になると、〔人民はやけくそになって〕死ぬことをいつも平気に思っている。〔そのようなときは〕殺すぞといって人民をおどかしても、何の効果もないのである。人民が政治に安んじ、つねに生を楽しみ死を恐れるようになって、そこで初めて、人民のうちの常軌を逸し民衆を惑乱させる者を捕えてこれを殺すならば、だれが服従しないでいられようか。

13 孟嘗君聞馮驩焼券書、怒而使使召驩。驩至。孟嘗君曰、文食客三千人、故貸銭於薛。文奉邑少、而民尚**多不**以時与其息、客食恐不足、故請先生収責之。聞先生得銭、即以多具牛酒而焼券書、何。馮驩曰、然。**不多**具牛酒、即**不**能**畢**会、無以知其有餘不足。有餘者、以為要期。不足者雖守而責之十年、息愈多。急即以逃亡自捐之。若急**終無**以償。上則為君好利不愛士民、下則有離上抵負之名。非所以厲士民彰君声也。焚無用虚債之券、捐不可得之虚計、令薛民親君而彰君之善声也。君有何疑焉。（史記、孟嘗君列伝）

孟嘗君は馮驩が証文を焼いたということを聞き、怒って使者を出して馮驩を呼び寄せさせた。馮驩が来た。孟嘗君「文は食客が三千人もいるので、薛で銭を貸している。文は領地〔の収入〕が少ない、人民どもはそれにもかかわらず多くが期限に利息を支払わない。客人たちの食事は十分に行き届かない恐れがある。だから先生にお願いして取り立てに行ってもらった。聞くところによると先生は銭を取り立てると、すぐにその銭で牛や酒をたくさん用意して、証文を焼いたそうだが、どうしたことですか」。

馮驩「そうです。牛や酒をたくさん用意しなければ、借り主を全部集めることはできませず、彼らに銭の余裕があるか足りないかを知るすべがありません。余裕のある者には約束の期日を定めました。足りない者は、つききりで十年間催促しても、利息はますます増えるでしょう。きびしく催促したら、〔人民は〕逃亡することによって自分から借金を踏み倒すでしょう。もしきびしく催促したら到底返済のすべがないでしょう。お上（かみ）にとりましては、殿様が利益を好み士民を愛さないということになり、しもじもの者にとりましては、お上から逃亡し借金不払いの罪に触れるという悪名が立ちまして、士民を励まし殿様の名声を世に知れ渡らせることにはならないのであります。役に立たぬ不良債権の証文を焼き、取り立て不可能な見込みなし勘定を帳消しにしましたのは、薛の人民に殿様を親愛させ、殿様の立派な御名声を世に知れ渡らせようとしたのであります。殿様は何も疑いなさるべきことはありません」。

○「牛 酒」、上文に「多醸（クシ）レ酒（ヲ）買（ヒ）二肥牛（ヲ）一」とあり、牛を買ってこれを殺して肉を取るのである。「即不能畢会」、ここの「即」は則に同じ。「不レ能二畢（ハ）会（スル）一」とも読む。「即座に（銭を借りた人々を）残らず集めることができず」という意味ではない。それならば「不能即畢会」でなければならぬ。「即」の位置から見て「即座に」の意になることはない。「急即以逃亡自捐之若急終無以償」の若急の二字は衍字（余計な字）という説がある（史記会注考証）。そうならば「きびしく催促したら、逃亡することによって自分から借金を踏み倒し、とうてい返済のすべがないでしょう」となる。「抵負」、抵は、当たる、触れる。負は負債、また、負債不払い。説文に「負、恃也、…一曰、受貸不償曰負」とある。「終不」→第34節G５６７。

G　その他の語を伴う否定

1　陽貨之欲見孔子、雖其善意、然不過欲使助己為乱耳。故孔子不見者義也。其往拝者礼也。必時其亡而往者、欲其称也。遇諸塗而不避者、不**終**絶也。

（論語、陽貨「陽貨欲見孔子」朱子注）

陽貨が孔子に会おうと思ったのは、彼の善意ではあるけれども、しかし〔窮極は〕孔子に自分を助けて乱をなさしめようと思っていたのに過ぎないのである。だから孔子が会わなかったのは義にかなったことである。孔子がでかけて行って答礼しようとしたのは礼にかなったことである。陽貨の不在の時を必ず見計らって行ったのは、自分の行為が道理に合うようにと望んだからである。陽貨に途中で出会って避けなかったのは、彼を見捨て切りにしなかったのである。
○「善意」、「その宝を懐きて」云々と言って就職を勧めるつもりであったことを指す。「不終絶」、終絶（永遠に見捨ててしまうこと）をしない。相手が悪人であっても改善の可能性があると望みをかけること。「**諸**」は「之於」に同じ。

2　三剛正而処レ巽、有下**不**二**終**迷一之義上。（易経、姤卦九三爻、程氏易伝）

第三爻は陽爻の剛で、陽爻陽位の正であり、巽（☴）に位置を占めているから、いつまでも迷ったままで終わることをしないという意味をそなえている。

3　居二下之上一、**不**二**終**含蔵一。（易経、坤卦、六三爻、朱子本義）

第三爻は下爻の一番上に位置しているから、自分の立派さをいつまでもしまい込んでいることをしない。

4　志不レ可レ則、而尤**不**二**終**无一也。（韓退之、諍臣論）

その人の志は手本とすることができず、とがめは、なくて終わることはない。
○以上四例、仮に「不終」と太字にしたが、実は「終」は「不」の字を修飾することはなく、下の語を修飾するだけである。習慣上「終」を「つひニ」と訓読するけれども、「おはりマデ」と訓読する方が誤解を招くことが少ないかも知れない。

5　広出猟、見草中石、以為虎而射之。中石没鏃。視之石也。因復更射之、**終不**能復入石矣。(史記、李将軍列伝)

李広が郊外に出て猟をし、草むらの中の石を見かけ、虎だと思ってそれを射た。石に命中してやじりが石に入り込んだ。それをよく見ると石であった。それでもう一度それを射たが、前のように石に突きさすことができずじまいであった。

○「**終不**」は「最後まで…しない」「決して…しない」「…ずじまいである」「…ずに終わる」の意。

6　広廉、…終広之身、為二千石四十餘年、家無余財。**終不**言家産事。(同右)

李広は潔白な人で、…李広の生涯を終えるまで、二千石の俸給を受ける官であることが四十年余りであったが、家に余分の財産がなかった。しかし最後まで家の財産のことを口にしなかった。

○56の例は過去のことを述べたものである。

7　陳餘曰、吾度前終不能救趙、徒尽亡軍。且餘所以不倶死、欲為趙王張君報秦。今必倶死、如以肉委餓虎、何益。（史記、張耳陳余列伝）

陳余の言うに、「わたしが見積もってみるに進軍しても結局趙を救うことができず、いたずらに自分の軍隊を全滅させてしまうであろう。その上に〔もう一つの理由として〕わたしが〔張耳殿を救いに行って彼と〕いっしょには戦死しないわけは、〔生きていて〕趙王や張耳殿のために秦に復讐しようと思うのである。いま必ず張耳殿といっしょに戦死しなければならないというのであれば、肉を飢えた虎に与えるようなもので、何の益もない。

○「不倶死」↓第34節E4。

8　韓信猶予不忍倍漢、又自以為功多、漢終不奪我斉、遂謝蒯通。（史記、淮陰侯列伝）

〔蒯通が韓信に謀反を勧めたが〕韓信はぐずぐずしていて漢に背くに忍びなかった。さらに彼は、自分は手柄が多いから、漢はわしの斉国を決して奪い取るまいと思い、かくて蒯通に謝絶した。

9 （王生）嘗召居廷中。三公九卿尽会立。王生老人。曰、吾襪解。顧謂張廷尉、為我結襪。釈之跪而結之。既已。人或謂王生曰、独奈何廷辱張廷尉、使跪結襪。王生曰、吾老且賤。自度終無益於張廷尉。張廷尉方今天下名臣。吾故聊辱廷尉、使跪結襪、欲以重之。諸公聞之、賢王生而重張廷尉。（史記、張釈之馮唐列伝）

（王生は）かつて召されて朝廷で席についていた。三公九卿は全部集まって立っていた。王生は老人であった。彼は「わしの足袋のひもがほどけた」と言い、振り返って張廷尉に言った、「わしのために足袋のひもを結んでくだされ」と。張釈之はひざまずいてひもを結んだ。すでに謁見が終わった。人々のなかに王生に言うものがあった、「他のことはいざ知らずどうして張廷尉に朝廷で恥をかかせ、ひざまずいて足袋のひもを結ばせたのですか」と。王生の言うに、「わたしは老いており、かつ身分が低い。自分のことを考えてみるにいつまでたっても張廷尉に役に立てない。張廷尉は今や天下の名臣である。わたしはだからいささか廷尉を辱めて、足袋のひもを結ばせ、それで彼の値打ちを高めて上げようと思ったのだ」と。高官たちはこのことを聞いて、王生をすぐれた人物だと思い、そして張廷尉を重んじた。

◯釈之（しゃくし）とも読む。

10　蘇秦之昆弟妻嫂、側（そばメテ）レ目（ヲ）不ニ敢（ヘテ）仰視（セ）一。（史記、蘇秦列伝）

蘇秦の兄弟や妻や兄嫁は、目をそらして、顔を上げてはっきり見るだけの勇気がなかった。

◯「**敢**」は勇敢・果敢の敢で、勇気を出し押し切ってすること。また無謀・無遠慮・無礼なことをすること。要するに、しにくいこと、してはいけないことをすることを意味する。英語の dare という語に相当すると考えればよい。↓第34節G26。

11　公子為（リ）レ人（ト）、仁（ニシテ）而下（リ）レ士（ニ）、士無（ク）ニ賢不肖（ト）一、皆謙（ニシテ）而礼（モテ）交（ハリ）レ之（ニ）、**不**下**敢**（ヘテ）以（テ）ニ其（ノ）富貴（ヲ）一驕（ラ）上レ士（ニ）。（史記、魏公子列伝）

公子はその人がらは、情け深くて士にへりくだり、士に対しては賢不肖の区別なしに、公子はだれにも謙譲して礼儀正しく交際し、自分の富貴を鼻にかけて士におごるなんていうことをしなかった。

◯「士」は官吏や知識人を広く指す。「無賢不肖」↓第33節I5。「礼ニ交（シ）之（ニ）一」とも読む。意味は同じ。

12　当是時、諸侯以公子賢多客、**不敢**加兵謀魏十餘年。（同右）

その当時、諸侯は公子が賢明で食客をおおぜい抱えているので、十数年間にわたって軍事的圧力を加えたり、魏国を奪い取ろうとしたりなんていうようなことをしなかった。

13　**不敢**暴虎、**不敢**馮河。（詩経、小雅、小旻）

無謀にも虎を手でなぐって捕えるようなことをせず、無謀にも黄河を歩いて渡るようなことをしない。

14　見父之執、不謂之進、**不敢**進、不謂之退、**不敢**退、不問**不敢**対。（礼記、曲礼上）

父の親友に会ったときは、その人が自分にこちらへ来なさいと言わないときは、進んだりはせず、さがりなさいといわないときは、退いたりはせず、向こうから問わない限りは答えたりはしない。

○「執」は執友、執志同者。同志の親友の意。

15　狐曰、子**無敢**食我也。天帝使我長百獣。今子食我、是逆天帝命也。（楚策、一）

きつねが言った、「あなたはわたしを食べるなんて大それたことをしてはならないのです。天の神様がわたしを百獣に対する王にならせました。いまもしあなたがわたしを食べるならば、つまり天の神様の命令に背くことになるのです」と。

○「子無敢食我也」（「也」を読まず）とも読む。

16　客対曰、寡君命使臣某、**毋敢**視賓客。是以敢固辞。固辞不獲命、**敢不**敬従。（礼記、雑記上）

客（＝弔問の使者）が答えて言う、「わたくしめの主人は使者のそれがしに、賓客同様の扱いを受けるようなことがあってはならぬと言い付けました。そういうわけではばかりながら固辞いたしました。固辞いたしましたがお許しをいただけません。謹み従わないなんてできましょうか（＝謹んで従わざるをえません）」。

○「**敢不**…」とある場合は「敢不…乎」「敢不…与」とともに反語になる場合が多い。ただし反語ばかりとは限らない。あとの文例19～24を参照。

17 司正升受命、皆命、君曰無不酔。賓及卿大夫皆興対曰、諾、**敢不**酔。（儀礼、燕礼）

司正（＝宴会儀式掛の役人）が堂にのぼって殿様の仰せを受け、みなに仰せを伝える、「殿様は酔わないことのないようにせよ（＝みな酔いなさい）と仰せです」と。賓客及び卿大夫はみな立ち上がってお答えして「承知いたしました。酔わないなどはいたしません（＝酔わせていただきます）」という。

18 昔三代明王之政、必敬其妻子也。有道。妻也者、親之主也。**敢不**敬与。子也者、親之後也。**敢不**敬与。君子無不敬也。敬身為大。身也者、親之枝也。**敢不**敬与。不能敬其身、是傷其親。傷其親、是傷其本。傷其本、枝従而亡。（礼記、哀公問）

むかし夏殷周三代の聖天子の政治では、必ず自分の妻と子を敬ったのである。それには道理がある。妻というのは先祖の祭りの場合の責任者である。敬わないなんてできようか。子というのは親の跡を継ぐ者である。敬わないなんてできようか。君子は敬わないものがないのである。そのうちでもわが身を敬うことが重大である。わが身というのは親から分かれ出た枝である。敬わないなんてできようか。わが身を敬うことができないのは、つまり自分の親を傷つけることになるのである。自分の親を傷つけるのは、つまり自分のルーツを傷つけることになる。自分のルーツを傷つけるならば、枝はそれにつれて滅びる。

19　昔三代明王、必敬妻子也。蓋有道焉。…身也者、親之枝也。**敢不**敬其身。是傷其親。傷其本也。傷其本、則枝従之而亡。（孔子家語、大婚解）

むかし三代の聖天子の時代には、必ず妻と子を敬ったのである。思うにそれには道理がある。…わが身というのは、親から分かれ出た枝である。不埒にもわが身を敬わないのは、つまり自分の親を傷つけ、自分のルーツを傷つけることになるのである。自分のルーツを傷つけるならば、枝はそれに従って滅びる。

○ここ以下24までの「敢不」「敢無」は反語でない例。

20　孔子侍坐於哀公。哀公曰、敢問人道誰為大。孔子愀然作色而対曰、君之及此言也、百姓之徳也。固

臣**敢無**辞而対。人道政為大。（礼記、哀公問）

孔子は魯の哀公に侍（はべ）ってすわっていた。哀公「ぶしつけながら尋ねるが、人の道は何が重大であるか」。孔子はハッと顔付きを変えてお答えして言った、「殿様がこのことを仰せられましたのは、人民どもの仕合わせであります。もちろん私ははばかりながら辞退いたしませんでお答え申します。人の道は政治が重大なのであります」。

21　**敢不**関鞭五百。（周礼、秋官条狼氏）

不埒（ふらち）にも殿様に連絡しなかったならば、鞭五百の刑を施すぞ。

22　子而思報父母之仇、臣而思報君之讐、其有**敢不**尽力者乎。（越語、上）

子として父母の仇を討とうと思い、臣として君の讐を討とうと思う場合、一体、力を尽くさない不埒者がおりましょうか。

23　臣**不敢**愛死。無乃求去憂而滋長乎。臣是以懼。**敢不**聴命。（左伝、昭公二十年）

わたくしはいのちを惜しむなんていうことはいたしません。〔しかしいま相手を攻撃するならば〕かえって、心配事を除き去ろうと求めて心配事がますます増えることにならないでしょうか。わたくしはだから恐れます。はばかりながら仰せに従いません。

24　親衛数百人、抜剣張弓、直入堂前、呵曰、汝是何人、**敢不**避大将軍。（鄭還古、杜子春伝）

親衛兵数百人が剣を抜き弓の弦を引きしぼり、直ちに堂の前に進んで来、しかりつけて言った、「きさまは何者であって、無礼にも大将軍様のお通りに道をあけないのか」。

25　上好礼、則民**莫敢不**敬。（論語、子路）

為政者が礼を好むならば、人民たちには不埒にも為政者を敬わぬというような者はいなくなる。

26　喪事**不敢不**勉。（論語、子罕）

死者に対する儀式は、努力して行わないというがごとき不届きなことをしない。

○**敢**は、たとえば説文に「進取也」といい、荀子性悪の「天下有道、敢直其身」の揚倞注に「敢、果決也」とあるように、物事を進んでする、てきぱきとする、勇気を出してすることを意味する助字である。漢文としては助動詞であると思われるけれども、訓読ではアヘテと読み、動詞から変化した副詞のように使われる。物事を押し切って、果敢におこなう場合は、時には無遠慮・無分別で無礼な場合もあるであろう。だから儀礼の燕礼の「臣敢辞」の鄭玄の注に「怖懼用勢決之辞」とあり、また儀礼士虞礼の記の「敢用絜牲剛鬣」の鄭注に「敢、冒昧之辞」といい、賈公彦の疏は「凡言敢者、皆是以卑触尊、不自明之意」といっている。つまり「恐れながら…いたします」「はばかりながら…いたします」などという場合に当たる。その他、種々の訳し方が可能で、それらの例はすでに示しておいた。さてたとえば10の「不敢仰視」についていうと、漢文の原則として上の字は下の字にのみ影響するから、「敢」は「仰視」の字にのみ影響する。蘇秦の昆弟妻嫂の場合、蘇秦を仰視することは勇気がいることだから「敢仰視」は「勇気を出して仰視する」ことで、「不敢仰視」はそれを否定している。つまり「勇気を出して仰視することをしない」「正視するだけの勇気がない」ことである。

次に19の「敢不敬其身」に就いていえば、わが身を敬わないことは良くないことであるが、それを敢えてするのであるから、「不埒にもわが身を敬わない」となる。23の「不敢愛死」（「死を愛しむ」は「いのちを愛しむ」と同じ）についていえば、

「敢愛死」という以上、この敢は勇敢・果敢の敢ではない。いのちをおしむのはこの場合は良くないことである、それを押し切ってするのが「敢愛死」であり、それをしないのが「不敢愛死」である。「いのちを惜しむなんていうようなことはしません」といえば大体の見当がつくが、もっとはっきりいえば「不埒にもいのちを惜しむなんていうようなことはしません」となり、「不埒にも」が「しません」にかかる心配があれば、「…のような不埒なことはしません」といえばよい。孝経に「身体髪膚、受之父母。不敢毀傷、孝之始也」の「敢」も、してはならないことをする場合の用例である。25「莫敢不敬」、26「不敢不勉」なども文字の順序に従って考えれば容易に解決する。

　ところが漢文には反語がある。そこで「敢不」の場合に「敢不…乎」「敢不…与」などとなっていなくて、ただ「敢不…」だけでも反語になる場合があり、この点がいささか複雑である。これは文章の前後の関係から全体の意味を考えて反語かどうかを決めるより外に方法がない。「敢不…」が反語になる場合は「不敢不…」と同様の意味になる。なお「敢不」の場合だけが反語になるのではなくて、たとえば「敢忘大恵」（左伝、昭公六年）、「敢忘君徳」（同、成公十七年）のような反語の場合もある。

27 臣聞比干剖心、子胥鴟夷。臣**始不**信、乃今知之。（史記、魯仲連鄒陽列伝）

わたくしは、比干は胸を切りさかれ、伍子胥は皮袋に詰めて川に投げ込まれたということを聞きました。わたくしは初めはそのようなことを信じなかったが、やっと今になって本当だとわかりました。

28（高帝）徴兵梁王。梁王称病、使将将兵詣邯鄲。高帝怒、使人譲梁王。梁王恐、欲自往謝。其将扈輒曰、王**始不**往、見譲而往。往則為禽矣。不如遂発兵反。（史記、魏豹彭越列伝）

漢の高帝（＝高祖）は援軍を送れと梁王に要求した。梁王は病気だといって、隊長に命じて軍隊を率いて邯鄲へ救援に行かせた。高帝は〔梁王自身の来ないことを〕怒り、家来をやって梁王を責めとがめさせた。梁王は恐れて、自分で行ってあやまろうと思った。梁王の隊長の扈輒が言うのに、「王様は初めには行かなくて、責めとがめられてからお行きになりますが、行けばとりこになるでしょう。それよりもこのまま軍隊を動員して謀反なさる方がよろしい」と。

○「始メ」「始メハ」はいずれでも可。27 29 30も同じ。

29（小娥）曰、使我獲報家仇、得雪冤恥、是判官恩徳也。顧余悲泣。余不之識、詢訪其由。娥対曰、其名小娥、頃乞食孀婦也。判官時為辯申蘭申春二賊名字、豈不憶念乎。余曰、**初不**相記、今即悟也。（李公佐、謝小娥伝）

小娥は「わたくしに家の仇を討つことができ、無実の辱めをすすぐことのできるようにしてくださったのは、判官様の恩恵でございます」と言って、私の方を振り向いて悲しげに泣いた。わたしは彼女に見覚えがなく、なぜそのようなことを言うのかその理由を尋ねた。小娥が答えて言う、「わたくしの名は小娥でありまして、さきの物ごいのやもめでございます。判官様はあのときわたくしのために申蘭申春という二人の賊の姓名を解きあかしてくださいました。なんと覚えていらっしゃいませんか」と。わたしは言った、「初めはあなたのことを覚えていなかったが、いまやっとわかりました」。

○「不之識」→第16節B。「為辯」→第13節。以上三例の「始不」「初不」及び次の「始未」は、「初めは…でなかった」の例。

30 由レ此観レ之、**始未**三嘗不二粛祇一、後稍怠慢也。（史記、封禅書）

このことで観察すると、初めのうちは慎み深くしていなかったためしはないのであるが、のちに次第に怠慢になったのである。

31 勲曰、臣聞先王燿レ徳不レ観レ兵。今寇在レ遠而設二近陳一。不レ足レ昭二果毅一、秖黷レ武耳。帝曰、善。恨見レ君晩。群臣**初無**二是言一也。（後漢書、蓋勲伝）

蓋勲の言うよう、「わたくしの聞いていますには、先王は自分のすぐれた人格を世に明らかにして、武力を誇示しないということであります。ところがいま反乱者は遠い所におりますのに陛下は宮城の近くに陣地を設けておられますが、これは軍隊の果敢剛毅さを明らかに示すことができず、ただ武の徳を汚すにすぎません」と。天子が言う「立派な言葉である。そなたに会うことの遅かったのが残念だ。群臣には今までに一度もこのようなことを言ったものがいない」と。

○「先王燿徳不観兵」は周語上の語。「昭果毅」は左伝宣公二年の語。

32 （杜瓊）為人静黙少言、闔門自守、不与世事。…雖学業入深、**初不**視天文、有所論説。（蜀志、杜瓊伝）

杜瓊は人がらが物静かで言葉数が少なく、一族の者全部が正しく身を守り、俗世間の事に関与しなかった。…彼は学業が奥深い所に達していたが、今までに一度も天文を観察し、何かを論説するということがなかった。

33 （柔）曰、汝頗曾挙人銭不。子文曰、自以単貧、**初不**敢挙人銭物也。柔察子文色動、遂曰、汝昔挙竇礼銭、何言不邪。（魏志、高柔伝）

〔焦子文が竇礼の銭を借り、返さないで竇礼を殺し死体を埋め隠した事件の取り調べで、裁判官の高柔が〕言う、「汝はいささか今までに人の銭を借りたことがあるかどうか」。子文「自分は縁者がなく貧乏ですから、今までに一度も人の銭や品物を借りるなんてしたことがありません」。高柔は子文の顔付きが変わったのを認め、かくて言った、「汝はむかし竇礼の銭を借りたのに、どうして借りないと言うのか」。

○「以単貧」、単貧だからだれも金を貸してくれないという意味で書いてある。

以上三例「初無」「初不」は通例「初」と読む。詩経豳風東山の詩の「勿士行枚」の鄭箋に「初無」の語が見え、疏に「初無猶本無」といい、助字弁略は初不について「此初字、猶自来、従来」という。つまり「最初から…ない」「今までに…ない」の意味で、強い否定になる。

34　王経少貧苦、仕至二千石。母語之曰、汝本寒家子、仕至二千石。此可以止乎。経不能用、為尚書助魏、不忠於晋。被収。涕泣辞母曰、不従母勅、以至今日。母都無戚容、語之曰、為子則孝、為臣則忠、有孝有忠、何負吾邪。（世説新語、賢媛）

王経は幼いとき貧困であったが、仕官して郡の大守にまでなった。母が彼に「お前はもともと家柄のない家の子で、仕官して郡の太守にまでなった。この辺が止まりにするのによいだろうね」と言った。王経はその言葉に従うことができず、尚書になって魏を助け、〔魏朝の実権を握っていた〕晋王司馬昭に対して不忠となり、捕えられた。涙を流して母に別れを告げ、「母上の戒めに従わなかったので、今日のはめになりました」と言った。母は全く悲しむ様子もなくて、彼に告げて「子としては孝、臣としては忠、孝も忠もおこなったのだから、どうしてわたしに背いたことになりましょうか」と言った。

35　羅友作荊州従事。桓宣武為王車騎集別。友進坐。良久辞出。宣武曰、卿向欲咨事、何以便去。答曰、友聞白羊肉美、一生**未曾**得喫。故冒求前耳。無事可咨。今已飽、**不復**須駐。**了無**慙色。（世説新語、任誕）

羅友は荊州の従事（＝官名）になった。（荊州刺史であった）宣武公桓温は車騎将軍王洽のために送別の宴会を開いた。羅友は前列の方に進んで席についていたが、しばらくして辞去しようとした。桓宣武は言った、「そなたはさきに何か相談したそうにしていたが、どうしてすぐに立ち去るのか」。答えて曰く、「友は白羊は肉がおいしいと聞いていましたが、生まれて以来まだ食べたことがありません。それで無遠慮にもほしくて前へ出ました。相談すべき事はありません。いますでにじゅうぶんいただきましたから、これ以上とどまっている必要はありません」と。恥じ入る顔付きは全くなかった。

36　丞相特前戯許灌夫、殊無意往。（史記、魏其武安侯列伝）

丞相田蚡はただ前に冗談で灌夫に承諾しただけであって、出かけて行くつもりは全くなかった。

○従来一般に「殊無」と読むが、「絶対にない」「決してない」「まるでない」などの意。「絶無」に同じ。

37　大月氏王已為胡所殺、立其太子為王、既臣大夏而居。地肥饒、少寇、志安楽。又自以遠漢、殊無報胡之心。（史記、大宛列伝）

大月氏は王がすでに匈奴に殺されたので、その太子を立てて王にし、大夏（バクトリア）をすっかり臣属させてその地にいすわっていた。土地は肥沃で、侵略者も少なく、安楽に生活したいと思っていた。そのうえ彼らの考えでは漢に遠い〔ので容易に援軍を得ることができない〕というので、匈奴に復讐する心は全然なかった。

38　天子已業誅宛、宛小国、而不能下、則大夏之属軽漢、而宛善馬絶不来、烏孫侖頭、易苦漢使矣、為外国笑。

（同右）

天子はすでに大宛(たいえん)国討伐を始めたものだから、「大宛は小国であるのに降伏させることができねば、大夏などの国々が漢を軽んじ、そして大宛の善馬は決して来ないであろうし、また烏孫(うそん)・侖頭(ろんとう)などの国は漢の使者を侮り苦しめるにちがいない。こんなことでは外国に笑われるであろう」と思った。

○「誅レ宛」の下に「以為(おもヘラク)」の語が省略されたものと思われる。**已**・**業**はともに、すでに開始したとき、すでに完了したとき、いずれの意味もある。また条件が成立していることを意味する場合がある。**已業**は**業已**とも書く。同義語を並べた複語。↓第41節。

39　誰(カ)謂(フ)二河(ヲ)広(シト)一、**曾**(すなはチ)**不**レ容(レ)レ刀(ヲ)。誰(カ)謂(フ)二宋(ヲ)遠(シト)一、**曾**(チ)**不**レ崇(おヘ)レ朝(ヲ)。（詩経、衛風、河広）

だれが黄河を広いというのか。なんとまあ小舟を収める川幅もない。だれが宋国をここから遠いというのか。なんとまあ朝飯前に行けるぐらいに近い。

○鄭箋「…喩(フ)レ狭(キニ)。小船(ヲ)曰(フ)レ刀(ト)」「崇(ハ)、終也。行(クニ)不レ終(ヘ)レ朝(ヲ)。亦喩(フ)レ近(キニ)」。「曾」の説明はあとの文例43を参照。

40　…則是人也、而曾狗彘之不若也。（荀子、栄辱）

…してみるとつまり人でありながらなんとまあ犬や豚にも劣るのである。

○「曾不若狗彘也」の倒置。

41　昔有学歩於邯鄲者。曾未得其髣髴、又復失其故歩、遂匍匐而帰耳。（漢書、叙伝上）

昔趙国の都の邯鄲へ〔都会風の〕歩き方を学びに行った者がいたが、なんとまあ、その歩き方の似たりよったりのところを習得するところまでいかないのに、さらにまた自分のもとの歩き方を忘れてしまい、かくて這って国に帰ったのである。

42　吾所以待侯生者備矣。天下莫不聞。今吾且死、而侯生曾無一言半辞送我。我豈有所失哉。（史記、魏公子列伝）

わたしの侯生に対する待遇のしかたは至れり尽くせりであって、天下の人々は聞いていない者はない。ところが今わたしが命を投げ出そうとしているのに、侯生はなんとまあ一言葉半言葉でも言ってわたしを見送ることをしてくれなかった。わたしはなんと間違った点があったのであろうか。

○「豈」、ここでは推度の副詞。

43 左師触龍言願見太后。太后盛気而胥之。入。徐趨而坐。自謝曰、老臣病足、曾不能疾走、不能見久矣。窃自恕、而恐太后体之有所苦也、故願望見太后。太后曰、老婦恃輦而行耳。曰、食得毋衰乎。曰、恃粥耳。曰、老臣間者殊不欲食、乃彊歩日三四里、少益嗜食、和於身耳。太后曰、老婦不能。（史記、趙世家）

左師の触龍が太后にお目どおりしたいと申し出た。太后は怒りながら待っていた。入って来、ゆっくりと小股に歩いて席についた。自分のことをあやまって「わたくしめは足の病気でして、速く走ることが全くできませず、久しくお目どおりできませんでした。はばかりながら自分のことはとにかくといたしまして、太后様のお体にお困りの点のあるであろうことを恐れましたので、それで太后様のお姿をはるかに拝見したいと存じました」。太后「わらわは車にたよりおるぞよ」。「お食事は衰えることがなくていらっしゃいますか」。「粥にたよりおるぞよ」。「わたくしめは先般食欲が全くございませんでしたが、それを無理して日に三四里歩きましたところ、少しますますおいしく食べ物がいただけるようになりまして、体が快適でございます」。太后曰く、「わらわはそれができぬ」。

○「左師」、老臣を優遇して任じた高官名の一つ。「触龍言」については、王念孫の読書雑志、戦国策第二に考証がある。「趨」、臣下が君主にまみえる場合、小股で速く歩くのが礼儀であった。後文に疾走とあるのも実はこのことを指す。「曾不能疾走」、王力の古代漢語、第二単元一一七ページ［校訂重排本第一冊一二七ページ］に「曾が不の字の前に在るときは、否定の語気を強める」という。「望見」、はるか遠くにながめること。お目どおりをすることをこのように言った。「殊不欲食」、前掲王力の書に「殊、很」という。はなはだの意。「殊不」は強い否定。

説文に「曾、詞之舒也」とあり、段玉裁の注に、「按曾之言乃也」といい、詩経にしばしば見える曾是や、論語の「曾是以為孝乎」(曾是と続き、是は添え字。是以と続くのでない)「曾謂泰山不如林放乎」、孟子の「何曾比予於管仲」などの曾はみな乃の義であり、孟子の趙岐注にも「何曾、猶何乃」というとし、「曾是以為孝乎」の皇侃の疏に「曾猶嘗也」といっているのを誤りとし、「蓋曾字古訓乃、子登切。後世用為曾経之義、読才登切。此今義今音、非古義古音也」といっている。劉淇の助字弁略には、孟子の「爾何曾比予於是」の趙岐注の「何曾猶何乃也」、朱子注の「曾之言則也」を引き、「愚案、曾之言則者、蓋本論語曾謂泰山正義之説。以則字亦有乃義也。然訓則不若訓乃為愜」（「不若…為愜」↓第31節B15）といい、詩経の「曾是」や論語の「曾是以為孝乎」の曾の字は乃と訓ずべき旨を説いている。そしてこの外に「嘗」と訓ずべき場合をも別に挙げている。王引之の経伝釈詞は曾を則・乃と訓ずべき場合と嘗と訓ずべき場合との二つに区別し、前者には「音増、此『曾是以為孝乎』之曾。俗読如層、非也」といい、曾乃・曾是・何曾などはこれに属するとし、後者には「音層、此曾経之曾」という。経伝釈詞にまたいう「案玉篇、曾、子登切、則也。又才登切、経也。広韻同。是訓為則者、乃曾是曾謂之曾、音子登切。訓為経者、乃曾経之曾、音才登切。群経音辯、曾、則也、作滕切。曾、嘗也、昨滕切。嘗即曾経之義。以上諸書、皆音義判然、不相淆雑。説文、曾、詞之舒也。此即曾是曾謂之曾、当読如増。而徐鉉音昨棱切、則誤読如層矣。集韻、曾、徂棱切、引説文、詞之舒也、即踵徐氏之誤。自是以後、遂以曾是曾謂之曾、読如層矣。当依玉篇・広韻、及経典釈文改正」という。ここに経典釈文というのは、礼記三年問「則是曾鳥獣之不若也」の釈文に則能反、論語八佾「曾謂泰山不如林放乎」の釈文に則登反、為政「曾是以為孝乎」の釈文に曾音増とあり、また孟子公孫丑「爾何曾比予於管仲」の孫奭の音義に丁公著の音増というのを引いているのを指す。これらはすべてスナハチの意に当たる。そして閔公元年公羊伝「荘公存之時、楽曾淫于宮中」の釈文に才能反とあるのはカッテの意の場合である。(反切に用いる文字が一定していないので複雑に見えるが、それぞれの系統ははっきりしている。現代音で表せばスナハチのときはzēng、カッテのときはcéng)。王引之の説によれば、曾のスナハチのときの音とカッテのときの音とは唐代ぐらいまでは明確に区別されていたが、宋以後、スナハチの意のときもカッテの意のときの音で発音されるようになり混乱するに至ったのである。そして劉淇・段玉裁・王引之の説によれば、朱子が論語為政「子夏問孝」章の「曾是以為孝乎」に「曾猶嘗也」と注しているのは誤りといわねばならない。

さて曾は則・乃と訓詁されるが、劉淇が言っているように乃と訓詁するのが最も妥当である。曾に乃の意があるといっても、乃の用法全部が曾にあてはまるわけではない。楊樹達の詞詮の乃の項に「顧也、却也、王引之云、異之之詞」といい、楊伯峻の文言虚詞の乃の項の㈡の4に「可下以当二竟・居然一講上、表二示事出一意外一」といっている用法が曾にあてはまるのである。そしてこの文言虚詞の曾の項の㈡に、意外を表すものとして曾不の文例を挙げている。わたくしが「なんとまあ」と訳した文例39 40 41 42はこの用法の曾不の場合である。「こともあろうに」「あに計らんや」などと訳してよい場合もあろう。ところが「意外を表す」ということは、乃の字に「かえって」「それにもかかわらず」の意味があることから来ている。そして43の「老臣病足、曾不能疾走」も、太后の前では小股で速く歩くべきであるのに、その反対にそれができないという意味から「疾走することのできない状態にさえあります」という感じになり、強い否定に変化したのである。もっとも、意外を表す場合と強い否定の場合との間に、はっきりした境界はない。曾不でなくて曾だけの場合でも、「爾何曾比二予於管仲一」（孟子、公孫丑上）は「汝はどうして事もあろうに予を管仲と比べるのか」、「汝はどうして予を管仲と比べたりさえするのか」となり、「曾謂二泰山不一レ如二林放一乎」（論語、八佾）は「なんとまあ泰山を林放にも及ばぬと思っているのか」、「泰山を林放に及ばぬと思いさえしているのか」ともなる。このような事情で曾不に強い否定の意味が生じたものと思われる。

44　今人不レ会レ読レ書、如レ読二論語一、未レ読時、是此等人、読了後、

又只是此等人、便是不曾読。（朱子論語序説、引程子説）

このごろの人は書物の読み方を会得していない。論語を読む場合なども、まだ読まない時にはかくかくの人であり、読み終わったのちに、なおもただかくかくの人であるならば、読んだことがなかったのと同じである。

45 明道先生善言詩。他又渾不曾章解句釈、但優游玩味、吟哦上下、便使人有得処。（近思録、致知類）

明道先生は詩経の詩を説明することがじょうずであった。彼はまた、章ごと句ごとに解釈したことは全くなく、ただゆったりと落ち着いて味わい、声をあげ抑揚をつけて歌い、かくて人々に会得させた。

○「渾不」は「都不」と同じ。強い否定。

46 然身修者、官未曾乱也。（史記、循吏列伝）

〔世を治めるのには法令刑罰は不可欠であるが〕しかし政治家の身が修まっている場合は、官の行政は乱れたためしがないのである。

47　嬰母謂嬰曰、吾為汝家婦、聞先故未曾貴。（漢書、項籍伝）

陳嬰（ちんえい）の母が嬰に言った、「わたしがお前の家の嫁になったとき、先祖は貴かったためしがなかったと聞いた」。

48　緩賢忘士、而能以其国存者、未曾有也。（墨子、親士）

賢者をなおざりにし、有識者を打ち忘れ、しかもそのような国で君主の地位の存続しうるものは、あったためしがないのである。

49　自我為汝家婦、未嘗聞汝先古之有貴者。（史記、項羽本紀）

わたしがお前の家の嫁になったときから、お前の先祖に貴い身分の人がいたということを今までに聞いたことがない。

50　吾起兵至今八歳矣、身七十餘戦、…未嘗敗北。（同右）

わしは旗挙げしてから今に至るまで八年間であり、自分で七十余回の戦闘をしたが、…敗北したことがなかった。

51　士卒不尽飲、広不近水、士卒不尽食、広不嘗食。（史記、李将軍列伝）

士卒が一人残らず水を飲み終わらない限りは、李広は水に近づかず、士卒が一人残らず食事し終わらない限りは、李広は食事したためしがなかった。

52　広嘗与望気王朔燕語曰、自漢撃匈奴、而広未嘗不在其中。而諸部校尉以下、才能不及中人、然以撃胡軍功取侯者数十人。而広不為後人。然無尺寸之功以得封邑者何也。豈吾相不当侯邪、且固命也。（同右）

李広は天文占い師の王朔とくつろいで雑談したことがあったが、そのとき言うのに、「漢が匈奴の討伐を始めてから、わたしは討伐に参加しなかったためしがないが、ところが諸部隊の隊長以下の者で、才能が人並み以下であるのにそれに匈奴を撃った軍功で侯の身分を手に入れた者が数十人いる。そしてわたしは人に後れをとっているわけではない。それに諸侯としての領地をもらうためのごくわずかの手柄も認められないのはどうしてであろうか。なんとわたしの人相が諸侯になるべきでないのであるか、それとも、もともと運命なのであるか」。

53 儀封人請見曰、君子之至於斯也、吾未嘗不得見也。（論語、八佾）

衛国の儀という町の関所の役人が孔子に面会したいと願い出て言った、「立派なお方がここにお越しの場合には、私は面会することのできなかったことがいままでにないのであります」。

54 子曰、自行束脩以上、吾未嘗無誨焉。（論語、述而）

少なくとも乾肉十枚一束の入門料を持ってきた場合より以上は、わたしは教えることがなかったというためしは今までになかった。

○簡単に言えば「わたしはいつでも教えていたのである」となる。52 53の場合も同様。

55 是故古之王者、莫不以教化為大務。立大学以教於国、設庠序以化於邑、教化以明、習俗以成、天下嘗無

一人之獄一矣。（漢書、礼楽志）

こういうわけで昔の王者は教化を大きな務めとしない者はなかった。大学を立てて都で教育し、庠序（しょうじょ）を設けて地方の郷村で教化し、教化がかくて明らかに、風俗はかくて立派になり、天下にはいつも一人の刑事事件もなかった。

○「嘗無」は董仲舒伝に「天下常亡（なシ）二一人之獄一矣」とあるのに従う。

56　王使ム二子ヲシテ誦一セ。子曰ク、少（をさなクシテ）棄捐セラレテ在リレ外ニ、嘗（つねニ）無ク三師傅（ふノ）所二教学一スル、不レ習ハ二於誦一ニ。（秦策、五）

王が子に経書を暗唱させた。子が言うのに、「わたくしは幼いときから人質として外国にやられ打ち捨てられ、先生にものを教えてもらうということが日常なく、経書を暗唱することに習熟しておりません」と。

○これも前の文例と同様に嘗（つね）と読むべきものと思う。嘗と常とは音通である。→第39節17 18。

嘗は説文に「口味ハフレ之ヲ也」といい、「口で味をためす」こと、転じて「なめる」「試みる」「試みに」の意。なめてためすことは経験することであるから、説文の段注に「凡ソ経過スル者ヲ為シレ嘗ト、未ダ二経過セ一ザル者ヲ為ス二未ダ嘗テ一ト」という。さて曾にカッテの意味がどうして発生したかは未だつまびらかにしないが、とにかく曾がカツテの意味で用いられる場合は嘗の用法と同じである。不曾・未曾と不嘗・未嘗の用法がこれである。ところが嘗には嘗不・嘗未はないが、曾の場合は曾不・曾未はある。だから曾不は「カツテ…ズ」でないと想像できるのである。未嘗不・未嘗無のように嘗の下に否定語のあるものはあるが、この場合も必ず嘗の上に未の字がある。ところが文語解、巻一、嘗曾経蓋の条に「六朝ニ至テ嘗不嘗無ノ語アリ、コレ曾嘗同訓アル故ニ曾不曾無ノ義マデヲ混ジテ嘗不嘗無ト用ルナリ、古文ノ法ニハ無コトナリ」といい、また巻二の曾嘗憯殊絶了訖更の条において「六朝以来ノ文ニ曾不曾無ノゴトクニ用ユ。訓詁ニヨリテ謬ルナリ。昔漢文帝、後宮所レ幸、衣不レ曳レ地、方ニ之今日富室之飾一、嘗不レ如二婢隷之服一(南史［北史］黎景熙上書)、分闘推轂、嘗不レ踰レ時(隋李徳林伝［李徳林、隋王九錫冊文］)、吉頊与二武懿宗一争レ功、下二視懿宗一、嘗不二相仮一(唐［旧唐書］吉頊伝)、悉是隷字、嘗無二毀損一(水経注)コレナリ。六朝ノ法ニテ文ヲ作ルトキハ、是法クルシカラズ、韓柳欧蘇李王等ノ古文ノ法ニハ用ユベカラズ」(訓点もとのまま)という。してみると三世紀ごろ以後に見える「嘗不」「嘗無」は経験未経験に関係はなく、「絶対に」「決して」「すこしも」と否定を強めたものである。文語解が国語の「嘗て…せず」「嘗て…なし」と対応させて説いているのも、このような意味からである。

57 自天地剖泮、未始有也。（史記、酈生陸賈列伝）

天地開闢以来、いまだ有ったためしがないのである。

○「剖泮」は剖判と同じ。「未始」は「未嘗」と同じ。

58 知夫未始有物者、此忘天地、遺万物、…与物俱往、而無所不応也。未始有封者、雖未都忘、猶能忘其彼此也。未始有是非者、雖未能忘彼此、猶能忘彼此之是非也。（荘子、斉物論、荘子翼引郭象注）

物などがあったためしがないということを知っている者は、天地を忘れ、万物を忘れ、…万物と一体となって共にどこへでも行き、何物にも適応しないものはないのである。区別などのあったためしがないとする者は、すべてを忘れるという境地までは行っていないけれども、それでも物事における彼と此との区別を忘れることができているのである。是非善悪などのあったためしがないと考える者は、物事の彼と此との区別を忘れることのできる境地まで行っていないけれども、それでも彼と此との是非善悪を忘れることができているのである。

59　呂与叔撰横渠先生行状云、先生慨然有意三代之治。論治人先務、未始不以経界為急。嘗曰、仁政必自経界始。貧富不均、教養無法、雖欲言治、皆苟而已。世之病難行者、未始不以亟奪富人之田為辞。然茲法之行、悦之者衆。苟処之有術、期以数年、不刑一人而可復。所病者、特上之人未行耳。（近思録、治法類）

呂与叔（与叔は呂大臨の字）は張横渠先生行状を著していう、先生は感慨深く夏殷周三代の政治を復活させようと意欲を持っておられた。民を治める先務を論じる場合は、いつも井田法を急務とされたのである。かつて次のように言われたことがある、「仁政は必ず井田法から始まる。貧富に隔たりがあり、人民を教化したり養育したりするのに方法を欠いている場合は、政治を口にしようと思っても、みな行きあたりばったりなのだ。井田法の行い難いのを憂える世の人は、いつも富民の田地を急激に奪い取らねばならないということを口実にする。しかしこの井田法が行われるならば、喜ぶ者が多い。もし処置するのに適正な方法があり、数年をかけて目指すならば、一人を刑罰することもなくて井田法が復活できる。憂えるべき点はただ為政者が実行に着手しないということだけである。…」と。

○「未始不」は「未嘗不」と同じ。「仁政必自経界始」は孟子滕文公上の語。経界は田地の区切り。転じて、田地を均分する井田法をいう。

60 宋人有耕田者。田中有株。兎走触株、折頸而死。因釈其耒而守株、冀復得兎。兎**不**可**復**得、而身為宋国笑。（韓非子、五蠹）

宋国の人に田を耕す者がいた。田の中に木の切り株があった。うさぎが走って来て切り株にあたり、首を折って死んだ。田を耕していた者はそんなことがあったので自分のすきをほったらかしにしておいて株の番をし、またうさぎを得たいと望んだ。うさぎは先のようにまた手に入れることができなくて、彼自身は宋国の笑いものになった。

○「宋人有…」を「宋人で田を耕す者がいた」と訳すと「有宋人耕田者」の訳になる。正確に訳すときは注意が必要。「株」、昔から「くひぜ」と読む。「かぶ」でも誤りではない。復は第10節に述べたように「また・さらに・ふたたび・かさねて・もとどおり」の意がある。厳密にいえば「再」は二度のことであるが、「復」

は二度とは限らない。ただし、おおまかに「復(ふたたび)」と訓読することもあり「二度と」と訳す場合もある（「再」は元来は二度であるが、のちには「復」と同じように用いられる。かくて「再見」というあいさつは「二度」ではなくて「また会いましょう」の意）。なお「又」「亦」は読み方がマタに一定しているのに対し、復は他の読み方もあるので復タと送り仮名をつける人が多い。なお「不復…」の場合は「不二復タト…一」と読む人も多い。本書では復タのようにはタを付けない。

61　吾不三復夢ニ見二周公一ヲ。（論語、述而）

わたしは昔のようには夢で周公を見ることをしなくなった。

62　孔子盛時、志欲スレ行ハント二周公之道ヲ一、故ニ夢寐(び)之間、如シレ或(あ)ルガレ見ルコトレ之ヲ。至リテハ二其ノ老イテ一而不ルニレ能ハレ行フ也、則チ無クシテ二復是ノ心一、而亦無シ二復是ノ夢モ一。故ニ因リテレ此ニ而自ラ歎ズル二其ノ衰フルノ之甚ダシキヲ一也。（右、朱子注）

孔子は元気の盛んなときには、志として周公の道を実行しようと思っていた。だから眠って夢を見ているときも、周公を見ることがあるように思っていられた。孔子が老いて周公の道を行うことのできないようになると、前のようにはこの周公の道を行おうとする心がなくなり、前のようにはこの夢をまた見なくなりもした。だから夢を見なくなったことでみずから自分の気力の衰えのはなはだしいのを嘆息されたのである。

○「無復是心、而亦無復是夢」のように復の下にすぐ名詞がある場合もある。あとの文例66 67 68を参照。ここの「亦」の用法に注意。

63 死者**不**可**復**生、刑者**不**可**復**属、雖復欲改過自新、其道無由也。（史記、孝文本紀）

死刑になった者は元どおりに生きることができず、肉刑を受けた者は切られた所が元どおりにつながることができない。過ちを改め自分の心身を新たにしようとは思っても、その方法は由るべきものがない。

○「刑」、肉刑といって、入れ墨や、足・鼻・耳・首などを切り離す刑罰。「不可復属」、「二度とつながることができない」と訳してもよい、ただし「一度はつながったが二度とつながることができない」の意でないことは明らかである。「**雖復**」、この場合の「復」には特に意味はないが「雖」が強められる感じがする。漢書陳湯伝に「**雖復**破絶筋骨、暴露形骸、猶復制於脣舌、為嫉妒之臣所係虜耳」とあるのと同じ（なお下の「**猶復**」は上の「雖」と呼応し「…しても、なおそれでも」の意。→第10節冒頭の解説）。なお「雖復欲改過自新」は扁鵲倉公列伝では「復」の字がなく、漢書刑法志では「復」が「後」になっている。

64 秦皇帝惜其善撃筑、重殺之。乃矐其目、使撃筑、未嘗不称善、稍益近之。高漸離乃以鉛置筑中、復進得近、挙筑朴秦皇帝。不中。於是遂誅高漸離、終身不復近諸侯之人。（史記、刺客列伝、荊軻）

秦の皇帝は高漸離が筑をじょうずに奏でることを惜しんだので、彼を殺すのをはばかった。そこで彼の目を失明させて、筑を奏でさせたが、いつもうまいとほめ、次第にますます彼を近づけた。高漸離はそこで鉛を筑の中に入れ、また招かれて近づくことができ、筑を振り上げて秦の皇帝を打ったが、体にあたらなかった。さてかくして高漸離を処刑し、一生涯、またと諸侯の国から来た人を近づけなかった。

○「重殺之」、テキストによっては「重赦之」になっている。それならば「…惜しんだが、彼の罪をゆるしてやることをはばかった」の意。

65 侯生謂公子曰、…此子賢者、世莫能知、…。公子往数請之、朱亥故不復謝。公子怪之。…於是公子請朱

亥。朱亥笑曰、…所以不報謝、以為小礼無所用。今公子有急、此乃臣効命之秋也。遂与公子倶。（史記、魏公子列伝）

侯生は公子に話をして言った、「…この人物（朱亥）は立派な人ですが、世の中に彼を認める能力のある者はいません…」と。公子は出かけて行ってしばしば彼に交際を願ったが、朱亥はわざと返礼をしなかった。公子はそれを不思議に思っていた。…〔いよいよ公子の出陣のときになり〕そこで公子は朱亥に援助を請うた。朱亥は笑って言った、「…返礼しなかったわけは、こまごまとした礼儀はこの際不必要だと思ったからです。いま公子には差し迫った事態が起こっています。今こそ私がいのちを献げる時であります」と。かくして公子とともどもに出発することになった。

○「不復謝」は後文の「不報謝」と同義、したがって「復（また）」と読むべきでない。

66　自是一県**無復**盗窃。（後漢書、陳寔伝）

これから以後、県じゅうに以前のようには盗人がいなくなった。

○「復」は副詞だからその下に動詞があるべきだが、どういうわけかこの「無復」「非復」形式が存在する。三世紀ごろから始まる語法である。

67 如此江南之地、**非復**大王之有也。（蜀志、鄧芝伝）

このようなことになれば、江南の地は、今までのようには大王様の領地でないようになるのであります。

68 帝恐休便渡江、駅馬詔止。時昭侍側。因曰、窃見陛下有憂色。独以休済江故乎。今者渡江、人情所難。就休有此志、勢不独行、当須諸将。臧覇等既富且貴、**無復**他望、但欲終其天年、保守禄祚而已。何肯乗危、自投死地、以求徼倖。苟覇等不進、休意自沮。臣恐陛下雖有勅渡之詔、猶必沈吟、未便従命也。（魏志、董昭伝）

魏の文帝は曹休がただちに揚子江を渡って敵軍を攻めようとしているのを心配し、早馬で詔を伝えてやめさせようとした。そのとき董昭は帝の傍らに侍っていたが、そのようなことがあったので言った、「はばかりながら陛下が心配なお顔付きをしていられるのをお見受けいたしますが、ただ曹休が揚子江を渡ろうとしているためですか。

いま揚子江を渡るのは、人情としていやがることであります。たとい曹休にこの志があっても、なりゆきとしては単独では進軍せず、他の諸将の援助を必要とするはずです。ところが臧覇らはすでに富みかつ貴くなって、今以上には他の望みを持たなくなり、ただ自分の天寿を終え幸福を保持しようと望んでいるだけです。どうして危険な目をして、いのちを失う境地に飛び込み、あてにならぬ幸運を求めるようなことを承知しましょうぞ。仮にも臧覇らが進軍しないならば、曹休の心も自然とひるむでしょう。私めは、陛下が揚子江を渡れとの御命令の詔をお出しになっても、曹休はそれでも必ず考え込みためらい、そう簡単には御命令に従わないであろうと存じます」。

○「不独行」とも読む。読み方のいかんにかかわらず「独り行く」ことを否定している。「不独行」と読むと誤りが少ない。「未便従命」の便にも注意。

69　管寧在遼東、魏主丕徴之、以為大中大夫。不受。至是徴為光禄大夫。寧**復不**至。（通鑑綱目）

管寧が遼東にいたとき、魏主曹丕が彼を招聘して大中大夫にしようとしたが、申し出を受け入れなかった。このときになって招聘して光禄大夫にしようとしたが、管寧はこのときもまた朝廷へ行かなかった。

○ここと次の二文は伊藤東涯の用字格の文例を借用した。

70　隋末ニ剣南独リ無シ二寇盗一。属（このごろ）者遼東之役ニ、剣南復不レ預カラ。（唐鑑、太宗二二年）

隋（ずい）末の世の乱れたとき、ただ剣南地方だけが集団盗賊の害がなかった。ちかごろ遼東での労役にも剣南地方の者はまた参加しなくて助かった。

71　王荊公押ス二石字ヲ一。…公性急ニシテ、作ルニレ圏ヲ多ク不レ円ナラ。…加ヘテレ意ヲ作ルレ圏ヲ。一日画ス二楊蟠ノ差遣ノ勅ヲ一。作ルニレ圏ヲ復不レ円ナラ。（石林燕語）

王荊公（王安石）は石という字をかきはんに使った。…公は性質がせっかちで、まるを書くのに多くはまんまるでなかった。…〔公は〕特に気をつけてまるを書いた。ある日、楊蟠（ようはん）を派遣する詔勅にサインをしたが、まるを書くのに、このときもまたまんまるでなかった。

○以上三文の「復不」は、前にも…しなかった（でなかった）が、こんども…しない（でない）、つまり、…しないこと、…でないことの繰りかえしを意味する。

72　欲下スレドモ以テ二弑スルレ君ヲ之罪ヲ一加ヘント中蔿氏ニ上、而モ復不レ能ハ二正法ヲモテ誅スルレ之ヲ一。（左伝、隠公十一年、杜注）

（魯の家老羽父が殺し屋に命じて、蔿氏の家に泊まっていた隠公を殺させ、桓公を即位させた。この事件で羽父は蔿氏に責任があるように見せかけるため蔿氏を討伐し、蔿氏の家に数人の死者が出たがそれだけで、だれが殺したかわからぬまま事件がうやむやに終わった。このことに関する杜預の注釈。）君主殺害の罪をば蔿氏に着せようと思ったが、それでもなお君主殺害の法律で蔿氏を処刑することができなかった（蔿氏が殺したのでないため法的処置ができず、やむを得ずごまかして討伐の形式を借りたのだの意）。

○この場合の「而復」は「欲したが、それでもなお」と呼応する。なお「正法」は公正に適用すべき法律の意であるが、左伝の疏に「滅二其族一、汚二其宮一也」とある。これは正法という語の意味でなく、この場合の正法の内容を言ったもので、一族を皆殺しにし、その宮（住宅）をこぼち宅地跡を掘り下げて水たまりにし、永久に人が住めないようにするもので、君主や親を殺した者に対する刑罰。礼記檀弓下に見える。「復」「不」とあれば、いつも「復」と「不」とが関係すると思い無理な解釈や説明をしている本もあるが、その誤りは「復」の字の用法を知らないことに起因する。これについては第10節を参照。

73　居簡而行簡、無乃大簡乎。（論語、雍也）

おおまかな態度を採っていておおまかな行為をするならば、かえっておおまかすぎることになることはないでしょうか。

○反語であって「乃大簡」ということに帰着する。このような反語は言葉どおりに訳すことの困難な場合もあり、ここでも「おおまかすぎはしないでしょうか」でもよい。「乃」の字のあるのは、相手の人の思っていることとは反対の方向で述べているという感じを表している。

74　今法有肉刑三、而姦不止、其咎安在。非乃朕徳薄而教不明歟。（史記、孝文本紀）

いま法律に三種類の肉刑があるのに、悪事はやまない。悪事のやまない責任はどこにあるのだろうか。かえって朕の徳が薄くて教化が明らかでないためではなかろうか。

○「乃…不明」の意に帰着する。

75　去順効逆、所以速禍也。君人者将禍是務去、而速之、無乃不可乎。（左伝、隠公三年）

道理にかなった行いをやめ道理に逆らった行いを見習うのは、災いを招く態度である。人民の君主たる者は、災いをば努めて除き去ろうとするものであるのに、災いを招くならば、いけないことになるのではなかろうか。

76　漢王怒、欲謀攻項羽。周勃灌嬰樊噲皆勧之。何諫之曰、雖王漢中之悪、**不猶**愈於死乎。漢王曰、何為乃死也。何曰、今衆弗如、百戦百敗。不死何為。（漢書、蕭何伝）

（約束に背いて漢中の王にされたので）漢王は怒って、作戦計画を立てて項羽を攻めようとした。周勃・灌嬰・樊噲らはみなそれを勧めた。蕭何はそれをいさめて言った、「漢中という悪い地域に王として君臨しても、それでもなお死ぬよりましだということにならないでしょうか」。漢王「どうして死ぬなんていうことがあろうか」。蕭何「いまわが軍勢は敵に及ばず、百戦百敗するでしょう。死ぬ以外にはありません」。

○「不猶愈於死乎」は「猶愈於死」に帰着する。

77　且予与其死於臣之手也、**無寧**死於二三子之手乎。（論語、子罕）

その上にわたしは家臣の手で守られて死ぬよりは、むしろ弟子たち諸君の手で守られて死にたいと思うことがないだろうか。↓むしろ弟子たち諸君の手に守られて死にたい。

○朱子注に「無寧、寧也」とある。これは反語であることを表している。だから句末に乎があるのである。しかし疑問や反語において句末に乎などの助字がなければならないという原則はない。次の78は句末に乎のない例である。

78　寡君聞君有不令之臣為君憂。無寧以為宗羞、寡君請受而戮之。（左伝、昭公二一年）

殿様に善からぬ家来がいて殿様に心配をかけているとわが国の殿が聞いております。貴国御一門の恥になるのではありますまいか。わが国の殿はそやつを受け取り処刑しようと願っております。

○杜注に「無寧、寧也。言華氏為宋宗廟之羞恥」。

79　毋寧使人謂子、子実生我、而謂子浚我以生乎。（左伝、襄公二四年）

天下の人々にあなたのことを、あなたが実にわれわれを生かしてくれたのだと評判させましょうか、あるいはあなたがわれわれから何から何までさらえ取って生活しているのだと評判させましょうか。
○「寧使人謂子実生我乎、将使謂子浚我以生乎」の意でないかと思う。

なお助字弁略によると、左伝襄公三一年「賓至如帰、無寧菑害」、昭公元年「不寧唯是」及び前掲文例78昭公二二年「無寧以為宗羞」について「諸此寧字、並語助、不為義者也」といい、経伝釈詞は昭公元年の「不寧唯是」を「不唯是也。寧、語助耳」といい、詞詮も「無寧菑害」「不寧惟是」を引き寧を「語中助詞、無義」といっている。これは単なる一例で、「不寧」「無寧」などの句法にはまだ研究すべき点が残っている。これらの文の理解には、しばらくは先人の注釈などに従うより外に方法がない。ここには通常の文例をのみ挙げた。

80　民之訛言、**寧莫**之懲。（詩経、小雅、正月）

世間の人々がデマを飛ばしているのに、〔政府の役人はつまらぬ者どもばかりで〕なんとまあこれを止める者がいない。
○鄭箋「小人在位、**曾無**欲止衆民之為偽言相陥害也」。

81　胡能有定、寧不我顧。（詩経、邶風、日月）

殿様はてきぱきと物事を決定することができなされず、わたくしの言うことに少しも心を向けなさらなかった。

○鄭箋「寧猶曾也」。

82　非独賢者有是心也、人皆有之。賢者能勿喪耳。（孟子、告子上）

ただ賢者だけがこの道義心をもっているのではないのである。人々はみなもっている。〔人々はそれを失うけれども〕賢者は失わないでいられるのだ。

83　非独羊也、治民亦猶是也。（史記、平準書）

ただ羊の場合だけでないのであります。民を治める場合もこれと同様であります。

84　人不独親其親、不独子其子。（礼記、礼運）

人々はただ自分の親だけを親として大切にするのではなく、ただ自分の子だけを子としていつくしむのではなかった。〔他人の親や子をもわが親や子と差別なしに愛した。〕

○「人不独親其親、不独子其子」「人不独親其親、不独子其子」とも読む。読み方のいかんにかかわらず「独親其親」「独子其子」をそれぞれ「不」で否定していることさえわかれば誤解するはずはない。

85 諸君子皆与驩言、孟子**独不**与驩言。是簡驩也。

（孟子、離婁下）

〔王驩が言う〕みなさんがたはみな驩と話をしなさったが、孟子だけが驩と話をしない。これは驩を疎略に扱っているのだ。

○「独不」は「…だけが…しない」「…だけを…しない」の意。↓第6節14。

86 **非惟**小国之君為然也、雖大国之君**亦**有之。（孟子、万章下）

ただ小国の君主だけがそうであるのではないのである。大国の君主でもまたそのような例がある。

○「惟」とだけ読む人もあって、それでもよい。意味も同じ。

87 爾不克敬、爾**不啻**不有爾土、予**亦**致天罰于爾

躬。（書経、多士）

汝らがよく言うことを聞かぬならば、汝らは汝らの領地を持てなくなるだけでなく、我はさらに汝らの身に天罰を施すであろう。

○「予亦」でなくて、亦は不啻と呼応する。

88 蝮螫手則斬手、螫足則斬足。何者為害於身也。今田仮田角田間於楚趙、**非直**手足戚也。何故不殺。（史記、田儋列伝）

まむしが手をかんだら手を切り取り、足をかんだら足を切り取る。なぜかというと〔そのままにしておくと〕全身に害を与えるからである。ところがいま田仮・田角・田間の楚や趙に対する害は、ただに手足を切り取らねばならぬ心配の程度ではないのである。どうして彼らを殺さないのか。

89 人之所以為人者、**非特**以其二足而無毛也。以其有辨也。（荀子、非相）

人が人として認められる根拠は、人が二本足で体に獣類のような毛がないためだけではないのである。人には尊卑親疎の区別があるからである。

90　助之長者、揠苗者也。**非徒**無益、**而又**害之。（孟子、公孫丑上）

物事を過保護的に援助して成長させる者は、苗を早く伸びさせようとして根のゆるむほどに引っぱる者と同じである。ただに益がないだけでなく、かえってさらに害を与える。

91　亮答曰、自董卓已来、豪傑並起、跨州連郡者、不可勝数。曹操比於袁紹、則名微而衆寡。然操遂能克紹、以弱為彊者、**非惟**天時、抑**亦**人謀也。（蜀志、諸葛亮伝）

諸葛亮（字は孔明）が答えて言うよう、「董卓が兵を挙げてより以来、英雄豪傑がみな立ち上がり、数州・数郡を領有する者は、数えきれないほど多い。曹操は袁紹に比べると、名声は微かで部下の軍隊は少ない。それにもかかわらず曹操が結局袁紹に勝つことのでき、弱い勢力を強い勢力にしたのは、ただ天運が都合よかっただけでなく、さてはまた人間としてのはかりごとも優れているからであります」。

92 毛遂曰、臣乃今日請処嚢中耳。使遂蚤得処嚢中、乃穎脱而出。非特其末見而已。(史記、平原君列伝)

毛遂が言った、「わたしはやっと今日になって袋の中に入れて下さいとお願い申すのです。遂が早くから袋の中に入る機会を得ていたとしたら、錐の穂まで全部出ていたことでしょう。ただ錐の先端が現れるぐらいでは済まないのです」。

○ここで「穎」というのは錐の柄から出ている金属の部分、仮に穂と訳しておく。「末」はその先端。穎を穎の誤りとし錐の柄のことだという人がある。穎は説文にも載っているが、穎は載っていず、宋代の集韻に初めて現れる字で、あまり信用できない。なおついでにいえば、毛穎といえば筆の毛の部分で、毛の部分の先端だけを意味するのではない。

第35節　疑問・反語・詠嘆

疑問と反語（中国では反詰という）とは形式上区別しにくい。疑問とは、ある事がらに対して直ちに肯定しないで疑惑をいだくのであるから、心理的にそれを否定する可能性がある。これが反語である。またある事を肯定したり否定したりする場合、断定的な表現をしないで余韻を残す場合がある。これが詠嘆である。このようにしてそれぞれの表現形式が同じ場合が多く、疑問か反語か詠嘆かは文章の前後の関係から決定すべきである。次にあげる文例のなかにもまぎらわしいのがあってもやむを得ない。

A　文末に疑問の助字を用いたり、疑問代名詞・疑問副詞を用いたり、両者を並用したりするもの

1　曾子曰、吾日三省吾身、為人謀而不忠**乎**、与朋友交而不信**乎**、伝不習**乎**。（論語、学而）

曾子が言うに、「わたしは毎日三つの点についてわが身を反省する。人のため相談に乗ったり配慮したりしてあげてまごころを尽くさなかったであろうか、朋友と交際してうそを言わないでいなかったであろうか、先生から教えを受けてよく習熟できていないであろうか」と。

○朱子の注によった。他の説もある。

2 子曰、賜也、女以予為多学而識之者**与**。対曰、然。非**与**。(論語、衛霊公)

子いわく、「賜よ、お前は私のことをたくさん学んでそれをおぼえている者だと思っているのか」。お答えして言う、「そうです。そうでないのですか」。

○「与」のもとの字は「與」である。

3 子非三閭大夫**歟**。**何故**而至此。(史記、屈原賈生列伝)

あなたは三閭大夫(=官名)でありませんか。どういうわけでこんなことにおなりですか。

○「子非…歟。何故而至此」なども読む。「何故」を漢文訓読ではナゼとは読まぬようである。下の句は句末に疑問の助字のない例である。

4　上召レ布、罵曰、若与二彭越一反**邪**。（史記、季布欒布列伝）

天子は欒布を呼び出し、ののしって言った、「なんじは彭越と謀反をしたのか」。

5　滕公留二朱家一、飲数日。因謂二滕公一曰、季布**何**大罪、而上求レ之急**也**。滕公曰、布数為二項羽一窘レ上。上怨レ之。故必欲レ得レ之。朱家曰、君視二季布一**何如**人**也**。曰、賢者也。（同右）

滕公は朱家に逗留し、数日宴会をした。この機会に朱家は滕公に話をした、「季布は何の大罪を犯して陛下が厳しく彼を探し求めていられるのですか」。滕公「季布はしばしば項羽のために陛下を窮地に陥れた。陛下はそれを怨んでいられる。だから是非とも彼を捕えたいと望んでおられる」。朱家「殿様が観察しなさって季布はどんな人物ですか」。「立派な人物である」。

6　然則公欲二秦之利一**夫**。（呂氏春秋、応言）

それでは貴殿は秦が有利になることをお望みか。

7　先生之所レ術非レ**攻夫**。（同右）

先生の御主義は戦争反対ですか。

○「夫」は多く詠嘆に用いられ、67のような疑問の例はまれである。

8　足下**何以**得此声於梁楚間**哉**。（史記、季布欒布列伝）

貴殿はいかにしてこの名声を梁や楚の地方で得なさったのであるか。

9　蘇秦笑謂其嫂曰、**何**前倨而後恭**也**。（史記、蘇秦列伝）

蘇秦が笑って兄嫁に言うのに、「どうして前のときはえらそうにしていて今度は慎み深くしているのか」。

○ナンゾ・イヅクンゾに関しては別に第41節「複語」の2021を参照。

10　鄒人与楚人戦、則王以為**孰**勝。（孟子、梁恵王上）

鄒国と楚国と戦争をしたら、王様はどちらが勝つとお思いですか。

○「以為孰勝」「以為孰勝」なども読む。

11　上曰、若所追者**誰**。何曰、韓信也。（史記、淮陰侯列伝）

陛下「なんじの追いかけていた者はだれであるか」。蕭何「韓信であります」。

○「上」は天子の意。このとき天子でないが、後世に史家が書いているので、このように表現されることはしばしばある。

12 沛公曰ク、君安クゾ与二項伯一有ルカトレ故。張良曰ク、秦時与レ臣游ブ。項伯殺シレ人ヲ、臣活カセリトレ之ヲ。（史記、項羽本紀）

沛公「そなたはどういうわけで項伯となじみがあるのか」。張良「秦の時代に〔項伯は〕わたくしと交際をしていました。項伯が人を殺しまして、〔死刑になるはずでしたが〕わたくしは彼を救ってやりました」。

○イヅクンゾと読む字にほかに**焉**・**寧**・**悪**・**烏**がある。多くは反語に用いる。

13 **何**（なん）**為**スレゾ斬ル二壮士一ヲ。（史記、淮陰侯列伝）

どうして勇士を斬首刑にするのか。

○「斬ルカ…」「斬ルヤ…」なども読む。「何（なん）為スレゾ」→第16節A6。

14 先生ハ不レ知ラ二**何**（いづ）**許**クノ人ナルカヲ一。（陶潜、五柳先生伝）

先生はどこの人かわからない。

○「何（いづ）許（こ）」とも読む。以下同じ。

15　不レ知ラ二其ノ**何所**（いづくノ）人ナルカヲ一。（史記、封禅書）

彼がどこの人であるかわからない。

○「何所」はまた**何処**という形でも用いられる。イヅク、イヅレノトコロとも読む。

16　漢王**安**（いづくニ）在ルカ。（史記、項羽本紀）

漢王はどこにいるか。

17　天下之父帰セバレ之ニ、其ノ子**焉**（いづくニ）往カン。（孟子、離婁上）

天下の父がこの人に帰服するならば、その子はどこに行こうか（その子もこの人の所に来るに違いない）。

○「焉クニカ往カン」とも読む。

18　居**悪**（いづくニ）在ル。仁是レ也。路**悪**（いづクニ）在ル。義是レ也。（孟子、尽心上）

自分の身の置き所はどこにあるか。仁がそれである。自分の由るべき路はどこにあるか。義がそれである。

19　牛何之。（孟子、梁恵王上）

牛はどこへ行くのか。

B　ある語の下に不・否・非・未などを付けたり、反対語を並べたりするもの。その部分が疑問になるのであって、文章全体が疑問文になるとは限らない

1　張儀謂其妻曰、視我舌、尚在不。（史記、張儀列伝）

張儀が彼の妻に言った、「わたしの舌をよく見よ。まだあるかどうか」。

2　人視水見形、視民知治不。（史記、殷本紀）

人は水をよく見ると姿がわかり、人民をよく見ると国が治まっているかどうかがわかる。

3　未知母之存不。（史記、晋世家）

わたくしの母が生存しているかどうかがまだわかりません。

○このような不の下に語が省かれている場合は否と同じで、音読するときは不と読

む。「存不」と読んでもよい。

4　（泄公）問張王果有計謀不。（史記、張耳陳余列伝）

泄公は張王に果たして反逆の謀議があったかどうかを尋ねた。

○以下煩雑なので「不」などの字のみを太字にする。

5　上問医曰、疾可治**不**。（漢書、高帝紀）

天子は医者に「わしの病気はなおせるかどうか」と尋ねた。

6　当是時、丞相…権移主上。上乃曰、君除吏、已尽**未**。吾亦欲除吏。（史記、魏其武安侯列伝）

この時において、丞相（武安君田蚡）は…権力が天子をしのぐほどであった。天子はそれで「そなたは官吏を任命することがすでに全部すんだか、まだか。わしも官吏を任命したいのだ」と言われた。

7　秦数使反間偽賀、公子得立為魏王**未**也。（史記、魏公子列伝）

秦の国はしばしば工作員に命じて偽ってお祝いを言わせた、「公子様は即位して魏王におなりなさいましたか、まだですか」と。

8　文王崩、武王即位。九年、欲修文王業、東伐以観諸侯**集否**。…諸侯不期而会者八百諸侯。（史記、斉太公世家）

文王が崩じて、武王が即位した。九年に、武王は文王の事業を完成しようとして、東方へ進撃して行って、諸侯が〔援軍として〕集まるかどうかを観察した。…諸侯で約束もしてないのに集まる者が八百諸侯であった。

○最後の諸侯の二字は衍字だという説がある。

9　未知母之**存否**。（左伝、宣公二年）

○「存否」と読んでもよい。↓本節B3。

10　公孫丑問曰、夫子加斉之卿相、得行道焉、雖由此霸王不異矣。如此則動心**否乎**。（孟子、公孫丑上）

公孫丑が尋ねて言う、「先生が斉国の家老の地位につき、先生の主義を行うことができるならば、これによって覇者や王者の事業を成しとげることでも不思議ではありません。〔しかし責任重大ですから〕このようになったら心を動かしなさいますか、どうですか」。

11　淮南王患レ之欲レ発、問二伍被一曰、漢廷治乱。（史記、淮南衡山列伝）

淮南王は自分も逮捕されるであろうことを憂え、〔先手を打って〕乱を起こそうと思い、伍被に「漢の朝廷は治まっているかどうか」と尋ねた。

C　…邪…邪　…邪…也　など

1　由レ此観レ之、怨邪非邪。（史記、伯夷列伝）

このことで観察すると、伯夷叔斉は怨んでいたのであろうか、そうでなかったのであろうか。

2　余甚惑焉、儻所謂天道、是邪非邪。（同右）

わたしははなはだ惑う、ひょっとすると天道といわれているものが正しいのだろうか間違いなのだろうか。

3　若伯夷叔斉、可謂善人者非**邪**。（同右）

伯夷叔斉などは、善人といってよい人であろうかそうではなかろうか。

○王念孫は「可謂善人者**邪**、抑非**也**」が原文であろうという。↓第33節B5。

4　陛下視今、為治**邪**、為乱**邪**。（漢書、京房伝）

陛下は現今の状態を御観察になって、治まっているとお思いですか、乱れているとお思いですか。

5　（淮南王）乃復問被曰、公以為呉興兵、是**邪**非**也**。被曰、以為非也。（史記、淮南衡山列伝）

淮南王がそれでまた伍被に尋ねて言った、「そなたは呉が兵を挙げたのは正しいと思うか間違いだと思うか」。伍被「間違いだと思うのであります」。

6　豈吾相不当侯**邪**、且固命**也**。（史記、李将軍列伝）

なんとわたしの人相は諸侯になるべきでないことになっているのか、それとも〔諸侯になれないのは）本来運命なのであろうか。

7　（宣帝）謂遂曰、…君欲何以息其盗賊、以称朕意。
遂対曰、…今欲使臣勝之**邪**、将安之**也**。（漢書、循吏伝、龔遂）

宣帝は龔遂に言った、「…そなたはどういうやり方でそこの盗賊をなくして朕の意にかなうようにしようと思っているのか」。龔遂がお答えして言うよう、「…いま陛下は私に盗賊を撃滅させようとお思いですか、それとも彼らを徳化で落ちつかせるようにさせようとお思いですか」。

○「将安之也」は「将欲使臣安之也」の省略。

8　晋平公問叔向曰、昔者斉桓公、九合諸侯、一匡天下。
不識臣之力**也**、君之力**也**。（韓非子、難二）

晋の平公が叔向に尋ねて言うよう、「むかし斉の桓公は諸侯を招集し、天下を統一し秩序づけたが、どうだろうか、それは家来たちの力によるのであるか、君主の力によるのであるか」。

9　今有受人之牛羊而為之牧之者、則必為之求牧与芻矣。求牧与芻而不得、則反諸其人乎、抑亦立而視其死与。（孟子、公孫丑下）

今仮に人の牛や羊を預かってその人のためにこの牛や羊を飼う者がいるとするに、そのときには必ずそれらを飼うために牧場と牧草を求めるに違いない。牧場と牧草を求めて手に入らねば、これらの牛や羊をその人に返却するであろうか、それともまた牛や羊の死ぬのをじっとしたままで見ているであろうか。

D　反語

1　以臣弑君、可謂仁乎。（史記、伯夷列伝）

家来でありながら君主を殺すのは、仁ということができるか。

○「可（ケン）…乎（や）」とも読む。

2　仁以為己任、不亦重乎。（論語、泰伯）

仁ということ、それを自分の荷物（＝責任）にしている、何と重いではないか。

3　為仁由己、而由人乎哉。（論語、顔淵）

仁を行うのは自分の意志で行うのであって、人にたよろうか。

4　自反而不縮、雖褐寛博、吾不惴焉。（孟子、公孫丑上）

わが身を反省して正しくない場合は、相手がいかに貧賤な人でも、わたしは恐れないであろうか。

○反語を表す語はどこにもないが、前後の意味の上から反語になる。「褐寛博」は、そまつな布で作っただぶだぶの服を着た人の意。

5　使者往而復来、辞愈卑、礼愈尊。王又欲許之。范蠡諫曰、孰使我蚤朝而晏罷者、非呉乎。与我争三江五湖之利者、非呉耶。夫十年謀之、一朝而棄之、其可乎。（越語、下）

〔降伏の願いを拒絶された呉の〕使者が帰って行ったかと思うとまた来て、言葉遣いはますますへりくだり、礼儀はますます尊敬的であったので、越王はまたもやその願いを許そうとした。〔呉王を滅亡させようと主張する〕范蠡は越王を諫めて言った、「だれがわれわれに朝早く出勤し夜遅く退庁しなければならないような苦しい目に遭わせたのですか、呉ではありませんか。われわれと三江五湖の利益を争ったのは呉ではありませんか。そもそも十年間も呉を撃滅する計画を立てておきながら、いまにわかにそれをやめるのは、いったいよろしいでしょうか。……」。

○韋昭注「三江、呉江・銭唐江・浦陽江」、「五湖、今ノ太湖」。

6　予**豈**好ㇾ辯**哉**。予不ㇾ得ㇾ已也。（孟子、滕文公下）

わたしはどうして弁論を好もうか。わたしはやむを得ず弁論するのである。

7　割ㇾ雞**焉**用二牛刀一。（論語、陽貨）

鶏を料理するのにどうして牛用の包丁を用いようか。

8　王侯将相、**寧**有ㇾ種**乎**。（史記、陳渉世家）

天子・諸侯・将軍・大臣に、どうして血統があろうか。

9　其妻曰、嘻、子毋二読書游説一、**安**得二此辱一**乎**。（史記、張儀列伝）

張儀の妻が言った、「ああ、あなたが読書したり遊説したりすることがなかったならば、どうしてこのような辱めを受けましょうか」。

10　問曰、先生能飲幾何而酔。対曰、臣飲一斗亦酔、一石亦酔。威王曰、先生飲一斗而酔、悪能飲一石哉。其説可得聞乎。（史記、滑稽列伝）

威王が尋ねて言った、「先生はいくら飲んだら酔うようになれますか」。お答えして「わたくしは一斗を飲んでも酔うし、一石でも酔います」。威王「先生は一斗を飲んで酔うのに、どうして一石を飲むことができましょうか。その説明をば聞かせてもらえますか」。

E　詠嘆

1　不降其志、不辱其身、伯夷叔斉**与**。（論語、微子）

自分の志を低くせず、自分の身を辱めなかったのは、伯夷・叔斉であるなあ。

2　子曰、莫我知也**夫**。（論語、憲問）

子いわく、「わたしを知ってくれる者はいないなあ」。

3　君子**哉**若人。尚徳**哉**若人。(論語、憲問)

君子であるなあこの人は。徳をたっとぶなあこの人は。

○「若人(かくのごときひと)」と読む人もある。↓第41節28。

4　大宰問於子貢曰、夫子聖者**与**、**何**其多能**也**。(論語、子罕)

大宰(たいさい)が孔子の弟子の子貢に尋ねて言った、「先生は聖人でしょうね。なんとまあ多能なことよ」。

○「大宰」は官名、だれであるかは不明。

5　夜聞漢軍四面皆楚歌。項王乃大驚曰、漢皆已得楚乎。是**何**楚人之多**也**。(史記、項羽本紀)

項王は夜なかに、漢軍が四方でみな楚の歌を歌うのを聞いた。項王はそれで大いに驚いて言った、「漢軍は全部すでに楚を占領したのであるか。〔我々を包囲している者に〕これは何と楚の人の多いことよ」。

6　舜目蓋重瞳子。又聞項羽亦重瞳子。羽豈其苗裔邪。

（史記、項羽本紀賛）

舜の目はどうも重瞳子であったらしい。更に、項羽もまた重瞳子であったということを〔わたしは〕聞いている。項羽は何とまあ舜の遠い子孫なのだろうか。

○「重瞳子」は瞳孔が二つずつあるものらしい。この場合の「豈」は詞詮には推度副詞というから、「ことによると…かも知れない（…だろうか）」などと訳してよいように思えるが、単に推量だけでなく詠嘆の気味をも含むようである。

7　応侯因譲之曰、子常宣言欲代我相秦、寧有之乎。

（史記、范雎蔡沢列伝）

応侯はそれで蔡沢を責めとがめて言った、「そちはわしに代わって秦の大臣になろうと思っているといつも宣言しているそうだが、なんとまあそれは事実であるか（→そのような事実があるのか）」。

○「寧有之乎」は秦策三では「豈有之乎」になっていて、両者は同じ意味。詞詮は「寧有之乎」を反詰副詞の部に入れているが、誤りであろう。

F　何如　如何（奈何）など

1　貧而無諂、富而無驕、**何如**。（論語、学而）

貧しくてもへつらうことがなく、富んでいてもおごることがなかったならば、どうでしょうか。

○どのようか。どう思うか。状態・程度・是非などを問う。イカンはイカニの音便であるから「何如ン」とする方がよいが、昔からイカンと読むときは慣習的に送り仮名をつけぬようであるから、本書でもその方針を採る。なお、イヅレゾと読んで比較に用いる場合は↓第31節H。

2　樊噲曰、今日之事**何如**。曰、甚急。（史記、項羽本紀）

樊噲（はんかい）「今日の事態はどのようですか」。張良「非常に差し迫っている」。

3　項王乃馳復斬漢一都尉、殺数十百人。復聚其騎、亡其両騎耳。乃謂其騎曰、**何如**。騎皆伏曰、如大王言。（同右）

項王はそこで馬を走らせてまた漢の一都尉を斬り、数十から百人ぐらいの兵を殺した。再び部下の騎兵を集めたところ、二人の騎兵が殺されただけである。そこで部下の騎兵に「どうだ」と言うと、騎兵はみなひれ伏して「大王様の仰せのとおりです」と言った。

4　挙レ事グルコトヲ如レ此シかくノ、公以テ為ス二**何如**ト一。（史記、淮南衡山列伝）

このようにして反乱を起こそうと思う。そなたはどう思うか。

○「公以為おもへラク何如ト」とも読む。

5　公以テ為ス二大将軍ハ**何如**ナル人ト一也や。（同右）

そなたは大将軍はどのような人だと思うか。

6　今有リテ下孝如ク二曾参ノ一、廉如ク二伯夷ノ一、信如キ二尾生ノ一、得テ二此三人ノ者ヲ一、以テ事ヘシメバ二大王ニ一、**何若**いかん。（史記、蘇秦列伝）

いま仮に、孝行なことが曾参のようであり、潔白なことが伯夷のようであり、約束を守ることが尾生のようである者がいて、これらの三人の者を手に入れて大王につかえさせるとしたら、〔大王様は〕どう思いますか。

7　蘇代為斉使於燕。燕王問曰、斉王**奚如**。対曰、必不覇。王曰、何也。対曰、不信其臣。（史記、燕召公世家）

蘇代は斉国のために燕国に使者として行った。燕王が問うて言った、「斉王はどのようか」。お答えして「覇者になれないにきまっています」。王「なぜだ」。お答えして「自分の家来を信用していません」。

8　敢問国君欲養君子、**如何**斯可謂養矣。（孟子、万章下）

はばかりながらお尋ねするが国君が君子を養おうと思う場合、どうすれば「本当に養っている」ということができるか。

○「如何」はどのように対処・処置するかを問う。「斯」はここでは則と同じ、スナハチとも読む。

9　不曰**如**之**何**、**如**之**何**者、吾末**如**之**何**也已矣。（論語、衛霊公）

どうしようかどうしようかと言って熟慮して慎重に対処しないような者は、わたくしはどうしてやることもできないのだ。

○「如何」に目的語のある場合は如何の中間に置く。この文での「之」はさしたる意味はない。

10　如二何新畲一。(詩経、周頌、臣工)

新田(開墾して二年目の田地)畲田(三年目の田地)をどうするつもりか。

○鄭箋「将下如二新田畲田一何上」。詩であるから韻の都合で特異な語法になっており、鄭箋のようなのが普通の語法である。大雅雲漢にも「云如二何里一」(鄭箋「当下如二我之憂一何上乎」)という例がある。

11　二世大驚、与二群臣一謀曰、奈何。(史記、秦始皇本紀)

二世皇帝はたいそう驚いて、群臣と相談して、「どうしようか」と言った。

○奈は柰(本字)とも書く。奈何は如何に同じ。ただし何如は何奈とは書かない。

12　沛公大驚曰、為レ之奈何。(史記、項羽本紀)

沛公は大いに驚いて、「どう対処したらよいだろうか」と言った。

13　騅不レ逝兮可二奈何一、虞兮虞兮奈レ若何。(同右)

騅の進まないのはどうすることができようか、虞よ虞よなんじをどうしようか（どうしてやることもできない）。

○「兮」は口調を整えるだけの助字で訓読では読まない。「可奈何」とも読む。「不可奈何」「無可奈何」の意になる反語。これを「可奈何」と読んで「どのようにでもできる」と訳してあるのを見かけたことがあったが、そのような意味には決してならない。

14　天子置公卿輔弼之臣、寧令従諛承意、陥主於不義乎。且已在其位。縦愛身、**奈**辱朝廷**何**。（史記、汲鄭列伝）

〔汲黯が余り厳しく天子を諫めるので、ある人がとがめると、汲黯の言うよう〕天子が三公九卿などの輔弼の臣を設けておられるが、へつらい機嫌をとり陛下を不正に陥れるようなことをどうして彼らにさせてよかろうか。その上にわたしはすでにその地位についている。たといわが身を大事に思っても、〔陛下を諫めなければ〕朝廷を辱めることになるのをどうしようか〔どうすることもできない〕。

15　今陛下騁六騑、馳下峻山。如有馬驚車敗、陛下縦自軽、**奈**高廟太后**何**。（史記、袁盎鼂錯列伝）

いま陛下は六頭立ての馬車を速く走らせて、急な山を馳せくだろうとしていなさいます。もし馬が驚き車がこわれるようなことが起こるならば、陛下がたといわが身を粗末にお扱いなさろうとも〔それは勝手ですが〕、高祖さまの御廟（みたまや）のお祭りや太后様への御孝養をどうなさるおつもりですか〔どうなさることもできないでしょう〕。

16　竟廃申后及太子、以褒姒為后、伯服為太子。太史伯陽曰、禍成矣。無可奈何。（史記、周本紀）

〔幽王は〕結局申后および太子をその地位から退け、褒姒（ほうじ）を皇后にし、〔褒姒との間に生まれた〕伯服を太子にした。書記官長伯陽は言った、「災いはすでに構成された。どうすることもできない」。

17　夫唐堯有丹朱、周文王有管蔡。此皆上聖、亡奈下愚子何。以其性不可移也。（漢書、王莽伝上）

そもそも唐堯に丹朱という子があり、周の文王に管叔・蔡叔という子があった。堯と文王はいずれも偉い聖人であるけれども、愚かな子をどうすることもできなかった。人の生まれつきは変化させることができないからである。

18　冒頓曰、奈何与レ人隣レ国、而愛二一馬一乎。遂与二之千里馬一。（史記、匈奴列伝）

冒頓単于（ぼくとつぜんう）は「どうして他国と国を接しておりながらわずか一匹の馬を惜しもうか」と言い、かくて東胡に千里の馬を与えた。

19　叔向曰、楚辟我衷。若何効レ辟。…従レ我而已、焉用レ効二人之辟一。（左伝、昭公六年）

晋の大夫の叔向が言うのに、「楚は間違っておりわが国は正しい。どうして間違いに見倣いましょうか。…わが正しい道に従えばよろしい、どうして他国の間違いに見倣う必要がありましょうか。…」。

○杜預注「辟邪也。衷正也」。

20　明レ恥教レ戦、求レ殺レ敵也。傷未レ及レ死、如何勿レ重。若愛レ重レ傷、則如レ勿レ傷。（左伝、僖公二二年）

（すでに傷ついた敵兵に重ねて傷つけてはならぬという説に対する反論。）戦場における恥ずべき行為を明示し〔軍規を厳粛にし〕兵士に戦闘を教えるのは、敵を殺すことを求めるからである。敵が傷ついても死ぬところまで行かぬ場合、どうして重ねて傷を負わせてはならないだろうか。もし重ねて傷を負わせることをしぶるならば、最初から傷つけない方がよい。

○「如レ勿傷」は反語で「不如勿傷」の意に帰着する。

21　君臣之義、**如**レ之**何**其廃レ之。（論語、微子）

君臣の義はどうして廃止してよかろうか。

○「如レ之何」は「如何」に同じ。「其」は口調上の助字。

22　**如**レ之**何**其使二斯民饑而死一也。（孟子、梁恵王上）

どうして人民を飢え死にさせてよかろうか。

右の例により「イカン」に**何如**と**如何**の二つの系統があることがわかる。**何如**は「どうであるか」「どのようであるか」「どう思うか」などの意味であり、「どのような人」の意は必ず「何如人」と書かれ、「如何人」とは書かれない。**如何**は「どうするか」と対処・処置のしかたを問う場合と、「どうして…であろうか」と理由を問うて多くは反語になる場合とである。ところが例外のような場合もあるので、それに触れておく。

23 秋九月献公卒。里克邳鄭、欲内重耳、以三公子之徒作乱。謂荀息曰、三怨将起、秦晋輔之。子将何如。荀息曰、吾不可負先君言。（史記、晋世家）

秋九月に献公がなくなった。里克・邳鄭は〔国外に亡命中の〕重耳を国内に入れて位につけようとし、申生・重耳・夷吾の三公子の味方の者を率いて乱を起こした。〔奚斉の後見役である〕荀息に言うことに、「奚斉を怨んでいる三公子の味方の者が乱を起こそうとし、秦や晋が援助することになっている。貴殿はどうしようと思うか」。荀息曰く、「わたしは亡君の仰せに背くことはできない」。

○「子将何如」の部分、晋語二にこの語が二箇所にあり、一方は「子将如何」とあり、他方は「子将何如」とある。左伝僖公九年には「子将何如」とあるが、左氏会箋は「石経宋本並如何作何如、非」といい、本文を「子将如何」に改めている。普通ならば「如何」と書くべきものであろう。

24 高乃謂丞相斯曰、上崩、賜長子書、与喪会咸陽、而立為嗣。書未行。今上崩、未有知者也、所賜長子書及

符璽、皆在胡亥所。定太子、在君侯与高之口耳。事将何如。（史記、李斯列伝）

趙高はそれで丞相の李斯に言った、「天子がおかくれのとき、御長男に遺書をたまい、柩の供をして咸陽に集まり、即位して跡継ぎになれとのことでした。その遺書はまだ発表されていない。いま天子はおかくれになったが、知っている者はまだいません。御長男に賜うた遺書及び御璽はみな（二男）胡亥様の所にあります。太子を決定するのは、貴殿と高との口にかかっています。この事はどうしましょうか」。

○この場合の何如の用法も疑問。同様な文として史記魯仲連鄒陽列伝に「事将奈何」というのがあって、これならば正常である。

次に史記斉世家に桓公が管仲に、後任の宰相として適当な人物を問う場面の記事に「易牙如何」「開方如何」「豎刁如何」という文がある。ところがこれと同じことを記した韓非子十過ではすべて「何如」となっており、またそこに「君曰、鮑叔牙何如」という文もあり、管子戒篇でも「桓公曰、鮑叔之為人何如」とある。これらは「…はどうだ」という質問文であるから何如が正しく、史記斉世家の如何は誤りであるように思える。このほか「於公何如」（史記梁孝王世家・呉王濞列伝）「於君何如」（淮陰侯列伝）など「貴公はどう思うか」「貴公の場合はどうだ」を意味する場合はすべて何如であるのに、劉敬叔孫通列伝に「於公如何」という表現がある（漢書叔孫通伝は「於公何如」となっている）。するとこの「於公如何」は何如の誤りであろう。

偽古文尚書堯典に、舜を推薦する者に対して堯が「兪。予聞。如何」（なるほど。わしもその人のことを聞いている。どのような人物か）と言っているところがある。偽孔伝は「其徳行如何」と注し、蔡伝は「如何者、復問其徳之詳也」という。原則的にいえば「予聞。何如」「其徳行何如」とあるべきものと思われる。その証拠に史記五帝本紀では「然、朕聞之、其何如」となっている。論語公冶長に「子曰、臧文仲居蔡、山節、藻梲。何如其知也」という文がある。古注は「非時人謂之為知」といい、朱子は「当時以文仲為知。孔子言…安得為知」という。この文は注釈によると、「臧文仲は〔大夫であるにもかかわらず諸侯の持つべき〕蔡国産の大亀を身分に外れて蔵しており、部屋の節（＝柱の上部のますがた）に山の形の彫刻をし、梲（梁の上のつかばしら）に水草模様を描くという贅沢をしている。〔世間の人は臧文仲を知者だといっているが〕どうして知者であろうか」という意味になり「何如其知也」と読むことになる。すでに述べたようにこのような意味の場合は「如何其知也」と書くべきであって、「何如其知也」ならば、馬氏文通が「怪其知是何知也」といっているように「其知何如」

の倒置とし、「〔世間では彼を知者だと言っているが、〕どのようなのだろうか彼の知は〔彼の知はどうも疑わしい〕」と解すべきこととなる。

以上を総括すると、何如と如何との混用が許されたこともあるかも知れないが、書写上の誤りも多いと思われる。そして原則的に言えば、何如と如何（奈何）とは使用上の相違があった。なお宋代の文では、ことさらの擬古文を除いては、何如と書くべきを原則として如何または奈何と書くようになっている。たとえば論語或問に「諸説如何」という語がしばしば見える。「先人の諸説はどうでしょうか」「先人の諸説について先生はどうお考えになりますか」の意である。秦漢の古文ならば何如と書くはずのものを、いつごろから如何と書く率が多くなったか、この点についてはまだ調査していないので、わからない。

G　焉有　悪有　いづくにあらんや・いづくんぞあらんや・いづくにかあらんや。すべて反語になる

1　焉有仁人在位、罔民而可為也。（孟子、梁恵王上・滕文公上）

仁人が為政者の地位についていながら、人民を網でひっかけるようなことをばして

よいということがどうしてあろうか。

○「罔民而可為」を「罔レ民而可レ為」と読む人もある。いずれにしても「可レ罔レ民」の倒置で、「罔民而可」では意味不明のため「罔民而可為」となっている。この文を「焉有二仁人在レ位一、罔レ民而可レ為也」と読んでいる書物を見かけるが、それは誤りである。その誤りを証明するために類似の文を次に掲げる。なお焉有をイヅクニ（カ）アランヤと読んで「どこにあろうか」と訳しても、いずれも反語で、意味は同じである。

2　**焉有**三君子而可二以レ貨取一乎。（孟子、公孫丑下）

君子でありながら金の力で家来にされてよいという道理がどうしてあろうか。

3　**焉有**二子死而弗レ哭者一乎。（史記、平原君虞卿列伝）

子が死んだのに号泣して悲しまない者がどうしてあろうか。

4　狗豨猶有レ闘、**悪有**二士而無レ闘矣。（墨子、耕柱）

犬や子豚でさえも闘うことがある。役人でありながら闘うことがないということがどうしてあろうか。

5 悪有処家而得罪於家長而可為也。（墨子、天志上）

家庭にありながら家長にとがめを受けてもよいということがどうしてあろうか。

○「而(これ)」と読む人もある。

6 誰亦有処国得罪於国君而可為也。（同右）

だれにとってもまた、国にいながら国君にとがめを受けてもよいということがあろうか。

H 安在　悪在　焉在　いづくにかある

1 居悪在。仁是也。路悪在。義是也。居仁由義、大人之事備矣。（孟子、尽心上）

身の置き場所はどこにあるか。仁がそれである。由(よ)り従うべき路はどこにあるか。義がそれである。仁に身を置き義に由り従うならば、大人(たいじん)としてのすべきことは完備している。

○「悪在」と読んでも誤りでない。

2　沛公**安在**。（史記、項羽本紀）

沛公はどこにいるか。

3　楚荘王伐宋。宋告急于晋。晋景公欲発兵救宋。伯宗諫晋君曰、天方開楚、未可伐也。乃求壮士、得霍人解揚、字子虎、誆楚、令宋毋降。過鄭。鄭与楚親、乃執解揚而献楚。楚王厚賜、与約、使反其言、令宋趣降。三要乃許。於是楚登解揚楼車、令呼宋。遂負楚約、而致其晋君命曰、晋方悉国兵以救宋。宋雖急、慎毋降楚。晋兵今至矣。楚荘王大怒、将殺之。解揚曰、君能制命為義、臣能承命為信。受吾君命以出、有死無隕。荘王曰、若之許我、已而背之、其信**安在**。解揚曰、所以許王、欲以成吾君命也。将死、顧謂楚軍曰、為人臣、無忘尽忠得死者。（史記、鄭世家）

楚の荘王が宋を攻撃した。宋は危急を晋に告げた。晋の景公は兵を発して宋を救おうとした。伯宗が晋君を諫めて「天の神は今や楚に運を授けています。〔楚を〕伐つのはよくはありません」と言った。そこで壮士を求め、霍の人の解揚、字は子虎を得、楚をあざむいて、宋を降伏しないようにさせることにした。〔解揚が使者として行く途中で〕鄭を通り過ぎた。鄭は楚と親しかった。そこで解揚を捕らえて楚に献上した。楚王は解揚にたくさん金品を与えて、解揚と約束をし、反対のことを言って宋を速く降伏させるように〔解揚に〕させようとした。三度約束をして、〔解揚は〕やっと承知した。そこで楚は解揚を楼車に登らせ、宋に大声で声をかけさせた。結局は解揚は楚との約束に背いて、自分が受けた晋君の命令を伝えて「晋はいま国内の兵を全部動員して宋を救おうとしているところだ。宋は差し迫っても、決して楚に降伏してはならない。晋の兵隊は今に至るであろう」と言った。楚の荘王は大いに怒り、解揚を殺そうとした。解揚の言うに、「君主は権威ある命令を出せるのが義であり、臣下は命令を奉じて実行できるのが信である。わが君の命令を受けて使者として出たならば、死ぬことだけがあって君命を失墜することがあってはならぬ」と。荘王の言うよう、「なんじがわしに承諾して、そのあとで背くのでは、なんじの信（＝約束を守ること）はどこにあるのだ」と。解揚の言うよう、「王様に承諾したのは、わが君の命令を完遂しようと思ったからです」と。殺されようとするときに、楚軍の方に顔を向け声をかけて、「人臣たるものは、忠義を尽くして死に場所を見付けた者のことを忘れてはならぬぞ」と言った。

○「其信安在」の信は上文の「臣能承命為信」の信と関係がある。

4　今法有肉刑三、而姦不止。其咎**安在**。非乃朕徳薄而教不明歟。（史記、孝文本紀）

いま刑法に肉刑の三種類があるが、悪事はやまない。この責任はどこにあるのであろうか。なんと朕の徳が薄くて教化が明らかでないのではあるまいか。

5　獣相食、且人悪之。為民父母行政、不免於率獣而食人、**悪在**其為民父母也。（孟子、梁恵王上）

けだもの同士が食いあうのでさえ、人はこれをいやがる。民の父母たる君主となって政治を行うのに、けだものを引き連れて人を食わせる〔のと同様の〕ことから免れていない。民の父母であるという資格はどこにあろうか。

○「食」と読むも可。「悪在其為民父母也」（滕文公上にも見える）は「其為民父母也悪在」の倒置。王力、漢語史稿二九〇ページ［重排本第三章第三六節三三七ページ］に「其為民父母之道在什麼地方呢?」と訳す。

6 張耳大怒、怨陳餘、使張黶陳沢往譲陳餘曰、始我与公為刎頸交。今王与耳旦暮死。而公擁兵数万、不肯相救。**安在**其相為死。苟必信、胡不赴秦軍倶死、且有十一二相全。(史記、張耳陳余列伝)

張耳はたいそう怒り、陳余を怨み、張黶・陳沢に命じて出かけて行って次のように陳余を責めなじらさせた、「前にわたしは君と刎頸の交わりを結んだ。いま趙王とわたしとは今日明日にも死にそうになっている。ところが君は数万の兵をかかえながら、われわれを救おうとしない。どうなったのだ、お互いのためにいのちを投げ出そうといったのは。もしも約束を必ず守るつもりならば、どうして秦軍にぶつかって行ってともどもに死んでくれないのだ。十に一二の助かる見込みもあるだろうに」と。

7 平原君使者、冠蓋相属於魏、譲魏公子曰、勝所以自附為婚姻者、以公子之高義、為能急人之困。今邯鄲旦暮降秦、而魏救不至。**安在**公子能急人之困也。(史記、魏公子列伝)

平原君の使者は、あとからあとへと出発し魏の国まで引きも切らないほどであって、魏の公子をなじって言った、「勝（わたくし）（=平原君趙勝）がわが身を寄せて親類の縁を結びましたのは、公子がすぐれた正義心をもっていられるので人の困苦をば直ちにお救いくださるものだと思ったからです。いま邯鄲はすぐにも秦に降伏しそうですのに、魏の救援が到着しません。公子が人の困苦を直ちにお救いなさるということはどこにあるのですか。…」。

○「冠蓋」、使者一行の着ている冠や、使者の乗っている車のおおい。

8　蘇秦曰、…臣所謂以忠信得罪於上者也。燕王曰、若不忠信耳。豈有以忠信而得罪者乎。蘇秦曰、不然。臣聞客有遠為吏、而其妻私於人者。其夫将来。其私者憂之。妻曰、勿憂。吾已作薬酒待之矣。居三日、其夫果至。妻使妾挙薬酒進之。妾欲言酒之有薬、則恐其逐主母也。欲勿言乎、則恐其殺主父也。於是乎詳僵而弃酒。主父大怒、笞之五十。故妾一僵而覆酒、上存主父、下存主母、然而不免於笞。

悪在乎忠信之無罪也。（史記、蘇秦列伝）

蘇秦いわく、「…わたくしはいわゆる『忠信のために殿様からおとがめを受けた』者であります」。燕王いわく、「なんじは忠信ではないのだ。忠信だのにとがめを受ける者がどうしてあろうか」。蘇秦いわく、「そうではありません。わたくしの聞いた話ですが、よその人に、遠く離れた土地へ役人となって赴任し、〔郷里に残った〕彼の妻が他人と私通した者がいました。その夫が帰って来ることになりました。その私通者は心配をしました。妻の言うに、『心配しなさるな。わたしはすでに毒酒を作って夫の帰りを待っているのです』と。三日たって、その夫が案のじょう帰って来ました。妻は下働きの女に言い付けて毒酒を捧げて持って行って夫に飲ませようとしました。下働きの女は酒に毒があることを言おうと思うと、奥さんを追い出すことになるのが心配であり、言わないでおこうと思うと、旦那さんを殺すことになるのが心配でした。そこで倒れた真似をして酒を捨てました。旦那さんはたいそう怒り、笞で五十たたきました。このことから考えますと、下働きの女がひとたび倒れて酒をひっくりかえし、かみは旦那さんを救い、しもは奥さんを救いましたが、しかし笞打たれることを免れませんでした。忠信ならばとがめを受けないなど、どこにそんなことがありましょうか」。

○「其妻私於人」の其は夫を、「其夫」「其私者」の其は妻を指す。「恐其逐主母」の其は酒に毒があると言うこと、「恐其殺主父」の其は酒に毒があることを言わないことを指す。

9　秦既称帝、患兵革不休、以有諸侯也、於是無尺土之封、堕壊名城、銷鋒鏑、鉏豪桀、維万世之安。然王跡之興、起於閭巷、合従討伐、軼於三代、郷秦之禁、適足以資賢者為駆除難耳。故憤発其所為天下雄。**安在**無土不王。（史記、秦楚之際月表）

秦が天下を統一して帝号を称すると、戦争の終わらないのは諸侯がいるからだと心配したものだから、それでごく狭い土地をも領土として与えることがなく、名城を破壊し、金属の武器を融かし、地方の有力者を除き去り、万世の安泰を維持しようとした。しかし王者の事業の始まりは民間から起こり、合従して討伐することは夏殷周の三代の革命よりも激しかったが、さきに秦が軍備や封建諸侯を廃止したことはまさに賢者が高祖のために患難を除き去るのに役立つことになった。このことから考えると憤発したということが高祖が天下の雄となった理由である。〔領土がなければ王者になれないということばが昔からあるが）領土がなければ王者になれないなどという道理がどこにあろうか。

○「其所為天下雄」の所は所以の意。「無土不王」については、集解に「白虎通曰、聖人無土不王。使舜不遭堯、当如夫子老於闕里也」といっているが（闕里は孔子の郷里の住所名）、白虎通にこの文は見当たらない。たとい白虎通にあっても、白虎通は司馬遷の死後一五〇年ほどたってできたものだから、注釈としての価値は少ない。兪正燮の癸巳存稿巻七に、この集解の文を引き、続けていう「今案序是詰辯之詞。白虎通既非遷所及辯、義亦迂遠。遷云安在、蓋指始皇本紀云、置諸侯不便。天下初定、又復立国、是樹兵也。及此序云、無尺土之封。王迹之興、起于閭巷」。

▽「適足以資賢者為駆除難耳」については本書「解説」を参照。

10（昭）十五年、福祚之不登、叔父焉在。言忘其彝器、是福祚之不登、悪在其為叔父乎。（顧炎武、日知録左伝注）

左伝昭公十五年に「福祚之不登、叔父焉在」とあるが、その意味は天子から頂いた彝器（＝青銅製の酒だるなどのうつわ）のことを忘れてしまっていることは、天子の御下賜品が国の帳簿に記載されていないことになり、もし帳簿に記載されていなかったとしたら、記録官であった叔父（＝貴殿の御祖先）の面目はどこにあろうか、ということである。

○長い文章の一部分で意味がわかりにくいが、ここで必要なことは「叔父焉在」を顧炎武が「悪在其為叔父乎」と言いかえていることである。つまり「叔父焉在」は孟子の「悪在其為民父母也」の語法に当たることを説明しているのである（孟子は文末を也としているが顧氏は乎としていて、同じつもりである）。安井衡の左氏輯釈に顧炎武の説を引いて（…悪在其為叔父哉として引く）「叔父焉在、倒句、猶言焉在叔父」という（竹添進一郎の左氏会箋はこの説を剽窃している）。「叔父焉在」は孟子の「悪在其為民父母也」から見れば倒句かも知れないが、語法上からいえば、孟子の文形そのものが倒句なのである。したがって顧炎武は孟子の文形に返還しはしているが倒句ということばは用いていない。

一　何所　安所　焉所の一

1　人皆以為不治産業而饒給。又不知其**何所**人。愈信、争事之。（史記、封禅書）

人々は〔李少君が〕生業に従事しないのに金銭衣服などをたくさん持っているとて不思議がった。さらにまた彼がどこの人であるかということがわからなかった。それでいよいよ信仰し、我先にと李少君に奉仕した。

○「何所」、いづく。いづこ。

2　王夫人者、趙人也。与衛夫人並幸武帝、而生子閎。閎且立為王。時其母病。武帝自臨、問之曰、子当為王、欲**安所**置之。王夫人曰、陛下在、妾又何等可言者。帝曰、雖然、意所欲、欲於**何所**王之。王夫人曰、願置之洛陽。（史記、三王世家褚補）

王夫人という人は趙国生まれの人である。衛夫人とともどもに武帝に寵愛されて、子の閎を生んだ。閎が王の位につくことになった。そのとき閎の母の王夫人は重病であった。武帝はみずから病床に見舞い、王夫人に尋ねて言った、「子の閎は王になるはずであるが、どこの王にしたいと思うか」。王夫人「陛下がいらっしゃいますから、わたしはそれに何の言うべきこともありません」。帝「そうではあろうが、心のうちの望みとして、どこにこの子を王にしたいと思うか」。王夫人「洛陽の王にしたいと存じます」。

3　於是衛将軍乃以五百金為王夫人之親寿。王夫人以聞武帝。帝曰、大将軍不知為之。問之、**安所**受計策。対曰、受之待詔者東郭先生。（史記、滑稽列伝褚補）

〔王夫人が天子のお気に入りだから王夫人の機嫌をとったら天子に喜んでもらえると聞いたので〕そこで衛将軍は五百金で王夫人の親の長寿祝福の贈り物をした。王夫人はこのことを武帝に申しあげた。帝は「大将軍はこんなことをすることを知っていないはずだ」と言い、衛将軍に、だれからこの計りごとを授かったのかと聞いた。衛青はお答えして「待詔者の東郭先生から授かりました」と言った。

○「待詔」、正式の官にまだ任用されず、宮城の駐車場の受け付け役人のいる役所に控えていて、天子の御下問を待っている者。

4 王先生曰、天子即問君何以治北海、令無盗賊、君対曰何哉。対曰、選択賢材、各任之以其能、賞異等、罰不肖。王先生曰、対如是、是自誉自伐功、不可。願君対言、非臣之力、尽陛下神霊威武所変化也。太守曰、諾。召入至于殿下。有詔問之曰、何以治北海、令賊盗不起。叩頭対言、非臣之力、尽陛下神霊威武之所変化也。武帝大笑曰、於呼、安得長者之語而称之。安所得之。対曰、受之文学卒史。帝曰、今安在。対曰、在宮府門外。有詔召拝王先生為水衡丞、以北海太守為水衡都尉。（同右）

王先生の言うよう、「天子がもしあなたにどういう方法で北海郡を治め、盗賊のないようにしているかとお問いになったら、あなたは何とお答えしますか」。「お答えして、『すぐれた才能の者を選択し、それぞれその才能によって彼らに任務を課し、ずば抜けた者を賞し、劣った者を罰しております』と言うでしょう」。王先生「そのようなお答えは自分を誉め手柄を自慢することになり、よくありません。どうかあなたは次のようにお答えなさい、『わたしくめの手柄ではありません、ことごとく陛下の御稜威(みいつ)の影響でございます』と」。太守「承知いたした」。召されて宮中に入り御殿の下まで行った。詔があって彼に尋ねて仰せられるには「どのような方法で北海郡を治め盗賊の起きないようにしているか」。地面に頭を打ちつける礼をしてお答えして「わたくしめの力ではありません、ことごとく陛下の御稜威(みいつ)の影響であります」。武帝はたいそう笑って言った、「ああ、どこですぐれた人格者の言葉を聞いて来てそれを言うのか。どこからそれを授かったのであるか」。お答えして「文学卒史から授かりました」。帝「いまどこにいるか」。お答えして「宮内庁の門外におります」。詔があり呼びだして王先生を任命して山林水産次長とし、北海郡守を山林水産局長とした。

○「文学卒史」、郡や諸侯国における属官名。

5　**安所**(いづく)ニカ求(もと)メン二子ノ死ヲ一、桓東ノ少年場。（漢書、酷吏伝、尹賞）

どこに息子らの死体を探し求めたらよかろうか、方向指示標の東にある少年の死体の埋め場に行けばよい。

6　今小国以テ二窮困ヲ一来タリテ告グレドモ二急ヲ天子ニ一、天子弗レ振(すく)ハ、彼当ニ二**安所**ニ一告愬(そ)ス一、又何ヲ以テ子トセン(トセン)二万国ヲ一乎。（史記、東越列伝）

いま小国が困り果てたために、やって来て急迫事態を天子に訴えましたが、天子がお救いになりませんならば、彼はどこに訴えるべきでしょうか。また天子はどうして万国を子のごとく愛することができましょうか。

7　（公儀休）使食禄者不得与下民争利。…食茹而美、抜其園葵而弃之。見其家織布好、而疾出其家婦、燔其機。云、欲令農士工女、**安所**讎其貨乎。（史記、循吏列伝）

公儀休は俸給を受けて生活している官吏が人民と利得を争ってはいけないことにした。…野菜を食べておいしかったので、家の菜園の蔬菜を抜いて捨てた。自分の家の者がみごとに布を織るのを見て、すぐに家の嫁を追い出し織機を焼いた。彼の言うのに「農民や機織り女に、どこへその生産物を売らせようと思うのか」と。

8　挺爵留顧、見如銭等、正黄、数百千枚。即共掇擁、各得満手、走帰示其家。爵父国、故免吏、字君賢。驚曰、**安所**得此。爵言其状。君賢曰、此黄金也。即馳与爵倶往、到金処、水中尚多。（論衡、験符）

陳挺・陳爵がその場にとどまってそこらあたりを見まわすと、銭などのような物が見え、真っ黄色で、数百枚から千枚ほどある。すぐに二人で拾い、それぞれ手一杯に得て、走り帰って家人に示した。陳爵の父の陳国は免官になった元の官吏で、字は君賢であった。驚いて「どこでこれを手に入れたか」と言った。陳爵はその様子を話した。君賢は「これは黄金だ」と言い、直ちに馬を走らせ陳爵といっしょに行き、金のある所に到着すると、水中になお多くあった。

9　今衆人咸称朝聖、皆曰公明。蓋明者無不見、聖者無不聞。今天下之事、昭昭於日月、震震於雷霆、而朝云不見、公云不聞、則元元**焉**所呼天。（後漢書、范升伝）

いま衆人はみな天子のことを聖天子だといい、みな殿様のことを明君だといっています。大体、明というのは何でも見て知っていることであり、聖というのは何でも聞いて知っていることであります。ところがいま天下の事態は、日月より明らかであり、雷鳴よりもとどろき渡っています。それに天子は見ないと仰せられ、殿様は聞かないと仰せられるならば、人民どもはどこに向かって天の神様に訴えたらよろしいでしょうか。

○「朝云不見公云不聞」の見と聞とは入れ違いである。

10　漢中之敗、栄年十三、左右提之走。不肯曰、君親在難、焉所逃死。乃奮剣而戦、遂没陣。（魏志、夏侯淵伝注）

漢中での敗戦のときに、夏侯栄は十三歳であった。家来たちが手を引いて逃げようとしたが、夏侯栄は承知しないで、「殿様も父も患難に陥っていられる。どこに死をのがれようか」と言い、かくて剣を振るって戦い、ついに戦死した。

J　何所　安所　焉所の二

1　我之大賢与、於人何所不容。（論語、子張）

わたくしがもし大賢者であるならば、人に対して何の受け容れない相手があろうか。だれをも受け容れる。

○王力の古代漢語（二八七ページ［校訂重排本第一冊二〇五ページ］）に「何所不容、即所不容者為何也、就是無所不容的意思」という。

2　孟嘗君問伝舎長曰、客何所為。（史記、孟嘗君列伝）

孟嘗君は伝舎の舎監に尋ねて言った、「例の客人は何をしているか」。

○「何所為」は「所為何事」の意。

3　庾公造周伯仁。伯仁曰、君**何所**欣説而忽肥。庾曰、君復**何所**憂惨而忽痩。伯仁曰、吾無所憂。直是清虚日来、滓穢日去耳。（世説新語、言語）

庾亮が周伯仁の所に来た。周伯仁「君はどんなうれしいことがあって急に肥えたのか」。庾亮「君はそれではどんな心配ごとがあって急にやせたのか」。周伯仁「わたしは心配ごとはない。ただ清虚が日々に身につき、滓穢が日々に消え去っただけだ」。

○「君復何所憂惨…」の「復」は、自分は答えたが、こんどは君の番だというような意味で用いてある。

▽説は悦。

4　王丞相枕周伯仁膝、指其腹曰、卿此中**何所**有。答曰、此中空洞無物、然容卿輩数百人。（同、排調）

王丞相（＝王導）は周伯仁の膝に頭をのせ、その腹をゆびさして「君のこの中に何があるのだ」。答えて「この中はからっぽで物はない。しかし君たち数百人を入れられるのだ」。

5 （袁悦）語人曰、少年時読論語老子、又看荘易。此皆是病痛事、当何所益邪。天下要物、正有戦国策。（同、讒険）

袁悦が人に語って言うことに、「少年のとき論語・老子を読み、また荘子・易経を読んだ。これらはみな頭の痛くなるものであって、何の役立つところのあるはずがあろうか。天下の肝要な物としては、ただ戦国策があるだけだ」。

6 有小児年十歳、偸刈隣家稲一束。琇之付獄案罪。或諫之。琇之曰、十歳便能為盗、長大何所不為。県中皆震粛。（南史、孔琇之伝）

小児がいて年が十歳であったが、隣家の稲一束をこっそり刈って盗んだ。孔琇之は裁判をして罪を判決した。ある人がそれを諫めると、琇之が言うに、「十歳で早くも盗みをやれるのであるから、大きくなったら何をやらかすかわからない」と。県じゅうのものはみな震え上がった。

7 騭曰、我等貧賤。是以主人以貧賤遇之、固其宜也、当何所恥。（呉志、歩騭伝）

歩鷺が言うに、「われわれは貧賤である。だからこの家の人が貧賤者としてわれわれを扱ったのは、もちろん適当なのだ。〔貧賤者扱いをされたとて〕恥じる点はないはずだ」。

8　其所謂爾、亦不知其**何所**指也。（論語、子罕「豈不爾思、室是遠而」朱子注）

〔あに爾を思はざらんやとあるが〕ここでいっている爾は、それにしてもこの場合指しているものが何であるかはわからない。

9　今子有大樹、患其無用、何不樹之於無何有之郷、広莫之野、彷徨乎無為其側、逍遥乎寝臥其下。不夭斤斧、物無害者。無所可用、**安所**困苦哉。（荘子、逍遥遊）

いまあなたに大樹があって、それが何の役にも立たないことを気にするならば、その樹を無何有の郷、広莫の野に植え、ぶらりぶらりとしてその傍らで何もせずにおり、のんびりとしてその下で寝たらどうですか。〔役に立たない樹だから〕おのやまさかりでの伐採で若死することもなく、何物もこの樹を害するものがない。役立てうる点がなくても、どうして困ることがあろうか。

10　以古準今、壱何不相逮之遠也。安所繆盭而陵夷若是。意者有所失於古之道与、有所詭於天之理与。

（漢書、董仲舒伝）

古代を標準にして現代を観察すると、全く何とはなはだしく劣っていることだろう。どこか間違っている点があってこのように堕落してきたのであろうか。ひょっとすると古の道からはずれている点があるのだろうか、天の理法にたがっている点があるのであろうか。

右の諸例において個々の文例については読み方に疑問があるかも知れないが、**何所**はいうまでもなく**安所**・**焉所**をイヅク・イヅコと読むべき場合がある。劉淇の助字弁略、王引之の経伝釈詞にはその例が見えないが、楊樹達の詞詮に、安・焉を疑問形容詞として安所・焉所の例を挙げている（文例10の漢書董仲舒伝の「安所繆盭而陵夷若是」も安所の例とする）。ところが何所・安所がイヅク・イヅコと読めない場合もある。そしてそれら自体の内部でも実はその意味するところが必ずしも一様でなく、整理がきわめて困難である。かつまた安所などどう読むのが正しいかわからない場合がある。たとえば後赤壁賦に「顧安所得酒乎」という文がある。従来「顧安所得酒乎」などと訓読し「どこか酒を得る所はないだろうか」などと訳されていた。楊伯峻は、文言虚詞で「却従何処去弄酒呢」と訳している。つまり「顧安所得酒乎」と訓読すべきことになるのである（顧はカヘッテとも読む）。

史記張釈之列伝に「廷尉、天下之平也。一傾、而天下用法、皆為軽重、民**安所**措其手足」とあり、後漢書卓茂伝に「今我以礼教汝、…以律治汝、**何所**措其手足乎」とある。これらは多くは「安所措其手足」「何所措其手足乎」などと訓読している。それは論語子路に「刑罰不中、則民**無所**錯手足」とあって「所錯手足」が一連の語であるからと思われる。しかし「民安所措其手足」「何所措其手足乎」と読んでも、反語であれば「無所措其手足」に帰結するはずである。かつて資治通鑑の赤壁の戦いの部分で「将軍迎操、欲安所帰乎」と読んだが（岩波全書漢文入門三二二ページ）、「欲安所帰乎」と読むべきかも知れない。

右に述べたように何所・安所（焉所の例はきわめてまれ）については、なお多く資料を集めて分析すべき必要がある。

K　悪乎　悪

悪乎には二つの説がある。礼記檀弓下「吾悪乎用吾情」の鄭玄注、桓公六年公羊伝「悪乎淫」の何休注に「悪乎猶**於何**也」とあり、荘公十二年公羊伝「魯侯之美悪乎至」（ただし校勘記によると公羊伝の文には疑わしい点がある）の注に「悪乎至、猶**何所**至」といい、孟子梁恵王上「天下悪乎定」の趙岐注に「問天下**安所**定」という。於何を可とする者は、乎は介詞で悪という疑問詞と結合するから悪乎となるというもので、楊樹達の詞詮はこの説を主張する。劉淇の助字弁略や王引之の経伝釈詞は何所と解するを正しいとする。ただし悪乎の乎については何の説明もしない。裴学海の古書虚字集釈は悪乎を何所と解する説に賛成して、次のように説明している。「所の字を分析すれば所は本来戸というような発音をしたことがわかる。戸と乎とは双声かつ畳韻の字である。悪と何とは同義だから、悪乎は何所と同義になる」と。これはあまりに穿った説で信用できない。

わたくしの思うに、悪乎の乎は単なる口調上の添え字で、たとえば「於是」を「於是乎」、「有時」を「有時乎」というようなものであるまいか。その上に「悪乎」はイヅクニ・イヅクニカと場所を問う場合が多いけれども、そのほかにイヅクンゾの意で反語になる場合がある。だから悪乎とあっても悪と同じと考えればよい。そこでまず悪の用例から解き始めることにしよう。

1　曰、王無異於百姓之以王為愛也。以小易大、彼

悪知之。王若隠其無罪而就死地、則牛羊何択焉。（孟子、梁恵王上）

〔孟子〕いわく、「王様は人民たちが王様のことを物惜しみしたのだといっているのを不思議に思いなさってはならないのであります。王様は小さい羊を大きい牛に取り換えなさいました。彼ら人民はどうしてその事情を知りましょうか。王様がもし牛が何の罪もないのに殺されに行くのを哀れみなさるのであれば、牛と羊とどうして区別がありましょうか」。

2　対曰、王請無好小勇。夫撫剣疾視曰、彼**悪**敢当我哉、此匹夫之勇、敵一人者也。（孟子、梁恵王下）

〔孟子が〕お答えして言う、「王様どうか小勇をお好みなさいますな。そもそも剣のつかに手をかけて目をいからしにらんで『あいつはどうしてわしに敵対するだけの勇気があろうか』と言うのは、これは匹夫の勇であって、一人だけを相手とするものであります」。

3　居**悪**在、仁是也。（孟子、尽心上）↓第35節H1。

○「悪」とも読む。以下同じ。

4　万物之所生**悪**起。（荘子、則陽）

万物の発生したもとはどこから起こったのであろうか。

5　且王攻楚、将**悪**出兵。王将借路於仇讎之韓魏乎。（史記、春申君列伝）

その上に王様が楚を攻撃なさる場合、どこへ軍隊を出そうとお思いですか。王様は仇敵の韓や魏に領地内を通らせてもらおうとお思いですか。

6　敢問、夫子**悪乎**長。（孟子、公孫丑上）

失礼ながらお尋ねいたしますが、先生はどういう点ですぐれていらっしゃいますか。

7　学**悪乎**始、**悪乎**終。曰、其数則始乎誦経、終乎読礼。其義則始乎為士、終乎為聖人。（荀子、勧学）

学問はどこから始まり、どこで終わるか。それはこうである、その方法は詩経・書経を読むことから始まり、礼の書物を読むことで終わる。その目的は読書人となることから始まり、聖人となることで終わる。

○この文は自問自答として書いてある。

8　東郭子問ヒテ二於荘子一ニ曰ク、所謂（いはゆる）道ハ悪クニカ乎在ルト。荘子曰ク、無レシト所レ不レル在ラ。（荘子、知北遊）

東郭子が荘子に尋ねて言う、「いわゆる道はどこにあるか」。荘子いわく、「どこにでもある」。

9　夫レ至徳之世、同ジクト与二禽獣一居リ、族（あつ）マリテ与二万物一並ブ、悪ゾ乎知ラン二君子小人ヲ一哉（や）。（荘子、馬蹄）

いったい、至徳の世では、人々はいっしょになって鳥獣とともに住んでおり、群がって万物とともども生活していた。〔そこには差別も対立もなかったから〕どうして君子・小人の区別を知ろうか。

○イヅクンゾと読む場合は乎は読まないでおく。「イヅクニカ」と読んでも、意味さえ誤解しなければ、それでもよい。

10　予悪ゾ乎知ラン三説（よろこ）ブヲ二レ生之非ザルヲ一レ惑ヒニ邪（や）。（荘子、斉物論）

わたくしはどうして、生を喜ぶのが惑いでないことを知ろうか。↓生を喜ぶのが惑いでないことを知らない。↓生を喜ぶのが惑いであることを知る。

11 麗之姫、艾封人之子也。晋国之始得之也、涕泣沾襟。及其至於王所、与王同筐牀、食芻豢、而後悔其泣也。予**悪乎**知夫死者不悔其始之蘄生乎。(同右)

麗姫(りき)は艾(がい)という地の防守(さきもり)の娘である。晋国がこの娘を手に入れたばかりのときには、麗姫は泣いてえりを濡(ぬ)らした。王のそばに行き、王と立派なベッドを共にし、牛や羊の御馳走を食べるようになって、そこで初めて、自分がさきに泣いたことを悔いたのである。〔生死もこれも同様で〕死んだ者が〔死んで初めて〕生前にもっと生きたいと求めたのを後悔するであろうことが自分にわかるのである。

○文例9 10 11の悪乎は場所に関する疑問と全く関係がなく、反語であって、「悪」一字とも同じである。「悪識所以然、悪識所以不然」(斉物論)、「而幾死之散人、又悪知散木」(人間世)、「女悪知貴賤之門、小大之家」(秋水)などと異ならない。なおこの場合でもイヅクンゾと読む人もある。反語だとわかれば安・焉・寧などと同様にイヅクンゾと読む方がわかり易いので、悪乎の場合もイヅクンゾと読んでおく。文章の解釈には変わりはない。

L　焉往　安往　何適　悪往　悪乎往　など

1　直道而事人、**焉往**而**不**三黜。（論語、微子）

自分の正しいと信ずる主義を正しく守って人に仕えるならば、どこへ行ってもしばしば免職または降職になる。↓第34節D3。

2　行賢而去自賢之行、**安往**而**不**愛哉。（荘子、山木）

すぐれた行いを行い、自分をすぐれているとうぬぼれる行いを捨て去るならば、どこへ行っても人々から愛される。

3　跖之徒問於跖曰、盗亦有道乎。跖曰、**何適**而**無**有道邪。夫妄意室中之蔵聖也。入先勇也、出後義也。知可否知也。分均仁也。五者不備、而能成大盗者、天下未之有也。（荘子、胠篋）

盗跖（とうせき）の手下が盗跖に尋ねて言った、「盗みにもまた道徳原理がありますか」。盗跖の言うよう、「どのような職業でも道徳原理がある。そもそも〔盗みにおいて〕やみくもに家の中の所蔵品を推測するのは聖の徳である。押し入るのに先頭に立つのは勇の徳である。引き上げるのにしんがりを勤めるのは義の徳である。それぞれの場合の可否を知るのは知の徳である。盗品の分配が公平であるのは仁の徳である。この聖勇義知仁の五つが完備していないのに、大盗になりおおせることのできる者は、天下にいまだいないのである。

4　善游者数能、忘水也。若乃夫没人之未嘗見舟而便操之也、彼視淵若陵、視舟之覆猶其車卻也。覆卻万方陳乎前、而不得入其舎、悪往而不暇。

（荘子、達生）

泳ぎのじょうずな者がすぐに舟の扱いができるのは、水を意識していないからです。あの水もぐりの名人だと舟を見たことが一度もなくてもすぐに舟をあやつられるのは、彼が淵を丘陵のように考えており、舟の転覆するのを、あたかも車があとずさりするぐらいに考えているからである。くつがえったりあとずさりしたりするのがいろいろさまざま眼前に展開しても、それらは彼の心に入ることがありえない。だからどのような境地に入ってもいつも心にゆとりがあるのだ。
○「卻」は却の古字、郤（＝隙）とは別。

5　道悪乎往而不存。（荘子、斉物論）

道はどこにも存在している。
○「悪乎」と読まない方がよくわかるであろう。大宗師にも「悪乎往而不可哉」という表現がある。1から4までの文例とここの「悪乎」とを見比べるならば、「悪乎」と「悪」とが同義であることがわかる。

6　臣之事君義也。無適而非君也。無所逃於天地之間。（荘子、人間世）

臣下が君主につかえるのは、義という結び付きである。どのような社会へ行っても仕えねばならないのは君主である。君臣の関係は天地の間で逃がれうる所はない。
○5までは反語の形式で、いずれも意味の上で6と同じになる。この6の形式については↓第33節G。

7　臣聞図王不成、其敝足以安。安則陛下何求而不得、

何為而不成、何征而不服乎哉。（史記、平津侯主父列伝）

わたくしめは、王道を目指して成しとげられないならば、たとえ悪く行っても安泰だということを聞いています。安泰ならば、陛下は何を求めなさっても手に入れることができ、何をなさっても思うようになり、どこを征伐しなさっても服従させることができます。

○「何求而不得」は「無求而不得」と同義。

M　何…為　何以…為

ここに述べることとは、たとえば史記項羽本紀に「…願大王急渡。今独臣有船、漢軍至無以渡。項王笑曰、天之亡我、我何渡為」といい、論語顔淵に「君子質而已矣。何以文為」とある語法、つまり「何V為」「何以N為」（Vは動詞。Nは名詞。動詞でも名詞化しているものを含む）の語法についてであって、これはどのような意味か、どう訓読すればよいか、また句末に置かれた為の字はどのような役目をしているかの問題である。これについて、

a　漢書張耳伝の「何廼汙王為乎」に顔師古が「言何為乃汙染王」と注し、また漢書汲黯伝に「何空取高皇帝約束紛更之為」に顔師古

が「言**何為**乃紛乱而改更也」と注すのに従って、馬氏文通（巻七虚字為字之用）は「何為」を前と後とに分けて「何…為」としたのだと説明する。しかしこれには、文例は少ないけれども「**悪**用是鶃鶃者**為**哉」（孟子、滕文公下）や「両君合好、夷狄之民、**何為**来**為**」（穀梁伝、定公十年）という文があり、これを元にもどすと「**悪為**用…」や「**何為為**来」となるが、このような語法はあまり見かけないので（王守仁の瘞旅文に「爾**烏為**乎来為茲山之鬼乎」「**烏為**乎以五斗而易爾七尺之軀」という珍らしい表現もあるが）、この説明は無理である。

b　馬氏文通（巻二詢問代字）は「何以文為、即言以文為何也、而何字仍為表詞、故可先焉」という。文通によると表詞というのは形容詞が述語として用いられた場合で、たとえば史記李斯列伝の「臣聞地広者粟多、国大者人衆、兵彊者則士勇」の広多大衆彊勇などが表詞である（巻一正名）。そして「何」が表詞として用いられる例が巻二詢問代字（＝疑問代名詞）の項で説かれており、その説明がきわめて特異で理解しにくいが、「以文為何」のつもりでないかと思われる。すると「何以文為」は「何以文為」「何以文為」とでも読むべきであろう。これに似たのは呂叔湘の説で、その文言虚字の「何以…為」の条で、「一事の目的を問う」ものとし、「匈奴未滅、何以家為」を例にあげ、「何以家為」

は「要家做什麼」の意だといっている。これは「何以レ家為」と読むのであろう。これらの説は「何以…為」の方の説明はできるかもわからないが、「何渡為」などの「為」の説明をすることはできない。

c　「何…為」「何以…為」の「為」を疑問の語末助詞とするものに楊樹達の詞詮があり、裴学海の古書虚字集釈、楊伯峻の文言虚詞、また最近では新華字典もこの説である。ところが「何…為」に対応するものに「無…為也」があり、「何以…為」に対応するものに「無以…為也」があって、これから考えると「為」が疑問詞だとは考えられない。

d　劉淇の助字弁略は巻一上平声の為の条において、楚辞漁父「何故懐瑾握瑜、而自令見放為」〔史記、屈原列伝〕などを引いて「為」を語辞だという。王引之の経伝釈詞の「為」の条も同じく語助とし、父の王念孫も読書雑志（漢書第十二）の「無以為」の条で王引之の説を引いて賛成している。さてこの語辞・語助というのは口調の上で用いられる意味のない語である。近く王力もこの説であって、古代漢語、一の一七四ページ〔校訂重排本第一冊一九二ページ〕「君子質而已矣、何以文為」に注して「何以、何用、為什麼用。文、文采。為、句末語気詞、経常与二何以一相応」といい、また二五八ページ〔校訂重排本第一冊二八三ページ〕で「〃何以…為〃意思是〃為什麼用得着…呢〃（其中〃為〃字已経虚化為語気詞）。何以文為、就是為什麼用得着文呢。這是無疑而問、是古代表示反問的一種習慣説法」といっている。つまり訓読すれば「何以文為」または「何以文為」と訓読することになるのである（為は読まない）。したがって項羽本紀の「何渡為」も「何渡為」と読む（為は読まない）。ここに「為は読まない」というのは、いうまでもなく訓読では読まないことで、中国語で読むときは平声 **wéi** として読む。このことは助字弁略が去声の為でなく平声の為のところで説明していることでわかるが、そのほかにも平声と説明している書物が多い。訓読で為は読まないと言ったが、読まないと見落としたようになるので、昔から「何以文為」「何渡為」などと読まれており、われわれも習慣でそのように読むこともある。しかしいま差し当たっては、為には意味がないと考えて文義を理解することにする。

1　虞芮之人、未見西伯、皆慙相謂曰、吾所争、周人所恥。**何往為**。祇取辱耳。（史記、周本紀）

〔田地争いをし西伯に裁判をしてもらいに行ったが周人の譲り合いの様子を見て〕虞と芮の人は、まだ西伯にお目にかからないうちに、どちらも恥じて話し合って言った、

「われわれが争っていることは、周の人の恥とすることである。どうして行こうか(=行かないでおこう)。ただ恥をかくだけだ」。

2　卒有病疽者、起為吮之。卒母聞而哭之。人曰、子卒也。而将軍自吮其疽、**何**哭**為**。母曰、非然也。往年呉公吮其父、其父戦不旋踵、遂死於敵。呉公今又吮其子。妾不知其死所矣。是以哭之。(史記、孫子呉起列伝)

兵卒に疽の病気にかかっている者がおり、呉起はその兵卒のためにその疽の膿を吸い取ってやった。兵卒の母が聞いてそれがために声をあげて泣いた。人が言った、「あなたの子は兵卒だ、それに将軍がみずからその疽の膿を吸い取りなさった。どうして泣くのか」。母の言うよう、「そうでないのです。先年呉公は息子の父の疽の膿を吸い取りなされ、父は戦いのときに後ろを振り返りもせず前進し、かくて敵と戦って死にました。呉公は今また子の膿を吸い取りました。わたくしには息子がどこで命をなげ出すかわかりません。だからそれに対して泣いたのです」。

3　今怨高祖辱我王、故欲殺之。**何乃**汚王**為**乎。令事成帰王、事敗、独身坐耳。(史記、張耳陳余列伝)

いまわれわれは高祖がわれわれの王を辱めたのを怨み、それで高祖を殺そうとしているのだ。どうしてかえって王の顔に泥を塗るようなことをしようか。もし事が成功したら王の功績にし、事が失敗したら、ただわれらだけが罪になればよいのだ。

4　帝曰、今故告之、反怒為。殊不可暁也。（漢書、外戚伝、孝成趙皇后）

成帝いわく、「いまわざわざこのことを知らせてやったのに、かえって怒るのか。全く聞き分けのないことだ」。

○「反怒為」は「何反怒為」の「何」の省かれたもの。

5　項王謂漢王曰、天下匈匈数歳者、徒以吾両人耳。願与漢王挑戦決雌雄。毋徒苦天下之民父子為也。（史記、項羽本紀）

項王は漢王に言った、「天下が数年間も騒乱の続いているのは、ただわれわれ両人のためなのだ。漢王に対して戦いをいどみ勝負を決したい。いたずらに天下の民の年寄りや幼い者を苦しめてはならないのだ」。

○「挑戦」、李奇の説では「挑身独戦、不復須衆也」で、一騎打ちをすること。ただしこの後文に「項王令壮士出挑戦」とあるので、通説に従う。

6　一歳中、…率不過再三過。数見不鮮。**無**久慁公**為**也。（史記、酈生陸賈列伝）

一年間に…大体のところ二三回訪問するに過ぎない。しばしば会うと新鮮でない。長いあいだお前達に厄介をかけることはないのである。

7　棘子成曰、君子質而已矣。**何以**文**為**。（論語、顔淵）

棘子成いわく、「君子は質であればよいのだ。どうして文を必要としようか」。

○以下「何以文為」などの「以」の意味については本節M15を参照。

8　他日帰、則有饋其兄鵝者。己頻顣曰、**悪用**是鶃鶃者**為**哉。（孟子、滕文公下）

後日家に帰ると、彼の兄に鵞鳥を贈った者がいた。〔これは通常の儀礼的贈り物であったが、陳仲子は賄賂の贈り物と思ったから〕自分は顔をしかめて「どうしてこんなガアガアと鳴くやつが要ろうか」と言った。

9　湯使人以幣聘之。囂囂然曰、我**何以**湯之聘幣**為**哉。我豈若処畎畝之中、由是以楽堯舜之道哉。（孟子、万章上）

殷の湯王は家来に命じて絹の贈り物を贈って伊尹を招聘させた。伊尹は満ち足りて無欲な様子で言った、「わたくしはどうして湯王のお招きの贈り物なんか必要であろうか。わたくしは農民生活をし、それによって堯舜の道を楽しむ方がよくはなかろうか」と。

○「豈若」→第31節G2。

10　陳囂問孫卿子曰、先生議兵、常以仁義為本。仁者愛人、義者循理。然則又**何以**兵**為**。（荀子、議兵）

陳囂が孫卿子（＝荀子）に尋ねて言った、「先生は軍隊のことを論じなさるのに、いつも仁義を根本としていなさる。仁者は人を愛し、義者は道理に従うものである。それならばまたどうして軍隊を必要としようか」。

11　（五員）因如呉、過於荊、至江上、欲渉。見一丈人刺小船、方将漁。従而請焉。丈人度之絶江。問其名族、則不肯告。解其剣以予丈人曰、此千金之剣也、願献之丈人。丈人不肯受曰、荊国之法、得五員者、爵執圭、禄万檐、金千鎰。昔者子胥過、吾猶不取。今我何以子之千金剣為乎。（呂氏春秋、異宝）

五（伍）員はそれで呉に行こうとして荊（楚の別名）を通り過ぎ、揚子江のほとりに到着し、渡ろうと思った。一人の老人が小船にさおをさして今から漁をしようとしているのが伍員の目についた。そばへ行って渡してほしいと頼んだ。老人は伍員を舟に乗せて揚子江の向こう岸まで行った。伍員は老人の姓名を尋ねたが、告げてはくれなかった。自分の剣を解いて老人に与えようとして、「これは千金の剣です。これを御老人に進呈したいと思います」と言った。老人は受け取ることを承知しないで言った、「荊国の法律では、伍員を捕らえた者は、身分は領主、俸給は一万石、黄金は千鎰をもらえることになっている。昔、伍子胥が通り過ぎたが、わたしはそれでも褒美をもらわなかった。今わたしはどうしてそなたの千金の剣なんか要ろうか」。

○「渉」、狭い意味では歩いて川を渡ること。広い意味では、川を渡ること、また、山野・世の中を経歴すること。「檐」は担、容量の単位。一石。」「鎰」、重さの単位。

「子胥」、伍員の字（あざな）（呂氏春秋のここでは伍員を五員と書いている）。この老人は相手を伍員だと見抜いているが、知らぬふりをして、「むかし子胥が通ったとき捕えれば褒美をもらえたが、そんなことはしなかった」と言って安心させ、かつ無欲を示したのである。

12　子曰（ク）、誦（スレドモ）二詩三百（ヲ）一、授（クルニ）レ之（ニ）以（テスレバ）レ政（ヲ）、不レ達（セ）、使（スレバ）二於四方（ニ）一、不（ンバ）レ能（ハ）二専対（スル）一、雖（モ）レ多（シト）、亦奚（ゾ）以（もちヒント）為。（論語、子路）

子いわく、「詩経の三百篇を暗唱できても、その人に政務を授けて行わせると、政務をよくわきまえていず、四方の諸国に使者として行くと、ひとりで応対することができないならば、たくさん詩をおぼえていても、そんな知識は不必要だ」。

13　叔孫武叔毀（そしル）二仲尼（ヲ）一。子貢曰（ク）、無（キ）レ以（もちフル）為也。（論語、子張）

叔孫武叔が孔子の悪口を言った。子貢が言うに、「悪口を言っても無駄なのだ。…」。

○「無レ以レ毀（ルヲ）為也」の省略と見る。朱子注は「無以為、猶（ゴトシ）レ言（フガ）レ無（シト）レ用（フル）レ為（スヲ）レ此」という。

14　天子為（ニ）レ治（メ）レ第（ヲ）、令（ム）二驃騎（ヲシテ）視一レ之（ヲ）。対（ヘテ）曰（ク）、匈奴未（ダ）レ滅（セ）（ズ）、無（キ）レ以（フル）レ家（ヲ）為

也。（史記、衛将軍驃騎列伝）

天子は驃騎将軍霍去病のために邸宅を建ててやり、驃騎将軍に見に行かせようとした。お答えして言うのに、「匈奴がまだ滅びませぬうちは、家など必要でありません」。

○中国人の文法書にしばしば漢書霍去病伝の「匈奴不滅、無以家為也」またはこの史記の文を誤って「匈奴未滅、何以家為」として引用している。

▽風俗通義、過誉には「匈奴不滅、何以家為」とある。

15　梁孝王使人殺故呉相袁盎。景帝召田叔案梁。具得其事、還報。景帝曰、梁有之乎。叔対曰、死罪、有之。上曰、其事安在。田叔曰、上毋以梁事為也。上曰、何也。曰、今梁王不伏誅、是漢法不行也。如其伏法、而太后食不甘味、臥不安席、此憂在陛下也。（史記、田叔列伝）

梁の孝王が人をやってもとの呉の大臣の袁盎を殺させた。景帝は田叔を呼び出して梁の事件を取り調べに行かせた。くわしくその事件を調べ、帰って来て報告した。景帝は尋ねた、「梁にその事実があったか」。田叔はお答えした、「恐れ入ります。事実がございました」。天子いわく、「その事件はいかようであった」。田叔いわく、「陛下は梁の事件をお取り上げなさいませぬように」。天子いわく、「なぜか」。いわく「いま仮に梁王が刑罰をお受けにならねば、つまり漢朝の法律が行われていないことになります。もしも法のさばきをお受けになるならば、太后さま（＝竇太后。景帝と孝王とは兄弟でその母）はお食事を取られても味がおわかりにならず、お休みなされても御安眠になれず、これでは心配の種が陛下に生じるのでございます」。

○「其事安在」、顔師古注「索（もとムル）二其ノ状ヲ一也」。

右は王念孫・王引之の「**以**ハ、**用**也」「為ハ、語助ナリ」という説に従って訓読し解釈した。この場合の「用」とはどういう意味であるか。論語公冶長に「焉ゾ用ヒンレ佞ヲ」、顔淵に「焉ゾ用ヒンレ殺ヲ」、子路に「焉ゾ用ヒンレ稼ヲ」、季氏に「則チ将（はた）焉ゾ用ヒン二彼ノ相ヲ一矣」とあり、「必要とする」という意味がおおむね妥当であるので、それをこの場合に適用した。これに類似した他の訳語は種々可能である。例13を朱子の注のように「無キレ用フルレ為スコトヲ也」と解するならば、この場合の「為」は語助とはならないが、「用」の意味は「必要とする」である。

さて「何…為」「何以…為」を一応右の原則で読んだが、右の原則以外のものもある。次にそれに触れよう。その一つは**何能為**である。「為」は「する」（英語でいえば

do）に当たり、種々の行為を抽象的に「為」で表すことがあり、「何為」などの用法は多くある。かつ「能」は助動詞のようなものであるから、下の動詞を省いて単独で用いることもあることはあるが、下に動詞があるのが一般である。また左伝襄公十四年に「何悪之能為」という表現がある。するとこの「何能為」の「為」は動詞と考える方がよい。

16 紂曰、不有天命乎。是**何能為**。（史記、周本紀）

〔殷の紂王は周の西伯の勢力が次第に大きくなったことを聞いたが〕紂王いわく、「わしには天命があるではないか。あんなやつに何をすることができようか↓何ができようか」。

○「何能為」とも読める。以下同じ。また以下「何ができようか」と訳すが、「為」を無視したわけではない。単に、日本語として通常の表現だからである。

17 子西聞之、笑曰、勝如卵耳。**何能為**也。（史記、伍子胥列伝）

子西はこのこと（＝白公勝が子西を殺そうとしていること）を聞き、笑って言った、「勝はわしが雛に孵した卵のようなやつだ。何ができようか」。

○「如卵」、左伝哀公十六年に「勝如卵、余翼而長之」という。ただし岡白駒の「此喩小弱不済事也」という説もある。

18 上召諸将問曰、布反。為之奈何。皆曰、発兵撃之、阬豎子耳。**何能為**乎。（史記、黥布列伝）

天子は諸将を召集して尋ねて言った、「黥布が反乱を起こした。どうしようか」。みなが言う、「軍隊を出して彼を攻撃し、小僧めを穴埋めにするだけです。〔あいつは〕何ができましょうか」。

19 （梁王立）数過宝飲食。報宝曰、我好翁主、欲得之。宝曰、翁主姑也、法重。立曰、**何能為**。遂与園子姦積数歳。（漢書、文三王伝）

梁王の立はしばしば任宝の家を訪れ飲食した。任宝に話をして言った、「わたしは翁主が好きだ。彼女がほしい」。任宝「翁主はあなたの姑さまです。法律では重罪です」。立「〔法律なんかわしに対して〕何ができようか」。かくて翁主園子と姦通して数歳を重ねた。

○「翁主」は、王の娘、つまり王女のことで、この場合、翁主は立の父の妹で園子といい任宝の妻であった。立は父の跡を継いで王であるので無茶なことができたのである。さてこの文の「何能為」について顔師古注に「言フココロハ罪不トレ能ハレ至ルレ重キニ也」という。これはここの大意を述べたもので、文字どおりの意味は訳文のようである。

さて右の文は反語形であるが、これを普通に書けば**無能為**となる。

20 上問ウテ二袁盎ニ一曰ク、…今呉楚反ス。於テレ公ニ何如ト。対ヘテ曰ク、不ルレ足ラレ憂フルニ也。今ニ破レント矣。上曰ク、呉王即キテレ山ニ鋳レ銭ヲ、煮テ二海水ヲ一為リレ塩ヲ、誘ヒ二天下ノ豪桀ヲ一、白頭挙グルコトレ事ヲ若シレ此ノ。其ノ計不ンバ二百全ナラ一、豈ニ発センや乎。何ヲ以テ言フ三其ノ**無**キヲ二**能**ク**為**スコトやト一也。（史記、呉王濞列伝）

天子が袁盎に尋ねて言った、「いま呉・楚が反乱を起こした。そなたはどう思うか」。お答えして言う、「心配するほどのことはないのです。いまに敗北するはずです」。天子「呉王は山で銭を鋳、海水を煮て塩を作り〔その利益を軍資金とし〕、天下の有力者を誘い集め、しらが頭の年ごろになってこのように乱を起こした。その計画が百パーセント確実でないならば、どうしてしでかそうか。どうして、彼らが何もできないということを言うのか」。

○漢書鼂錯伝では「白頭挙グレ事ヲ。此レ其ノ計…」とある。その場合の「此」は「このことから考えると」という意味である。

21　呉楚反時、条侯為太尉。乗伝車、将至河南、得劇孟、喜曰、呉楚挙大事而不求孟、吾知其無能為已矣。（史記、游侠列伝）

呉・楚が反乱を起こしたとき、条侯周亜夫は太尉（＝陸軍大臣）であった。駅馬車に乗って行き、河南に着こうとするときに、劇孟に会って味方にし、喜んで言った、「呉・楚が大事件を起こしたのに劇孟を味方にしようとしなかった。わしには彼らが何もできないことがわかるのだ」。

22　上喜曰、豨不南拠邯鄲而阻漳水、吾知其無能為也。（史記、高祖本紀）

天子は喜んで言った、「陳豨は、南の方で邯鄲を根拠地にし漳水を防御線にすることをしていない。わしには彼が何もできないことがわかっているのだ」。

次に「何以…為」についてであるが、その大部分がさきに述べたように「どうして…を必要としようか」、つまり「…なんかは不必要だ」の意味であった。しかしそのような意味にならないものは別に考えねばならない。それは次のような例である。

23 俄而子来有病、喘喘然将死、其妻子環而泣之。子犁往問之、曰、叱、避、无怛化。倚其戸与之語曰、偉哉造化。又将**奚以**汝**為**、将奚以汝適。以汝為鼠肝乎。以汝為虫臂乎。（荘子、大宗師）

にわかに子来が病気にかかり、ハッハッと息も絶えだえで、今にも死にそうになり、彼の妻子が枕もとを囲んで泣いていた。子犁が見舞いに行き、「これ、近づくな、変化するのを驚かすな」と言い、入口の戸にもたれながら子来と語り合った、「偉大だなあ造化は。こんどはお前を何にするだろうか。お前をどこへ行かせるだろうか。お前をねずみの肝にするだろうか。お前を虫けらの腕にするだろうか」。

○「奚以汝為」は「以汝為鼠肝」と対応する。

24 勝自礪剣。人問曰、**何以為**。勝曰、欲以殺子西。（史記、伍子胥列伝）

白公勝が自分で剣をといでいた。人が尋ねて言った、「何をそれでするのか」。勝のいわく、「これで子西を殺そうと思っているのだ」。

○「何以為」は「以殺子西」に対応する。

25　其為衣裘、何以為。冬以圉寒、夏以圉暑。（墨子、節用上）

人々が衣服を作るのは、何をそれでするのか。冬にはそれで寒さを防ぎ、夏にはそれで暑さを防ぐ。

○「何以為」と「以圉寒」「以圉暑」とが対応する。なお24 25の「何以為」は「何以為」（25では「何以為」とも）、つまり「どういう理由でする」（25では「どういう理由で作る」）とも解しうるが、そうではあるまい。

26　郄疵謂知伯曰、君又何以疵言告韓魏之君為。（趙策、一）

郄疵が知伯に言った、「殿はまたどうして私の言葉を韓・魏の君主に告げたのですか」。

○この場合は「何以N為」形式でなく「何V為」（以疵言告韓魏之君がVとなる。つまり以は疵言の介詞であり告の内容を表す）形式である。

次に「何以N為」「何以為」にきわめて類似したものに「以N何為」「以

何為」があるので、これに触れておく。

27 初軍従済南当詣博士。歩入関。関吏予軍繻。軍問、**以**此**何為**。吏曰、為復伝。還当以合符。軍曰、大丈夫西游、終不復伝還。棄繻而去。軍為謁者、使行郡国。建節東出関。関吏識之曰、此使者廼前棄繻生也。（漢書、終軍伝）

話はもとにもどって終軍が済南から博士官のもとに博士弟子として勉学しに行くことになった。徒歩で旅をして函谷関の関所を入った。関所役人は終軍に絹切れを与えた。終軍はこれを何にするのかと尋ねた。関所役人が言った、「帰りの通行手形にするのだ。帰るときにそれで手形の信否を照合することになっている」と。終軍は「一人前の男子が西のかた都に遊学する以上は、帰りの手形で帰るようなことは決してしない」と言って、絹切れを捨てて立ち去った。〔後に〕終軍は謁者（＝天子への面会者係りの宮殿内勤務の役人）となり、天子の使者として郡や国を巡視することになり、使者の旗を立てて東へ向かって関所を出た。関所役人は彼を見覚えていて、「この使者は何と前に繻を捨てた青年だ」と言った。

○「以此何為」（これで何をするのか）とも解することができる。その場合でも関所役人の答えは原文どおりであっても差しつかえはない。

28　或問曰、免者**以**二**何為**一也。曰、不レ冠者之所レ服也。礼曰、童子不レ緦、唯当レ室緦。緦者其免也。当レ室則免而杖矣。…或問曰、杖者**以**二**何為**一也。曰、孝子喪レ親、哭泣無レ数、服レ勤三年、身病体羸。以レ杖扶レ病也。（礼記、問喪）

ある人が問うた、「免をつけるのはどういう理由によるのか」。答えて言う、「免は冠をつけない者のつけるものだ。礼（＝儀礼喪服）に『童子は緦麻の喪服を着ない。ただ跡継ぎになった者だけは緦麻の喪服を着る』と言っている。緦麻の喪服を着る者は免をつける。童子が跡継ぎとなった場合は、免をつけて杖をつくのである。…」。ある人が問うた、「杖をつくのはどういう理由によるのであるか」。答えて言う、「孝子は父母を失ったときは、時を定めずして哭泣し、喪の悲しみに服することが三年、身体が病み疲れる。杖で病み疲れた体を支え助けるのである。…」。

○「免」、冠をぬいで白布で頭髪を束ねること。さてここの「**以何為**」は文例27および「夫子所レ論、欲下**以**二**何**明一」（史記、太史公自序）などによって「以何為」と読むとよいように思うが、鄭玄は「怪本所為施也」といい、釈文は、「何為、于偽反」（去声、タメニ）としており、正義も「故問之云免者以何所為」「此問孝子居喪、何以須杖之意也」といい、これら免や杖の礼の起こった理由を問うものとしているのできわめて特異な読み方になっている。

存疑

「何以文為」「何以伐為（論語季氏）」「何以兵為」などを王引之の経伝釈詞は「何用文」「何用伐」「何用兵」の意で為は語助だとしており、この説に従ってすでに解釈しておいた。しかしこれに対して次のような例がある。

29 瞻長子尚歎曰、父子荷恩、不早斬黄皓、以致敗国殄民。**用**生**何為**。乃駆馬赴魏軍而死。（華陽国志、巻七）

諸葛瞻の長子の尚は嘆息して「父子ともに国恩を受けているのに、早くに黄皓を斬り殺さなくて、かくて国を敗北させ人民を破滅させることになった。生きていることで何をしようか（↓生きていても何にもならない）」と言って、そこで馬をかり立て魏軍に突撃して戦死した。

○この文は蜀志諸葛瞻伝の注および十八史略の三国の条に引かれており、文章に小異はあるが「用生何為」は同じである。これと同じ形のものは27の「以此何為」であるが、これは疑問であり、「用生何為」は反語である。そしてこの「用生何為」は「何以文為」「何以伐為」「何以兵為」と同じ内容のことを言おうとしているに違いなく、「用生何為」の「為」は明らかに動詞そのものであるから、「何以文為」などの為も動詞そのものと見なければならない。かつまた「用生何為」を反語形から否定形に改めるならば「用生無為」とはならず「無用生為」となるはずである。これは本節M15に述べたのと同じである。このことから考えると「何以文為」「何以伐為」「何以兵為」は馬建忠や呂叔湘のいうように「何ニカ以テレ文ヲ為サン」「何ヲカ以テレ文ヲ為サン」などと読む方がよいようにも思える。ただ残念なことに「何以N為」と同じ意味を表すのに「以N何為」の形式を用いたのはここに引用したこの「用生何為」一例だけであり（この文例に注意した人は外にまだいない）、この文は四世紀ごろのもので、先秦両漢時代には見当たらず、いささか資料不足であり、資料集めと研究とを今後に待たねばならない。しかし、「何以N為」の語法では、その意味そのものはすでに述べたもので尽きているので、文章の理解そのものには何ら支障はない。なお「何以N為」「何V為」の形については考えうることは多々あるが、いずれも断言することの困難なことばかりなので、この項はこれで止める。

N　何…之有　有㆓何…㆒

1　子欲㆑居㆓九夷㆒。或曰、陋、如㆑之何。子曰、君子居㆑之、何陋之有。(論語、子罕)

(中国が乱れていたので)孔子は東方に九種類の異民族がいるその地域へ行ってそこで住もうと思った。ある人が言うに、「九夷は陋(非文化的で礼儀知らず)だ。それをどうすることができようか」。孔子の言うよう、「君子がそこに住み着くならば(彼らは感化されるから)、陋などはあり得ない」。

○「何陋之有」は「之」を用いた倒置形であるから(→第16節C)、普通の文に改めると「有㆓何陋㆒」または「何有㆑陋」になる。すると「何陋之有」は「何陋之有」と「何陋之有」との二種の読み方が可能になる。ところが通例「何陋之有」と読むのは「有㆓何陋㆒」の形式が普通であって「何有㆑陋」の形式がまれなためであると思われる。「何陋之有」または「有㆓何陋㆒」は、直訳すれば「なんの陋があろうか」であるが、大部分は反語で、「無㆑陋」の意に帰着する。

2　衛公孫朝、問於子貢曰、仲尼焉学。子貢曰、文武之道、未墜於地、在人。賢者識其大者、不賢者識其小者、莫不有文武之道焉。夫子焉不学。而亦**何**常師**之有**。
（論語、子張）

衛国の大夫の公孫朝が子貢に尋ねて言った、「仲尼はだれについて学んだのですか」。子貢の言うよう、「文王武王の文物制度やその原理はまだ全く滅びてしまいはせず、人々の記憶に残っていました。賢者はそのうちの重大なものを記憶しており、不賢者はそのうちの些細なものを記憶していたので、文王武王の道がないわけでありません。だから先生はどこででも学びました、そしてまたこの人だけというような決まった先生もありませんでした」。

3　晋平公問叔向曰、昔者斉桓公九合諸侯、一匡天下、不識臣之力也、君之力也。叔向対曰、管仲善制割、賓胥無善削縫、隰朋善純縁、衣成、君挙而服之。亦臣之力也。君**何**力**之有**。（韓非子、難二）

晋の平公が叔向に尋ねて言う、「むかし斉の桓公は諸侯を集め合わせ天下を統一したが、どうだろうか、それは臣下の功績〔による〕か、君主の功績〔による〕か」。叔向がお答えして言う、「〔着物を作るのにたとえると〕管仲がじょうずに布帛を裁ち、賓胥無がじょうずに縫い、隰朋がじょうずにへり飾りをし、着物ができあがり、君主が取って着る〔ようなものです〕。ただ臣下の功績であります。君主は何の功績がありましょうか」。

○「亦」、詞詮に「祇也、特也、但也」というのに従う。

4 （堯）観二于華一。華封人曰、嘻、請祝二聖人一。使三聖人寿富多二男子一。堯曰、辞。多二男子一則多レ懼、富則多レ事、寿則多レ辱。封人曰、天生二万民一、必授二之職一。多二男子一而授二之職一、何懼之有。富而使二人分一レ之。何事之有。…。（十八史略、帝堯陶唐氏）

堯が華という町に見物に行った。華の関守りが〔堯の姿を見て〕言うよう、「ああ、聖人のためにお祈り申し上げたい。聖人に長生きし富み男の子を多く持たせたまえ」。堯「お断り申す。男の子が多いと心配が多く、富むと面倒な事が多く、命が長いと恥をかくことが多い」。関守り「天は万民を作り出した場合、必ずそれらに職業を授けた。男子が多くても彼らに職業を授けるならば、何の心配があろう。富んでも人々にその富を分けて持たせるならば、何の面倒な事があろう。…」。

○この文は荘子天地篇の文に基づく。「事」は成玄英の疏に「財貨殷盛、則事業実繁」とあるのによって訳しておく。他の解釈も可能である。

5　焚二無用虚債之券一、捐二不レ可レ得之虚計一、令二薛民親一レ君而彰二君之善声一也。君**有**二**何**疑一焉。（史記、孟嘗君列伝）

殿様は何の疑いなさることがありましょうか。↓殿様は何も疑いなさることは要りません。

○「有二何疑一」とも読む。↓第34節F13。以下同じ。

6　六月雖レ曰二生長一、此時必有二雷霆一。天道既於二炎陽之時一震二其威怒一。我則レ天而行、**有**二**何**不可一。（隋書、刑法志）

〔中国では刑罰は秋冬に行うものとされていたが、隋の文帝は夏に行おうとして諫められたので、それに対して文帝が言うことには、〕六月は万物生長の時期とは言うが、この時期に必ず雷霆がある。天道は燃え盛る陽気の時にその恐ろしい怒りを発揮して天地を震わせるものだ。わしは天にのっとって行うのだ。何のいけないことがあろうか。

7　（孫）皓遣親臣趙欽口詔、報凱前表曰、孤動必遵先帝、**有何**不平。君所諫非也。…（呉志、陸凱伝）

孫皓は腹心の家来の趙欽を遣わし直接に口頭で詔を授けて陸凱のさきの上書に対して次のように返答させた、「わたしはつねに必ず先帝の方針に従っていて、何の不公平もない。そなたが私を諫めたことがらは間違っている。…」。

○「孤」、王侯のへりくだった自称。

8　今主上仁賢、百僚称職、**有何**旦夕之危、倒懸之急、而数施非常之恩、以恵姦宄之悪乎。（蜀志、孟光伝）

いま天子は仁賢であり、百官は職務をじゅうぶん果たしているのに、どんな差し迫った事態があって、しばしば〔恩赦という〕特別の恩恵を施して、邪悪な悪人どもに恵むのですか。

9　士風勁勇、所向無敵、**有何**逼迫、而欲送質。（呉志、周瑜伝注引江表伝）

軍人の気風が強く勇ましくて、どちらに向かって行っても相手になる者はいないのに、何の差し迫った事態があって、人質を送ろうと思うのですか。

○「何の差し迫った事態もないから、人質を送らなくてもよい」の意に帰着する。さきの8も同様。

10　曰、関東**有何**変。曰、無有。（史記、范睢蔡沢列伝）

「関東に何かの異変があるか」。「ない」。

○ここは単なる疑問で、反語ではない。

11　仮使臣得同行於箕子、可以有補於所賢之主、是臣之大栄也。臣**有何恥**。（同右）

たとい私が箕子と同じ行いをする場合がありましても、賢君と認めております主君にお役に立つことができますならば、それは私の大きい名誉であります。私はそれにまた何を恥じましょうか。

○この文の前に「臣又何患哉」「臣又何憂」という語があり、かつ「臣有何恥」の部分が秦策三では「臣又何恥乎」となっているので、この場合の「有」は「又」の意と思われる（有と又とは音通で、孟子滕文公下に「邪説暴行又作」「邪説暴行有作」の例がある）。

12　人臣当憂死而不暇。何変之得謀。…群臣百姓、救過不給。何変之敢図。（史記、李斯列伝）

臣下は死刑を心配するだけでも精一杯のはずです。事変などをたくらむことはできません。…群臣や人民は罪に陥らないようにするのに手がまわらぬ状態です。どうして事変などをたくらむ勇気がありましょうか。

○「何変…」は「何…之有」に準じて読んでおく（左伝襄公二八年にも「不然其何労之敢憚」という文がある）。しかし「何変…」と読むべきかもわからず、時に応じて適宜に読むべきであろう。以下同様。「憂死而不暇」は「不暇憂死」の倒置。その例は本節G156。

13　先王不同俗、何古之法。帝王不相襲、何礼之循。（史記、趙世家）

先王のそれぞれは同じ風俗ではなかった。だから何も古の風俗に従わなくてもよい。五帝三王はつぎつぎと同じ制度を受け継がなかった。だから何も一定の礼に従う必要はない。

○趙策二に同様の文がある。また商君列伝に「聖人苟可以彊国、不法其故、苟可以利民、不循其礼」という文もある。

14 趙且亡、何秦之図乎。（史記、平原君虞卿列伝）

われわれの趙国は滅びそうになっているのだ、どうして秦国に対して謀略を企てることができようか。

15 老荘浮華、非先王之法言、不可行也。吾子当正其衣冠、摂其威儀。何有乱頭養望、自謂宏達邪。（晋書、陶侃伝）

老子や荘子のうわっすべりで華やかな学説は先王の正しい言葉に適っていないから、老荘的行動を採ってはならないのである。君子は自分の服装を正し自分の態度を整えるべきである。どうして、〔風をかまわず〕頭髪を振り乱し人気取りをし、自分のことを宏達だというなどの道理があろうか。

○「宏達」、学識が広く道理に達していることであるが、ここでは曠達（物事にこだわらず悟っていること）の意で用いている。

16 惟上下一於恭敬、則天地自位、万物自育、気無

不レ和、四霊何有レ不レ至。（近思録、存養程伊川語）

ただ上の者も下の者もみな一様に恭敬の徳を守るときは、天地はおのずから安定し〔異変が起こらず〕、万物はおのずから生育し、陰陽の気は全般的に調和がとれ、麟鳳亀竜の四種の霊獣はどうして現れないということがあろうか。

17　除二君之悪一、唯力是視。蒲人狄人、余何有焉。注、当二二君世一、君為二蒲狄之人一、於レ我有二何義一。正義、言、献公之時、君為二蒲邑人一、恵公之時、君為二狄国人一。余未レ事レ君、何有三恩二義於君一為。（左伝、僖公二四年）

〔自分の仕えている〕君主の敵を除き去るのには、ただ力を尽くすことをのみ問題にする。当時蒲の人であり狄の人であった殿様には、私は何〔の恩義〕があったでしょうか。杜預の注に、〔自分が仕えていた献公・恵公の〕二君の時代には、殿様は蒲や狄の人であって、私にとって何の恩義があったでしょうか。正義に、ここの意味は、献公の時に、殿様は蒲邑の人であり、恵公の時に、殿様は狄国の人であり、私はまだ殿様に仕えていませんでした、どうして殿様に対して恩義があったでしょうか、ということである。

○ここで問題にするのは、本文の「何有」が、注で「有ラン二何ノ義一」となり疏〔正義〕で「何ゾ有ラン二恩義一」。(「何有恩義於君為。」については本節Mを参照〔武英殿版十三経注疏本等は「為」を「焉」に作る〕)となっていることである。つまり両者はこの場合いずれも反語で「無シレ義」「無シ二恩義一」の意に帰着する。

第36節　況・矧（いはんや）

説文の矢部の矤（しん）（矧（しん）は俗字であるが通常は矧が用いられる）に「況詞也」とある（段玉裁は「況当作兄」という）。つまり「いはんやを意味する助字」である。ところが「況」のところを見ると「寒水也」とあるだけで「いはんや」の意味は載っていない。それでは「況」はどうして「いはんや」の意味になったのであろうか。

「兄」の字に説文は「長也」と説いている。段玉裁はこれに注して「古長不分平上、其音義一也。長短・滋長・長幼、皆無二義。（後世では、年長・ふえるは上声（zhǎng）、長いは平声（cháng）であるが昔はこの区別がなかったということ。）兄之為長、以畳韻為訓也。小雅、兄也永歎、伝曰、兄茲也。大雅、倉兄塡兮、伝曰、兄滋也。…茲与滋義同。茲者、草木多益也。滋者、益也。凡此等毛詩、本皆作兄、俗人乃改作从水之況、又譌作況。…茲益乃兄之本義。…兄之本義訓益。許（＝許慎）所謂長也。許不云茲者、許意言長則可晐長幼之義也。矢部矤下曰、兄詞也。謂加益之詞、此滋長之義也」といい、それに続けて兄弟の兄の義は引伸義として生じたことを述べている。さてここでは差し当たって必要なことをのみ述べるが、「兄」は本来「茲益」（ふえる、ます）の義で、「いはんや」の義を含んでいた。これがいつかある時期に「いはんや」を意味する場合に「況」と書かれるようになったらしいのである。「況」を「まして」と和訓するのは（文語解に況テとしている場合がある）、甲のことがこれこれであれば、乙はそれにもましてこれこれであるという意味から来ており、「いはんや」というのは、甲がこれこれであれば乙がこれこれであることは言うまでもないという意味から来ている。以下、本字のいかんにかかわらず常用の「況」の字を用いる。

1　臣以為布衣之交、尚不相欺。**況**大国乎。（史記、廉頗藺相如伝）

わたくしの思いまするに庶民同士の交際ですら、なお相手を欺きません。まして大国間の交際ではなおさらです。

○「…大国乎」と訓点をつける人もある。

2　且庸人尚羞之。**況於**将相乎。（同右）

そもそも普通の人でさえなおこのことを恥とします。まして将軍や大臣の場合はなおさらのはずです。

3　天地之大、四時之化、而猶不能以不信成物、又況乎人事。(呂氏春秋、貴信)

天地のような大きなものや、四季の変化でも、なお、不信(=ここでは自然の約束を守らぬこと)ではものごとを成しとげることはできない、それにまして人間社会のことがらにおいてはなおさらである(=不信ではものごとが行えない)。

○高誘注「乎、於也」。一般に「況乎」の場合、日本の訓点本は「乎」と読んでいないが高誘注に従って読んでおく。墨子の兼愛中に「況於兼相愛交相利、則与此異」「況兼相愛交相利、与此異矣」「況乎兼相愛交相利、則与此異」と、三種の文が見える。この三つは意味に変わりはないから「況乎」の読み方もどうでもよいようなものであるが、一言しておく。「有時」を「有時乎」、「於是」を「於是乎」と書くこともあるから、「況」のあとに詠嘆的に「乎」をつけたと考えて「況乎」(この場合、訓読では「乎」を読まない)とするならば、まあ恕すべき点もある。もしイハンヤのヤが況乎の乎に当たると考えるならば誤りである。イハンヤそのものが「況」に当てられた和訓であって、送り仮名の都合で

「況ャ」「況や」とするに過ぎないからである。

4　**況**乎以不賢人之招招賢人乎。（孟子、万章下）

〔招く方法を間違えるときはだれでも行かない、〕まして不賢人を招く場合はなおさらで、行かないにきまっている。

5　是故父母之所愛亦愛之、父母之所敬亦敬之。至於犬馬尽然。**而況**於人乎。（礼記、内則）

こういうわけで父母が愛するものは自分もまた愛し、父母が敬うものは自分もまた敬う。〔父母の愛したり敬ったりするものならば〕犬や馬に至るまでそうである、それにまして〔父母の愛したり敬ったりするものが〕人の場合はなおさらである。

6　詩云、蠢爾蛮荊、大邦為讎。…動為国家難、自古而患之久矣。**何況**迺**復**其南方万里之蛮乎。（漢書、賈捐之伝）

詩経の詩に「ごそごそとうごめく荊州（＝揚子江中流地域）の蛮族どもめは、わが中国の大国に敵対している」とあります。…こいつらはいつもわれわれの国の害になっており、昔から心配の種であることが久しいことでありました。ましてそれにもなお、それよりも南方万里の蛮族はなおさらであります。

○詩は小雅、南有嘉魚之什、采芑。「何況」の説明は本節末尾を参照。

7　以秦王之彊、猶為征南所囲、**豈況**吾耶。降計決矣。（後漢書、岑彭伝）

楚黎王の秦豊どのの強い軍隊でさえも征南将軍岑彭に包囲された。ましてわたしなどはいうまでもない。降伏の計画は決まった。

8　今陛下明聖、虚静以待物至、万事雖衆、何聞而不諭。**豈況乎**執十二律而御六情。於以知下参実、亦甚優矣。万不失一、自然之道也。（漢書、翼奉伝）

いま陛下は聖明であらせられ、虚静な態度をおとりになって物事の至るのを待っていられるので、よろずの物事は多いけれども、何をお聞きになってもすべておさとりになる。まして十二律の原理を把握して、六情を抑制なさる場合はなおさらです。かくして下々のことを知り真実を総合判断なさるのは、それだけでもはなはだすぐれたことであります。万に一つの間違いもありません。自然の道だからであります。

○「十二律」、ここでは、子丑寅卯辰巳午未申酉戌亥の十二支。「六情」は喜怒哀楽好悪。王先謙補注に「豈況、況也」。

▽「於以」は「是以」に同じ。「於」はココニ（是）。文語解、巻二「於」を参照。

9　郭隗曰、王必欲致士、先従隗始、**況**賢於隗者、豈遠千里哉。（史記、燕召公世家）

郭隗いわく、王様が必ず立派な人物を招き集めようとのおぼし召しなら、採用をまず隗から始めなさい。まして隗よりすぐれた者はなおさら採用されるはずですから、千里を遠しとせずしてやって来るでしょう。

○このように下に続く文のある場合は「ヲヤ」を省くこともある。省いても「況」はこの文では「賢於隗者」までだけ関係する。

10　夫事有人力之可致、猶不可期。**況乎**天理之溟溟、又安可得而推。（王安石、祭欧陽文忠公文）

一体、物事には人力で推し究めることのできるものはあるけれども、それでも必ずできると断定することはできない。まして天理のような測り知りえないものにあってはなおさらで、それにまたどうして推し究めることができようか。

11 人心之動、因レ言以宣。発禁二躁妄一、内斯静専。矧是枢機、興レ戎出レ好、吉凶栄辱、惟其所レ召。（程伊川、言箴）

人の心が動くと、言葉によって発表する。言葉を発するときに、がさつででまかせになることを抑制するならば、心のうちは安静専一になる。まして言葉は人の万事を決定するもとであって、軍隊を出動したり平和を提言したりし、吉凶栄辱はただ言葉の招くままであることを考えてもさらに躁妄を戒めなければならない。

○易経繫辞伝上「言行君子之枢機」、書経大禹謨「惟口出レ好興レ戎」。書経のは惟であるが「惟其所召」は惟である。→第23節。「矧是」の是は「（言語）是枢機」の意で用いられていると思われるが、語助と見ることもできる。

さてこの「**況**」を用いた文の形は、基本的には「…尚…、況…乎」であり、況の下に「於」（まれに「乎」）のつく場合がある。「於」のついているのは「…の場合は」というような意味で、「於」の有無で文義に相違が生じるわけでない。次に「**何況**」「**豈況**」となる場合がある。文例8漢書翼奉伝の王先謙の補注に「豈況、況也」とあり、何況も豈況と同じであるに違いない。するとこの「豈」「何」は単に詠嘆的役目をしているだけだと想像できる。「而況」となる場合も多いが、上句との対比を示しているに過ぎない。文例6のように「何況**酒復**」となる場合がある。一々例示しないが当然「況酒」「況復」の形もある。酒（乃）や復はこれまた上句との対比を示していて意味が強まる。なお「況…乎」の句末の「乎」は、漢文としては詠嘆の役割をしていると考えるよりほかに考えようがない。

Ⅳ 語音・語義

第37節　双声・畳韻

双声・畳韻ということを説明するために、漢字の音の大要を説明しておく。漢字の音は、おおまかにいって、初めに子音があり（この子音を声母という）、次に母音（半母音・二重母音を含む）だけ、または母音のあとに m, n, ng, k, p, t が付いたものがあり、双方がひとまとまりになって一つの音を構成する（字によっては初めの子音のないものもある）。さてここに二つの字があり、初めの子音が二つとも同じとき、または、初めの子音がなくて母音から始まる場合はその母音の要素が二つとも同じときは、この二つの字は双声であるという。

次にすべての字に韻がある。韻は字の音の母音以下が構成要素となり、これに音の上げ下げなどの要素が加わる（韻の方を韻母という）。たとえば日本語でアを発音するにしても「アー言えばコー言う」「アア怪しいぞ」「アーアとうとう死んだか」「アッと言う間に過ぎた」などの相違があり、アーンを発音するにしても「アーンと口をあけなさい」「アーンアーンと泣いている」などの相違のあるようなものである。この発音の上げ下げなどは平・上・去・入の四声に分類されている。さてここに二つの字があり、母音以下の音と四声とにおいて、つまり韻母において双方が同じ場合はこれを畳韻という。中国語の発音は昔と今とで異なるし、漢字の日本での発音も中国での発音を正確に表しているわけでないので、二つの字の発音が双声や畳韻のように見えても実はそうでない場合があり、また日本での発音は全く異なるが実は同一・近似の関係にある場合もある。ここでは主要なものをのみ挙げる。

双声の語

悽愴（せいさう）　斯須（ししゅ）　参差（しんし）　憔悴（せうすい）　鞠躬（きつきゅう）　詰屈（きつくつ）　詰詘（きつくつ）　聱牙（がうが）　滑稽（こつけい）　恍惚（くわうこつ）　駘蕩（たいたう）

忸怩（ぢくぢ）　躊躇（ちうちょ）　佚宕（てつたう）　佚蕩（てつたう）　仿佛（はうふつ）　彷佛（はうふつ）　髣髴（はうふつ）　蒲伏（ほふく）　蒲服（ほふく）　匍匐（ほふく）　扶匐（ほふく）

繽紛（ひんぷん）　戾狼（れいらう）　磊落（らいらく）　礌落（らいらく）　襤褸（らんる）　藍縷（らんる）　流落（りうらく）　留落（りうらく）　流連（りうれん）　猶豫（いうよ）　猶与（いうよ）

猶預（ゆうよ）　逸豫（いつよ）

畳韻の語

矍鑠（くわくしやく）　従容（しょうよう）　殷勤（いんぎん）　慇懃（いんぎん）　渾敦（こんとん）　嵯峨（さが）　蹉跎（さだ）　猖狂（しやうきやう）　逍遥（せうえう）　逍揺（せうえう）　招揺（せうえう）

擁腫（ようしょう）　癰腫（ようしょう）　鞅掌（あうしやう）　曖昧（あいまい）　模糊（もこ）　魑魅（ちみ）　罔両（まうりやう）　蝄蜽（まうりやう）　朱儒（しゅじゅ）　侏儒（しゅじゅ）　徘徊（はいくわい）

俳佪（はいくわい）　望羊（ばうやう）　望洋（ばうやう）　望佯（ばうやう）　望陽（ばうやう）　彷羊（はうやう）　彷洋（はうやう）　方羊（はうやう）　方皇（はうくわう）　彷徨（はうくわう）　傍偟（はうくわう）　逡巡（しゅんじゅん）　逡遁（しゅんじゅん）　逡遯（しゅんじゅん）　逡循（しゅんじゅん）　遵遁（しゅんじゅん）　丁寧（ていねい）　支離（しり）　滅裂（めつれつ）

（ルビは旧仮名遣い）

これらの双声・畳韻の語は擬声語・擬態語のようなもので、二字連続の発音で物事の様子を表している。「大氏（たいてい）双声・畳韻の字は、その義は即ち声に存す」（王引之、経義述聞、巻三二）。したがって一字一字の意味が組み合わされているわけでなく、「分かちて二義と為すを得ず」（姚維鋭、古書疑義挙例補附）といわれている。また発音自体で物事の状態を表しているのであるから、それに使用される文字が一定しているわけでない。「いにしへ双声・畳韻の字は、一定することなきなり」（兪樾、古書疑義挙例、巻三「美悪同辞例」）といわれている。さきに掲げた双声・畳韻の語の内で種々の書き方のある例を示したのはこのためである。なお髣髴はボーッとした感じを表す語であるから、ボーッとしてはっきりしない場合、ボーッとして見分けにくい場合、ボーッとどこか似ている場合などに用い、望羊・望洋などはボヤーという感じを表す語であるから、遠くを眺めて視界がボヤーとしている場合にも、見る目そのものがボヤーとしている場合にも用いる。これらはやや日本語に近い点があって説明の便宜もあるが、擬声語・擬態語の多くはそれぞれの国の慣習によるものであって、なぜそう言うかを感じとることは他国人にはむずかしい。英語の zigzag ジグザグはいわば双声の語、pellmell ペルメルは畳韻の語であり、ジグザグの方は多少はその意味するところを感じうるが、ペルメルがなぜドタバタといった様子を表すかに至っては簡単には理解しにくいが、漢語の場合も同様である。

第38節　文字の繁省

たとえば「然」は元来「もえる」を意味する字であった（灬が火を表す）が、「しかり・かくのごとし」の意味に用いられるようになったので、さらに「火」を加えて別に「燃」の字が作られた。「莫」は草と草との間に日の入ることを表し「くれる・くれ」の意味であったが、のちに「なし・なかれ」の意味に用いられるようになったので、さらに「日」を加えて「暮」の字が作られた。「原」は厂と泉とで構成された字で、がけから泉の出てくる所の「みなもと」を意味したが、のちに平原・高原の義に用いられるようになったので、さらに氵を加え「源」の字が作られた。このように漢字の複雑化したものを繁文・増文という（文とは字のこと）。これに反して文字を省略化して使用することがある。この場合、特徴のある一使用法は文字の偏旁冠脚などを省略することである。これを省文という。たとえば墨子の「塗不芸」（七患）に「芸萿省文」、「所憎屢至」（尚賢中）に「屢即屨字省文」、「斬城為基」（備蛾傅）に「斬塹之省。或云、鏨之省」（このように「省」とだけいうこともある）と注しているのがその例である（墨子間詁に見える）。これらは説文に存在する字とそうでない字との関連で、省文か否かが説かれているが、それぞれの漢字の原形・原義を一々知ることは容易でないので、読書の便宜上、実用的な方法を述べると、字形が省略されていると考えて普通の字形にもどして字義を考えるとよくわかる場合が多い。ただし字形が省略されても音が同じか近いかの場合が多いから、ほとんどの場合は次節で述べる仮借（かしゃ）で説明できる。なお別に文章中で文字を省略して書かないことも省文という→第42節C。

1　願ハクハ将軍孰㆓計センコトヲ之ヲ㆒。（史記、項羽本紀）

○「孰（じゅく）」は熟。

どうか将軍様このことをよくよくお考えください。

2　禱祠祭祀シ、共㆓給スルハ鬼神ニ㆒、非ズンバㇾ礼ニ不ㇾ誠ナラ不ㇾ荘ナラ。（礼記、曲礼上）

お祈りしたりお祭りしたりして神にお供えをするには、礼にかなっていなければ真心がなく敬（うやま）いがない。

○「供給鬼神」となっているテキストもあるが、釈文によると共給になっているテキストもあった。「共」は供。鄭注「荘、敬也」。

3　非吾所以共承宗廟意也。（史記、張釈之馮唐列伝）

わたしが宗廟にうやうやしくおつかえしようとする志にかなっていないのである。

○「共」は恭。

4　無或乎王之不智也。（孟子、告子上）

王様が知徳に欠けておられることを、怪しみ疑いなさることはないのであります。

○「或」は惑。

5　辟地殖穀。（史記、范雎蔡沢列伝）

土地を開墾して穀物を増産する。

○「辟」は闢。

6　室高足以辟潤湿。（墨子、辞過）

家屋の床が高いと湿気を避けることができる。

○「辟」は避。

7　辟(たとヘバ)　如(シ)行(クニ)遠(キニ)必(ズ)自(よりスルガ)　邇(ちかキ)。（礼記、中庸）

たとえていえば、遠い所へ旅をするのに近い所から次第に進んで行くようなものだ。

○「辟」は譬。

8　者(このム)酒(ヲ)。（漢書、丙吉伝）

酒を好む。

○「者」は嗜(し)。

9　吾　日　莫(くレテ)　途　遠(シ)。（史記、伍子胥列伝）

わたしは日暮れて道遠しの状態である。

○「莫」は暮。

10　聖　人　莫(はかル)之(ヲ)。（詩経、小雅、巧言）

聖人がその計りごとを立てる。

○「莫」は謨(ぼ)。

11　悪不孫以為勇者。（論語、陽貨）

無遠慮であるにもかかわらずそれを勇気だと思っている者を憎む。

○「孫」は遜。

12　請席何郷。（礼記、曲礼上）

敷物をどちら向きに敷きましょうかと問う。

○「郷」は嚮＝向。

13　如景郷之応形声。（漢書、董仲舒伝）

影や響きが形や音に応じて直ちに生じるがようである。

○「郷」は響。

▽「景」は影。

14　若火之始然、泉之始達。（孟子、公孫丑上）

火が燃え始め、泉が始めて地表に達するようなものである。

○「然」は燃。

15　入竟而問禁、入国而問俗。（礼記、曲礼上）

国境内に入るときはその国での禁止事項を尋ね、都市の城門内に入るときには、その都市での風俗習慣を尋ねる。

○「竟」は境。鄭玄注「国、城中也」。

16　此乃信之所以為陛下禽也。（史記、淮陰侯列伝）

このことこそわたくしが陛下に家来にされた理由であります。

○「禽」は擒、とりこ。ここでは支配下に置かれる意。「信」は韓信が自分の名を言っている。

17　規矩者、方員之至也。（史記、礼書）

コンパスと定規というものは、直角と円形の最上の標準である。

○「員」は圓＝円。

18　是我免於一人之下、而信於万人之上也。（韓策、三）

してみるとわたしは一人の人の下に身を屈するけれども万人の人の上に勢力を伸ば

すことになるのです。

○「免」は俛（俯と同義）。

19 夫免身立功、以明先王之迹、臣之上計也。（史記、楽毅列伝）

そもそもわが身を励まし功を立てて、先王の事跡を世の中に発揚するのは、わたくしの最善の計りごとであります。

○「免」は勉。

20 今有負其子而汲者、隊其子於井中、其母必従而道之。（墨子、七患）

いま自分の子を背負って井戸の水を汲む者がいると仮定して、その子を井戸の中に落としたら、その母はすぐさまその子をひっぱり上げるに違いない。

○「隊」は墜。

▽「道」は「導」。

21 天降祉福、唐叔得禾、異母同穎。（史記、魯周公世家）

天の神が福をくだし与え、唐叔が領地内で珍らしい穀物を手に入れた、それは田地の別々のうねにできたのによくのびて穂は一つになっていた。

○「母」は畮＝畝（慣用音としては母はボ、畝はホ。本来はすべてボウで同音）。

22　唐人樹埶字作蓺、六埶字作藝、説見経典釈文。然蓺藝字皆不見於説文。周時六藝字、蓋亦作埶。儒者之於礼楽射御書数、猶農者之樹埶也。又説文無勢字。蓋古用埶為之。如礼運在埶者去是也。（説文、埶字の段玉裁注）

唐代の人は樹埶（＝植物を植える）の字は蓺と書き、六埶の字は藝と書いた、その説は経典釈文に見えている［毛詩音義に「蓺、魚世反、樹也。本或作藝、技藝字耳」とある］。しかし蓺や藝の字はどれも説文には見えていない。周代には六藝の字も多分埶と書いたのであろう。儒者の、礼楽射御書数に対する関係は、いわば農民の樹埶と同じようなものなのである。また説文に勢の字が見えない。多分むかしは埶の字を用いて勢としたのであろう。礼記礼運篇の「埶（＝権勢の地位）に在る者はその地位から退けられる」というのなどがその証拠である。

○これは園藝・文藝（日本では常用漢字で芸と書き、現代中国では簡体字で艺と書く）の藝は埶から発展したものであり、勢も埶から出たことを述べたものである。

23　埶レ麻如レ之何。（詩経、斉風、南山）

麻を植えるにはどうすればよいか。

24　地埶便利。（史記、高祖本紀）

○「埶」は勢。

25　言足二以復行一者常レ之、不レ足二以挙行一者勿レ常。（墨子、耕柱）

言葉の実行するだけの価値のあるものはいつも口にし、実行するだけの価値のないものはいつも口にしてはならない。

○「復」は履。

さて右の諸例で音読する場合はそれぞれその意味に当たる文字の音で発音する。したがって「辟」は「ひらく」の意ならば闢の音、「さける」ならば「避」の音、「たとえる」ならば「譬」の音となる。「莫府」（史記、李将軍列伝）は幕府の意であるからバクフと読み、「莫夜」（易経、夬卦）は暮夜の意であるからボヤと読む。ただ一つ疑問に思うのは「復」の場合で、論語学而に「信近於義、言可復也」とあり、古注は復を反覆の義に解したからフクの音であることは当然であるが、朱子は「践言也」と言っていながら履の音注をしていない。あるいはこの復を履の省文とは考えず復の字自体に「ふむ、おこなう」の意を認めたのであろうか。

第39節　仮借

次に述べる漢字の使用法の場合、仮借と読んでも誤りではないが、慣習的に仮借と読む。仮借はもともと六書の一つで、ある物事を意味する字がない場合に、すでにあった他の意味の字を借りて用いることで、許慎の説文解字（略称は説文）の序の段玉裁の注によると、命令の意味の令や久遠の意味の長を借りて県令・県長（ともに県の長官）の意味に用いるようなのをいう。その他、周国が天の神から授かった一種の麦（本字は麥）の「来」（本字は來）の字を借りて往来の来の意に用い、霊鳥の一種の「朋」の字を借りて朋党の朋の意に用い、鳥が巣上にいる意の「西」の字を借りて東西の西の意に用いるなどがそれである。しかし一般にいう仮借はこれと異なり、第二次的な仮借である。それは、本来の字は存在してはいるが、それを用いないで、同音または近似音の他の字を借用することである。王引之の経義述聞巻三二に「経文仮借」と題する一文があり多くの例が挙げられているが、いま仮借の原則を述べたその冒頭の部分を次に引用する。

引之謹案、許氏説文論六書仮借、曰、本無其字、依声託事、令長是也。蓋無本字、而後仮借他字。此謂造作文字之始也。至於経典古字、声近而通、則有不限於無字之仮借者。往往本字見存、而古本則不用本字、而用同声之字。学者改本字読之、則怡然理順。依借字解之、則以文害辞。是以漢世経師作注、有読為之例、有当作之条、皆由声同声近者、以意逆之、而得其本字。所謂好学深思、心知其意也。さてこの文中に「有読為之例、有当作之条」とあるのについて説明しておく。当作は当為とも書かれ、たとえば礼記檀弓上に「魯婦人之髽而弔也、自敗於臺鮐始也」とあり、鄭玄の注に「臺当為壺、字之誤也」といい、壺と書くべきを字形が近いので臺に書き誤ったことを意味し、また檀弓上に「扶君、卜人師扶右、射人師扶左」の注に「卜当為僕、声之誤也」とあり、音が近いので僕を卜に書き誤ったことを意味し、これらはこれから述べる仮借には直接の関係はない。「読為」というのはたとえば周礼春官小史の「奠繫世」の杜子春の注に「奠読為定」とある。奠はテンの音であるが、この場合は定の音で読んで定の意に解することをいう（釈文にも奠音定とある）。このほかに「A読若B」「A読与B同」などの表現もある

（銭大昕、潜研堂集「古同音仮借説」）。なお「読若」はただ音だけを示し、意味に関係のない場合もある。しかしこれらはよほど特異な例で、通常はそのような注釈なしでしばしば仮借が行われるので、次にその例をあげる。なお前節で述べたように、前節の例と類似したり重複したりすることはありうる。

1　茂（つとメテ）正ス二其ノ徳ヲ一。（史記、周本紀）
○「茂」は懋（ボウ・ム）、のちに多く「務」の字が用いられる。
勉めて人民の人格を正しくする。

2　静（やすンズ）二生民之業ヲ一。（史記、范睢蔡沢列伝）
○「静」は靖。
人民の生業を安定させる。

3　箕子ハ詳（いつはリ）狂ヒ、接輿ハ辟（さク）レ世ヲ。（史記、魯仲連鄒陽列伝）
箕子（きし）は狂人になった振りをし、接輿（せつよ）はこの世の中から姿を隠した。
○「詳」は佯（やう）。「辟」は避。

4　諸侯皆有倍畔之心。（史記、呉王濞列伝）

諸侯はみな背く心をいだいている。

○「倍」は背、「畔」は叛。

5　今賊臣鼂錯、擅適過諸侯、削奪之地。（同右）

いま賊臣鼂錯は独断で諸侯を責めとがめ、諸侯の領地を削り取った。

○「適」は謫。「過」も責めとがめるの意。項羽本紀の「督過」の過と同じ。

6　兄弟鬩于牆、外禦其務。（詩経、小雅、常棣）

兄弟が家庭内で争っていても、〔外部から侮辱・攻撃などのある場合は〕外部に対しては一致してその（＝外部からの）侮りを防ぐ。

○「務」は侮。「牆」は土塀、土塀内の意。

7　項王見秦宮室皆以焼残破、……。（史記、項羽本紀）

項王は秦の建築物がみなすでに焼けてめちゃくちゃになっているのを見て、……。

○「以」は已、「残」は、そこなわれる。

8　楚兵罷食尽。（同右）

楚軍は兵士は疲れ食糧はなくなっていた。

○「罷」は疲。

9　旦日不可不蚤自来謝項王。（同右）

明朝、朝早く自身で来て項王にあやまらないといけません。

○「蚤」は早。

10　周文武尊賢受諫、敬戒不殆。（塩鉄論、論菑）

周の文王武王は賢者を尊び諫言を聞き入れ、行いをつつしみいましめて怠らなかった。

○「殆」は怠。

11　夫始如処女、適人開戸、後如脱兎、適不及距。（史記、田単列伝）

一体、初めは処女のようにおとなしくしているので、敵は安心して戸を開くと、後には逃げ出したうさぎのようにすばやいので、敵は防ぐのに間に合わない。

○「適」は敵、「距」は拒。

12 人役而恥為役、由弓人而恥為弓、矢人而恥為矢也。(孟子、公孫丑上)

人にこき使われる人間でありながら仕事をすることを恥じるのは、あたかも弓作り人でありながら弓を作るのを恥じ、矢作り人でありながら矢を作るのを恥じるのと同様である。

○「由」は猶。

13 初成王少時病。周公乃自揃其蚤、沈之河、以祝於神曰、…。(史記、魯周公世家)

話は昔にもどるが成王が幼いときに大病にかかった。周公はそこでみずから自分の爪を切って、これを黄河に沈めて、神に祈って次のように言った、…。

○「揃」は翦＝剪。「蚤」は爪。

14 故天禍之、使遂失其国家。(墨子、法儀)

だから天の神がこれらの人に災いをくだし、その国家をなくさせた。

○「遂」は墜。

15　志不免乎姦心、行不免乎姦道、而求有君子聖人之名、辟之、是猶伏而咶天、救経而引其足也。（荀子、仲尼）

志は悪い心をいだくことから免れず、行いは悪いやり方をすることから免れていないのに、君子や聖人の名声を得ようと求めるのは、たとえて言えば、つまり、うつぶせになって天をなめようとしたり、首つりをしている人を救おうとしてその足を引っぱったりするようなものだ。

○「辟」は譬、「経」は頸。「咶天」については、兪樾は「眠天」の誤りとして次のように言う、「人豈有能舐天者乎。以此為喩、近於戯矣。疑荀子原文、作伏而眠天。眠即古視字也。伏而視天、則不可見。……眠誤為舐、伝写者又改為咶耳」（諸子平議、巻十二）。ただしここでは普通の説に従っておく。

16　始吾従若飲、我不盗而璧、若笞我。若善守汝国、我顧且盗而城。（史記、張儀列伝）

前にわしがお前のお相伴をして酒を飲んだとき、わしはお前の宝玉を盗まなかったのに、〔盗んだと疑って〕お前はわしをむち打った。お前はよくお前の国の番をしておれ。わしはこんどは前と違ってお前の国を盗んでやるぞ。

○「若」「而」は汝。音読する場合はそれぞれの音でそのまま音読する。書経洪範の「而康而色」（偽孔伝「汝当安汝顔色」）の釈文にも特別の音釈はない。

17　夫倍義而郷禄者、我常聞之矣。（墨子、耕柱）

○「倍」は背、「郷」は嚮＝向、「常」は嘗。

一体、正義に背いて俸給に心を向ける者のことは、わたしは聞いたことがある。

18　良嘗間従容歩游下邳圯上。（史記、留侯世家）

○索隠に「嘗訓経也。間閑字也」。

張良はふだんひまなときにのんびりと下邳の土橋の上を散歩していた。

19　不而矯其耳目之欲。（墨子、非命下）

耳や目の欲望を正すことができない。

○「而」は能。次の20の解説を参照。

20 貴而下賤、則衆弗悪也。富能分貧、則窮士弗悪也。(韓詩外伝、巻八)

たっとくても賤者にへり下るときは、人々は憎まないのである。富んでいても貧者に恵み分かつときは、困っている人々は憎まないのである。

○「能」は而。王引之の経伝釈詞の能の条に「能猶而也。能与而、古声相近(説見唐韻正)、故義亦相通、…当読為而」といい、多くの例を挙げている(また経義述聞巻五「能不我知」の条を参照)。王引之はこの能を「当読為而」といっているが、現代人が音読する場合、er と読むのかどうかは未詳。

21 知不足邪、意知而力不能行邪。(荘子、盗跖)

知力が足りないのであろうか、それとも知っているけれども能力の方が行うことができないのであろうか。

○「**意**」は**抑**。郭慶藩注に「意、語詞也。読若抑。抑意古字通」。そのほか噫・億・懿なども抑のつもりで読まねばならない場合がある(経伝釈詞)。

第40節　対異散同

1　君子周而不比、小人比而不周。（論語、為政）

君子は公正な交わりをするが私的な仲間を組まない。小人は私的な仲間を組むが、公正な交わりをしない。

2　君子泰而不驕、小人驕而不泰。（論語、子路）

君子は偉そうに見えるが威張らない。小人は威張るが偉そうに見えない。

3　君子和而不同、小人同而不和。（同）

君子は人と仲良くするが尻馬に乗らない。小人は尻馬に乗るが人と仲良くしない。

右の文において、泰と驕、和と同、周と比とは、学者によって解釈に多少の相違はあるが、いずれも対立して用いられ、前者はよい意味をもち、後者は悪い意味をもっている。つまり対立して用いた場合は意味が異なるのである。ところがこれを対立させずにばらばらに用い、または、互いに用いても対立を意識しないで用いるならば意味が同じになる。すなわち泰も驕も「おごる」、和も同も「意見や行動を同じくする、仲良くする」、周も比も「仲間を作る、仲良くする、したしむ」という意味になる。これが散ずれば同じということである。

4　彭更問曰、後車数十乗、従者数百人、以伝食於諸侯、不以泰乎。（孟子、滕文公下）

彭更が尋ねて言った、「お供の馬車が数十台あり、従者が数百人もいて、諸侯の間をつぎつぎと居候になりながら旅をするのは、たいそう分に過ぎたことではありませんか」。

○「不以泰乎」の「以」は已（はなはだ）。

5　（形方氏）使小国事大国、大国比小国。（周礼、夏官）

形方氏という官職の者は小国を大国に服従させ、大国を小国に親しくさせる。

6　孫権自此以前、尚与中国和同、未嘗交兵。（魏志、王粲伝裴松之注）

孫権はこの時より以前は、まだ中部地域の曹操政権と仲良くしていて、交戦したことはまだなかった。

7　老而無妻曰鰥、老而無夫曰寡。（孟子、梁恵王下）

老いて妻のない者は鰥といい、老いて夫のない者は寡という。

○「…無妻曰鰥」と読みならわしている。なお鰥という字について、釈名の釈親属に「愁悒不寐、目恒鰥鰥然也。故其字従魚。魚目恒不閉者也」（悲しく心細くて眠れず、目がいつもパッチリとあいていることだ。だからその字は魚がもとになっている。魚は目がいつも閉じないものだ）という。中国の昔の人もおもしろいことを考え出すものである。ただし鰥の本来の意味は大魚の名であり、「やもお」の本来の字は矜（ほこの柄）であり、もとは憐（あはれむ）と関係があったらしい。これが字形も音も変わって矜となった。そういえば矜は「やもお」であり、矜は「あはれむ」であって、何か関係があるらしい。

8　大国拘スルコトレ女ヲ累かさネレ千ヲ、小国ハ累ヌレ百ヲ。是ヲ以テ天下之男ハ多ク寡ニシテ無クレ妻、女ハ多ク拘セラレテ無シレ夫。（墨子、辞過）

大国では女を宮女として宮中に拘束しておくことが千人にも達し、小国では百人にも達する。だから天下の男は多くが独身で妻がなく、女は多くが宮中に閉じ込められたままで夫がない。

○前の7では鰥は男に、寡は女に用いて区別があったが、ここでは寡を男に用いている。ただし鰥を女に用いた例は見かけない。

9　定国食ラヒレ酒ヲ、至ルモニ数石ニ不レ乱レ。（漢書、于定国伝）

于定国は酒飲みで、数石(こく)飲んでも乱れなかった。

○飲と食とは区別があるが、食を飲の意に用いた例。「石」は後世の斗（一八リットル）ほどの量であるが、ここでは多量の意で誇張して述べている。

10　子疾病ナリ。（論語、子罕）

先生は病気が危篤になられた。

○「疾」は病気。「病」は危篤、重体。古注に「疾甚ダシキヲ曰フレ病ト」という。「子(し)疾(しつ)

病」の三字を分けて読む。「子疾病」と読むも可。

11 管仲有病。桓公往問之曰、仲父之病病矣。（管子、小称）

管仲が病気にかかった。桓公が見舞いに行って言った、「仲父の病気は重くなっている」。

○この場合は最後の病だけが危篤、重体の意で、他の病は単に病気の意（普通の病気のときは病と読んでも病と読んでもいずれも可）。

12 於是天子遣使虚郡国倉廩以振貧、猶不足、又募豪富人相仮貸、尚不能相救、廼徙貧民於関以西、及充朔方以南新秦中、七十餘万口。衣食皆仰給於県官、数歳貸与産業。（漢書、食貨志下）

かくて天子は使者を派遣し、郡や諸王侯国の穀物倉をからっぽにして貧民を救わせたが、それでもなお足らず、更に資産家を募集して貧民に物資を貸し与えさせたが、それでもなお彼らを救うことができないので、そこで貧民を函谷関以西に移動させ、あるいはまた朔方以南の新秦地方の中に移住させ、その数は七十余万人であった。これらの者は衣食はすべて役所から補給され、数年間にわたって〔役所から〕生活手段を貸与した。

○この文は史記平準書にもあり、最後のところが「仮予産業」となっている。さて「貸」は説文に「施也」、広雅に「予也」とあり「あたえる」の意もあるが、「仮予」すなわち「かす」の意があって、その用法は後世に及んでいる。これに対して「借」は説文にも「仮也」とあって「かる」の意が主である。かくて区別をすれば、借は「かり」、貸は「かし」であるが、どちらも共通の意味に用いる。次を参照。

13　貸ルレ銭ヲ者多クハ不レ能ハレ与フル二其ノ息ヲ一。（史記、孟嘗君列伝）

銭を借りた者は大部分が利息を払えなかった。

○「貸」は「かる」のときは貣（とく）の意でトクと読む。「多ク不レ能ハ…」と読むも可。語順にのみ注意。

14　有ルレ馬者ハ借シテレ人ニ乗ラシムレ之ニ。（論語、衛霊公）

馬のある者は人に貸してこれに乗らせる。

○「借」を「かす」の意に用いる例。なおこの文の意味は判然としないが、「乗」は馬の背にのること（騎馬）でなくて馬車に駕（が）して御すること。古注は「有リテレ馬不ンバレ能ハ二調良スル一、則チ借シテレ人ニ乗二習セシム之ヲ一」つまり馬車の馬の調教をしてもらう意にとる。

15　諸監臨主守、以官物私自貸、若貸人、及貸之者、無文記、以盗論。…（唐律）

16　諸監臨主守、以官物私自借、若借人、及借之者、笞五十。…（唐律）

15 16は廐庫（きゅうこ）律第一七条・第一八条のそれぞれの初めの部分であり、物品人畜の保管守衛を担当する主守の官や、それらの官に対する監督権を有する上位の監臨の官が、その管理する官物を許可なくして借り、または人に貸し、及びそれを借りた場合の罪を記したもので、貸も借も、ともに「かり」「かし」の意に用いた例であるが、15は貸の字を、16は借の字を用いていて区別のあるのは何故か。それはこの場合、貸を消費貸借（米や酒などを借りその物自体を消費し別の米や酒を返却するなど）、借を使用貸借（借りて使用しその物自体を返却する）として用いている。このようなのは法律上の用語できわめて特異な場合ではあるが、貸と借とを対立させて用いて意味に区別を設けている例である。

めす・おすを表す字に雌雄と牝牡（ひんぼう）とがある。鳥に雌雄といい、獣に牝牡というのが通例である。ところが詩経斉風南山の詩に「雄狐」という語があるので、正義にいう、「対文則飛曰雌雄、走曰牝牡。散則可以相通。牧誓曰、牝雞之晨。飛得称牝。明走得称雄」(「対文」は文字を対立させて用いること。「牧誓」は書経の篇名。「牝雞之晨」はめんどりが鳴いて夜明けを告げること)。

鬼神を対用すれば、鬼は災いを与える陰のかみ・霊であり、神は福を与える陽のかみ・霊であるが、対用しなければ意味は同じである。王念孫の読書雑志の管子第七「祥其神矣」の条に次のようにいっている。「鬼神対文則異、散文則通。故神亦謂之鬼。定元年左伝、宋仲幾曰、縦子忘之、山川鬼神、其忘諸乎。士伯怒謂韓簡子曰、薛徴於人、宋徴於鬼、宋罪大矣。且己無辞而抑我以神、誣我也。或曰鬼神、或曰鬼、或曰神、其義一也。論語先進篇、季路問事鬼神、子曰、未能事人、焉能事鬼。上言鬼神、下但言鬼、言鬼即可以該神也」。

また段玉裁はその著の説文解字注においてこのことを統言・析言などといっている。そのいくつかの例を挙げると、第一篇上の「祥、福也」の注に「凡統言則災亦謂之祥。析言則善者謂之祥」、「氛、祥気也」(气は気の古字)の注に「統言則祥氛二字、皆兼吉凶。析言則祥吉氛凶耳」、第三篇下「革、獣皮治去其毛曰革」の注に「皮与革、二字対文則分別、如秋斂皮、冬斂革是也。散文則通用、如司裘之皮車即革路、詩羔羊伝、革猶皮也、是也」、第四篇上「鳥、長尾禽総名也」の注に「短尾名隹、長尾名鳥。析言則然、渾言則不別也」、第五篇下「飱、餔也」の注に「趙注孟子曰、朝食曰饔、夕曰飱。此析言之。公羊伝趙盾食魚飱、左伝、僖負羈饋盤飱、趙衰以壺飱従。皆不必夕時。渾言之也」、第六篇下「邦、国也」の注に「周礼注曰、大曰邦、小曰国、析言之也。許（＝許慎、説文の著者）云、邦、国也、国、邦也。統言之也。周礼注又云、邦之所居亦曰国。此謂統言則封竟之内曰国曰邑、析言則国野対称。周礼、体国経野、是也」、第七篇上「暑、熱也」の注に「暑与熱、渾言則一、故許以熱訓暑。析言則二。…暑之義主謂湿、熱之義主謂燥。…」、第七篇下「宵、夜也」の注に「釈言・毛伝皆曰、宵、夜也。周礼司寤禁宵行夜游者。鄭云、宵、定昏也。按此因経文以宵別於夜為言。若渾言、則宵即夜也」、「宮、室也」の注に「按宮言其外之囲繞、室言其内。析言則殊、統言不別也」というなど枚挙にいとまがない。複雑な活字が必要なのでここでは比較的わかり易い例のごく一部分だけを挙げた（なお本ページ四行目の飱は俗字で、本字はその字義のようにへんが夕であるべきであるが、活字の都合で俗字を用いる)。

第41節　複語

漢語は多義語であって、それぞれの文字に多くの意味を含んでいる。いま仮に「労」という字を例にとると「つとむ、ねぎらふ、つかる、くるしむ、はたらく、てがら、うれふ」などの意味があり、労の一字だけでは意味のわからない場合がある。それを勤労・慰労・疲労・苦労・労動（日本語では労働）・功労・憂労といえば、それぞれの意味がはっきりする。いまここに二つの字があり意味が全般的に一致しているのでなくても、その二つの字に何らかの共通な意味がある場合、この二つの字を組み合わせて熟語にすると、その共通の意味がその熟語の意味になる。このような結び付きをした熟語を複語・連語・連文などという。これらの複語などの用語は次に述べる王念孫・王引之の書にしばしば見える。

王念孫の読書雑志（漢書第十六「連語」）に「凡連語之字、皆上下同義、不可分訓。説者望文生義、往往穿鑿、失其本指」（「望文生義」とは字面だけをながめて意味を考え出すこと）といい、王引之は経義述聞（巻三二）に「古人ノ訓詁、不レ避ケ重複ヲ一。往往有リ下平列シテ二字ヲ一、上下同義ナル者上。解者分カチテ為サバ二二義ト一、反ッテ失フ二其ノ指むねヲ一」といっている。これらの書物に収められている語は古書の特異な例が多いので、わが国で常用しているものの一部を例示すると次のようなものがある。

弱少　幼少　幼弱　固陋　堅固　牢固　堅牢　頑固　愛護　愛惜　保護
保守　守護　講和　講解　和解　解釈　講釈　分解　解剖　解放　釈放
放置　放棄　放縦　放慢　怠惰　懈怠　招致　極致　引致　発起　開発
発作　発動　出発　作為　造作　振作　振興　作興　興造　興起　起立
樹立　建立　行為　行列　挙行　履行　行動　操行　操作　挙動　動作
運動　運転　運行　実行　事実　情実　事情　調和　平和　平均　平等
均等　等級　階級　成就　布施　施行　実施　流布　周流　態度　便利
鋭利　失敗　敗北　腐敗　網羅　儀表　勢力　事務　会計　計算　矯正
匡救　救済　済渡　努力　誠実　忠実　帰還　困窮　貧困　貧窮　貧乏
窮乏　抵触　抵当　功烈　勲功　功業　業績　功績　約束　要約　応接

接待　待遇　安寧　安楽　安逸　習慣　慣習　習熟　習練　熟練　熟達
練達　名声　名誉　声聞　声誉　音声　嘗試　明白　神明　尊大　引率
引導　延引　因襲　因循　苟且　到達　達成　栄達　陳列　陳述　陳腐
退却　長久　養育　頭首　移転　隠匿　調和　和睦　平和　寄託　委託
委任

などがこれである。さてこれらの複語を用いた例を示そう。

1　項王范増疑沛公之有天下、**業已講解**。又悪負約、恐諸侯叛之。乃陰謀曰、…。（史記、項羽本紀）

項王と范増とは沛公が天下をわがものにするかも知れないと疑ったが、すでに講和をしてしまっている。さらにまた懐王と諸侯との約束に背くこともいやであり、〔そんなことをすれば〕諸侯が自分に背くであろうことを恐れた。そこでひそかに謀略を設けていわく、…。

○「**講解**」は複語、講和・和解などで類推できる。説文に「講、和解也」とあり、段玉裁の注に「不合者調和之、紛糾者解釈之、是曰講。…仮媾為講、古音同也」とあり、意見や利害の合致しないのを調和させ、紛糾せる事件や問題や文章をときほぐすなどが講であって用例の範囲が広い。なお講和の場合に媾を用いるのは同音の仮借であって、媾が講和を意味する本来の用字ではない。「業已」も複語。「業已」と読む人もある。

2　人有亡鈇者、意其隣之子。視其**行歩**窃鈇也、顔色窃鈇也、**動作態度**、無為而不窃鈇也。（呂氏春秋、去尤）

人のなかに斧をなくした者がいて、自分の隣家の息子を疑った。隣家の息子の歩きぶりをよく見るとおのを盗んだように見える。顔付きもおのを盗んだように見える。動作も態度も、何をしてもおのを盗まなかったように見えるものはない。

○「行歩」「動作」「態度」は複語。

3　於是秦王下吏治、具得**情実**。（史記、呂不韋列伝）

そこで秦王は役人に命じて取り調べさせたところが、残らず事実がわかった。

○「情実」は事実・真実の意の複語。

これら複語の例ははなはだ多いので一々例示することができないが、漢文解釈の一方法として利用できるものを次に述べる。それは文章を読んで意味の明らかでないものが出てきたら、その字を用いた複語を考えて、結び付いている相手の字の意味を利用することである。

4　従(ヒテ)レ風(ニ)発(ス)レ栄(ヲ)。（文選、南都賦）

〔春〕風の吹くにつれて花を開く。

○開発からヒラクを、栄華からハナを知る。

5　斉国雖(モ)二褊小(ナリト)一、吾何(ゾ)愛(をシマン)二一牛(ヲ)一。（孟子、梁恵王上）

わが斉国は小さい国ではあるが、わたしはどうして一頭の牛を惜しもうか。

○愛惜からヲシムを知る。「褊小」も複語。

6　天下国家可(キ)レ均(たひらカニス)也。（礼記、中庸）

天下国家は平和にすることができる。

○平均からタヒラカ、タヒラカニスを知る。また、平治からヲサムを知る。礼記楽記に「平(ニ)二均天下(ヲ)一」、孟子離婁上に「平(ニ)二治天下(ヲ)一」の語がある。

7　高不可際、深不可測。（淮南子、原道訓）

○際限・極限からキハムを知る。

8　不治世故、放意所好。（列子、楊朱）

○事故から世故の世事たることを、放縦からホシイママを知る。

世事をまともに行わないで、自分の心のしたいと思うことを存分に行う。

9　政善而吏悪、一勤也。吏善而政悪、二勤也。政吏駢悪、三勤也。（揚子法言、先知）

○駢＝並。勤苦よりクルシミを知る。勤労→労苦→クルシミと回り道をしてもよい。

10　呉王身有内病、不能朝請二十餘年、嘗患見疑無以自白。（史記、呉王濞伝）

呉王は体に外からはわからない内部の病気があって、二十数年間、天子にごきげん伺いのお目どおりをしていなかったので、もし疑われたら自分の事情を申し開きするすべのないことを常に心配していた。

○嘗＝常。憂患からウレフを、明白からアキラカニスを知る。

11　礼義立、則貴賤等矣。（礼記、楽記）

礼義が正しく守られるならば、貴賤に等級ができる。

○「立」は成立、「等」は等級の意。正義に「等、階級也」と。

12　楚絶斉。斉挙兵伐楚。陳軫謂楚王曰、王不如以地東解於斉、西講於秦。（秦策、二）

楚国は斉国に対して国交を断絶した。斉国は軍隊を出して楚国を伐った。陳軫が楚王に告げて言った、「王様は領地を割譲して東方では斉国と和睦し、西方では秦国と和睦なさる方がよろしい」。

○「解」は和解。「講」は講和。本節文例1を参照。

13　陽至而陰、陰至而陽、日困而還、月盈而匡。（越語、下）

陽が極まると陰になり、陰が極まると陽になり、日が西の果てに没するとまた東に返って現れ、月が満ちると欠ける。

○韋昭解に「至謂極也。困、窮也。匡、虧也」。「陽至而陰」などの而は則と同じ。而と読むも可。

14 声聞過情、君子恥之。（孟子、離婁下）

評判が事実以上であるのは、君子はそれを恥ずかしいと思う。

○「声聞」は複語。「情」は情実、事実、3を参照。

15 簞食壺漿、以迎王師、豈有他哉。避水火也。如水益深、如火益熱、亦運而已矣。（孟子、梁恵王下）

飯を弁当箱に入れ、飲み物を水筒に入れて王者の軍隊を迎えるのは、どうして他理由があろうか。水火の苦しみを避けるためである。もしも水火の苦しみがますますひどいならば、なお他地方に逃げ移るだけである。

○「亦運而已矣」の亦は、他国の軍隊が救援に来てくれても「それでも」の意。運は運転・運行・移転・移行の意。

右は主として動詞・名詞・形容詞などのいわゆる実辞の複語に関連したものであるが、ほかに助字に関するものもある。これを調べるには劉淇の助字弁略、釈大典の文語解が便利である。

16　一薫一蕕、十年**尚猶**有レ臭。（左伝、僖公四年）

よい香りの草と悪い香りの草とをいっしょにたくわえておくと、〔香気が消え臭気のみが残り〕十年たってもなお悪臭がある。

○「尚猶」は複語。「ナホナホ」と読むとも、二字をまとめて「ナホ」と読むとも、いずれも可。

17　天子春秋鼎盛、行義未レ過、徳沢有レ加焉、**猶尚**如レ是。（漢書、賈誼伝）

天子はお年が今や元気盛りで、お行いに過ちがなく、御恩恵が諸侯に施されていますのに、それになおこのような〔反乱の起こる〕状態であります。

○「徳沢」も複語。

18　湯之於二伊尹一、桓公之於二管仲一、則不二敢召一。管仲**且猶**不レ可レ召、而況不レ為二管仲一者乎。（孟子、公孫丑下）

湯王の伊尹に対する場合、桓公の管仲に対する場合は、こちらから呼び寄せるような失礼なことをしなかった（君主自らが出かけて行って意見を求めた）。管仲でさえもなお呼び寄せてはいけないのであるから、まして管仲でない者（＝管仲以上の者）の場合（に呼び寄せていけないこと）はいうまでもない。

○この場合の「且」も「猶」と同義。項羽本紀「臣死且不避、卮酒安足辞」（死スラナホ…と読むも可）もその例。荘子山木・燕策三などに「**猶且**」の例が見える。

19　天子**已業**誅宛。宛小国、而不能下、則大夏之属軽漢、而宛善馬絶不来。（史記、大宛列伝）→第34節G38。

○「業」、史記留侯世家「良**業**為取履、因長跪履之」など。「業已」の例は本節文例1。「已業」を二字でスデニと読むも可。

20　人奪女妻而不怒。一抶女、**庸何**傷。（左伝、文公十八年）

人がお前の女房を横取りしたのに〔お前は〕怒らなかったのだ。お前に一発くらわしたとて、どうして悪いことがあろうか。

○「傷」は害の意。「庸」は何・安・詎などと同じ、ナンゾ・イヅクンゾの意。「晋庸可滅乎」（史記、晋世家）などの用例がある。したがって庸何のほかに**庸安**・**庸**

詎・庸孰などと連用される。荘子斉物論の「庸詎」の釈文に李軌の説として「庸用也、詎何也、猶言何用也」というのを載せているのに従ってか旧訓点にしばしば「庸何」としてあるのを見かけるが、それは誤りである。

21　使我居中国、**何渠**不若漢。（史記、酈生陸賈列伝）

わしが中国にいたとしたら、どうして漢帝国に及ばないであろうか（漢帝国よりもっと立派な国を作ったであろう）。

○「渠」は**詎・巨・遽**などとともに反語の副詞としてナンゾ・イヅクンゾ・アニなどと読む（通例はナンゾ）。

22　蘇君在、儀**寧渠**能乎。（史記、張儀列伝）

蘇秦どのの在世中は儀はどうして手腕が振るえようか。

23　吾事先生久矣、而福不至。意者先生之言有不善乎。鬼神不明乎。吾何故不得福也。子墨子曰、雖子不得福、吾言**何遽**不善、而鬼神**何遽**不明。（墨子、公孟）

「…わたくしは先生の教えを久しいあいだ受けてきましたが、福がやってきません。ひょっとすると先生のお言葉に間違いがあるのでしょうか、神様がよくおわかりにならないのでしょうか。わたくしはなぜ福を得ないのでしょうか」。墨子先生いわく、「あなたが福を得なくても、わたしの言葉はどうして間違っていようか、そして神様はどうしておわかりにならないだろうか」。

24　此志也、**豈遽**忘二於諸侯之耳一乎。（呉語）

この事件についての記憶は、諸侯の耳からどうして忘れられようや。

○「志」は記の意。この事件のことは諸侯がみな聞いて記憶していることだから忘れられるはずはないの意。「豈遽」のほかに**豈鉅**・**豈渠**などの連用がある。読み方は二字でアニでもナンゾでもよい。

25　公輸子自レ魯南游レ楚、**焉始**為二舟戦之器一。（墨子、魯問）

公輸子は魯国から南へと楚国に旅行をし、かくてはじめて舟戦の道具を作った。

○「焉」はこの場合「於レ是」「乃」（さてそこで）の意であるから「始」とほぼ同義になる。王引之は経伝釈詞で焉始の例を多数に挙げて「此皆古人以二焉始二字一連レ文之証」といっている。なお「**焉**」は句末に用いられる場合が多いが、句頭または句間にも用いる。墨子兼愛上「必知乱之所自起、焉能治之、不知乱之所自起、則弗能治」、管子揆度「民財足、則君賦斂焉不窮」などがこれで、「焉」は於此・於是・乃などと同じで「そのときには」「すると」「そこで」「かくて」などの意味になる。

26 関令尹喜曰、子将隠矣。彊為我著書。於是老子廼著書上下篇、…而去。（史記、老子韓非列伝）

関令尹喜が言った、「あなたは世の中から姿を隠そうとしていられる。御無理ながら私のために書物を著して下さい」と。そこで老子はかくて上下篇の書物を著し、…そして立ち去った。

○「於是…廼（＝乃）」は、一方だけの訳ではさびしいから、「そこで…かくて」「かくて…そこで」「さて…そこで」「そういわれたので…そこで」などと訳すが、同義語を繰り返したもの。「廼」が本字であるが、中国でも「廼」が常用される。なお「関令尹喜」については諸説があるが省略する。

27 天下方務於合従連衡、以攻伐為賢、而孟軻乃述唐

虞三代之徳。是以所如者不合。（史記、孟子荀卿列伝）

天下はいまや合縦連横に熱心で、攻伐を良策と考えていた。ところが孟軻はそれにもかかわらず堯舜や夏殷周三王朝の道徳政治を述べた。だからどこの国へ行っても受け入れられなかった。

○「**乃**」は上から順接する場合と逆接する場合とがある。「そこで、それで、かくて、そこではじめて、やっと、ところが、かえって、それに」などの意味があり、また「これぞ、こそ」と強める場合、意外性を表して「なんとまあ、こともあろうに、あにはからんや」などの意の場合もある。

28　若以**此若**三聖王者観之、則厚葬久喪、果非聖王之道。（墨子、節葬下）

もしこの〔堯・舜・禹の〕三人の聖王によってこのことを考察してみると、手厚い埋葬や長期間の喪は私の言うとおり聖王の道ではない。

○「此若」は「若此」の誤りではなくて、「**若**」も此と同義で、二字並べたもの。論語公冶長・憲問に「君子哉若人」とあり、集解の包咸注は、「若人者、若此人也」といい、「若」を通例カクノゴトキと読み、他に孟子梁恵王上「以若所為、求若所欲」のようにカクノゴトクと読むべき場合もあるが、論語の場合はコノが正しい。なお「若」をコノと読む例、また此若の連文の例は経伝釈詞そのほか助字の書物にたくさん集められていて、まれな例ではない。

第42節 複義偏用・互文・省文

A 複義偏用

1 虞翻作表示呂岱、為愛憎所白。(原注)出呉書。語注曰、讒佞之人、有愛有憎、而無公是非、故謂之愛憎。愚謂愛憎、憎也。言憎而並及愛。古人之辞、寛緩不迫故也。又如得失、失也。史記刺客伝、多人不能無生得失。利害、害也。史記呉王濞伝、擅兵而別、多佗利害。緩急、急也。史記倉公伝、緩急無可使者。游侠伝、緩急人之所時有也。成敗、敗也。後漢書何進伝、先帝嘗与太后不快、幾至成敗。同異、異也。呉志孫皓伝注、蕩異同如反掌。晋書王彬伝、江州当人強盛時、能立異同。贏縮、縮也。呉志諸葛恪伝、一朝贏縮、人情万端。禍福、禍也。

晋ノ欧陽建ノ臨終ノ詩ニ、潜カニ図リ密已ニ構ヘシモ、成スト此ノ禍福ノ端ヲ。皆此ノ類ナリ。（日知録、巻二七、通鑑注）

〔孫権を諫めるために〕虞翻（ぐほん）は上表を作って呂岱（りょたい）に示したが、それを虞翻を憎んでいる者によって孫権に告げ口された。〔通鑑胡三省〕注に「告げ口をするような人間は、愛や憎やの感情があって公正な是非の判断がない、だからそのような者のことを愛憎といった」という。わたしの思うのに愛憎は憎のことである。憎と言っていっしょに愛とまで言ったのである。昔の人の言葉は、ゆっくりしていてぎりぎりでないからである。また得失なども失の意味である。史記刺客伝に、〔暗殺に行くのに〕人数が多いと不都合が生じることがないわけには行かないと。利害は害という意味である。史記呉王濞伝に、複数の者が別々に軍隊指揮権を握っていると、それに付随するほかの害が多く生じると。緩急は急という意味である。史記倉公伝に、さし迫ったときに、使える者がいないと。游侠伝に、さし迫った場合というものは人にはしばしばあるものであると。成敗は敗という意味である。後漢書何進伝に、先帝はかつて太后に対して不快の念を抱かれ、もうすこしで太后を廃しようとされそうになったことがあったと。同異は異という意味である。呉志孫皓伝の注に、対立をなくすることが手のひらを返すようにたやすかったと。晋書王彬（ひん）伝に、江州〔刺史の王彬〕どのは人の強盛な時に当たって反対的言動のできる人であると。嬴縮は縮という意味である。呉志諸葛恪伝に、一旦落ち目になると、〔それに対して〕人情はさまざまに変わると。禍福は禍という意味である。晋の欧陽建の臨終の詩に、ひそかに計りごとを立て密計はすでにできあがったが、この災いのもととはなったと。みなこのたぐいである。

兪樾の古書疑義挙例は「因此以及彼例」として右の日知録の文の大部分を引用して、また次のように言っている。専門的な内容の文が多いのでそれらは省略して、ここにごく一部分だけを引く。

2　礼記文王世子篇、養老幼於東序。因老而及幼、非謂養老兼養幼也。玉藻篇、大夫不得造車馬。因車而及馬、非謂造車兼造馬也。

礼記の文王世子篇に、東序（＝学校）で老者幼者を養う式をするとある。老と言ったついでに幼とまで言ったので、老者を養いあわせて幼者をも養うという意味ではないのである。玉藻篇に、〔凶作の年には〕大夫は車馬を新調することを許されないとある。車と言ったついでに馬とまで言ったのであって、車を造りあわせて馬を造るという意味ではないのである。

3　弓可レ言レ張、而幷言レ矢者、矢配レ弓之物、連二言之一耳。（詩経、小雅、賓之初筵「弓矢斯張」正義）

弓は張ると言うことができるが、それといっしょに矢と言っているのは、矢は弓と組み合わさったものであるから、矢をくっつけていっただけである。

右は本来は一方だけ言えばよいのに、口調などの関係からそれに対立または関連する言葉までいっしょに言ったものである。したがって言葉の意味としては双方のうちの一方だけの意味になる。このような用法は双義仄用とか複義偏用とか言われており（中国の辞書の「辞海」などの緩急の語釈に見える）、このような用法の熟語を偏義複詞という人もあるそうである（王力、古代漢語、七九ページ〔校訂重排本第一冊九〇ページ〕）。もっとも愛憎・緩急・成敗その他の語は本来はすべて双方の意味を含んでいるのであるから、本来の意味で使用されることのあるのは当然であり、偏義的用法であるかどうかは、その場その場で考えなければならない。なお文章には脱字（脱文ともいう）のあることもあれば衍字（＝余計な字。衍文ともいう）のあることもある。さきに引いた文王世子の「養老幼於東序」のごときは、校勘記によると、初めから老幼とあったのでなく、もとは「養老於東序」とあったのが、いつの間にか幼の字が誤ってまぎれ込んだものらしい。また顧炎武が引用した刺客列伝の「多人不能無生得失」も、史記の注釈書の索隠や正義の説から考えると、もとは「失」の字はなく「多人不能無生得。生得則語泄」とあったらしい。つまり「暗殺に行くのに人数が多いと、生け取りにされる者がないというわけにゆかない。生け取りにされると秘密が漏れる」という意味になる。このように考証をすれば、また別の説明の必要な場合もある。

B　互文

1　明乎郊社之礼、禘嘗之義、治国其如示諸掌乎。

（礼記、中庸）

天地の祭りの礼、祖先の祭りの精神をよく知っているならば、国を治めることは、物を手のひらの上で示すようにきわめて容易である。

○朱子注に「礼必有義、対挙之、**互文**也」とある。礼は郊社だけに、義は禘嘗だけに関係するのではなく、礼は禘嘗にも、義は郊社にも関係する。その証拠に同じく礼記仲尼燕居に「明乎郊社之義、禘嘗之礼、治国其如指諸掌而已乎」とある。つまり礼も義も郊社・禘嘗のどちらにも関係するのを、修辞的に二つに分けて礼と義とをそれぞれに配したのである。このようなのが互文であって「互文」(文字を互いちがいにする)である。なおついでにいうと、「示諸掌」について朱子は「示与視同」といい「示」と解するが、鄭玄の古注は「示読如寘諸河干之寘。寘、置也」といい、孔穎達の正義は「治理其国、其事為易、猶如置物乎掌中也」といっている(鄭玄の引くのは詩経伐檀の句であって、正しくは「寘之河之干兮」)。ところがさきに挙げたように仲尼燕居では「指諸掌」とあり、鄭玄は「治国指諸掌、言易知也」といっている。すでに「指諸掌」という文が一方にある以上、「示諸掌」は「示」でもよいように思える。訳は「国を治める方法は、物を掌中で示すがように、はっきりとわかる」でもよい。

2　動天地、感鬼神。(詩経、大序)

天地を動かし、鬼神を感じさせる。天地鬼神を感動させる。

○天地は自然物だから動といい、鬼神は精霊だから感というのかと思うと、そうではない。正義に「変動天地之霊、感致鬼神之意」といい、さらに「天地云動、鬼神云感、**互言**耳」という。つまり「感動天地鬼神」の意を二つに分けて互いちがいに言ったのである。「互言」の方は「互言之」と書かれている場合もあるから「互言」の意であるが、内容は互文と同じで、別な言い方をしたに過ぎない。「天地長久」を「天長地久」（老子）というのも互言・互文である。

3　子張学干禄。子曰、多聞闕疑、慎言其餘、則寡尤。多見闕殆、慎行其餘、則寡悔。言寡尤、行寡悔、禄在其中矣。（論語、為政）

○これは子張が禄すなわち俸給を求める方法を学ぼうとしたのに対する孔子の答えである。「殆」は危也と注され、あやふやの意である。この文は「多見聞闕疑殆、慎言行其餘、則寡尤悔矣」の意であって、修辞的に互文にしたに過ぎない。なお「禄在其中」については朱子の注に「凡言在其中者、皆不求而自至之辞」といわれている。

C　省文

1　子曰、鄙夫可与事君也与哉。其未得之也、患得之、既得之、患失之。苟患失之、無所不至矣。（論語、陽貨）

根性の賤しい男は君主に仕えることができようか。彼がまだ地位を得ていないときは、それを得たいと憂え、すでに地位を得てしまうと、それを失うことを憂える。もしもそれを失うことを憂えるならば、どんな悪いことでもやりかねない。

○何晏の注に「患レ得レ之者、患レ不レ能レ得レ之、楚俗言」という。正確にいうならば「それを得ることのできないことを憂える」となるはずであるが、楚地方の俗語で原文のような表現もあったらしい。なお「鄙夫可与事君也与哉」は、普通の解釈は、「与」を「与」と読み、鄙夫はわれわれが共に君主に事える同僚とすることはできないという意味とするが、王引之は証拠を挙げてここの可与が可以の意であることを説いているので（経伝釈詞）、それに従っておく。ただし従来の解釈でもじゅうぶんに通じる。

2　子曰、躬自厚、而薄責二於人一、則遠レ怨矣。（論語、衛霊公）

先生のおっしゃることに「自分自身にはじゅうぶんに要求し、人にはわずかだけ要求するならば、人の怨みを受けることが少ない」。

○「責」、ここでは善いことをせよ悪いことをするなと要求すること。「自厚」は「自厚責」の省略。

3　多聞、択其善者而従之、多見而識之。（論語、述而）

多く聞き、そのうちの善いものを選び出してそれに従い、多く見、（そのうちの善いものを選び出して）それをおぼえておく。

○邢昺の疏によると「多聞択善而従之、多見択善而志之」といい、本文の下の句で「択其善者」が省略されていることになる。ただし朱子は「所従不可不択。記則善悪皆当存之以備参考」（それに従って言動することがらは選ばなければならない。記憶の方は善いことも悪いこともどちらもおぼえていて参考に備えるべきだ）といい、省略とは考えない。このような解釈の相違はしばしばある。

4　郊社之礼、所以事上帝也。宗廟之礼、所以祀乎其先也。鄭玄注、社、祭地神。不言后土者、省文。（礼記、中庸）

郊・社の祭礼は天帝に奉仕するためのものである。宗廟の祭礼は自分の祖先を祭るためのものである。この文の鄭玄の注に、社は地の神を祭るのである。（したがって「郊社之礼、所以事上帝后土」というべきであるのに）后土を言っていないのは、文字を省略したのである。

○「郊」は上帝を祭り、「社」は地神（＝后土）を祭る。「省文」、文章を省略するという意味のようにも見えるが、文字の省略の意である。宋の王楙の野客叢書巻五に「後世務省文」と題する次の文がある。「史記衛青伝曰、封青子伉為宜春侯、青子不疑為陰安侯、青子登為発干侯。畳三用青子字、不以為贅。漢書則一用青子字、而其餘則曰子而已。曰、封青子伉為宜春侯、子不疑為陰安侯、子登為発干侯。視史記之文、已省両青字矣。使今人作墓志等文、則一用子字、其餘曰某某而已。後世作文、益務簡於古。然字則省矣、不知古人純実之気已虧」と。これによれば「省文」というのは「省字」のことである。また王念孫の読書雑志、漢書第十一「左邱明」の条に、司馬遷伝に「左邱明無目、孫子断足」云々とあるのについて「左丘明」の「明」の字のない越本というテキストを正しいとして「念孫案越本是也、無明字者、省文便句耳」といい、また王引之の経義述聞、巻一七「秦穆公」の条に、左伝文公三年の「君子是以知秦穆公之為君也」の秦穆公の箇所に公の字のないテキストのあることと、その下文及び四年・六年に「秦穆」とあるのを証拠にして「皆無公字、諸刻本有者、疑衍文。…秦穆之称、亦猶斉桓晋文、後人不知古人省文之例、故輒加公字耳」（「輒」は、無造作に、気軽にの意）といっているのなどを見ると、省文というのは文字を省略することであることがわかる。これとは別に、文字の筆画を省くことを省文ということがあり、それについては第38節「文字の繁省」を参照。

5　夫秦王有虎狼之心、殺人如不能挙、刑人如恐不勝。（史記、項羽本紀）

一体、秦王は虎や狼のような心をもっており、人を殺す場合には全部殺すことのできないのを恐れるがようにし、人を刑する場合には全部刑することのできないのを恐れるがように徹底的にする。

○これは「殺人如恐不能挙、刑人如恐不勝挙」を互いに省いたものだという人もある。しかし必ずしもそうとは限らない。というのは斉太公世家に「賦斂**如**弗得、刑罰**恐**弗勝」という表現もあり、「如」と「恐」とを対にして用いていることから考えると、このような場合の「如」に「恐」またはそれに似た意味を含んでいる場合もあるように思える。論語季氏に「見善**如**不及、見不善**如**探湯」とあり、これと同様のことを述べたものに大戴礼の曾子立事篇に「見善**恐**

不得与焉、見不善者、恐其及己也」という文があって、このことを証明するようである。だからと言って「如」を「恐」と言い換える必要もなければ「如」を「如恐」の省略だという必要もない。たとえば「見善如不及、見不善如探湯」についていえば、「及ばない」ときにはどうするか、「湯を探る」ときにはどうするかということを念頭に入れさえすれば、それですむことである。かくて「善を見た場合には、それをつかまえることができずこれではいけないというように頑張るべく、不善を見た場合には、熱湯を手で探るように用心をしなければならない」と解して一向に差し支えないのである。孟子離婁下に「文王視民如傷、望道而未之見」という文がある。この文の解釈は種々あるが、上句は「文王視民如傷」と読み「人民に対する文王の態度は人民に害を与えはしまいかというようにいつも気にかけており」と解するか、または「文王視民如傷」と読み「文王は人民に対して病気の人に対するがようにいたわり」と解するかであり、下句は「望道而未之見」と読み（朱子注「而読為如。古字通用」といい、王引之もこれに従う）、「真理の実現を待ち望むことが、まだそれを見ていないので早く見たいと切望するがようであった」と解することができる。このようにして漢文にはそれ独自の文章の作り方があり、省略のように見えても実はそれだけで充足している場合もあるのである。

解説

齋藤希史

本書の使い方

この本の著者が想定している読者は、「はしがき」にあるように、「漢文の初歩的知識をそなえている人々」です。原著が出版されたのは一九八〇年。それから四十年あまり経った現在では、「初歩的知識」の意味するところが違うのではないかと思われるかもしれません。けれども、たとえば高等学校の教科書に載せられている漢文教材が易しくなっているわけでも、漢文を読む方法に変化が生じているわけでもありません。『論語』や『史記』や唐詩を訓読で読んでいるのは、同じです。たしかに、漢文学習に当てられる時間は少なくなり、入試科目から漢文を外す大学は増えましたが、学習される読解の水準が下がったわけではなく、「初歩的知識」の意味するところも、少なくとも語法上のそれに限るなら、変わってはいません。漢文がぎっしりつまったこの本を読むには自分の知識が足りないのではないか、などとおそれることはないのです。「初歩的知識」、つまり高等学校の「古典」で習う範囲、あるいはそれほど厚くない大学受験用の参考書にまとめられた範囲の知識があれば、どなたでもこの本を活用することができます。最初にその方法について、四十年前の初心者として少し述べて、本解説の導入としたく思います。

この本の根幹となっているのは、のべ一二七〇を超える豊富な文例です。文例には著者による訳文が付されています。まずそれを生かしましょう。これを機に漢文をもういちど学んでみたい、という読者には、何よりも文例と訳文をしっかり読む方法が効果的です。ついつい文例を飛ばして解説を読んでしまいがちですが、それはしばらくがまんして、むしろ文例を書き写すくらいの姿勢が望ましく思われます。そうであれば、どの章や節から始めてもかまいません。『論語』や『史記』など、見たことのある文例をつまみ読みするのも手です。その場合でも、そうした文例を含む節ないし小節ごとにまとめて読むことをおすすめします。とにもかくにも、漢文を一字ずつていねいに読む。そして訳文とつきあわせる。原著の「凡例」には、「訳文は構文を示すためにことさらに直訳した場合がある。最良の訳と考えたわけではない」と記されています。つまり、原文の構文を理解するためには「最良」の手がかりとなるように作られた訳文なのです。文例には重なるものがあり、同じ漢文を別の言い回しで訳していることにも気づきますが、訳文は原文の意味を考えるためのものですから、バリエーションがあることは学習者にとってはむしろありがたいヒントになります。漢和辞典を手もとに用意して、気になった語を調べながら読むのもよい方法です。

漢文をいくらか読み慣れている読者であれば、あるいは右のやりかたで多少読み慣れてきたなら、少し時間をとって、全体を通読するのがよいかと思います。文例をていねいに読み――これは変わりません――、訳文で自らの理解を点検し、解説があれば、相互参照されている節も含めて、文例の理解を深めるために読む。未知の人名や書名が出てきたら、とりあえずメモだけしておいて先に進み、文例の理解を優先させる。出てくる人名や書名は限られていますので、まとめて後で調べてもそれほどの量にはならないからです。何週間、あるいは何ヶ月かを費やすことになるかもしれませんが、そうやって最後まで読み通せば、漢文を読む力はかなりついているに違いありません。

もちろんこの本は、語法便覧としても有用です。相当に漢文を読み慣れたとしても、漢文の原典を――訓点つきのものであれ、そうでないものであれ――読んでいる時に、語法上はどのように理解すべきか、疑問に思う箇所に出会うことは少なくないでしょう。自らの理解を確かめたくなることもあります。そうした時、漢和辞典や中国語による古漢語辞典も役に立ちますが、この本の目次と索引を活用し、豊富な文例とそれにもとづいた著者の実証的な解説を読めば、より深い理解が得られます。これまで議論になってきた語法については、日中古今の学者たちがどのように考えてきたのかも示され、参考になります。電子版であれば、より網羅的な検索によって、語彙や句法をピックアップすることもできるでしょう。

さて、ここに述べた三つの方法は、あくまで活用例に過ぎません。読者それぞれに適した使い方があるかと思います。ただ、例として挙げたこれらの方法は、いずれも本書の特質と関わっています。そのことについて、次に述べることとします。

本書の構成

「文庫版凡例」に示したように、原著に章立てはなく、第1節から42節がそのまま配列されています。一方、原著の原型とも言える『漢文法要説』（東門書房、一九五三）は、全体を「語位について」「語義について」「特殊な語や形式」の三章にわけています。著者の意図をそこなわない範囲で、読者の便のために何らかの構成を示したほうがよいと考えた結果、本書ではこの章立てを参考に「語位」「者と所」「特殊な形式」「語音・語義」の四章にわけました。以下、章ごとに概観します。

Ⅰ「語位」は、現在では「語順」「語序」と称されるところで、ここでは語順によって規定される漢文の構造にかかわる項目が配列されています。「構造」という標題でもよいかもしれません。漢文は、主語―述語、述語―目的語（賓語）の二つが基本構造として句（phrase）を構成します。前者の述語には、名詞、形容詞、動詞、さらに主語―述語構造をもつ句が入り、後者の述語は、基本的に動詞です。本書の第1節から4節までは、この構造についての説明です。

なお、第2節の「賓語」、第3節の「補語」は、現在の日本における中国語文法論では一般に述語―目的語構造の「目的語」にどちらも含まれます。第4節の「有り無し 多し 少なし」についても、存在を示す述語―目的語構造に分類されます（ちなみに補語という術語は、次に述べる付加的な構造において用いられます。くわしくは後述する文献を参照してください）。

こうした基本構造をベースとして、ある語を前から修飾したり（修飾語）、ある語と並列に置いたり（並列語）、ある語の結果や程度を後ろから補う（補語）構造が付加され、複雑な句が形成されます。第5節から13節は、この付加的な構造において重要な働きをする副詞、否定の副詞、介詞（前置詞）について説明します。第14 15節では、述語―目的語構造の中でも興味深い働きをする「謂」に焦点が合わされ、第16 17節では、倒置や大主語など、文の構造にかかわる問題を扱います。第18節は、おもに動詞句を修飾する助動詞について個別に解説します。いずれも、句を複雑化していくことで文が形成されていく事例が示されるわけです。

Ⅱ「者と所」は、現在では構造助詞に分類される「者」「所」を特に取り上げて、それを徹底的に解説した節をまとめています（構造助詞には他に「之」があります）。漢文の構造助詞は、文の構造を明示して統御するもので、長文であれば必ず出てくるものです。Ⅰ「語位」で漢文の構造の基本を理解したところでこれらの節が置かれているのは、より複雑な構文がどのように組み立てられているのかを理解する上で、理にかなっていると言えます。「所」についての文例と解説は八節にわたり、第26節以降の「所の用法の異例」、「所字が省略されている場合」、「所字余説」など、他の語法書では取り上げられない事項についての説明も豊富です。

Ⅲ「特殊な形式」は、仮定、被動（受動）、比較、使役、否定、部分否定と全面否定、疑問・反語・詠嘆、況・矧（抑揚）の形式（構文）について、それぞれ節を設けて解説します。ここまでの二つの章が漢文の普遍的な形式について述べているのに対して、ここでは、仮定や使役など、個別の語法上の意味を表現するために、どのような助字や形式が用いられているかを取り上げていることから、「特殊」と称しています。特別に変わった、ということではなく、漢文ではよく見られる――いかにも漢文らしい――形式であることは、目次をご覧いただくだけでもおわかりいただけるかと思いますが、それだけに正確な理解が求められます。漢文の訳注書や参考書には訓読に由来する誤解も時に見られることから、著者はその点についても厳しく指摘しています。

Ⅳ「語音・語義」は、漢文読解の上で必要な、双声・畳韻、文字の繁省、仮借、複語（連語）、互文など、つまり漢字（漢語）の音と形と義について、漢文を読解する上で必要な知識をまとめています。最後に置かれているからといって附録的なものではなく、まずここから読んでもよいくらいなのですが、漢文をいくぶんかは読み慣れていないと、説明に難しさを感じるかもしれません。その意味では、これらの節を最後に置いたのは著者の意のあるところなのでしょう。

以上のように見れば、本書の構成はよく練られたものであることがわかります。著者がそれまで折りに触れて示してきた語法についての研究成果が惜しみなく注がれているのです。そうした著者の姿勢ともあわせて、本書の最大の特色である豊富な文例と緻密な解説について次に述べることとします。

本書の特色

「本書の使い方」でも述べましたが、本書は、著者が収集したのべ一二七〇を超える文例が大きな特色となっています。現在のように漢籍のデジタルデータが大量に利用可能というわけではありませんでしたから、これらは著者が日ごろの研究の中で書き写して集めたものです。

著者西田太一郎氏は一九一〇年生まれ、京都大学で中国哲学史を専攻して一九三五年に卒業します。京都大学文学部の同窓会誌『以文』には、「とりとめもない思い出話」と題した学生時代の回想が掲載され（第一七号、一九七四、のち京都大学文学部編『以文会友』京都大学学術出版会、二〇〇五）、滝川事件や室戸台風、そして北京への旅行など、そのころの著者の体験と心情が率直に綴られています。その後、第三高等学校教授を経て、一九五〇年から京都大学教養部助教授、ついで同教授の任にあたり、一九七四年に退官後は京都外国語大学教授をつとめ、一九八二年に亡くなりました。主著に『中国刑法史研究』（岩波書店、一九七四）があり、『明夷待訪録』（平凡社東洋文庫、一九六四）の訳注や『荻生徂徠』（日本思想大系、岩波書店、一九七三）などの校注でも知られますが、一方で、『漢文入門』（岩波全書、小川環樹と共著、一九五七）や『新字源』（小川環樹・赤塚忠と共編、一九六八）など、漢文読解についての高い識見を生かした語学書や辞書にも力を注がれました。『新字源』では、すべての熟語に眼を通して検討を加えられたとのことで、自宅で仕事をされていた部屋の座布団の綿が長時間の座り仕事で薄くなり、ついに布だけになってしまうほどであったとのエピソードも伝えられています。編集会議の後の懇親の席でも、問題点を思い出しては話題にされるという具合で、何ごとによらず仕事への精励ぶりは周囲の人のよく知るところでした。

本書の文例と解説は、そうした著者の姿勢と探究のたまものです。現在のようにデジタルデータが整備されていれば、類似の用例を探し出すのは一瞬です。著者の時代にも書物によっては索引がありましたから、ある程度は利用できたかもしれません。しかし著者が示す文例は、やはり日々の読書から抽出されたものと考えられます。文法事項の概括的な説明のために列挙され整えられた短文の集積ではなく、正確に読むべき対象として取り上げられた文例は長短さまざまで、訳文には必要に応じて文脈が補われ、一つ一つをていねいに読むことを求めています。漢文読本に近い性質をそなえていると見てよいかもしれません。なお、著者は「例文」ではなく一貫して「文例」と称していますが、そのことにも、まず読むべき文があるのであって、語法の解説はあくまでそのためのものという態度があらわれているのではないでしょうか。著者がしばしばその説を引用する王念孫（一七四四～一八三二）やその子の王引之（一七六六～一八三四）など、清朝考証学者の姿勢に通じるものがあるように思われます。

伝統的な訓詁学の成果を継承しつつ、著者は、王力（一九〇〇～一九八六）、呂叔湘（一九〇四～一九九八）、楊伯峻（一九〇九～一九九二）など、近代中国の文法学者の説も積極的に採り入れています。荻生徂徠の著述の校注にもたずさわった著者ですから、近世日本で発達した助字研究への目配りもあります。その上で、疑問がのこるところ、わからないところについては、「もっと多くの材料を集めて研究する必要がある」（第26節B）、「いささか資料不足であり、資料集めと研究とを今後に待たねばならない」

（第35節M）のように率直に述べて、読者と問いをともにします。これさえ読めば漢文がわかる、のではなく、どこがわからないかがわかるようになる。これこそ本書の真骨頂です。私たちは、この書物から漢文を学ぶ上で必要な知識を多く得ることができますが、同時に、ことばがわかるとはどういうことかについて考える機会も与えられるのです。

文例を出典別に見ると、書記言語としての漢文が形成された先秦から漢代が主となりますが、中でも『史記』が五一〇例を超えて圧倒的で、さらに絞ると「項羽本紀」が七〇例近くで最も多く採られています。「項羽本紀」は『史記』の中でもよく読まれ、名篇として知られていますので、読者にとっても重宝する文例群ですし、『史記』全体に拡げても同様のことは言えるでしょう。『史記』は先秦の文献を漢代にまとめたという側面があり、ひとまず漢代までの文献を読もうとするならうってつけの教材です。『史記』についで多いのは、『論語』と『孟子』でそれぞれ一一〇例前後、もちろん古くから漢文読解の教材でもありましたから、納得のいくところです。その他、『漢書』、『春秋左氏伝』、『礼記』、『荘子』、『後漢書』などが続きますが、おおむね漢代までの文献を主に、さまざまな書物から文例が集められているのは、漢文の読解力を身につけつつ、古代中国についても一定の知識が得られるよう工夫されているとも言えるでしょう。唐代の法律である『唐律』からいくつか例が採られているのは、著者の研究とこうした語法書の執筆が連続していたことを示してもいます。『世説新語』など六朝の書物からの文例、あるいは唐代小説からの文例は、時代やジャンルによる漢文の違いを知る上でも有効でしょう。

漢文の語法について解説した参考書がさまざまある中で、本書は独自の価値をもちます。ここで述べられている語法の考え方は、伝統と近代双方の学術成果を十分に咀嚼したもので、その枠組みは読解の依拠とするに足るものです。近年の中国語文法論の用語や概念との間にずれがあることは「本書の構成」で触れましたが、くわしくは、宮本徹・松江崇『漢文の読み方――原典読解の基礎』（放送大学教育振興会、二〇一九）を参照いただくのがよいでしょう。

校訂と索引

最後に、復刊にあたって施した校訂と新たに編んだ索引について述べます。

校訂は、同僚の田口一郎さんとともに、原著の文例・訓点・訳文・解説（注記）をチェックするところから始めました。現在では画像も含めたデジタルデータが利用できますので、文例を原典に当たり直す労力はかなり軽減されています。とはいえ、著者がどの本を使ったかによって字句の異同が生じる場合があり、原典との照合はそれなりに時間を要することになりました。明らかな誤字、脱字、衍字（えんじ）と結論づけられた場合は文例を修正し、必要に応じて訓点と訳文を調整しましたが、テキストには異同がつきもので、単純に誤りと言えない場合も少なくありません。たとえば『史記』と『漢書』で表現を変えている、『群書治要』などに引かれた『史記』では字句が変わっているなどは、よくあることです。そうした場合は、文例をそのままにして出典を改めました。文例の変更は最小限に留めたいと考えたからです。あわせて、出典表記等の体例を整え、字体の基準を定めましたが、書名に二重鉤括弧を付すなどの処理は行いませんでした。

振り仮名や送り仮名も含めた訓点については、「文庫版凡例一」に述べたように、訓読して二音節になる副詞の送り仮名は省略するという原著の方針を踏襲する一方で、原著では省略されていた連読符は、読みやすさを考慮して付けることにしました。『訓訳示蒙』などに付された訓点は、版本と照合して修正を加えました。

なお、第35節H 9中の「適足以資賢者為駆除難耳」についてのみ、訓読と訳文に構文解釈上の修訂を加えています。原著では「賢者」と「為」の間で句を切っていますが、少なくともこの部分は一句として読むべきだと考えられるからです。また、「賢者」が誰を指すかについては、唐の司馬貞による『史記索隠』をはじめ、高祖劉邦とする解釈が古くからあり、原著の訳文もそれに従って「賢者高祖」としていますが、「賢者」を高祖以外とし、「為」を高祖のためにと解するほうが構文上は理解しやすいことから、そのように改めました。この文例の出典である『史記』秦楚之際月表の序については、小川環樹「中国散文の諸相」（吉川幸次郎・小川環樹『中国の散文』筑摩書房、一九八四、のち『小川環樹著作集』第一巻、筑摩書房、一九九七）にすぐれた解説があり、修訂の参考としました。

体裁については、文庫版として広く読まれることを考慮して、文例、訳文、解説をそれぞれ別の段落とし、原著ではページ数で示されていた相互参照を節と文例の番号に換えました。個々の表現や記述についても、原著の趣旨を損なわない範囲で改めた箇所があります。

索引は、原著の索引をひな型とし、漢文を学ぶための助けとなるよう、新たに作成しました。そのため、原著とはやや異なる体裁となっています。漢音読みで配列した漢字を統一標目に、字訓と句型（形）をその下位に置き、別して訓読みで掲げた標目にはページを記載せず、該当する漢字もしくは下位標目を参照するようにしたのです。訓読み標目にページがないのは一見したところ不便に思われるかもしれませんが、訓読みで同訓異字を確認しつつ、音読みを経由することで漢文として類似の句型が目に入るなど、知識を確認する手だてとなりますし、訓読にまどわされず語順で考えねばならないという著者の考えにも沿うのではないかと思います。本解説冒頭の「本書の使い方」ともあわせて、日々の学習に役立てていただければ幸いです。索引項目の抽出にあたっては、京都大学大学院生の笠井健太郎さんと東京大学学生の早川侑哉さんの献身的な協力を得ました。ここに記して感謝いたします。

四十年前の初心者が、漢文を少しは読めるようになりたいと一念発起して、手もとにあった原著の文例を白文ですべて大学ノートに書き写したことがありました。それをコピーしたものに句読点を打って、原著と照らし合わせて復習すれば、いくらかは読解力もつくだろうと考えたのです。どれくらい時間がかかったか記憶はさだかではありませんが、とりあえず書き写して、また句読点を打ってという作業はひととおり終えました。復刊のための校訂作業もそれと似たところがあり、没頭しているうちに、いつのまにか時間が経ってしまいました。共同校訂者の田口さんも原著の愛用者で、全ページにわたって詳細な書きこみをした一冊をまた最初からめくり、『漢文の語法』の世界に潜りながら、作業を進められました。ただひたすら読むということに誘う力がこの書物にはあるのでしょう。著者の謹厳かつ熱のこもった読解の実践が読者にも伝わるということでしょうか。

多くの読者が本書を手にし、いつかまた没頭する誰かが現れることで、与えていただいた貴重な機会に報いられればと願っています。

ら

わ

た

か

索　引

本書で解説を加えた助字を主とする重要語句を五十音順で配列した。ページは音読み項目のみに付し，訓読み項目は音読みへの参照を示した。字音は原則として漢音（合コウ，自シ，相ショウ，孰シュク，乃ダイ，奈ダイ，道トウ，未ビ，無ブ，於ヨ，億ヨク　など）を用いている。

あ

本書は、一九八〇年十二月に角川小辞典として刊行された単行本に校訂・解説を加え、文庫化したものです。

漢文の語法

西田太一郎
齋藤希史・田口一郎＝校訂

令和５年 １月25日　初版発行
令和５年 12月10日　６版発行

発行者●山下直久

発行●株式会社KADOKAWA
〒102-8177　東京都千代田区富士見2-13-3
電話　0570-002-301（ナビダイヤル）

角川文庫 23435

印刷所●株式会社KADOKAWA
製本所●株式会社KADOKAWA

表紙画●和田三造

●お問い合わせ
https://www.kadokawa.co.jp/（「お問い合わせ」へお進みください）
※内容によっては、お答えできない場合があります。
※サポートは日本国内のみとさせていただきます。
※Japanese text only

ISBN 978-4-04-400634-1　C0181

◆◇◇

角川文庫発刊に際して

角川源義

第二次世界大戦の敗北は、軍事力の敗北であった以上に、私たちの若い文化力の敗退であった。私たちの文化が戦争に対して如何に無力であり、単なるあだ花に過ぎなかったかを、私たちは身を以て体験し痛感した。西洋近代文化の摂取にとって、明治以後八十年の歳月は決して短かすぎたとは言えない。にもかかわらず、近代文化の伝統を確立し、自由な批判と柔軟な良識に富む文化層として自らを形成することに私たちは失敗して来た。そしてこれは、各層への文化の普及滲透を任務とする出版人の責任でもあった。

一九四五年以来、私たちは再び振出しに戻り、第一歩から踏み出すことを余儀なくされた。これは大きな不幸ではあるが、反面、これまでの混沌・未熟・歪曲の中にあった我が国の文化に秩序と確たる基礎を齎らすためには絶好の機会でもある。角川書店は、このような祖国の文化的危機にあたり、微力をも顧みず再建の礎石たるべき抱負と決意とをもって出発したが、ここに創立以来の念願を果すべく角川文庫を発刊する。これまで刊行されたあらゆる全集叢書文庫類の長所と短所とを検討し、古今東西の不朽の典籍を、良心的編集のもとに、廉価に、そして書架にふさわしい美本として、多くのひとびとに提供しようとする。しかし私たちは徒らに百科全書的な知識のジレッタントを作ることを目的とせず、あくまで祖国の文化に秩序と再建への道を示し、この文庫を角川書店の栄ある事業として、今後永久に継続発展せしめ、学芸と教養との殿堂として大成せんことを期したい。多くの読書子の愛情ある忠言と支持とによって、この希望と抱負とを完遂せしめられんことを願う。

一九四九年五月三日